utb 5831

Eine Arbeitsgemeinschaft der Verlage

Brill | Schöningh – Fink · Paderborn
Brill | Vandenhoeck & Ruprecht · Göttingen – Böhlau Verlag · Wien · Köln
Verlag Barbara Budrich · Opladen · Toronto
facultas · Wien
Haupt Verlag · Bern
Verlag Julius Klinkhardt · Bad Heilbrunn
Mohr Siebeck · Tübingen
Narr Francke Attempto Verlag – Psychiatrie Verlag · Köln
Ernst Reinhardt Verlag · München
transcript Verlag · Bielefeld
Verlag Eugen Ulmer · Stuttgart
UVK Verlag · München
Waxmann · Münster · New York
wbv Publikation · Bielefeld
Wochenschau Verlag · Frankfurt am Main

Bernd Ladwig ist Professor für politische Theorie und Philosophie an der Freien Universität Berlin, Fachbereich Politik- und Sozialwissenschaften.

Bernd Ladwig

Moderne politische Theorie

Fünfzehn Vorlesungen zur Einführung

WOCHENSCHAU VERLAG

Online-Angebote oder elektronische Ausgaben sind erhältlich unter www.utb-shop.de

Bibliografische Information der Deutschen Nationalbibliothek

Die Deutsche Nationalbibliothek verzeichnet diese Publikation in der Deutschen Nationalbibliografie; detaillierte bibliografische Daten sind im Internet unter http://dnb.d-nb.de abrufbar.

www.wochenschau-verlag.de

Printed in Germany
Einbandgestaltung: Atelier Reichert, Stuttgart
Umschlagmotiv: Jürgen Habermas, Judith Butler, Joseph Schumpeter, Hannah Arendt, Pierre Bourdieu: © Wikimedia Commons; Theodor W. Adorno: © picture-alliance / akg-images

utb-Band-Nr. 5831
ISBN 978-3-8252-5831-3 (Buch)
E-Book ISBN 978-3-8385-5831-8 (PDF)

Inhalt

5. Vorlesung. „Realistische" Theorien der Politik III: Ökonomische Theorien der Demokratie

6. Vorlesung. Der neuere Republikanismus

7. Vorlesung. Marxismus und Neomarxismus

8. Vorlesung. Postmarxismus

13. Vorlesung.
Der neuere Liberalismus

14. Vorlesung.
Kommunitarismus

15. Vorlesung.
Feminismus

ZUR ERÖFFNUNG

Dieses Buch ist ein Lehrbuch. Es wendet sich an Anfänger. Es will Einstiegswilligen Einstiegshilfen geben. Vorwissen über moderne politische Theorie verlangt es nicht; wer genau liest und mitdenkt, sollte alles verstehen können.

Bücher, die im Titel „Einführung“ versprechen, gibt es zurzeit viele. Das hat ersichtlich mit den Studienreformen zu tun. Sie fördern Kurzzeitstudiengänge, die wesentlich über Lehrbücher verlaufen. Manches Buch, das früher – und ehrlicher – unter einem anderen Titel erschienen wäre, wird jetzt als Einführung verkauft. Noch eines zu schreiben, kann nur gerechtfertigt sein, wenn es etwas bietet, das nicht schon da ist. Was ich bieten will, ist eine Einführung in ein Feld, dessen zwei Teile – eher beschreibende Theorie, eher wertende Philosophie der Politik – in vielen Darstellungen getrennt werden. Hier kommen sie, sortiert nach Autoren und Richtungen, zusammen vor.

Moderne politische Theorien im Sinne dieses Buches sind Theorien, die Aufschluss geben könnten über unsere politische Situation. Mich interessieren zeitgenössische Theorien sowie deren bestimmende Einflüsse aus direkten Vorläufern. Anders gesagt, moderne politische Theorie ist politische Theorie für und über moderne Gesellschaften. Autoren im zwanzigsten Jahrhundert waren der Ansicht, die moderne Gesellschaft habe eine zu ihr passende politische Theorie erst spät gefunden; ihre Denker hätten noch lange an überlebten Vorstellungen festgehalten. Dieser Vermutung geht das Lehrbuch nach.

Seine Darstellung moderner politischer Theorien setzt ein mit der herausfordernden Behauptung Joseph Schumpeters, Merkmale der modernen Gesellschaft wie Technisierung, Bürokratisierung und blitzschnelle Kommunikation hätten das bisherige politische Denken, von den alten Griechen bis hin zu Rousseau Hegel und auch Marx, gegenstandslos gemacht. Zugleich nimmt es den Anspruch moderner Menschen ernst, selbstbewusste Gestalter ihres eigenen Lebens zu sein. Moderne Menschen verspüren eine Bestimmung zur Selbstbestimmung – im Persönlichen und auch im Politischen.

Wie passt die materielle Seite der Moderne zu ihrem Selbstverständnis? Das ist eine Grundfrage, von der ich mich bei der Auswahl und Darstellung moderner politischer Theorien leiten ließ. Sie wird in der zweiten Vorlesung erläutert. In der Grundfrage liegt eine Rechtfertigung dafür, beschreibende und wertende Theorien aufeinander zu beziehen und miteinander zu konfrontieren.

Manche verwenden „moderne politische Theorie“ anders, etwa im Sinne von „Theoriebildung mit modernen – sprich: empirisch-analytischen und am besten mathematischen – Mitteln". Alles andere ist dann Ideengeschichte oder Lyrik. Das halte ich nicht für sinnvoll. Wissenschaftliche Herangehensweisen sind nicht von heute oder gestern. Sie sind mehr oder weniger zweckmäßig, relativ zu den Absichten der Theoretikerinnen, die heute wie gestern nicht alle die gleichen sind. Mein Verständnis von Theorien und auch von Methoden ist darum ein pluralistisches.

Der Ausdruck „politische Theorie" schließt hier vieles ein, was anderswo unter „Soziologie" oder „Gesellschaftstheorie" liefe. Ich habe diesem Buch eine recht weite Lesart von „Politik" und „politisch" zugrunde gelegt. So wollte ich möglichst viele Theorien in ihm unterbringen, die politikwissenschaftliche Aufmerksamkeit finden und verdienen. Politisch sind sie insofern, als sie soziale Verhältnisse unter wenigstens einem von zwei Gesichtspunkten erschließen: dem organisierten Versuch von Gesellschaften, gezielt auf sich selbst einzuwirken, sowie der Macht, die die Selbsteinwirkung ermöglichen, aber auch behindern kann.

Wichtig war mir, die Darstellungen frei zu halten von Jargon. Im Zweifelsfall habe ich das einfachere Wort dem schwierigeren vorgezogen und das anschauliche dem abstrakten. Dabei hat mir ein Mitschnitt meiner frei gesprochenen Vorlesungen zur Orientierung gedient. Etwas von der Direktheit und Spontaneität des gesprochenen Wortes ist hoffentlich durch diese Seiten hindurch noch spürbar. Manchen rohen Ausdruck habe ich ungeglättet gelassen, manches nicht ganz so akademische Beispiel der Zugänglichkeit halber beibehalten. Die folgenden Vorlesungen sind also nicht völlig fiktiv. Ich habe sie ungefähr so, wenn auch nicht wörtlich so gehalten. Und sie enthalten manches, worauf mich die vielen verständigen und kritischen Teilnehmerinnen gebracht haben. Ihnen allen sei herzlich gedankt.

Apropos Teilnehmerinnen: Nennen Sie mich altmodisch, aber Sternchen, Doppelpunkte oder andere Sonderzeichen mitten in einem Wort kommen mir hässlich vor. Auch funktionieren sie oft nicht – es gibt Freunde und Freundinnen, aber keine Freund*innen, und Jüd:innen geht gar nicht. Meine Notlösung ist, dass ich ohne Anspruch auf restlose Gerechtigkeit mal die männliche, mal die weibliche Endung verwende und damit alle Geschlechter meine.

Auf Wiedergabe der Theorien in ihrer eigenen Ausdrucksweise habe ich verzichtet, um nicht die Schwierigkeiten zu verdoppeln. Wer also bemängeln mag, dass sich Schönheit und Tiefe seiner Lieblingstheorie in meiner Sprache nicht mitteilten, dem sei von vornherein recht gegeben. Ebenso haben alle meine pauschale Zustimmung, die die eine oder andere Theorie vermissen. Man kann andere nur in etwas einzuführen beanspruchen, was man selbst halbwegs kennt und sinnvoll findet.

Was nicht sagen soll, ich hielte alles hier Ausgesparte für sachfremd oder sinnfrei. Der Umfang dieses Buches ist an der Obergrenze des mit dem Verleger Verabredeten. Auch verweist das Wort „Taschenbuch" nicht auf die 80-Liter-Säcke von Fahrradkurieren. Es steht für Bücher, die man leicht bei sich tragen kann. Also ist dies eine Auswahl. Sie ist nicht unüberlegt, aber auch nicht ganz frei von Willkür. Politische Theorie lässt sich ohnedies nicht aus Lehrbüchern studieren; sie können nur zu ihr hinführen. Im besten Fall machen sie Lust darauf, gedankenreiche Texte zu lesen und selber zu denken. Nicht mehr und nicht weniger ist mein Wunsch. Zusammen mit Timo Pongrac habe ich darum einige zentrale Texte des modernen politischen Denkens in einem Materialband zu diesen Vorlesungen zusammengestellt. Ich empfehle sie Ihnen zur Lektüre, falls Sie das, was ich hier schreibe, an Originaltexten überprüfen und vertiefen möchten.

Zu danken habe ich vielen. Daniel Voelsen hat im Wintersemester 2006/07 für den Mitschnitt meiner Vorlesungen gesorgt und auch einen Teil abgetippt. Den größten Teil dieser sehr mühseligen Arbeit hat meine damalige Sekretärin Astrid Klammt übernommen; ihr zur Hand ging auch Dorothea Gaedeke. Die Tutorinnen und Tutoren, die für einige Semester meine Vorlesungen mit Lektüregruppen begleiteten, haben mich durch viele gute Fragen und Einwände heilsam herausgefordert.

Die *Moderne politische Theorie* wurde erstmals 2009 im Wochenschau Verlag veröffentlicht. Mit dieser dritten Auflage erscheint das Buch nun neu bei utb, worüber ich mich freue. In den dreizehn Jahren, die zwischendurch vergangen sind, hat sich naturgemäß viel getan: in der Welt der Theorien, in der Welt, von der die Theorien handeln, und hoffentlich auch in meinem Kopf. Ich habe das Buch nur behutsam verändert; vor allem wollte ich die vorlesungsnahe Form bewahren. Auch die Gliederung ist weitgehend gleichgeblieben. Allerdings habe ich mir jeden Satz noch einmal auf größtmögliche Klarheit und Eingängigkeit hin angesehen und den einen oder anderen ergänzt, korrigiert oder auch gestrichen. Die Literatur wurde um wenige, aber wichtige Titel erweitert.

Die stärksten inhaltlichen Veränderungen finden sich in der 5., der 6. und der 15. Vorlesung. In der 5. Vorlesung, über ökonomische Theorien der Politik, bin ich systematischer auf die verschiedenen Arten von Gemeingütern und außerdem kurz auf die bahnbrechenden Forschungen von Elinor Ostrom eingegangen. In der 6. Vorlesung über den neueren Republikanismus kommt nunmehr auch der neo-römische Republikanismus von Philip Pettit vor, auch wenn der Schwerpunkt weiterhin auf dem neo-athenischen Republikanismus liegt. Im

Abschnitt zu Arendt, dessen wichtigster Autorin, sage ich jetzt etwas zum zeithistorischen Hintergrund der Unterscheidung von Macht und Gewalt. Und in der 15. Vorlesung über den Feminismus habe ich einen neuen Abschnitt zum heute viel verwendeten Konzept der „Intersektionalität" eingeführt und außerdem die Darstellung und Diskussion von Judith Butlers Theorie präzisiert. Gestrichen habe ich dafür den politischen Ausblick am Ende; nicht, weil ich ihn heute für falsch hielte, sondern weil er mir allzu zeitgebunden vorkam.

Nicht geändert habe ich meine zweifache Widmung. Weiterhin ist dieses Buch zum einen meiner Frau Sabine gewidmet. Sie war meine erste Leserin und hat durch liebevolle Kritik zur Lesbarkeit des Textes beigetragen. Unser Sohn Raimund ist der zweite, dem ich auch diese Neuauflage widme. Als die erste Auflage erschien, war er noch ein Säugling und an Büchern höchstens haptisch interessiert. Inzwischen liest er schon das Kommunistische Manifest.

1. VORLESUNG. WAS IST POLITISCHE THEORIE?

1. WAS IST THEORIE?

Angenommen Sie möchten etwas beschreiben, was Sie gerade gesehen haben. Sie berichten zum Beispiel, dass ein Hase vor ihren Augen in den Wald gelaufen sei. Ein solcher Satz ist noch keine Theorie. Theorien kommen ins Spiel, wenn Sie Sätze zusammenfügen, um Warum-Fragen zu beantworten. So ist es eine Theorie in einem trivialen Sinne, wenn Sie vermuten, dass der Hase in den Wald gelaufen sei, weil er einen Fuchs gewittert habe.

Theorien sind demnach nicht auf die Wissenschaften beschränkt. Sie sind Weisen, wie wir uns in ganz alltäglichen Situationen zurechtfinden, weil wir Menschen Warum-Frager sind. Wir orientieren uns nicht so sehr an der Hierarchie unserer Instinkte. Vielmehr wollen wir wissen, was es mit einer Sache auf sich hat. Und das heißt, wir bilden ständig Theorien, um sagen zu können, woran wir sind.

Wissenschaft macht im Prinzip nichts Anderes. Sie macht es nur systematischer als wir alle im Alltag. Damit sie das kann, ist sie aus anderen Bereichen der gesellschaftlichen Arbeitsteilung ausgegliedert worden. Die Hoffnung ist, dass auf diese Weise die Orientierungsfähigkeit in der Gesellschaft zunimmt. Die Aufgabe von Wissenschaft besteht darin, in einem institutionell abgetrennten Bereich etwas systematischer zu tun, was wir alle alltäglich tun.

Mein Vorschlag für eine Definition von „Theorie" im ganz allgemeinen Sinne lautet: Theorien sind Zusammenhänge von Aussagen, die auf die Beantwortung von Warum-Fragen zielen. Nun gibt es grundsätzlich zwei Arten solcher Zusammenhänge. Viele Warum-Fragen sind von der folgenden Art: Warum ist das Kühlwasser im Auto über Nacht gefroren? Als moderner Mensch nehme ich an, dass ich eine Erklärung bekomme, indem ich das Gefrieren des Kühlwassers auf Naturgesetze beziehe. Ich beantworte meine Warum-Frage mit Bezug auf Gesetze, von denen ich annehme, dass sie in der Natur generell gelten.

Ein Typ von Erklärung besteht also in der Unterordnung von einzelnen Sachverhalten unter allgemeine Gesetze der Natur. Gebe ich eine solche Erklärung, so nehme ich an, dass ein Ereignis ein anderes Ereignis im Geltungsbereich eines Gesetzes kausal verursacht hat. Ich vermute, die Antwort auf meine Warum-Frage ist eine Ursache-Wirkungs-Beziehung der folgenden Art: Wasser gefriert bei null Grad Celsius; das Kühlwasser ist hinreichend wasserähnlich; die Temperatur ist über Nacht auf null Grad gefallen; also ist das Kühlwasser gefroren. Ich füge Aussagen so zusammen, dass einige für Ursachen und andere für Wirkungen stehen. Indem ich dies tue, knüpfe ich einen Erklärungszusammenhang (in einem engen Verständnis des Wortes „Erklärung"; dazu gleich mehr).

Auch das Verhalten von Menschen könnte so erklärt werden. Angenommen, Sie sehen, wie ich mein Gesicht verziehe. Und Sie vermuten, mir sei gerade eine Mücke ins Auge geflogen. Damit deuten sie mein Verhalten recht ähnlich wie das Gefrieren des Kühlwassers. Wiederum gehen Sie von Ursache-Wirkung-Zusammenhängen aus. Solange Sie das, was ich tue, als ein bloßes Verhalten auffassen, können Sie es ebenfalls in einen Erklärungszusammenhang einbetten: Eine Mücke im Auge ruft bei mir einen bedingten Reflex hervor.

Diese Möglichkeit haben Sie grundsätzlich immer. Aber es ist mit Blick auf vieles, was Menschen tun, nicht die nächstliegende Art der Deutung. Vielleicht sollten sie besser annehmen, ich verziehe das Gesicht, weil ich mit Ihrer Antwort unzufrieden war und Sie das diskret wissen lassen wollte. Jetzt unterstellen Sie mir eine Absicht. Auch das ist eine Antwort auf eine Warum-Frage und in diesem Sinne eine Theorie. Aber es ist eine Theorie von anderer Art als diejenige, die mir das Gefrieren des Kühlwassers erklärt. Es ist eine Theorie, die davon ausgeht, dass jemand einen rechtfertigenden Grund dafür hat, etwas zu tun.

Sie nehmen nunmehr an, dass mein Verhalten zweckhaft ist: Ich verfolge einen Zweck, dazu gebrauche ich bestimmte Mittel, in diesem Fall der Veranschaulichung. Indem Sie mich so wahrnehmen, tun Sie mir einen Gefallen. Sie setzen voraus, ich sei ein rationales Wesen, dessen Tun und Lassen man verstehend nachvollziehen kann. Sie halten mich, mit anderen Worten, für einen Handelnden. Wer ein Verhalten als ein Handeln deutet, deutet es mit Bezug auf Absichten; wer etwas als Absicht deutet, deutet es mit Bezug auf rechtfertigende Gründe, die der Handelnde habe.

Nichts, was Sie an mir wahrnehmen, zwingt Sie dazu, diese Einstellung einzunehmen. Sie mögen stattdessen meinen, ich sei ein Zombie, ein Wesen ohne Innenleben, das ein perfekter Programmierer darauf eingestellt hat, folgerichtig zu reden. Nur, wenn Sie sich auf diese Vorstellung versteifen, dann werden Sie von dieser Vorlesung nicht viel haben, denn Sie können mir nicht gleichzeitig folgen und sich die ganze Zeit fragen, wer wohl diese Redemaschine programmiert hat. Das sind zwei verschiedene Einstellungen, die Sie nicht gleichzeitig einnehmen können.

Wollen Sie etwas verstehen, so möchten Sie wissen, was ein anderer Ihnen sagen will. Etwas sinnhaft zu verstehen ist eine eigenständige Möglichkeit, es zu deuten. Menschen haben das Bedürfnis, in der Welt als einem Begründungszusammenhang zu stehen. Wir fragen immer wieder nach Absichten. Wer einem anderen eine Absicht zuschreibt, betrachtet ihn als ein rationales Gegenüber, das etwas aus rechtfertigenden Gründen tut.

Das also ist die erste Unterscheidung, die ich Ihnen zumute: Wir können Warum-Fragen beantworten, indem wir Aussagen über Wirkungen auf solche über Ursachen beziehen oder indem wir jemandem eine Absicht zuschreiben. Beides sind Theorien. Nur beziehen sich die einen auf Ursache-Wirkung-Beziehungen, die anderen auf Zusammenhänge von Begründungen und Handlungen. Die einen stellen Erklärungs-, die anderen Begründungszusammenhänge dar. Hinzugefügt sei, dass es mir nicht um Worte, sondern um die Sache geht. Im Alltag reden wir manchmal von „Erklären" und meinen damit Sinnverstehen oder von „Verstehen" und meinen damit kausales Erklären. Unser gewöhnlicher, vorwissenschaftlicher Wortgebrauch ist hier nicht eindeutig. Mir erscheint es hilfreich, die grundlegenden Typen von Theorien terminologisch zu unterscheiden. Das Wort „Erklären" sei daher reserviert für die Bezugnahme auf Ursache-Wirkung-Zusammenhänge, das Wort „Verstehen" für die Bezugnahme auf Begründungszusammenhänge. „Erklären" bezeichnet in diesem Buch, wo nicht anders gesagt, immer kausales Erklären, „Verstehen" immer Sinnverstehen.

Ich habe diese Unterscheidung mit einer gewissen Ausführlichkeit behandelt, weil die Politikwissenschaft ein Fach ist, in dem beide Typen von Theorien eine Rolle spielen; und eine der allgemeinen Fragen der politischen Theorie ist, in welcher Weise sie das tun. Das ist nicht selbstverständlich, weil es nicht für jedes Fach gilt. Die moderne Physik etwa ist eine Wissenschaft, die von Begründungszusammenhängen völlig absieht. Sie strebt allein nach Erklärungen des Ursache-Wirkung-Typus. Auf der anderen Seite stehen die sogenannten Geisteswissenschaften, jedenfalls in ihrem traditionellen Verständnis. „Geist" ist der Inbegriff dessen, was sich sinnhaft deuten lässt. Die Geisteswissenschaften haben es also mit Gegenständen zu tun, in denen wir uns verstehend orientieren. Eine gotische Kathedrale wird von Geisteswissenschaften nicht in erster Linie unter Gesichtspunkten ihrer Statik und der physikalischen Gesetze angeschaut, unter denen sie stehen bleibt, sondern sie wird als Ausdrucksgestalt von etwas Sinnvollem wahrgenommen.

Die Politikwissenschaft ist weder eine Naturwissenschaft wie die Physik, noch eine Geisteswissenschaft wie die Kunstgeschichte. Sie ist eine Sozialwissenschaft; jedenfalls ist sie das heute in erster Linie. Sozialwissenschaften haben einerseits geisteswissenschaftliche Anteile. Sie haben aber andererseits auch Anteile, die über das, was die Geisteswissenschaften beschäftigt, hinausgehen. Dass die Politikwissenschaft geisteswissenschaftliche Anteile hat, legt schon eines ihrer Grundkonzepte, der Begriff des „Regierens", nahe. Wenn Sie sich wissenschaftlich mit Regieren befassen, dann wollen Sie etwa Folgendes wissen: Wann und warum tun Menschen sich zusammen, um Entscheidungen zu treffen, die für eine Gesamtheit von Personen verbindlich sein sollen? Ein in der Disziplin einflussreicher Vorschlag, was das Politische sei, besagt: Politik ist die Praxis der Herbeiführung und Umsetzung kollektiv verbindlicher Entscheidungen. Regieren in diesem Sinne kann verstehend nachvollzogen werden, weil es absichtlich ist. Regieren ist ein Handeln, genauer: ein Zusammenhandeln verschiedener Akteure, die das Handeln einer Mehrzahl von Akteuren – zu denen auch die Regierenden selbst gehören können – zu regeln vorhaben.

Aus diesem generellen Grund gehört zu unserem Fach die verstehende Einstellung dazu. Wer das Politische wie ein Insektenforscher oder Physiker betrachtete, der könnte Regieren als Spielart des Handelns nicht erfassen. Insektenforscher und Physiker suchen nach Regelmäßigkeiten ohne Rückgang auf Überzeugungen und dergleichen in ihrem Gegenstandsbereich. Wer sich dagegen für Regieren interessiert, nimmt auf Regeln Bezug, denen Handelnde jedenfalls auch bewusst folgen. Regierende setzen Regeln im Glauben, damit Handelnden neue rechtfertigende Gründe zu geben, etwas zu tun oder zu lassen. Andernfalls könnten wir uns etwa das Aufstellen neuer Ampeln sparen. Deshalb gehört zur Politikwissenschaft in jedem Fall die verstehende Seite der Theoriebildung. Zu begründen ist eher, warum auch eine andere Seite dazugehört. Warum können wir uns in der Politikwissenschaft mit dem Verstehen allein nicht begnügen?

Die Sozialwissenschaften, zu denen die Politikwissenschaft gehört, betrachten Gesellschaft als einen Gegenstand, der mehr ist als die Summe der Menschen und ihrer Handlungen. Manche denken sogar, Menschen und Handlungen seien nicht grundlegend dafür, was die Gesellschaft zu einem besonderen Gegenstand macht. Jedenfalls sollte sie nicht darauf reduziert werden, welche Menschen mit welchen Absichten in ihr handeln. Gesellschaften können sich gegen Akteure und deren Absichten regelrecht verhärten. Soziale Phänomene mögen durch zweckhaftes Tun hindurch zustande kommen, doch sie kommen nicht immer zustande wie bezweckt. Jeder von Ihnen kennt dafür Beispiele. Wenn Sie zu einer bestimmten Zeit auf einer bestimmten Straße Auto fahren und viele andere tun es auch, dann stehen irgendwann alle im Stau. Der Stau ist ein Zustand, der durch die Handlungen einer großen Zahl von Menschen eintritt. Er ist aber kein von irgendeiner Handelnden gewollter Zustand. Sein Entstehen kann nicht eigentlich verstanden, es kann nur erklärt werden.

Nicht grundsätzlich anders verhält es sich mit gesellschaftlichen Phänomenen wie Geldentwertung und Arbeitslosigkeit. Sie sind zumeist unbeabsichtigte Nebenfolgen einer Vielzahl von Handlungen. Sie stellen sich, bildlich gesprochen, hinter dem Rücken der Handelnden ein. Die Ergebnisse sollten nicht den einzelnen Handelnden oder einem Super-Subjekt („dem System") zugerechnet werden. Sie folgen aus einer Vielzahl untereinander nicht abgestimmter Handlungen mehrerer Akteure.

Nicht zuletzt deshalb brauchen wir Politik. Regieren ist unter anderem dazu da, Handlungen mehrerer Akteurinnen so aufeinander abzustimmen, dass allgemein vorteilhafte Ergebnisse herauskommen, also Staus, Arbeitslosigkeit oder Geldentwertung möglichst vermieden oder aufgelöst werden. Dafür stehen politischen Entscheiderinnen verschiedene Mittel zur Verfügung, von Informationen und Argumenten über Anreize bis zu Strafandrohungen und polizeilichem Zwang. Andererseits ist auch politisches Handeln gegen die Gefahr der Verselbständigung und zweckwidrigen Verkettung von Handlungsfolgen nicht gefeit. Eine Politik, die Arbeitslosigkeit abbauen will, mag als ungewolltes Nebenergebnis den Abstand von Arm und Reich vergrößern; der Kampf gegen Geldentwertung kann Arbeitsplätze kosten.

Kurz: Weil sich gesellschaftliche Verhältnisse gegen die Absichten von Akteuren verhärten können, sollte die Politikwissenschaft für Erklärungszusammenhänge offen sein. Sie sollte darum nicht nur eine Geisteswissenschaft sein. Als Sozialwissenschaft schließt sie beide Typen von Theorien ein: solche, die Begründungs-, und solche, die Erklärungszusammenhänge herstellen.

2. THEORIE ALS TEILDISZIPLIN DER POLITIKWISSENSCHAFT

So viel vorerst zu Theorie im Allgemeinen. Sie mögen nun fragen: Was wird eigentlich in der Teildisziplin Politische Theorie getrieben, wenn doch sowieso alle Wissenschaft wesentlich Theoriebildung ist? Wissenschaftlerinnen sollten ja generell nicht bei der Feststellung von Tatsachen stehen bleiben. Sie sollten unser Orientierungsvermögen vergrößern, indem sie uns Antworten auf Warum-Fragen geben.

Große Teile der Politikwissenschaft gehören heute zu den Erfahrungswissenschaften: Sie wollen wissen, was warum in dieser oder jener Hinsicht (tatsächlich) der Fall ist. Sie wollen vielleicht wissen, warum in manchen Milieus deutlich mehr Bürger rechtsextrem wählen als in anderen. Aber selbst eine solche empirische Theoriebildung schließt manches ein, was nicht selbst empirisch ist. Sie schließt Festlegungen ein, die eher die Voraussetzungen und die Art und Weise empirischer Forschung betreffen als direkt die Erhebung und Erklärung

– oder Begründung – von Tatsachen. Zum Beispiel gebrauchen alle Wissenschaften Begriffe. Begriffe erlauben es mir, etwas unter einem besonderen Gesichtspunkt zu bestimmen und von vielem anderen zu unterscheiden. Sie tragen dazu bei, mögliche Erfahrung zu organisieren. Sie geben Hinsichten vor, in denen wir die Welt betrachten und begreifen können.

An einem Beispiel aus der Theorie internationaler Beziehungen: Ich kann mir die Welt unter dem Gesichtspunkt ansehen, dass sie eine Staatenwelt ist. Der Begriff „Staatenwelt" gibt mir Möglichkeiten der Abgrenzung, etwa von einer ökonomischen oder auf die Künste bezogenen Betrachtung. Zugleich trägt er innerhalb der Theorien internationaler Beziehungen dazu bei, das Feld möglicher Erfahrung zu ordnen. Er lenkt das Augenmerk auf die Beziehung zwischen souveränen Einheiten, die jeweils ein Stück bewohnbarer Erde exklusiv für sich beanspruchen.

Auf diese Weise kann ich eine Menge zu Gesicht bekommen. Ich werde aber auch vieles nicht sehen können. Ich werde zum Beispiel all das nicht sehen, was unabhängig von den Staaten geschieht. Ich werde wirtschaftliche Beziehungen nicht erkennen, Vorgänge in und zwischen sozialen Bewegungen nicht erfassen können. Eine Menge wissenschaftlicher, kultureller und künstlerischer Kontakte oder selbst neuerer Entwicklungen im globalen Privatrecht werden meiner Aufmerksamkeit entgehen. Manches kommt nicht oder nur verkürzt in den Blick, wenn wir die Welt als Staatenwelt ansehen, darunter auch Dinge, die Möglichkeiten und Grenzen von Regieren betreffen.

Was kann man dagegen tun? Man kann zum Beispiel die Welt als Gesellschaftswelt betrachten. Der Begriff „Gesellschaftswelt" hebt soziale Gebilde und Ereignisse hervor, die unabhängig davon sind, ob sie staatlich organisiert oder wenigstens gewollt werden. Auch so sehe ich etwas von der Welt, aber natürlich etwas anderes als zuvor unter dem Gesichtspunkt der Staatenwelt. Wenn ich aber die Perspektive der Staatenwelt um die Perspektive der Gesellschaftswelt ergänze, sehe ich möglicherweise mehr. Ich kann dann etwa wahrnehmen, wie staatliche und nichtstaatliche Akteure zusammen oder gegeneinander agieren.

Um das zu verallgemeinern: Begriffe bilden gewissermaßen Netze, mit denen man Erfahrung einfangen kann. Je nachdem, wie engmaschig ich das Netz mache und worauf ich es werfe, werde ich mehr oder weniger sehen. Ein brauchbares Netz gibt mir die Möglichkeit, vieles Wichtige zu erfassen und zu aufschlussreichen Begründungen oder Erklärungen zu verknüpfen. Allerdings wäre es sinnlos, alles zugleich sehen zu wollen. Wer alles sähe, sähe nichts Bestimmtes. Also schließt jede Art der Betrachtung eine Entscheidung ein, bestimmte Dinge in den Blick zu nehmen und andere bis auf weiteres auszublenden.

Es liegt auf der Hand, dass wir über solche Entscheidungen und ihre Folgen für unsere Erkenntnismöglichkeiten möglichst gut Bescheid wissen sollten. Wir könnten sonst zu Gefangenen unserer eigenen Begriffsnetze werden. Das ergibt eine erste Antwort auf die Frage, wozu wir in unserem Fach eine eigene Abteilung für Theorie brauchen. Die Antwort hat mit den generellen Vorzügen der Arbeitsteilung zu tun: Nicht jede Wissenschaftlerin kann alles gleich gut oder ist an allen Teilen der Forschung gleichermaßen interessiert. Grundsätzlich kann jede Wissenschaftlerin zur Theoretikerin werden, und in einem grundlegenden Sinne sollte jede es sein. Wer empirisch forscht, sollte nicht nur sagen können, was er erforscht, sondern auch, wie er es tut.

Die Theorie ist eine Abteilung, die darüber zusammenhängende Aussagen treffen will. Sie will zum Beispiel wissen, was wir uns damit einkaufen, dass wir die Welt als Staatenwelt oder aber als Gesellschaftswelt betrachten. Sie will uns über die Konsequenzen der Entscheidung aufklären, die politische Welt auf Absichten von Akteuren zurückzuführen oder umgekehrt von Absichten völlig abzusehen. Wer so etwas weiß, kann die Effekte des eigenen wissenschaftlichen Tuns besser kontrollieren. Seine Forschung wird bewusster erfolgen, mit größerer Aufmerksamkeit für ihre Grenzen und Konsequenzen.

Für dieses Verständnis von Theorie ist also die Unterscheidung wesentlich zwischen dem Was der Forschung, der Bezugnahme auf Gegenstände der Erfahrung, und dem Wie, der Art und Weise, in der die Bezugnahme erfolgt. Wir Theoretiker sind eher Spezialisten für das Wie als für das Was. Dazu sollten wir sicher die Inhalte empirischer Forschung möglichst gut kennen – wie könnten wir sonst über die relative Fruchtbarkeit wissenschaftlicher Zugangsweisen befinden? Soweit wir aber an Theoriebildung teilhaben, sind wir nicht so sehr mit empirischer Forschung selbst als mit ihren Voraussetzungen und Folgen befasst. Wir gehen gewissermaßen den begrifflichen Spuren empirischer Forschung nach, um herauszufinden, wohin sie uns führen und auch, welche Weggabelungen – Alternativen – es geben könnte.

Nun täte man vielen Forscherinnen, die sich etwa mit internationalen Beziehungen oder vergleichender Regierungslehre befassen, bitter Unrecht, wenn man ihnen abspräche, dass sie zur Theorie im eben erläuterten Sinne beitragen. In allen empirischen Abteilungen der Politikwissenschaft gibt es Theoriebildung auf einem teils bewundernswert hohen Niveau. Ich hatte schon auf das Beispiel der Unterscheidung zwischen Staatenwelt und Gesellschaftswelt in Theorien internationaler Beziehungen hingewiesen. Die Frage scheint daher wiederzukehren: Wozu brauchen wir eine eigene Teildisziplin Politische Theorie mit eigenen Professuren?

Auf die Gefahr hin, hochmütig zu erscheinen, möchte ich frei nach Goethe antworten: Die Teildisziplin Politische Theorie befasst sich mit dem, was die Welt der Politikwissenschaft im Innersten zusammenhält. Dass es über alle Teilbereiche hinweg, oder durch sie alle hindurch, etwas Verbindendes geben muss, geht schon aus dem Wort „Teildisziplinen" hervor. Wir brauchen eben nicht nur Theoriebildung zum Zwecke der Erforschung internationaler Beziehungen, von Umweltpolitik oder Geschlechterverhältnissen. Wir wollen auch wissen, warum sie jeweils zur Politikwissenschaft zählen oder inwiefern sie das tun. Wir wollen etwa die für unser Fach als Ganzes grundlegenden Begriffe möglichst vollständig und stimmig zur Sprache bringen. Wir wollen ein Netz aus den allgemeinen Begriffen knüpfen, die die politikwissenschaftlichen Weisen des Weltzugangs ausmachen.

Die Wortschöpfungen „Staatenwelt" oder „Gesellschaftswelt" sind zugeschnitten auf Fragestellungen der Theorie internationaler Beziehungen. Aber „Staat" und „Gesellschaft" sind Begriffe von größerer Reichweite. Sie stehen auf einer Stufe der Allgemeinheit mit Konzepten wie „Macht" und „Herrschaft", „Gewalt" und „Ordnung". Solche Konzepte durchziehen unser Fach als Ganzes. Wer über das Politische nachdenkt, wird ausdrücklich oder der Sache nach auf sie stoßen – ganz gleich, ob er das mit Blick auf die internationalen Beziehungen, die Umweltpolitik oder die Geschlechterbeziehungen tut. Und das könnte ihn zurückführen bis zu der für unser Fach schlechthin grundlegenden Frage: Was ist eigentlich Politik oder das Politische? Jeder, der ernsthaft Politikwissenschaften studiert, wird auf diese Frage stoßen. Und wo sollte sie disziplinär hingehören, wenn nicht in die politische Theorie?

Worum geht es in der Politik: um die Macht oder um eine möglichst gute Ordnung? Ist das Politische vor allem Kampf oder in erster Linie Verständigung? Ist es eine Art Alpdruck aus Herrschaft, der auf uns lastet und den wir möglichst abschütteln sollten? Oder ist das Politische ganz im Gegenteil der Raum, in dem der Mensch sich verwirklicht? Sind wir wesentlich politische Tiere, die nur im Medium des öffentlichen Redens und Handelns zu sich kommen können? Oder sind wir im Grunde apolitische Tiere, die von Politik ihre Ruhe haben wollen, es sei denn, sie nützt uns? Das sind unterschiedliche und auch unvereinbare Antworten auf eine Frage, die für unser Fach schlechthin gegenstandsbestimmend ist.

Der Begriff des Politischen verweist auf den der Gesellschaft. Schließlich sind politische Ordnungen immer soziale Ordnungen, und politische Formen des Zusammenwirkens sind Sonderformen des gesellschaftlichen Zusammenwirkens. Das hatte ich der Sache nach schon gesagt, als ich die Politikwissenschaft zu den Sozialwissenschaften zählte. Was aber ist eine Gesellschaft? Genügt es, wenn mehrere Menschen zusammenstehen und voneinander Notiz nehmen, etwa als Wartende an einer Bushaltestelle? Oder müssen sie in irgendeinem Sinne aneinander interessiert sein? Und wenn ja, in welchem Sinne? Sollte man sich das gegenseitige Interesse wie eines vorstellen, das Vertragsparteien aneinander bindet? Werden Gesellschaften von Parteien gebildet, die in Beziehungen des Gebens und Nehmens eintreten, um den je eigenen Nutzen zu mehren? Oder ist das Interesse an anderen schon darin enthalten, dass ich überhaupt ein Mensch mit einem besonderen Selbstverständnis bin? Kommt nicht mit jedem Wort, das ich sage, Gesellschaft zum Ausdruck? Wer wäre ich, hätten mich nicht andere von klein auf angenommen und angesprochen, die wiederum bis in ihre Worte, ihre Gesten, Gefühle und Gerüche hinein Kinder ihrer Gesellschaft waren? Und ist nicht die Fähigkeit, „Wir" zu sagen, wenigstens ebenso grundlegend wie die Fähigkeit, „Ich" zu sagen?

Solche Fragen führen uns weiter auf das Gebiet des Nachdenkens über den Menschen. Gibt es hier etwas Allgemeines zu entdecken, oder gibt es ebenso viele Arten von Menschen, wie es besondere Lebensformen gibt? Die meisten politischen Theorien geben ausdrücklich oder unausdrücklich die erste Antwort. Sie ist auch die naheliegende: Impliziert nicht schon die Bezugnahme auf Menschen im Unterschied zu Göttern, Tieren oder Pflanzen, dass uns allen etwas gemeinsam sein muss? Noch wer betont, dass Menschen ihr Leben einsam und gemeinsam gestalten, hebt etwas hervor, was Menschen im Allgemeinen ausmacht, im Unterschied zu Mäusen.

Angenommen also, wir kommen um ein wenigstens formales Menschenbild nicht herum: Sollten wir dann optimistisch sagen, wir seien im Grunde gut, oder pessimistisch, wir seien im Grunde böse? Oder sind wir in Wahrheit so oder so zu allem fähig? Und haben wir die Fähigkeit zum Guten wie zum Bösen vielleicht, weil wir frei sind, im Handeln unseren Urteilen zu folgen und unsere Urteile durch Überlegung zu bilden? Oder ist diese Freiheit, wie neuerdings philosophierende Hirnforscher behaupten, eine Illusion? Tun wir vielmehr stets, was durch Vorgänge in unserem Gehirn festgelegt wird, zu denen unsere Überlegungen allenfalls folgenlose Kommentare bilden?

Fundamentale Annahmen über Gesellschaft und menschliche Natur – denen sich noch solche über die nichtmenschliche Natur sowie über Zeit und Geschichte(n) hinzufügen ließen – sind von weltbildhafter Allgemeinheit. In sie gehen Grundhaltungen ein, die vielleicht mehr mit Temperamenten als mit guten Gründen zu tun haben. Ist die Welt eigentlich ein guter Ort, dem wir uns anvertrauen können? Oder ist sie ein kalter Kosmos, in den wir hineingeworfen wurden, um einen ständigen Kampf ums Dasein zu führen?

Vielleicht richten Argumente in diesen tiefsten Schichten unseres Welt- und Selbstverstehens nichts mehr aus. Umso wichtiger scheint es mir, sie möglichst umfassend und stimmig zur Sprache zu bringen. Wir wissen dann wenigstens, was uns auf der Ebene ausdrücklicher Begründungen voneinander trennt. Vielleicht hilft uns das, einander bei aller Gegnerschaft im Grundsätzlichen mit größerem Verständnis zu begegnen.

Das also ist mein Vorschlag: Die politische Theorie fragt danach, was das Fach Politikwissenschaft im Innersten zusammenhält, indem sie auf seine allgemeinen Voraussetzungen und Merkmale Bezug nimmt. Sie betrachtet seine grundlegenden Begriffe, Modelle und auch Weltbilder. Sie ist, mit etwas anderen Worten, die allgemeine Reflexionsinstanz der Politikwissenschaft. Das sollte man sich allerdings nicht so vorstellen, als herrschte auch nur über die grundlegenden Begriffe und Herangehensweisen unter allen Fachvertreterinnen Einigkeit. In Fächern wie unserem reichen die Gegensätze sehr tief. Sie betreffen mehr als nur Fragen über Faktisches. Sie haben auch damit zu tun, was überhaupt als beachtenswertes Phänomen, was als belangvolle Frage, was als fruchtbare Vorgehensweise und was als guter Grund gelten darf.

Diese Antwort auf die Frage, wozu wir Theorie haben sollten, ist nur eine Teilantwort. Sie ist vor allem zugeschnitten auf die erfahrungswissenschaftliche Seite der Politikwissenschaft. Vor allem von dieser Seite her habe ich mich bislang einem generellen Theorieverständnis für unser Fach genähert. Nun will ich Ihnen, um das Bild vollständig zu machen, eine letzte Grundunterscheidung zumuten: Politikwissenschaftlerinnen stellen sowohl deskriptive als auch normative Fragen.

Eine deskriptive Frage hat die allgemeine Form: Was ist der Fall, und warum ist es der Fall? „Deskription“ ist ein Fremdwort für „Beschreibung“. Deskriptive *Theorien* sollen allerdings nicht nur feststellen, was der Fall ist, sondern auch erklären oder zu verstehen geben, warum es der Fall ist. Eine normative Frage hat die allgemeine Form: Was soll der Fall sein, und warum soll es der Fall sein? Normen fordern uns dazu auf, in einer bestimmten Weise oder zu bestimmten Zwecken zu handeln. Anders als bloße Aufforderungen wie „Handy her!“ schließen sie allerdings einen Anspruch auf Anerkennungswürdigkeit ein. Alle Adressatinnen sollten die Gründe einsehen können, die für die Normbefolgung sprechen, wobei bloßer Zwang nicht als guter Grund gilt. Normative *Theorien* wollen uns dementsprechend sagen, was aus welchen rechtfertigenden Gründen gesollt ist. Sie sind im Kern immer Begründungszusammenhänge.

Wie wichtig normative Fragen in der Politik sind, können Sie an Grundbegriffen wie „Frieden", „Freiheit", Gerechtigkeit" und „Gemeinwohl" erkennen. Sie stehen für – sehr allgemeine und in ihren genauen Anforderungen wohl ewig umkämpfte – Werte, die Menschen zur Beurteilung dienen, ob ihre politischen Ordnungen gut oder wenigstens annehmbar sind. Das ist eine Tatsache des politischen Lebens, die natürlich auch reinen Empirikern nicht verborgen geblieben ist. Auch sie interessieren sich für Normen, doch nicht unter dem Gesichtspunkt ihrer Anerkennungswürdigkeit. Sie wollen nicht wissen, ob eine Norm gerechtfertigt, sondern allein, ob sie wirksam ist. Wirksam ist sie, wenn sie das Handeln von Menschen effektiv reguliert. Politikwissenschaftler fragen etwa nach der Rolle des Legitimitätsglaubens im politischen Leben. Damit ist gemeint, dass Menschen eine politische Ordnung, deren Gesetzen sie unterliegen, in den Grundzügen für zustimmungswürdig halten müssen, wenn die Ordnung dauerhaft sein soll. Eine allein auf Unterdrückung gegründete Ordnung wäre nicht etwa besonders stabil. Sie wäre besonders brüchig, weil die Menschen über die Furcht hinaus keinerlei inneren Antrieb verspürten, für sie einzustehen.

Manche Politikwissenschaftlerinnen meinen, damit sei alles gesagt, was man wissenschaftlich über Normen sagen könne. Die Beurteilung der Normen als mehr oder weniger anerkennungswürdig falle in das Gebiet der Wertfragen, auf dem die Wissenschaften nichts zu suchen hätten. Ich bin anderer Ansicht. In diesen Vorlesungen werde ich Ihnen neben – vorgeblich – rein deskriptiven Theorien auch erklärtermaßen normative vorstellen, ohne von vornherein die einen für eher theoriefähig zu halten als die anderen.

Erklärtermaßen rein deskriptiv, auf das Verständlich machen der Wirklichkeit beschränkt, ist etwa die Systemtheorie Niklas Luhmanns. Der politische Liberalismus eines John Rawls ist dagegen eine ausdrücklich normative Theorie. Sie will auf systematische, allgemein nachvollziehbare Weise Aussagen verknüpfen, um Grundsätze der Gerechtigkeit zu gewinnen. Man mag darüber streiten, ob ihr das überzeugend gelingt. Das ist aber nicht entscheidend dafür, ob sie als Theorie gelten darf; auch viele Erklärungszusammenhänge gehen schließlich ins Leere. Die Fehlbarkeit ist geradezu ein Kennzeichen von wissenschaftlich ergiebigen Theorien. Normative Aussagen unterstehen eigenen Standards der Rechtfertigung, nach denen wir gültige von ungültigen Begründungen unterscheiden können. In diesem Sinne sind sie wissenschaftsfähig.

Ich verstehe daher politische Theorie als einen Denkraum, in dem sowohl deskriptive als auch normative Theorien einen Platz haben. Ein anderes Wort für „Normative Theorien des Politischen" ist „Politische Philosophie". Politische Philosophie und deskriptive politische Theorie bilden gemeinsam den Gegenstand dieser Vorlesungen. Sie werden merken, dass sich manche Theorietypen ohnehin gegen die Zuordnung zu nur einer der zwei Seiten sperren; der (Neo-) Marxismus ist dafür ein Beispiel. Aber ganz generell bin ich der Ansicht, dass beide Seiten, die deskriptive und die normative, indem sie miteinander konfrontiert werden, nur gewinnen können: Sie verweisen in mehr als einer Hinsicht aufeinander. Das sei zum Abschluss dieser Vorlesung stichwortartig gezeigt.

Die meisten von uns nehmen als Bürgerinnen und Bürger, einige auch als Inhaber von Ämtern, an der politischen Welt teil. Wir mögen eher am Rande an ihr teilhaben. Jedenfalls aber ist sie uns nicht in dem Sinne fremd, wie uns die Welt der Insekten fremd ist. Die Welt der Insekten mögen wir uns durchs Mikroskop und immer raffiniertere Verfahren der Veranschaulichung nahebringen können, aber sie bleibt uns doch wesenhaft fern. Wir können sie zwar von außen beobachten, aber nicht an ihr teilnehmen. Allein sich vorzustellen, wie es wäre, ein Insekt zu sein, bereitet gewisse Schwierigkeiten; versuchen Sie es einmal! Die politische Welt hingegen ist uns in bestimmten Ausschnitten vertraut. Vielleicht werden wir nie das Kanzleramt von innen sehen. Aber wenigstens sind wir mit Wahlen und Abstimmungen vertraut, und hoffentlich haben Sie alle schon einmal demonstriert, einen Leserbrief geschrieben oder Ähnliches.

In der politischen Welt bewegen wir uns, indem wir Wertüberzeugungen folgen. Das ist zunächst wiederum eine Tatsachenbehauptung: Die politische Welt besteht sicher nicht nur aus Zynikern, die „Frieden“ oder „Gerechtigkeit“ sagen und nichts als die Mehrung ihrer Macht meinen. Das kann schon deshalb nicht sein, weil wir ja alle zu dieser Welt gehören, wenn auch natürlich nicht alle an den entscheidenden Stellen. Und wir möchten möglichst für Ziele und Grundsätze eintreten, die durch gute rechtfertigende Gründe gedeckt sind. Wir wollen nicht nach Belieben Partei nehmen, sonst könnten wir vor einer Wahl auch die Münze werfen.

Die normative politische Theorie nimmt die Einstellungen, die unsere tatsächlichen politischen Parteinahmen tragen, beim normativen Nennwert. Sie nimmt sie als Einstellungen ernst, die auf Überzeugungen gründen. Sie will etwa klären, was gerecht wäre, um welche Freiheit(en) wir kämpfen sollten oder welche Mittel im Kampf um noch so hehre Ziele niemals zulässig sind. Und sie tut das in einer hoffentlich systematischen, allgemein nachvollziehbaren Art und Weise. Die vielen mehr oder weniger spontan geäußerten politischen Urteile des Alltags mögen ihr dabei als Rohmaterial dienen.

Ein großer Teil des Materials lässt sich vielleicht auf eine gut überschaubare Zahl von Grundsätzen bringen. Grundsätze sind dazu da, Ordnung in unsere normativen Überzeugungen zu bringen. Nicht alles, was alltäglich gefühlt, gemeint und gewollt wird, dürfte in diesem Sinne „ordnungsfähig" sein. Manche Ansicht, manche Haltung werden sich als normativ unhaltbar herausstellen. Die politische Philosophie ist keine Sammelstelle unserer stabilsten Vorurteile. Sie ist eine Prüfinstanz, der wir gerade solche Ansichten aussetzen sollten, an denen wir besonders hängen. Sie erfüllt eine kritische Funktion auch da, wo sie vor allem will, dass wir uns in unserem Streben als politisch Handelnde möglichst gut verstehen. Denn als politisch Handelnde verstehen wir uns so, dass wir aus guten und nicht aus schlechten Gründen handeln wollen.

Eine fundamentale Frage lautet, ob es rein deskriptive Theorien in einem Fach wie der Politikwissenschaft überhaupt geben kann. Sicher ist, dass uns nicht „die Welt, wie sie an sich ist", eine ganz bestimmte Weise der theoretischen Betrachtung vorgibt. Gewiss, wer empirisch forscht, will die Welt entscheiden lassen, was der Fall ist. Für die Fragen aber, die er an sie richtet, und die Einstellungen, die er dabei einnimmt, ist er selbst zuständig. In der Politikwissenschaft hat die Auswahl solcher Fragen und Einstellungen viel damit zu tun, was nicht nur Wissenschaftler, sondern auch politisch Handelnde für erheblich halten. Forscherinnen sind schließlich auch Bürgerinnen. Und Forschungsergebnisse können die Selbst- und Weltwahrnehmungen politisch Handelnder verändern.

Diese Art der Wechselwirkung zwischen „Subjekten" und „Objekten" der Forschung ist kennzeichnend für die verstehend vorgehenden Wissenschaften vom Menschen. Sie findet keine Entsprechung in der Insektenforschung oder in der Physik. Deren Objekte sind gleichgültig dagegen, wie sie wissenschaftlich beschrieben und gedeutet werden. Hingegen kann es für einen Menschen einen Unterschied machen, ob er sich als Opfer von Diskriminierung oder als Asylbetrüger beschrieben findet.

Die Entscheidung für eine unter mehreren Theorien hängt in unserem Fach nicht zuletzt davon ab, welchen Aufschluss über soziale Fehlentwicklungen sie zu geben verspricht. Eine wichtige Frage in der Politikwissenschaft ist, ob eine Theorie eher eine zustimmende oder eine ablehnende Einstellung zu den vorherrschenden Verhältnissen nahelegt: ob sie den Status quo vielleicht schon durch begriffliche Weichenstellungen eher in einem guten oder in einem schlechten Licht dastehen lässt. Soweit Theorien wenigstens unterschwellig wertende Einstellungen transportieren, sollten auch diese theoretisch bedacht werden. Ich werde an verschiedenen Stellen der Vorlesung zu zeigen versuchen, wie Wertungen selbst in solchen Theorien wirksam werden, die beanspruchen, rein beschreibend und erklärend zu sein. Soweit Wertungen unvermeidlich sind, sollten wir sie bewusst und nicht blind vornehmen und auch nicht andere über sie im Unklaren lassen. Das jedenfalls ist meine Überzeugung, über die ich Sie meinerseits nicht im Unklaren lassen wollte.

2. VORLESUNG. WAS IST MODERNE POLITISCHE THEORIE?

1. DIE MEHRDEUTIGE MODERNE

Über Theorie im Allgemeinen und politische Theorie im Besonderen habe ich etwas gesagt. Offen geblieben ist noch der dritte Teil des Titels dieser Vorlesungen: Was ist *moderne* politische Theorie? Einmal mehr kann ich Ihnen nur Vorschläge machen, die im Fach umstritten sind. In der Theorie ist ohnehin alles umstritten, sogar, was Theorie selber sei. Die Grundlagen des politischen Lebens lassen mehr als eine Deutung zu. Für kaum einen Begriff gilt das so offensichtlich wie für den der „Moderne“: Wo fängt sie an? Ist sie noch unsere Sache? Oder haben wir sie, zum Guten oder Schlechten, hinter uns gelassen, wie die so genannten Postmodernen behaupten?

Es gibt keine allgemein geteilte Auffassung davon, wann die Moderne beginnt. „Moderne“ ist ohnehin ein Wort, das in verschiedenen Bedeutungszusammenhängen verschieden gebraucht wird. Für die Malerei etwa kann man sagen, die Moderne wurde vorbereitet von den Überwindern des Impressionismus, Paul Cézanne, Vincent van Gogh und Paul Gauguin, und sie kam zu sich selbst im Kubismus eines Pablo Picasso und Georges Braque seit 1907 sowie im ersten gegenstandslosen Aquarell Wassily Kandinskys 1910. In den ungefähr gleichen Zeitraum fallen ihre Anfänge in der Architektur: Louis Sullivan in Chicago, Adolf Loos in Wien, Peter Behrens in Berlin entwarfen und schufen Bauten ohne schmückendes Beiwerk, an denen die Merkmale der Konstruktion hervortraten und der profane Zweck nicht verschleiert, sondern betont wurde.

Scheinbar viel früher beginnt die Moderne auf unserem Gebiet, der Politik. Für die politische Welt ist das einschneidende moderne Ereignis die Revolution, zunächst in den amerikanischen Kolonien der späteren USA und sodann in Frankreich. Die amerikanische und die Französische Revolution setzen die Gründungsdaten der Moderne in der politischen Welt. Wählt man einen eher auf Gesellschaft bezogenen Blick, dann liegt die Aussage nahe, das Gründungsdatum der Moderne sei die industrielle Revolution.

Sollte also das Programm dieser Vorlesungen irgendwo zwischen dem späten 18. und der ersten Hälfte des 19. Jahrhunderts einsetzen? Dafür gäbe es, wie angedeutet, Gründe. Vorkommen müssten dann die politischen Theorien Georg

Wilhelm Friedrich Hegels, der Junghegelianer, von Karl Marx, Alexis de Tocqueville, Edmund Burke und John Stuart Mill. Warum also, abgesehen von dem immer gültigen Grund des Zeitmangels in einer Vorlesung, kommen sie nicht vor?

Meine kurze Antwort, auf die gleich eine längere folgen soll, lautet so: Sie sind keine zeitgenössischen oder diese unmittelbar vorbereitenden Theorien. In den heutigen Theoriedebatten spielen sie allenfalls mehrfach gefiltert eine Rolle. Sie sind zu Klassikern geworden, aber vieles, was sie voraussetzen, ist nicht mehr Teil unserer Welt. Sie haben, mit mehr oder weniger großem Weitblick, Entwicklungen vorausgesehen, die vielleicht erst in unserer Zeit ganz zum Tragen kommen. Ein Beispiel ist die Individualisierung, der der Franzose Tocqueville in seinen Büchern *Über die Demokratie in Amerika* scharfsinnige Betrachtungen gewidmet hat; ein anderes Beispiel ist die Globalisierung, über deren kapitalistische Antriebskräfte Sie viel Lesenswertes bei Marx finden.

Um die ausführlichere Antwort zu geben, muss ich weiter ausholen. Ich will etwas darüber sagen, was mir das Problem der Politik in der Moderne zu sein scheint. Auf dieses Problem, so denke ich, gehen ausdrücklich und in ganzer Radikalität erst Theorien aus dem zwanzigsten Jahrhundert ein. Was sie eint, ist die Überzeugung, die Grundlagen alles bisherigen Nachdenkens über das Politische seien hinfällig geworden. Die Moderne habe eine zu ihr passende politische Theorie noch nicht gefunden. Alle vorliegenden Versuche wirkten wie aus der Zeit gefallen. Sie zehrten von Voraussetzungen, die vergangenen Ordnungen angehörten und mit diesen dahingegangen seien.

Vielleicht begannen also zwar die modernen *Verhältnisse* mit den politischen, technologischen und sozialen Umwälzungen des späten 18. und des 19. Jahrhunderts. In diesen Vorlesungen aber geht es um moderne *Theorien*, und die könnten deutlich später gekommen sein. Diese Behauptungen will ich etwas erhellen, aber eines vorausschicken: Am Ende wird ein Resteindruck von Willkür bleiben. Meine Vorlesungen könnten weiter zurückgehen als bis in die erste Hälfte des letzten Jahrhunderts, in denen sie hauptsächlich einsetzen. Sie könnten vielleicht sogar später beginnen, obwohl ich da schon größere Zweifel habe: Die Theorien unserer Zeit haben direkte Vorläufer, ohne deren Kenntnis sie selbst unverständlich blieben. Mein hauptsächliches Ziel ist die systematische Einführung in zeitgenössische Theorien. Die Vorlesungen sind daher weniger zeitlich als sachlich angeordnet; und die eher historischen Abschnitte sollen die heute wichtigsten Theorievarianten aus ihrem Entstehungszusammenhang heraus verständlich machen.

Jetzt aber, wie angekündigt, ein paar Worte über das Problem des Politischen in der Moderne. Dabei werde ich den Begriff „Moderne“ in Beziehung setzen zu Wertungen, die wesentliche Seiten unseres Selbstverständnisses treffen. Ich werde mich also zunächst vor allem mit Selbstbildern befassen, ohne Rücksicht darauf, wie vieles ihnen in der Wirklichkeit entspricht. „Der moderne Mensch“, über den ich sprechen werde, ist eine bewusste Idealisierung, von der ich hoffe, dass Sie alle sich in ihr wiederfinden werden. Sie alle dürfen sich mitgemeint fühlen – und können überprüfen, inwieweit das folgende Selbst- und Weltverständnis auch das Ihre ist.

2. AUTONOMIE ALS GRUNDWERT DER MODERNE

Ein modernes Grundmotiv ist, dass die Menschen selbst ihre Welt verantwortlich gestalten müssen. Dieses Motiv versteht sich nicht von selbst. Im Mittelalter herrschte die Idee eines Heilsplans vor, nach dem Gott die Welt gemacht habe. ER wolle, dass wir uns auf Erden bewähren, jeder an dem von IHM vorgesehenen Platz. Mit dieser Idee einer sinnvollen, aber vorgegebenen Ordnung bricht die moderne Weltauffassung. Ihr zufolge sind wir zumindest für die zwischenmenschliche Ordnung der Dinge allein verantwortlich. Das moderne Selbst- und Weltverständnis ist vom Gedanken einer Bestimmung des Menschen zur Selbstbestimmung geprägt. Menschen leben unter Gesetzen, die nur sie sich geben können. Das Fremdwort dafür ist „Autonomie“. Der moderne Mensch versteht sich also als ein zur Autonomie bestimmtes Wesen. Er begreift und bejaht, dass die Welt in seine Hände gegeben ist. Etwas salopper gesagt: Modernen Menschen eignet ein starker Machbarkeitsglaube.

Das macht übrigens auch manche Merkmale der kulturellen Moderne verständlich. Man kann etwa sagen, die moderne Malerei hat nach der Autorität der Religion auch die der Außenwelt überwunden. Malerinnen der klassischen Moderne wollten aus innerer Notwendigkeit malen: Sie wollten sich selbst ausdrücken. In gewissem Sinne war das Thema ihres Malens, durch alle besonderen Motive hindurch, die eigene Befindlichkeit oder Freiheit. Andere exponierten selbstbewusst die Methoden und Materialien ihrer Arbeiten. Sie wollten Konstrukteure sein, nicht Nachbildner. Manche erstrebten eine Aufhebung ihrer Kunst in etwas Handfesterem, in Technik oder Politik. Auch so konnte man sich als weltgestaltend verstehen, und nicht nur im Schein- und Schonraum der Kunst. Und neben dem Ingenieur galt vielen der politische Aktivist als Weltveränderer *par excellence*.

Die moderne Ansicht, wir müssten unsere Welt von Grund auf neu gestalten (können), hat eine natürliche Nähe zur Politik. Beginnend mit den Revolutionen in Nordamerika und Frankreich, hat immer wieder die Hoffnung auf eine politische Veränderung der Welt zahlreiche Menschen bewegt. Karl Marx hat es so ausgedrückt: Die Menschen haben immer schon ihre eigene Geschichte gemacht, nur nicht unter selbst gewählten Umständen. Erst der Kommunismus werde die Menschen dazu befähigen, ihren Werdegang mit Willen und Bewusstsein zu gestalten. Das ist ein besonders deutliches – und vielleicht auch überspanntes – Beispiel für das Zutrauen moderner Menschen in die politische Machbarkeit ihrer Umstände.

Doch der Gedanke der Autonomie muss keine politische Pointe haben. Sogar das Gegenteil ist möglich: Zur Moderne gehört auch die Auffassung, dass jeder Mensch das gute Recht habe, sich von Politik fernzuhalten. Den alten Griechen wäre das buchstäblich „idiotisch" vorgekommen. Ein Idiot im ursprünglich griechischen Sinne dieses Wort war ein Mann, der die herrschaftlichen Angelegenheiten des Haushaltes für wichtiger hielt als die Mitwirkung an den Versammlungen freier und gleicher Bürger. Dieses Werturteil ist in der Moderne nicht mehr unbedingt überzeugend. Selbstverwirklichung in ihrem Sinne heißt nicht automatisch auch Handeln im öffentlichen Raum. Wir sind heute aus guten Gründen vorsichtig geworden, was Aussagen über das Wesen „des Menschen" angeht. Wir wissen, dass die Vorstellungen über das Gute auseinandergehen – nicht zuletzt, weil die Menschen verschieden sind. Wenn einer sich autonom dazu entschließt, sein Leben der Politik zu widmen, ist das gut. Wenn er autonom ein Leben als Globetrotter wählt, ist das auch gut.

Ich glaube, die meisten von uns fühlen in sich etwas von beidem: Sie haben das Gefühl, eine Selbstbestimmung ganz ohne öffentliche Dimension wäre irgendwie unvollständig. Und doch verwirklichen sie wesentliche Auffassungen vom Guten in ihrem privaten Leben. Sie haben ein gewisses Gefühl der Zuständigkeit für Fehlentwicklungen und Verbesserungsmöglichkeiten in der Welt, aber auch das Bedürfnis, Dinge ganz für sich entscheiden zu dürfen, ohne der Allgemeinheit Rechenschaft zu schulden. Eine Totalpolitisierung aller Lebensfragen kann nicht in ihrem Sinne sein. Sie sehen sich als Subjekte eigenen Rechts, ohne darum jede öffentliche Mitverantwortung zu leugnen.

Damit sind zwei Extreme berührt, zwischen denen Deutungen der Moderne oft schwanken: das einer Totalpolitisierung einerseits, das einer gänzlichen Privatisierung andererseits. Ich wollte verständlich machen, warum beide Extreme ein und derselben Grundnorm entspringen können: der Autonomie oder Selbstbestimmung. Diese hat in der Moderne eine politische und eine persönliche Seite, die sich offenbar nicht aufeinander reduzieren lassen. Selbstbestimmung kann heißen: Wir gestalten unsere Welt nach Maßgabe gemeinsam ermittelter Zwecke. Selbstbestimmung kann ebenso heißen: Jeder einzelne folgt seiner eigenen Vorstellung vom Guten, und ob das nun mit der Politik und in der Politik oder gegen die Politik geschieht, ist seine Sache.

Wohl jeder von uns kennt die Anziehungskraft beider Konzeptionen und auch ihre mögliche Gegensätzlichkeit: Gehe ich zur Vollversammlung oder doch lieber mit Karin ins Kino? Das ist einer der Gründe, warum in Deutungen der modernen Situation, prominent etwa in der Romantik und bei dem deutschen Philosophen Hegel, so oft von „Zerrissenheit“ die Rede ist. Wer die Verhältnisse gern einfach und eindeutig hätte, wird mit der Moderne nie ganz glücklich sein können. Und vielleicht kann man das prinzipiell nicht.

Albert Hirschman, ein ungewöhnlich vielseitiger und geistreicher Wirtschaftswissenschaftler, hat ein schönes kleines Büchlein geschrieben mit dem Titel *Engagement und Enttäuschung*. Er hat darin die folgende Beobachtung festgehalten: Wenn wir die letzten Jahrhunderte Revue passieren lassen, so finden wir im Verhältnis der Menschen zur Politik eine Art Zyklus. Wirtschaftswissenschaftler lieben Zyklen, und Albert Hirschman glaubte, sie nicht nur in Gestalt von Wirtschaftskonjunkturen zu finden, sondern auch in Gestalt von Konjunkturen politischen Interesses, eben: zwischen Engagement und Enttäuschung.

Ich will das etwas veranschaulichen. Die Jahre seit 1966/67 waren geprägt von einem enormen Interesse an Politik und einem ausgeprägten Glauben an die weltumbildende Macht politischen Handelns. „Wir können eine Welt gestalten, wie sie die Welt noch nie gesehen hat“, hat der Berliner Studentenführer Rudi Dutschke seinen Kommilitoninnen zugerufen. Diese Jugend, bemerkte dazu der Fernsehjournalist Günter Gaus, ist wieder ideologiefähig. Das unterscheide sie von der Vorgängergeneration in den fünfziger Jahren, die die „skeptische“ genannt worden war, weil sie mehrheitlich von Politisierung nichts mehr wissen wollte. Für sie oder jedenfalls ihre Eltern hatte sich politischer Enthusiasmus im Schaum vor dem Munde des Führers und seiner „Heil“ schreienden Anhängerinnen manifestiert. Sie kümmerten sich daher lieber um den Wiederaufbau und erfreuten sich am Fußballspiel Fritz Walters.

Wie auch immer das Dritte Reich zu Hirschmans Diagnose passt: Auf die Politikabstinenz in den fünfziger Jahren folgte, ganz in ihrem Sinne, eine Hochkonjunktur der Politisierung seit der zweiten Hälfte der sechziger. Sie fand eine schon ernüchterte Fortsetzung in den neuen sozialen Bewegungen, den Bürgerinitiativen und alternativen Lebensformen der siebziger und frühen achtziger Jahre. Es folgten die endlos langen Jahre unter Kanzler Kohl, in denen die politischen Initiativen fast alle entschliefen. So mancher, der in den achtziger Jahren noch frierend in Friedenscamps ausgeharrt hatte, suchte später den Weg nach innen oder schaute in die Sterne und wurde esoterisch. In gewisser Weise erlaubte ihm dies, am Machbarkeitsglauben festzuhalten, nur unter Abspaltung seiner politischen Dimension.

Der Pendelschlag von Politik zu Esoterik ist ein Beispiel für die Kontinuität eines modernen Grundverlangens bei Wechsel der Bezugsgröße: An die Stelle des kämpfenden Kollektivs ist der eigene Bauchnabel getreten. Die Esoterik kann verstanden werden als der zum Aberglauben gewordene Drang, die Welt in den für das eigene Wohl und Wehe wesentlichen Hinsichten gestalten zu können. Nur bilden nicht gemeinsames Beratschlagen und Handeln, sondern Selbstüberredung und andere Psychotechniken das Muster der Gestaltung. Das ist nicht das einzige Beispiel für eine Auswechslung politischer durch private Visionen der Selbstbestimmung. Die neoliberale Selbst- und Weltvermarktung ist ein weiteres.

Hirschmans Beobachtung sollte nicht verwundern, bedenkt man die Spannung im modernen Autonomieideal. Politische Selbstgesetzgebung und private Selbstverwirklichung konkurrieren um die Vorherrschaft in unseren Seelen. Es hängt dann einerseits von äußeren Umständen, andererseits von eigenen Erfahrungen ab, welche Deutung der modernen Grundidee dominiert. Es hängt zum Beispiel davon ab, ob Menschen das Gefühl haben, dass sie mit ihren Politisierungsversuchen gegen Mauern aus Zynismus, Desinteresse und institutioneller Starrheit stoßen oder ob sie tatsächlich etwas bewegen. In Phasen des Engagements tritt allerdings tendenziell die politische Seite so sehr in den Vordergrund, dass die Erwartungen irgendwann nur noch enttäuscht werden können.

Die Enttäuschung hat nicht nur damit zu tun, dass die Politik auch in der Moderne längst nicht alle Probleme lösen kann – auf menschliche Grundprobleme wie Liebesbedürftigkeit und Sterblichkeit kann sie wohl prinzipiell keine Antworten geben. Die Enttäuschung hat auch damit zu tun, dass einer umfassenden Politisierung Seiten des Selbst zum Opfer fielen, an denen wir wenigstens ebenso hängen wie an unserer öffentlichen Identität. Weder Geschäftssinn noch Intimität, weder Schrullen noch Passionen kämen in einer total politisierten Welt zu ihrem Recht. Es wäre verwunderlich, oder ein Zeichen des Niedergangs des modernen Selbstverständnisses, wenn dies nicht ein Unbehagen an immer neuen Politisierungsversuchen weckte.

In Zeiten des Rückzugs aus der Politik dürfte ein gegenläufiges Gefühl des Ungenügens umgehen: Bleibt unsere persönliche Selbstverwirklichung nicht eine halbe Sache und irgendwie unwürdig, solange sie keinerlei öffentliche Entsprechung findet? Bleibt sie nicht im Grunde scheinhaft, solange die allgemeinen Rahmenbedingungen unseres Lebens ganz ohne unser Zutun gestaltet werden? Und wer gestaltet sie denn? Politische Akteurinnen, die wir wenigstens noch abwählen können? Oder nicht eher ungreifbare Marktkräfte, die unsere Bedürfnisse formen, anstatt unabhängig gebildete Bedürfnisse zu befriedigen? Vielleicht sind wir, wenn wir unsere private Freiheit auf Kosten der politischen wahren wollen, zum Freiheitsverlust auf ganzer Linie verurteilt.

So viel zu Hirschmans anregender Hypothese. Wie gesagt, ich vermute, dass den Konjunkturzyklen von Über- und Unterpolitisierung eine Spannung in der modernen Leitidee der Selbstbestimmung zugrunde liegt. Die für die Moderne günstigste Lösung scheint mir nun nicht zu sein, dass man einer der beiden Seiten, der politischen oder der persönlichen, ganz auf Kosten der anderen nachgibt. Sie scheint mir darin zu liegen, eine Balance zwischen ihnen zu finden, mit der man täuschungsfrei leben kann. Moderne Menschen täuschen sich selbst, wenn sie glauben, nur politisch oder nur privat selbstbestimmt sein zu können, und dass sie sich selbst täuschen, heißt auch: Im Grunde wissen sie es besser.

3. DIE FÜNFFACH ENTZAUBERTE MODERNE

Bis jetzt habe ich über das normative Selbstverständnis moderner Menschen gesprochen. Nun will ich es mit einer Vermutung oder Befürchtung konfrontieren, die ebenso zur Moderne gehört wie die Idee der bewussten Selbst- und Weltgestaltung. Ich meine die Vermutung oder Befürchtung, dass unsere Selbstbestimmung eine Illusion sei und wir in Wahrheit alle Gefangene der gesellschaftlichen Verhältnisse seien. Erinnern Sie sich an den Satz von Marx, den ich sinngemäß zitiert hatte: Die Menschen machen ihre Geschichte selbst, aber noch nicht unter selbst gewählten Umständen. Marx war davon überzeugt, dass uns der Kapitalismus daran hindere, unsere Lebensverhältnisse selbstbewusst zu gestalten. Zugleich dachte er, dass der Zeitpunkt der Überwindung dieses Hindernisses geradezu zwangsläufig näher rücke. Aber vielleicht sitzt das Hindernis ja viel fester, ist es viel tiefer in den Eigentümlichkeiten der modernen Welt verankert, als Marx annahm.

Sie werden im Laufe der Vorlesung eine Reihe von Theorien kennen lernen, die eine Art Vergeblichkeitsflair verströmen. Das gilt für die schon klassische Theorie Max Webers wie für diejenige Joseph Alois Schumpeters, für die Kritische Theorie der „Frankfurter Schule“ wie für die neueren Theorien Michel Foucaults und Niklas Luhmanns.

Sie alle stellen die Moderne, in einem berühmten Wort Webers, als ein „stahlhartes Gehäuse“ dar: Systemzwänge, Machtstrukturen, Technologien, Bürokratien und dergleichen verhindern demnach, dass wir uns das gesellschaftliche Leben, an dem wir doch täglich mitwirken, wahrhaft aneignen können. Nicht wir bestimmen seinen Lauf, es zwingt uns den seinen auf. Viele Theorien der Moderne teilen uns mit: Du glaubst, du seiest selbstbestimmt, du bist aber fremdbestimmt.

Solchen Ernüchterungsversuchen liegt oft ein besonders strenger Vergleich zugrunde. Seit dem siebzehnten Jahrhundert, wenn nicht schon seit der Renaissance, haben Menschen, die sich als „modern" verstanden, sich an den „Alten" gemessen. Gemeint waren die Menschen der griechischen und römischen Antike. Warum dieser Vergleich? Weil die alten Griechen und Römer zum ersten Mal in der Geschichte selbstbewusste Gestalter ihres Lebens waren und auch sonst viel Vorbildliches schufen – etwa unvergängliche Statuen. So jedenfalls kamen sie ihren „modernen" Bewunderern vor. Diese fragten sich also, ob sie der Freiheit und Schönheit des Lebens in der athenischen Stadtrepublik oder im republikanischen Rom – vor der Zeit der Cäsaren – überhaupt etwas Gleichwertiges oder gar Besseres entgegensetzen könnten.

Gewiss haben sie dabei die Antike kräftig idealisiert. In der athenischen *Polis* etwa kam nur eine kleine Minderheit der gesamten Bevölkerung – grob gesprochen die wirtschaftlich selbständigen männlichen Vollbürger – in den Genuss, sich abwechselnd regieren zu lassen und selbst zu regieren. Frauen waren von politischer Mitwirkung ebenso ausgeschlossen wie Fremde, und einen Großteil der Arbeit taten Sklaven. Trotzdem waren die modernen Bewunderer der antiken Welt davon überzeugt, dass damals die Menschen zum ersten und vielleicht auch einzigen Mal Herren ihres eigenen Schicksals geworden waren. Wenigstens für eine Elite hatte sich das Ideal der Selbstregierung erfüllt. Auch wölbte sich über dem gemeinschaftlichen Leben kein bürokratischer Staatsapparat: Die freien und gleichen Bürger bildeten buchstäblich ihr politisches Gemeinwesen. Das Gemeinwesen und das öffentliche Leben der Bürger waren ein und dasselbe.

Und heute? Gibt es irgendwo Spielräume für politische Selbstbestimmung, die dem, was die athenische Polis bot, auch nur nahekommen? Hat diese versunkene Welt nicht einen für uns unerreichbaren Maßstab gesetzt? Umso ironischer, dass gerade moderne Menschen sich als selbstbestimmt verstehen! Die einzige Form in der Geschichte, in der Selbstbestimmung einmal sinnlich erfahrbar war, ist ein für alle Mal vergangen. Die moderne Lebenswirklichkeit hat sich unwiderruflich von ihr entfernt.

Man könnte dies mit einem Wort Webers als „Entzauberung" bezeichnen. Die alte Welt war sozusagen eine verzauberte und die moderne Welt ist eine entzauberte. Die Vorgänge in einer entzauberten Welt lassen sich zwar erklären, aber sie kommen uns nicht entgegen, wenn wir nach Sinn und Bedeutung für unser Leben fragen und nach Freiheit und Verwirklichung streben. Ich will das für die politische Seite des modernen Autonomieideals veranschaulichen, indem ich fünf Hinsichten möglicher Entzauberung unterscheide. Ob unsere Welt wirklich in all diesen Hinsichten entzaubert ist, mag offenbleiben. Die in den kommenden Wochen vorgestellten Theorien geben darauf unterschiedliche Antworten. Aber wenigstens soll verständlich werden, warum man die Moderne so rabenschwarz sehen kann, wie nicht wenige neuere Theoretiker sie gemalt haben.

Der erste Aspekt, den ich eben der Sache nach schon erwähnt hatte, ist der eines *Kontrollverlusts*. Die antike Politik hatte für einen glücklichen geschichtlichen Augenblick die Gestalt einer direkten Demokratie: Freie athenische Männer trafen sich periodisch auf dem Marktplatz, besprachen die öffentlichen Angelegenheiten und ließen das Los entscheiden, wer für ein Jahr welche Ämter innehaben sollte. Wie Vieles trennt davon die modernen Massendemokratien! Sie sind ungleich komplizierter als die alten Städte und selbst als die antiken Reiche. Moderne Gesellschaften sind bürokratisiert, technisiert und verrechtlicht. Sie haben ebenso viele Expertenkulturen hervorgebracht, denen wir auf Gedeih und Verderb vertrauen müssen, von Steuerberaterinnen über Rechtsanwälte bis hin zu Flugkapitänen und Atomtechnikern.

Viele Menschen fühlen sich rationalen, aber eben darum auch kalten und anonymen Apparaten ausgeliefert. Weber fand dafür das kraftvolle Bild vom stahlharten Gehäuse. Statt vor dem Sprung ins Reich der Freiheit stünden wir vor der flächendeckenden Vorherrschaft zweckrationaler Verwaltungen. Doch auch die Freiheit der Märkte, an die Weber nicht glaubte, weil Märkte zur Monopolbildung tendierten, wäre unter dem Gesichtspunkt kollektiver Kontrolle keine Alternative. Märkte sind der Musterfall für Mechanismen, die hinter dem Rücken der Akteure wirken. Die Ergebnisse konfrontieren uns dann mit echten oder vermeintlichen Anpassungszwängen. Ökonominnen reden uns ein, wir müssten alle Lebensbereiche dem Wettbewerb öffnen, wenn wir in ihm nicht unterliegen wollen. Sie behaupten, der weltweite Konkurrenzdruck lasse uns keine andere Wahl. Wäre das wahr, so hieße es: Die politische Grundfrage, wie wir leben wollen, ist immer schon beantwortet. Der politische Streit reduziert sich dann auf die Frage, wie wir uns am besten anpassen können, oder er konzentriert sich auf Nebensächliches, das dann „populistisch“ aufgeblasen wird.

Ein zweiter Aspekt ist der *Verlust von Sinn*. In der athenischen Polis galt als vollwertiger Mensch allein, wer im Licht der Öffentlichkeit lebte. Nur der politisch Handelnde werde seiner menschlichen Bestimmung gerecht. Der klassischen Vorstellung zufolge ist ein sinnerfülltes Leben mit dem eines Aktivbürgers einerlei. Viele moderne Menschen glauben dagegen: Wo auch immer wir im Leben noch Sinn finden mögen, in der Politik jedenfalls nicht. Wir verfolgen vielleicht noch Zwecke, die unserem Leben eine Bedeutung geben. Aber diese Zwecke verwirklichen wir eher im Privaten, weil das Politische eben längst zu einer bürokratisierten, verregelten, von Sachzwängen verstellten Angelegenheit geworden ist. Politik ist ein Feld, von dem sich Sinnsucherinnen besser fernhalten – es sei denn, sie wollen Berufspolitikerinnen werden.

Ein dritter Aspekt ist der *Gemeinwohlverlust*. Die klassische Vorstellung war, dass der Mensch in der Öffentlichkeit nicht versucht, möglichst viel für sich und die seinen herauszuschlagen, sondern dass ihm das Gedeihen seines Gemeinwesens am Herzen liegt. Jeder Bürger trägt zur Beantwortung der Frage bei, in welcher politischen Ordnung wir leben wollen. Dabei geht es ihm um das Wohl der Gemeinschaft als ganzer. Die politische Arena ist der Raum der Verständigung über das gemeinschaftliche Beste. Vergleicht man damit die Aussagen eines Niccolo Machiavelli aus Florenz, so kann man den Abstand ermessen, der uns von der antiken Auffassung trennt. Seit der frühen Neuzeit hat sich der Verdacht erhärtet, Politik sei ein strategisches Spiel um die Gewinnung, Behauptung und Ausweitung von Macht. Machiavelli folgend, halten viele moderne Autorinnen den Anspruch auf Gemeinwohlverwirklichung für ein Täuschungsmanöver. Manche meinen, die bei den „Alten" verpönten Eigeninteressen seien der wichtigste oder sogar einzige Gegenstand der Politik. Allenfalls dürften wir hoffen, dass die vielen besonderen Interessen sich wechselseitig balancieren, so dass für alle Parteien Vorteile herauskommen. Das mag dann „Gemeinwohl" heißen. Aber es wäre das glückliche Ergebnis des Aufeinandertreffens ganz und gar nicht gemeinwohlorientierter Einstellungen. Das ist mit „Gemeinwohlverlust" gemeint.

Den vierten Aspekt nenne ich *Individualitätsverlust*: Die „Alten" glaubten, wer am Gemeinwohl mitwirkt, leistet etwas, das der Erinnerung wert ist. Das große Individuum erwirbt sich Ruhm und Ehre in der Polis. Der selbstbewusste Einzelne, so schrieb sehr viel später Hannah Arendt, hinterlässt Spuren durch sein Wirken im öffentlichen Raum. Weber und Joseph Schumpeter dagegen vermuteten, in der modernen Gesellschaft seien die großen Individuen zum Verschwinden verurteilt: Die Masse, vom Gleichheitsgedanken beherrscht, dulde keinen, der sie überragt – was Weber und Schumpeter bedauerten.

Aber auch von dieser Wertfrage abgesehen kann man sich an einem einfachen Beispiel klarmachen, wie wenig der Einzelne in einer Massendemokratie noch zählt. In ihr hat jede und jeder die gleiche Stimme, nämlich eine. Diese eine Stimme ist bei Bundestagswahlen eine von ungefähr 60 Millionen. Jeder von uns hat also zu einem 60millionstel Anteil an der kollektiven Selbstbestimmung vermittelst des Parlaments und der Bundesregierung. Ein 60-millionstel ist nicht sonderlich viel. Die Wahrscheinlichkeit, dass Sie auf dem Weg zum Wahllokal von einem Blumentopf erschlagen oder von einem BMW überrollt werden, ist viel höher als die, dass ausgerechnet Ihre Stimme den Ausschlag gibt. Das sollen Sie bedenken, ehe Sie das nächste Mal wählen gehen! Anscheinend ist bei unseren Wahlen die Gleichheit aller erkauft worden mit dem Verschwinden jedes Einzelnen. Das Individuum geht in der Masse unter.

Der fünfte und letzte Aspekt ist der *Zentralitätsverlust*. Ein gutes Bild für das klassische Politikverständnis ist die Pyramide. An deren Spitze steht das öffentliche Leben. Auf dieses hin sind alle anderen Aktivitäten zweckhaft bezogen. Wirtschaftliche Praktiken etwa sind kein Selbstzweck, sie sollen letztendlich die Bedingungen gemeinschaftlicher Selbstregierung verbessern. Das sehen heute die meisten Menschen anders. Sie bezweifeln, dass das Politische noch die Spitze oder das Zentrum der Gesellschaft bilde. Hat eine moderne Gesellschaft überhaupt ein Zentrum? Manche ihrer Theoretiker bestreiten das. Sie erklären das Politische zu einem Teilbereich der Gesellschaft neben oder sogar unter anderen.

Marx etwa hat die Hierarchie von Politik und Wirtschaft umgekehrt: Der Zwang zur Akkumulation von Kapital gebe der Politik ihre Zwecke vor; diese sei ein von der ökonomischen Basis abhängiger Überbau. In der neueren und abstrakteren Theorie Niklas Luhmanns wird die Idee eines in letzter Instanz bestimmenden Teilbereichs der Gesellschaft sogar ganz verworfen. Jeder Teilbereich gehorche seiner eigenen Logik. Die Politik kann keinen dieser Bereiche oder gar alle zusammen mehr steuern. Sie kann nur noch anerkennend zur Kenntnis nehmen, dass jeder Bereich sich selbst steuert: die Wirtschaft die Wirtschaft, das Recht das Recht, die Kunst die Kunst und so weiter. Diese Vorstellung ist unvereinbar mit dem Pyramidenbild.

Zusammengefasst: Gemessen an der idealisierenden Vorstellung einer Selbstregierung freier und gleicher Männer, scheint die Politik in der Moderne gleich fünffach entzaubert zu sein. Sie gibt uns keine Kontrolle über das gemeinsame Leben. Sie steht nicht im Mittelpunkt einer sinnvollen Lebensführung. Sie ist nicht länger Inbegriff des Bemühens um das gemeinsame Beste. Sie bildet nicht mehr die Bühne für die Auftritte großer Individuen. Außerdem ist sie nicht mehr das Zentrum der Gesellschaft.

4. WIDERSTREITENDE DEUTUNGEN DER MODERNE

Jeder dieser Aussagen entsprechen bekannte Deutungen der Moderne. Dazu gehört das stahlharte Gehäuse aus bürokratischer Herrschaft oder wirtschaftlichem Sachzwang, von dem bereits die Rede war: Es entspricht der Diagnose vom Kontrollverlust. Der Sinnverlust könnte Folge und Ausdruck des modernen Wertepluralismus sein: Jeder Mensch muss demnach selbst herausfinden, was für ihn richtig ist; einen für alle verbindlichen Sinn gibt es nicht mehr. Der Gemeinwohlverlust wäre nur ein Sonderfall des Umstands, „jenseits von Gut und Böse" zu stehen, wie ein Buchtitel Friedrich Nietzsches besagt. Weder die Wirtschaft noch die Kunst und nicht einmal das Recht bedürfen noch der Gewissensbildung des Einzelnen. Ein gutes Geschäft ist nicht unbedingt moralisch akzeptabel, eine gelungene Videoinstallation mag sittlich abstoßend sein, ein gültiges Gerichtsurteil mag unseren Gerechtigkeitssinn verletzen. Wäre das Individuum bedeutungslos geworden, so lebten wir in jenem „Zeitalter der Massen", von dem um die Wende vom 19. zum 20. Jahrhundert viel die Rede war. Die Zukunft gehörte dann nicht den großen Einzelnen, sondern den vielen, die einander immer ähnlicher werden. Der Zentralitätsverlust schließlich wäre die logische Folge funktionaler Differenzierung: Moderne Gesellschaften, so die Diagnose, bestehen aus vielen Teilbereichen, deren jeder unter genau einem Gesichtspunkt allgemein zuständig ist: die Wirtschaft für den Umgang mit Knappheit, die Wissenschaft für die methodische Suche nach Wahrheit, die Politik für kollektiv verbindliches Entscheiden und so weiter. In der Gesellschaftstheorie ist das heute die vorherrschende Ansicht.

Offenbar ist an all diesen Deutungen etwas dran. Aber müssen wir sie darum für die ganze Wahrheit halten? Bedeutete das nicht, dass wir die moderne Grundnorm der Selbstbestimmung zumindest in ihrer politischen Lesart vergessen können? Diese unangenehme Konsequenz gibt uns, so glaube ich, ein starkes Motiv, die fünf Diagnosen wenigstens zu relativieren. Ein solches Motiv ist gewiss noch kein Grund, sie falsch zu finden. Aber es mag uns doch dazu anregen, alternative Sichtweisen auszuprobieren. Und auch dafür bieten uns Theorien der Moderne Beispiele. Sie entfalten Formeln, die dem Politischen einen Teil seines Zaubers zurückgeben sollen.

Eine solche Formel ist die *Gemeinschaft*. Sie lebt heute unter dem etwas technischen Label „Kommunitarismus" wieder auf. Gemeinschaften werden durch geteilte Wertungen und Ziele zusammengehalten. Warum sollten sie in der Moderne keine Bedeutung mehr haben? Vielleicht verschafft ihnen ja gerade die Anonymität und Abstraktheit des gesellschaftlichen Lebens eine neue

Anziehungskraft. Und womöglich ist das Politische ein Ort, an dem Gemeinschaft regeneriert werden kann.

Eine zweite, damit verwandte Formel ist *Nation*. Sie steht seit dem späten 18. Jahrhundert für das Versprechen der Massenintegration in Gemeinwesen, die jeweils *unsere* sein sollen. Nationalisten verlangen, dass wir uns selbst regieren, anstatt von Fremden beherrscht zu werden. Das hat gerade in Deutschland bekanntlich eine fatale Wendung genommen. Und der Nationalismus birgt generell die Gefahr, in einen aggressiven und selbstgerechten Chauvinismus umzuschlagen. Aber ohne die Sogwirkung der nationalen Idee lässt sich auch der antikoloniale Kampf des frühen und mittleren 20. Jahrhunderts nicht verstehen und ebenso wenig die heutigen Versuche nachholender Nationenbildung, etwa in Ost- und Südosteuropa.

Eine dritte Formel versuchter Wiederverzauberung ist *Emanzipation*. Sie spielt im Marxismus wie unter Anarchistinnen eine große Rolle. Emanzipation – lateinisch *emancipare* – hieß ursprünglich „aus der Hand geben", was später ins Aktive gewendet wurde: „sich selbst befreien". Das ist kein schlechtes Bild: Es geht darum, Verhältnisse, die uns im Griff haben, in die Hand zu bekommen, um freiheitlich leben zu können. Wer auf Emanzipation hofft, bestreitet, dass das stahlharte Gehäuse unser Schicksal sei.

Als weitere Formel sei noch die *Gerechtigkeit* genannt. Vor allem liberale Autoren wie John Rawls halten sie gegen die Diagnose des Gemeinwohlverlusts. Sie meinen, dass wir zwar keine von allen geteilte Vision des Guten mehr haben, aber doch auf einen fairen Ausgleich von Interessen hoffen dürfen. Wir können von unseren politischen Institutionen erwarten, dass sie jedem Bürger und jeder Bürgerin die gleiche Achtung und Rücksicht erweisen. Zumindest sollte das für die Grundordnung der Gesellschaft gelten. In ihrem Rahmen mögen dann Wirtschaft, Recht, Kunst und die übrigen Teilbereiche ihrer eigenen Logik gehorchen. Die Gerechtigkeit sagt uns nicht, wofür all diese Teilbereiche gut sind, aber sie gibt ihnen allgemein verbindliche Grenzen vor.

Ich kann jetzt in groben Worten sagen, was ich unter modernen politischen Theorienn verstehe: Sie antworten auf die Annahme eines radikalen Bruches zwischen klassischer Politik und heutiger Lebenswirklichkeit. Manche tun es, indem sie die Annahme bestätigen, andere, indem sie sie relativieren oder begründet verwerfen. Eine Theorie aber, die so täte, als habe die Vermutung der Entzauberung keinerlei Anfangsplausibilität, schiene mir nicht als moderne politische Theorie in Betracht zu kommen. Ihr fehlte das Problembewusstsein, das wir von Theorien erwarten dürfen, die uns Aufschluss geben wollen über die politische Situation unserer Zeit.

Zu dieser Situation gehört aber weiterhin, den Postmodernen zum Trotz, das Ideal vernünftiger individueller wie kollektiver Selbstbestimmung. Eine weitere Grundfrage moderner politischer Theorien ist also, welche Rolle dieses Ideal in der Wirklichkeit moderner Gesellschaften spielt und spielen sollte. Auch wer meint, der Autonomiegedanke sei einzig dazu da, die Härten der Realität zu verhüllen, stellt doch zwischen der materiellen und der ideellen Seite der Moderne einen Zusammenhang her. In diesem Zusammenhang bewegen sich moderne politische Theorien – mit welchem Ergebnis auch immer.

3. VORLESUNG. „REALISTISCHE" THEORIEN DER POLITIK I: JOSEPH SCHUMPETER UND DIE ELITENTHEORIEN

1. „ELITEN WIRD ES IMMER GEBEN"

Einer der ersten Autoren, die die Bedeutung der klassischen, noch am antiken Vorbild orientierten Politikvorstellung für die Moderne bestritten haben, war Joseph Alois Schumpeter. Er hat damit anregend auf Autorinnen gewirkt, die wie er annahmen, zur Moderne passe nur eine minimalistische Auffassung von Demokratie. Diese sollte nicht als Selbstregierung Freier und Gleicher, sondern als verantwortliche Form der Elitenherrschaft gedeutet werden. Auch wenn manche späteren Autorinnen deskriptiv und normativ über Schumpeter hinausgehen, darf dieser doch als ihr entscheidender Anreger gelten.

Schumpeter war in erster Linie Wirtschaftswissenschaftler. Sein Hauptwerk *Kapitalismus, Sozialismus und Demokratie* enthält aber auch eine wirkmächtige Theorie der Demokratie. Sie beginnt mit einer pauschalen Verabschiedung dessen, was sich Schumpeter unter der klassischen Auffassung von Politik vorstellte. Dieser klassischen Auffassung zufolge ist Politik die Kunst der Ermittlung und Verwirklichung des Gemeinwohls. Beides obliegt der Bürgerschaft als ganzer, die allenfalls aus technischen Gründen und sehr begrenzt zulassen darf, dass Repräsentanten für sie entscheiden und handeln. Regieren gilt als gut, wenn es möglichst direkt den Willen der Bürgerschaft ausdrückt. Schumpeter bestreitet nun beides: die Erkennbarkeit des Gemeinwohls wie die Fähigkeit einer Bürgerschaft, sich selbst zu regieren. Regieren könnten immer nur wenige, und nur sie könnten dafür sorgen, dass überhaupt ein Kollektiv existiert, dem man dann auch einen kollektiven Vorteil zuschreiben mag. Zumindest gelte dies für moderne Massengesellschaften.

Schumpeter betont, wie kompliziert das Leben in solchen Gesellschaften und wie anspruchsvoll ihre Regierungsprobleme sind. Der nostalgische Blick zurück auf die athenische *Polis* könne da nur in die Irre führen. Vor allem verhindere er „die Anerkennung der lebenswichtigen Tatsache der Führung". Schumpeter will zeigen, dass diese Tatsache mit einem zeitgemäßen Demokratieverständnis vereinbar ist. Demokratie ist demnach nicht das Gegenteil der

Elitenherrschaft, sie ist eine ihrer Formen. Schumpeter hält sich zugute, erstmals ein realistisches Bild der modernen Demokratie gezeichnet zu haben. Allerdings verrät die starke Betonung der Rolle von Eliten auch etwas über seine Wertvorstellungen. Diese wurzeln in einem Menschenbild, das Schumpeter mit vielen Zeitgenossen und Vorläufern, etwa mit Weber, teilte.

Das hinter den Elitentheorien stehende Menschenbild war in aller Kürze das folgende: Die Menschheit zerfällt immer und überall in eine große Mehrzahl von Führungsbedürftigen und in eine kleine Minderheit von Führungsbegabten. Die große Mehrheit ist politisch unaufgeklärt und vor allem an ihrem eigenen Wohlergehen interessiert. Nur eine Minderheit sucht Bewährung im beherzten Ergreifen von Führungsaufgaben. Diese Sicht der Dinge findet sich etwa in der seinerzeit sehr einflussreichen, wenn auch wenig systematischen Schrift *Psychologie der Massen* von Gustave Le Bon (1895). Le Bon hielt allenfalls den Einzelmenschen für zurechnungsfähig. Als Teil einer Masse werde der Mensch hingegen zu einem rasenden Tier. Le Bons Beispiele für solche Raserei waren, typisch für einen Konservativen seiner Zeit, die Französische Revolution und die Pariser Kommune von 1871.

Nun ist an dem Gedanken, dass Menschen zur Verschmelzung in Massen neigen und darin sehr schnell die Selbstbeherrschung verlieren, gewiss etwas Wahres. Ganz fremd ist uns diese Erfahrung, wenn wir ehrlich sind, wohl allen nicht. Aber Le Bon hat daraus eine regelrechte Weltanschauung mit politisch reaktionärer Stoßrichtung gemacht. Er wollte beweisen, dass die Demokratie der Natur des Menschen widerspreche. Vor allem darin gründet die seinerzeit immense Wirkung seiner Schrift.

Systematischer als Le Bon haben drei andere Autoren, Gaetano Mosca, Vilfredo Pareto und Robert Michels, zu zeigen versucht, dass das Auseinanderfallen der Menschheit in Führer und Gefolgschaften ein Naturgesetz des politischen Lebens sei. Moscas einschlägige Schrift ist auf Deutsch unter dem gelungenen Titel *Die herrschende Klasse* erschienen. Politik, so lautet ihr Grundgedanke, beruht immer auf einem Bündnis von Führungsgruppen. Diese mögen unter Vorspiegelung demokratischer Tatsachen regieren; ihre Regentschaft bleibt doch die Herrschaft einer Minderheit. Mosca hat ein differenzierteres Verständnis der herrschenden Klasse als die orthodoxen Marxisten seiner Zeit: Sie umfasse das Besitzbürgertum und den Adel, außerdem das Offizierskorps, die Bürokratie und auch Teile der Intellektuellen. Die letzteren seien wichtig, um einen über Presse, Parteien und Verbände geformten Willen anschließend dem Volk als dessen Wille zu verkaufen. Nicht auf solche Maskeraden kommt es aber in Wirklichkeit an, sondern auf die stabile Tatsache, dass immer nur wenige das Sagen haben.

Vilfredo Pareto, ein Wirtschaftswissenschaftler wie Schumpeter, wollte zeigen, dass es zwar immer Eliten geben wird, aber je nach gesellschaftlichen Umständen verschiedene Typen den Ton angeben. Pareto hat grob zwei Arten von Umständen unterschieden: solche, die durch eine gewisse Ruhe und Regelmäßigkeit, und solche, die durch Auf- und Umbruch gekennzeichnet sind. In Zeiten des Auf- und Umbruchs wird die Elite von „Tatmenschen" gestellt, in Zeiten der relativen Stabilität von „Taktikern". Je nach den Erfordernissen der Situation gelangt mal die eine, mal die andere Gruppe zur Führung.

Pareto behauptet nun eine Art Naturgesetz des Umschlagens des einen Zustands in den anderen. Eine von Taktikern beherrschte Welt wird irgendwann faulig und kippt um, wie ein See, in dem zu viele Algen wachsen. Das Fauligwerden der Zustände ruft die Tatmenschen auf den Plan. Diese sorgen, um im Bild zu bleiben, dafür, dass das Ganze neu aufgewühlt und mit Sauerstoff versehen wird. Das Tatmenschentum treibt aber ins Chaos, und weil die Menschen das dauerhaft nicht aushalten, werden sich nach einer Weile wieder die Taktiker durchsetzen. Der entscheidende Punkt ist nun, dass Pareto zwar den immer wiederkehrenden Wechsel, aber keinen Ausweg aus der Kontinuität der Elitenherrschaft sieht. Selbst eine revolutionäre Umwälzung der Verhältnisse durch Tatmenschen wie Lenin bedeutet demnach nicht, dass nun eine Zeit der Freiheit und Gleichheit aller anbricht. Es bedeutet nur den Beginn eines neuen Stadiums der Elitenherrschaft – mit Blick auf Lenin sicher keine ganz falsche Vermutung.

Der Soziologe und Weber-Schüler Robert Michels schließlich war zunächst ein radikaler Demokrat am linken Rande der Sozialdemokratie. Diese verstand sich noch als revolutionäre Partei, die der Arbeiterklasse zur Freiheit vom Kapitalismus verhelfen wollte. Aber nicht nur ihr tatsächliches Verhalten war wenig revolutionär; auch ihre innere Verfassung entsprach dem Anspruch auf Befreiung nicht. Die Sozialdemokratie hat die autonome Handlungsfähigkeit der Arbeiterklasse eher gehemmt als gefördert – so jedenfalls sieht es Michels. Wichtiger als die revolutionäre Bewegung war ihr die Erhaltung ihres eigenen bürokratischen Apparates und seiner Führung. Michels vermutet nun, dass dies keine spezielle Verfehlung der Partei der Arbeiterklasse, sondern eine generelle Neigung von Großverbänden sei. Für diese Neigung findet er den gusseisernen Ausdruck „ehernes Gesetz der Oligarchie". Es besagt ungefähr Folgendes: Erfolgreiche Bewegungen werden zwangsläufig große Bürokratien und schmale Führungsschichten hervorbringen. Das gilt heute für Greenpeace oder Amnesty International nicht anders als für die gute alte SPD. Wie Mosca und Pareto vermutet schließlich auch Michels, die Bereitschaft zur Unterordnung gehöre zur Natur der meisten Menschen. Zur Führung seien immer nur wenige berufen. – Der Theoretiker der Arbeiterautonomie endet als Freund des italienischen Faschismus.

Auf diese Vorläufer also konnte der Elitentheoretiker Schumpeter sich berufen. Und wie bei Le Bon, Mosca, Pareto und Michels liegt auch bei Schumpeter die Frage nahe, was an der Elitentheorie einer Wahrnehmung der Wirklichkeit und was eigenen Wertungen geschuldet ist. Schumpeter hat einen ausgeprägten Hang zur Aristokratie. Allerdings gilt seine Vorliebe weniger dem Blutsadel als den großen, charismatischen Individuen, wo auch immer sie herkommen mögen.

Auf wirtschaftlichem Gebiet sorgen solche Ausnahmemenschen für bahnbrechende Neuerungen, die das bisherige Gefüge aus Herstellung und Verbrauch erschüttern – Schumpeter spricht von „schöpferischer Zerstörung". Anders als den neoklassischen *Mainstream* der Ökonomen unserer Zeit interessiert Schumpeter am Kapitalismus nicht die angebliche Neigung zu Gleichgewichten, sondern zu Ungleichgewichten. Auch hält er den idealtypischen Unternehmer nicht für sonderlich rational. Im Gegenteil: Wer wirtschaftliches Neuland betritt, kann kein kühl kalkulierender Mensch sein. Der Erfolg des noch nie Dagewesenen ist logischerweise nicht kalkulierbar. Rationale Naturen werden daher nichts verändern, sie werden so lange wie möglich am Vertrauten festhalten wollen.

Schumpeter nimmt denn auch an, dass der Rationalismus der Zeit eher das bürokratische Großunternehmen als den wagemutigen Wirtschaftspionier begünstige. Wie der ganz anders veranlagte Lenin ist er davon überzeugt, dass die Zukunft einem planwirtschaftlichen Sozialismus gehören werde. Aber anders als Lenin begrüßt er dessen Ankunft nicht; er fürchtet sie. Die verwaltete Welt nämlich werde dem großen Individuum endgültig den Garaus machen. Dessen Entfaltungsraum ist die Konkurrenzwirtschaft. Wo sie der Planung weicht, machen sich Bürokraten breit – die von Weber verachteten „Fachmenschen ohne Geist". Und wie Weber hält Schumpeter die Existenz großer, charismatischer Einzelmenschen für in sich wertvoll, ihr Verschwinden folglich für eine Tragödie.

2. EINE DEMOKRATIETHEORIE FÜR DIE MODERNE WELT

Was hat das alles mit Schumpeters politischem Denken zu tun? Schumpeter geht davon aus, dass moderne Gesellschaften Massengesellschaften mit einem Hang zu Gleichheit sind. Zu solchen Gesellschaften passt das allgemeine Wahlrecht. Wiederum kann man das gut oder schlecht finden, und Schumpeter findet es wohl eher schlecht. Aber er nimmt es zur Kenntnis und will wissen, ob ihm auch gute Seiten abzugewinnen sind. Das Beispiel der Vereinigten Staaten lässt ihn hoffen: Vielleicht könnte ja der Wettbewerb, der in der Wirtschaft segensreich wirkt, auch die Politik beleben. Schumpeter überträgt also den Gedanken der Konkurrenz von Wirtschaftsmärkten auf die Politik. Die Politik erscheint dann als ein Markt eigener Art: Anbieter von Kandidaten für Regierungsämter wetteifern öffentlich um die Stimmen des Volkes. Wer es schafft, die Mehrzahl der Stimmen auf seine Seite zu bringen, darf bis auf weiteres, das heißt bis zur nächsten Wahl, die Ämter besetzen. Demokratische Eliten gehen aus einer Auslese besonderer Art hervor.

Das ist im Wesentlichen alles. Es ist das, was die entwickelten Demokratien von Scheindemokratien mit Einparteienherrschaft und herrschaftlich inszenierten Pseudo-Wahlen unterscheidet. Um diese Unterscheidung zu treffen, müssen wir, so Schumpeter, keine unscharfen oder überspannten Ideen gemeinschaftlicher Selbstregierung in die Welt setzen. Eine bekannte Formulierung des nachmaligen US-Präsidenten Abraham Lincoln aus der Zeit des amerikanischen Bürgerkrieges mag verdeutlichen, gegen welche überkommene Vorstellung von Demokratie sich Schumpeter wendet.

Demokratie, so formulierte Lincoln, sei die Regierung des Volkes durch das Volk und für das Volk. Für Schumpeter fängt die Unklarheit schon mit dem Wort „Volk“ an. Er sagt, ein Volk sei kein vorpolitisches Faktum. Ein Volk existiert nur, wo Menschen unter Führern zu politischen Einheiten zusammenfinden. Die Führung geht nicht aus einem von ihr logisch unabhängigen Volk hervor. Vielmehr ist ein Volk immer das *Ergebnis* organisatorischer Tätigkeit. Es entsteht und besteht allein, soweit regiert wird. Und Regieren ist immer eine Sache weniger.

Nicht besser steht es um den zweiten Bestandteil von Lincolns Definition, die Regierung durch das Volk. Die Formulierung legt nahe, dass man sich demokratisches Regieren wie die Selbstbestimmung eines einzelnen Menschen vorstellen dürfe: So wie ich mir selbst durch Überlegung das Gesetz meines Handelns gebe, so gibt eine Personengesamtheit sich durch demokratische Diskussion und Abstimmung das ihre. Ein Volk besteht aber aus vielen Menschen. Und hoffentlich haben diese Menschen nicht alle ihre Eigenheiten an der Garderobe einer politischen Gemeinschaft abgegeben.

Weil das Volk in sich differenziert ist, ist unklar, welches „Selbst“ sich da bestimmen soll. Wir dürfen vermuten, dass so gut wie immer nur einige entscheiden werden. Im günstigen Fall sind die Entscheidenden in der Mehrheit oder durch den Willen der Mehrheit gedeckt. Jedenfalls aber sollten wir uns davor hüten, eine Mehrzahl von Personen zu behandeln, als wären sie ein einziger Mensch mit vielleicht widerstreitenden Wünschen (Gehe ich jetzt zu meiner

Vorlesung oder lieber schwimmen?). Eine überstimmte Minderheit, die trotzdem gehorchen soll, ist etwas grundsätzlich anderes als eine besondere Neigung, die eine Person in sich unterdrückt, um insgesamt besser handeln zu können.

Und der dritte Teil von Lincolns Definition, die Regierung für das Volk? Findet wenigstens er Gnade vor Schumpeters Augen? Nein, denn das würde ein unabhängiges Kriterium dafür voraussetzen, wann eine Regierung im Sinne des Volkes handelt. Wir bräuchten etwa eine substanzielle Vorstellung vom Gemeinwohl. Wenn ich mir wieder vorstelle, dass das Volk in eine Mehrzahl von Menschen zerfällt, von denen einige durch politische Entscheidungen mehr gewinnen, andere weniger gewinnen und einige verlieren, dann wäre es ziemlich beschönigend, würde ich das Ergebnis „Gemeinwohl" nennen. Ehrlicher wäre es, wenn ich sagte, da haben sich einige auf Kosten anderer durchgesetzt.

Schumpeter glaubt, mit seinem Demokratieverständnis all diese Schwierigkeiten auf elegante Weise umgangen zu haben. Demokratie ist, wie jede Herrschaft, eine Herrschaft von Eliten. Welche Eliten aber das Sagen haben, das hängt in einer Demokratie davon ab, wer die Mehrheit der Stimmen des Volkes gewinnen konnte; und wer sie einmal gewonnen hat, hat sie nicht ein für alle Mal gewonnen, sondern bloß auf Zeit. Dieses Demokratieverständnis, so Schumpeter, ist nicht nur begrifflich sparsam, es ist auch realitätstauglich: Es ist in Teilen der Welt verwirklicht. Wer amerikanischer Präsident wird, hängt eben davon ab, wer die Mehrheit der Wählerinnen und Wähler zu überzeugen vermag. Die so verstandene Demokratie ist eine Methode der Auswahl des Führungspersonals, die zu pluralistischen Massengesellschaften passt.

Nicht zuletzt ist sie auch mit einem Umstand vereinbar, den Schumpeter für unabänderlich hält: Sie ist damit verträglich, dass die Masse des Volkes politisch desinteressiert und inkompetent ist. Die große Mehrheit, so denkt Schumpeter, ist umso dümmer, je weiter der Horizont ist, den sie überschauen müsste. Gewöhnliche Menschen werden sich in ihrem Garten gut zurechtfinden, schon schlechter in ihrer Gemeinde, ganz schlecht im Nationalstaat, und völlig verloren sind sie in den Weiten der internationalen Politik. Auch wird sich daran nie etwas ändern. Die Elitentheorie der Demokratie erlaubt es nun, von inkompetenten Mehrheiten und kompetenten Minderheiten auszugehen, ohne daraus antidemokratische Schüsse zu ziehen. Die Demokratie ist eben nicht die Selbstregierung der großen Mehrheit oder gar der Gesamtheit. Das Volk spielt eine grundlegende, aber minimale Rolle: Es wählt Personen in Ämter, und das nicht nur einmal, sondern immer wieder.

Schumpeters Theorie der Demokratie hat das politische Denken im 20. Jahrhundert in mehr als einer Hinsicht stark beeinflusst. Bis jetzt habe ich mich auf den *Elitenaspekt* und Schumpeters spezielles Interesse an ihm konzentriert: Seine Sorge gilt dem großen Individuum im Zeitalter der Massen und der allgemeinen Gleichmacherei. Er hofft auf den Wettbewerb um Führungspositionen. Der Mechanismus des Wettbewerbs könnte Führernaturen dazu anspornen, sich politisch zu zeigen und ihr Bestes zu geben.

Aber das ist nicht die einzige einflussreiche Besonderheit von Schumpeters Demokratieverständnis. Eine zweite ist, dass Schumpeter die Demokratie allein über *Verfahrensregeln* bestimmt. Ob demokratisch regiert wird, erkennt man nicht an noch so guten Ergebnissen, mögen sie nun „Gerechtigkeit" oder „Gemeinwohl" heißen. Man erkennt es daran, ob ein paar Regeln gelten. Grundlegend sind die Regeln des wiederholten Wählens und der Mehrheitsentscheidung bei Konkurrenz. Es gibt mehrere mögliche Führer, alle geistig gesunden erwachsenen Personen nehmen mit gleichem Stimmrecht an der Wahl teil, und Sieger auf Zeit ist, wer die meisten Stimmen auf sich vereint. Damit das möglich ist, müssen weitere Regeln gelten, etwa Presse-, Informations- und Versammlungsfreiheit. Für den demokratischen Charakter eines Systems kommt es nicht darauf an, ob solche Vorkehrungen wahrscheinlich zu guten Ergebnissen führen. Es genügt, dass sie politischen Wettbewerb gewährleisten. Das also ist ein zweites wirkmächtiges Moment in Schumpeters Deutung der Demokratie: ihre Kennzeichnung allein anhand von Verfahrensregeln.

Ein drittes Merkmal: Für die meisten Menschen ist Demokratie keine Lebensform. Sie ist nur insofern gut, als ihre *Ergebnisse* es sind. Das steht nur scheinbar im Widerspruch zu meinem zweiten Aspekt: Dort ging es darum, was Demokratie ist, jetzt darum, worin, wenn überhaupt, ihr Vorzug liegt. Schumpeter nimmt an, dass die meisten ihr Privatleben mehr schätzen als Möglichkeiten politischer Mitwirkung. Wie angedeutet, hält er sie ohnehin am ehesten dort für kompetent, wo sie persönlich berührt sind und der Horizont des Handelns nicht allzu weit ist.

Im Privatleben formen die Menschen Vorlieben und Erwartungen, an deren Befriedigung und Erfüllung sie dann die politischen Führer messen. Sie betrachten, etwas technischer gesagt, politisches Handeln vor allem unter dem Gesichtspunkt der optimalen Erfüllung vorpolitischer Präferenzen. Vorpolitische Präferenzen sind Vorlieben, die unabhängig vom politischen Prozess bestehen. Die Politik erscheint dann wie ein Werkzeug, das umso brauchbar ist, je besser es seinen vorpolitischen Zweck erfüllt. Das gilt auch für die Demokratie. Auch sie ist kein Selbstzweck, sondern nur ein mehr oder weniger brauchbares Mittel zum Zweck. Sie wird geschätzt, soweit sie die gewünschten Ergebnisse bringt, und abgelehnt, sofern sie sie verfehlt.

Ein viertes Merkmal ist die Orientierung des politischen Denkens an *wirtschaftswissenschaftlichen* Modellen. Wie der Ökonom Schumpeter sind auch heute viele Politikwissenschaftler der Ansicht, dass politische Prozesse ganz ähnlichen Gesetzen oder Denkregeln unterliegen wie wirtschaftliche Vorgänge. Und weil die Wirtschaftswissenschaften in der Erarbeitung und mathematischen Formalisierung von Modellen der Politikwissenschaft weit voraus sind, sollte diese sich bei jenen bedienen. Schumpeter selbst überträgt den Wettbewerbsgedanken von der Wirtschaft auf die Politik. Er zeigt, wie stark Bewerber um politische Führungsämter kapitalistischen Unternehmern ähneln. Spätere Autorinnen haben den Ökonomen vor allem ein allgemeines Modell rationalen Wählens abgeschaut. Sie haben sich damit freilich von Schumpeter entfernt, der, wie angedeutet, weniger an der Rationalität als am Wagemut von Unternehmern Gefallen findet. Schumpeter ist, wie der Soziologe Manfred Prisching prägnant formuliert, kein Theoretiker des „Rational Choice", sondern des „Irrational Choice" – eben weil er Unternehmer als Neuerer schätzt, das wahrhaft Neue sich aber aller Berechenbarkeit entzieht.

Das also sind die vier Merkmale, mit denen Schumpeters Demokratieverständnis Karriere gemacht hat: Demokratie ist eine Spielart der Elitenherrschaft; ihre spezifische Differenz liegt allein in Verfahrensregeln; die Regierten achten vor allem auf Ergebnisse; die Ökonomie liefert brauchbare Modelle zum Verständnis politischer Vorgänge. Alle vier Merkmale finden sich bei Schumpeter, aber sie sind logisch voneinander unabhängig. Auch haben nicht alle späteren Theoretiker, die sich von Schumpeter anregen ließen, alle vier Merkmale übernommen, und kaum einer hat sie in genau der Deutung übernommen, die Schumpeter ihnen gab. Ich will den vier Merkmalen daher getrennt nachgehen. Für den Rest dieser Vorlesung werde ich beim Elitemotiv verweilen, mich aber von Schumpeter lösen.

3. ELITENTHEORIE – FÜR UND WIDER

Die Elitentheorie fand im 20. Jahrhundert viele Anhängerinnen, nicht nur unter Kulturkonservativen vom Schlage Schumpeters. Sie fand Unterstützung in unterschiedlichen politischen Lagern, etwa unter Liberalen und ebenso unter Sozialisten. Um das zu verstehen, sollten wir uns zunächst die augenscheinlichen Vorzüge einer Elitentheorie ansehen.

Ein Vorzug ist, dass die Elitentheorien von der Kompliziertheit moderner Lebensverhältnisse ausgehen. Die Kompliziertheit hat zu tun mit machtvollen Tendenzen des modernen Lebens: Tendenzen der Technisierung, der Bürokratisierung, der Verrechtlichung, der bis ins Globale vergrößerten Reichweite von

Handlungen und Handlungsfolgen und dergleichen mehr. Ein weiterer empirischer Gesichtspunkt, auf den die Elitentheorien reagieren, ist die Aufwertung des Privatlebens: Moderne Menschen neigen dazu, Familie und Beruf wichtiger zu nehmen als ihre Bürgerrolle. Vor allem nach dem Zweiten Weltkrieg haben Sozialwissenschaftler genauer wissen wollen, wie es eigentlich um die politische Kultur, das heißt um die Einstellungen und Haltungen der meisten Menschen, in etablierten Demokratien wie den USA und in hoffentlich wieder werdenden wie Westdeutschland bestellt sei. Man wollte wissen, wann die Menschen halbwegs immun sind gegen totalitäre Versuchungen.

Die Ergebnisse dieser Studien, prominent etwa *The Civic Culture* von Gabriel Almond und Sidney Verba, bestätigten jedenfalls auf den ersten Blick Grundannahmen der Elitentheorien. Sie ergaben, dass der durchschnittliche Bürger und die durchschnittliche Bürgerin tatsächlich apathisch sind: Sie wollen von Politik, auch in ihrer demokratischen Version, möglichst wenig wissen. Almond und Verba sehen das nicht nur negativ. Sie erwägen sogar, ob ein gewisses Maß an politischem Desinteresse gut für die Demokratie sei. Die apathische Bürgerin ist, solange ihr Desinteresse nicht total wird, ein stabilisierender Faktor. Wenn man nun annimmt, dass auch Demokratien an Stabilität interessiert sein müssten, sollte man die in Maßen apathische Bürgerin der politisch übererregten vorziehen. Wie immer man das sieht: Die Empirie bestätigt eine Grundannahme der Elitentheorie. Das spricht dafür, dass wir versuchen sollten, demokratisches Regieren und Führung zu versöhnen, anstatt sie als Gegensätze anzusehen.

Der Gedanke einer demokratischen Führung war nun, wie angedeutet, nicht nur Konservativen genehm; er hatte auch Anhänger unter Liberalen und sogar unter Sozialistinnen. Zunächst zu den Liberalen. Ihnen geht es in erster Linie um die Rechte des einzelnen Menschen. Ihre Sorge ist, dass eine Gesellschaft, in der die Mehrheit das Sagen hat, Minderheiten unterdrücken wird. Minderheitenschutz ist ein urliberales Motiv. Liberale wollen eine „Tyrannei der Mehrheit" verhindern. Sie begrüßen daher starke Sicherungen, von Grundrechten über Gewaltenteilung bis zu einer wachsamen Öffentlichkeit.

Was geschieht, wenn solche Sicherungen versagen, konnten liberale Intellektuelle in den USA unter dem rechten Senator Joseph McCarthy studieren. McCarthy war ein geradezu besessener Kommunistenjäger in der ersten Phase des „Kalten Krieges". Er vermutete überall Agenten des Sowjetsystems, nicht zuletzt unter den Künstlern und Intellektuellen sowie unter den Filmschaffenden Hollywoods. Amerikanische Liberale waren nun im negativen Sinne beeindruckt von McCarthys Fähigkeit, eine große Zahl von Menschen aus allen Gesellschaftsschichten für seine paranoide Sache zu gewinnen – heute würde man wohl sagen, er war ein begabter Populist. McCarthys zeitweiliger Erfolg war für Liberale ein Schock. Er zeigte, dass sich Gefühle und Neigungen der Massen einsetzen lassen, um ein die Bürgerrechte bedrohendes System der allgemeinen Verdächtigung durchzusetzen.

Manche wandten sich unter diesem Eindruck von einer eher freundlichen Wahrnehmung der Massen ab und den Elitentheorien zu. Das könnte nun widersprüchlich wirken, denn war nicht auch McCarthy ein Mitglied politischer Führungsgruppen? Ja, aber seine Masche bestand eben darin, direkt die Massen anzusprechen. Liberale hofften dagegen auf verantwortliche Eliten. Diese sollten Massenstimmungen weder schüren noch ihnen nachgeben, sondern unbeirrt für Grundrechte und Gemeinwohl wirken. Ein gewisses Maß an Sonderbewusstsein dürfte dabei nur förderlich sein.

Ein vom Sozialismus herkommender Anhänger der Elitentheorie war der deutsche Politikwissenschaftler und Jurist Franz Leopold Neumann. Neumann hatte zunächst für das *Institut für Sozialforschung* um Max Horkheimer einige Studien zum Nationalsozialismus und zum Verfall des Rechts auf dem Weg in den autoritären Staat erstellt. In diesen Studien zeigte er sich als undogmatischer Marxist, der noch ganz der linkssozialistischen Idee von Befreiung verbunden schien. Das änderte sich nach dem Krieg. In den Westteil Deutschlands zurückgekehrt, plädierte Neumann in den wenigen Aufsätzen bis zu seinem frühen Tod (1954 durch Autounfall) für eine verantwortliche Führung und gegen eine unmittelbare politische Teilnahme der Massen.

Warum diese Wendung? Man mag vermuten, dass Neumanns schlechte Erfahrungen mit dem deutschen Volk, das schließlich das Nazi-Regime mehrheitlich mitgetragen hatte, eine Rolle spielten. Auch war Neumann nach dem Krieg zu einem Anhänger der Bürokratietheorie Webers geworden. Er schätzte die formale Rationalität von Verwaltungen um der allgemeinen Sicherheit und Wohlfahrt willen, die sie möglich machten. Formale Rationalität verträgt sich aber schlecht mit direkter Demokratie. Neumann vermutete eine Art Nullsummenspiel zwischen größerer Leistungsfähigkeit von Verwaltungen und mehr politischer Mitwirkung, und er gab der Leistungsfähigkeit über weite Strecken den Vorzug.

Aber auch ein spezifisch „linkes“ Motiv dürfte eine Rolle gespielt haben: Neumann wollte ein starkes politisches Entscheidungszentrum, das in der Lage wäre, die wirtschaftliche Macht zu begrenzen. Wirtschaftliche Macht führt schnell zu politischem Einfluss und schadet dann der Demokratie. Mögliche Gegengewichte sind starke, vom Staat unabhängige Gewerkschaften und eben eine von verantwortlichen Eliten getragene souveräne Gewalt. Verantwortliche Eliten legen die Grundsätze ihres Entscheidens offen, sie sind empfänglich für legitime Erwartungen ihrer Wählerschaft, und sie sind abwählbar. Außerdem unterliegt ihr Handeln richterlicher Kontrolle. Darüber hinaus sollen sie aber möglichst frei sein, um gegen die weniger verantwortlichen sozialen Kräfte im Kapitalismus das Gemeinwohl zu wahren.

So viel in aller Kürze zu den anziehenden Zügen der Elitentheorien und zu verschiedenen Motiven, ihnen anzuhängen. Solche Theorien haben allerdings auch problematische Seiten. Das erste Problem ist das der Kontrolle der Eliten. Wer oder was gewährleistet denn, dass die Führungen wirklich so funktionieren, wie sie funktionieren sollen: sei es im Sinne Schumpeters als Auswahl der Besten, sei es im Sinne der Liberalen als Verteidiger bürgerlicher Freiheiten, sei es im Sinne von Sozialdemokratinnen als Förderer sozialer Rechte? Das Problem scheint unüberwindlich zu werden, geht man von unwissenden und wenig vernünftigen Wählerinnen aus. Offenbar können desinteressierte und inkompetente Menschen Eliten nicht kontrollieren und zur Erfüllung ihrer Aufgaben anhalten. Sie können vielleicht nicht einmal beurteilen, ob die Eliten kompetenter sind als ihre Wähler: Womöglich bringen unwissende Wähler unfähige Kandidatinnen an die Macht.

Doch auch fähige Führungen werden nicht einfach tun, was für ihre Wählerinnen das Beste ist. Sie werden teilweise eigene Interessen verfolgen. Schließlich bilden sie eigene Gruppen mit eigenen Erfahrungen, eigenen Sichtweisen, eigenen Aussichten auf Vorteile. Wenn aber Eliten weder unbedingt vernünftiger sind als ihre Wählerinnen noch weniger eigeninteressiert, dann sollte eine Elitentheorie Vorkehrungen gegen die Verselbständigung von Führungen kennen.

Dagegen stehen jedoch Menschenbilder wie dasjenige Schumpeters: Sie tun so, als sei das vorgebliche Qualitätsgefälle von Führung zu Gefolgschaft ein Wesenszug aller Gesellschaften. Sie halten es für riesig und unüberwindbar. Verantwortliche und verständige Eliten scheinen dann aber ein ungeheurer Glücksfall zu sein. Über die größere oder geringere Wahrscheinlichkeit ihres Auftretens kann jedenfalls Schumpeter, bleibt er seinen theoretischen Prämissen treu, nichts sagen. Das also ist ein Grundproblem: Wer kontrolliert die Eliten? Wer kann verhindern, dass sie den eigenen Vorteil auf Kosten der Gesamtheit suchen oder unvernünftige Entscheidungen zu deren Nachteil treffen?

Bis jetzt war von einem pragmatischen Problem die Rede, das die Elitentheorien haben. Aber sie haben auch ein prinzipielles: Sie muten den Menschen eine Halbierung ihrer Selbstbestimmung zu. Problematisch ist das jedenfalls, wenn an meiner Deutung der Moderne etwas dran ist. Ihr zufolge legen moderne

Menschen Wert auf ihre Selbstbestimmung. Dieses moderne Ethos hat eine öffentliche und eine private Seite. Private Selbstbestimmung ist eine Selbstbestimmung ohne oder gegen die Politik, öffentliche Selbstbestimmung ist eine Selbstbestimmung in der und durch die Politik. Die beiden Seiten hängen zusammen. Öffentliche Selbstbestimmung ohne private wäre eine Form der Tyrannei; sie würde den Eigensinn des Einzelnen unterdrücken. Private Selbstbestimmung ohne öffentliche wäre eine Freiheit unter dem Vorzeichen der Fremdbestimmung.

Elitentheoretiker sehen aber Selbstbestimmung für die Mehrzahl der Menschen allenfalls im Privatleben vor. Gutes Regieren mag der Freiheit des Einzelnen zugutekommen, doch nicht in Gestalt politischer Mitwirkung. Wer aber die Selbstbestimmung um ihre öffentliche Dimension beschneidet, riskiert politische Entfremdung. Die Entfremdung läge dann nicht in der Natur der apolitischen Massen. Sie wäre die Folge einer Politik, die die öffentlichen Angelegenheiten von den Menschen fernhält.

Die Elitentheorie neigt dazu, eine Folge politischer Entmündigung zu deren Ursache zu erklären. Weil die Menschen politisch uninteressiert und inkompetent sind, so sagen Elitentheoretiker, geht ihre Fremdbestimmung durch Eliten in Ordnung. Aber es könnte teilweise umgekehrt sein: Weil die Menschen fremdbestimmt werden, sind sie uninteressiert und inkompetent.

Ist es wirklich ein Naturgesetz des politischen Lebens, dass nur wenige an ihm Anteil nehmen, während die Vielen vor allem gut regiert werden wollen? Das könnte ja auch eine sich selbst erfüllende Prophezeiung sein: Je mehr man den Menschen einredet, dass die Politik nichts für sie sei, und je weniger wichtige Teilnahmemöglichkeiten man ihnen gibt, umso eher werden sie sich in ihr Privatleben zurückziehen. Eine elitenfreundliche Deutung der Politik wird dann Verhältnisse fördern, die die Elitentheorie scheinbar bestätigen. Sie wären aber ein Effekt der Theorie und ihrer praktischen Befolgung und kein von neutralen Forscherinnen entdecktes Gesetz. Unter anderen Anregungsbedingungen wären vielleicht andere, für die Idee der Demokratie als Lebensform günstigere Ergebnisse zu erwarten.

4. VORLESUNG. „REALISTISCHE" THEORIEN DER POLITIK II: DEMOKRATIE ALS MITTEL UND ALS VERFAHREN

1. DEMOKRATIE ALS MITTEL

Ich werde in dieser Vorlesung den Spuren weiter nachgehen, die Schumpeter in unserer Theorielandschaft gelegt hat. Eine Spur ist die elitentheoretische. Am Ende der letzten Vorlesung ist aber der Sache nach auch schon eine zweite zur Sprache gekommen: die Ansicht, die meisten Menschen wollten nur gut regiert werden. Dieses Interesse verhält sich indifferent zum Charakter einer politischen Ordnung. Nicht die Güte der Ergebnisse unterscheidet schließlich Demokratien von Diktaturen, sondern ob die Regierten verbürgte Möglichkeiten der Mitwirkung haben.

Ein für moderne Demokratien unverzichtbares Minimum an Mitwirkungsmöglichkeiten sind allgemeine, gleiche und freie Wahlen. Wenn Schumpeter und seine Nachfolger Recht haben, gebrauchen aber die meisten Wählerinnen ihr Recht nur in der Hoffnung, nachher gut regiert zu werden. Sie sehen in ihm keinen Eigenwert. Es ist nur ein mehr oder weniger taugliches Mittel zum nichtpolitischen Zweck. Die Demokratie ist für sie eine Art Werkzeug, das sie nach Maßgabe ihrer Neigungen, Wünsche und Überzeugungen für mehr oder weniger tauglich halten. Der Maßstab selbst, die geordnete Menge unserer Präferenzen, ist vom politischen Prozess unabhängig. Er geht nicht aus bürgerschaftlicher Beratschlagung hervor; die Menschen tragen ihn von außen an die Politik heran.

Der demokratische Prozess dient dazu, die auf der Eingabeseite erscheinenden Präferenzen möglichst unverfälscht auf der Ausgabeseite des Entscheidens zur Geltung zu bringen. Zu diesem Zweck müssen sie gesammelt, gedeutet und aufeinander abgestimmt werden. Sie bedürfen, mit einem Fremdwort gesagt, der Aggregation. Der politische Prozess ist also nicht unwichtig. Aber er steht ganz im Dienst der Erfüllung nichtpolitischer Vorlieben. Sinn der Übung ist die optimale Befriedigung der gewichteten Präferenzen sämtlicher Adressaten des Regierens.

Die demokratische Hoffnung ist nun, dass politischer Wettbewerb unter den Augen einer unabhängigen Presse und freie Wahlen für die beste Entsprechung von Erwartungen und Ergebnissen des Regierens sorgen werden. Doch diese öffentliche Freiheit bezieht ihre Zwecke von der privaten: Jeder will möglichst so leben können, wie er es für richtig hält. Diese eigentlich schätzenswerte Freiheit ist keine Sache gemeinsamen Beratschlagens und Handelns. Grundsätzlich könnte man sich die öffentliche Bühne mit ihrer Presse, ihren Parteien und Verbänden, ihren Parlamenten und Wahlkämpfen von unserer Freiheit also auch wegdenken.

In der letzten Vorlesung hatte ich angedeutet, warum eine solche Freiheit nicht nur unsicher, sondern geradezu scheinhaft wäre: eine bloß gewährte Freiheit in einem stabilen Rahmen von Fremdbestimmung. Ein genereller Grund dafür ist folgender: Kein politischer Prozess kann einfach neutral die vorpolitisch gebildeten Erwartungen widerspiegeln. Das geht schon deshalb nicht, weil diese Erwartungen ja zum Zwecke politischen Entscheidens aggregiert werden müssen. Es ist zweierlei, was der Einzelne will und was eine Personengesamtheit aus mehreren Millionen Menschen will. Darauf hatte Schumpeter selbst aufmerksam gemacht. Schumpeter war deshalb wohl auch skeptischer als viele seiner Nachfolger, was die Aussichten der persönlichen Freiheit in einer von Eliten bestimmten Welt angeht.

Es sollte Ihnen merkwürdig vorkommen, wenn Politiker nach einer Wahl sagen: „Der Wähler will", oder, politisch korrekter: „Die Wählerinnen und Wähler wollen, dass ... (ich bis zum letzten Atemzug Kanzler bleibe)". Das mögen der Kanzler und seine treuen Anhänger, jeder für sich, wollen, aber die Wählerinnen und Wähler? Die müssten erst einmal durch ein Wahlverfahren zur Erscheinung gebracht werden, und wie sie erscheinen, hängt selbst vom Verfahren ab. Die Idee, wahre Demokratie wäre die unverfälschte Wiedergabe vorpolitischer Interessen und Meinungen, ist operativ leer: Kein mögliches Verfahren könnte ihr entsprechen.

Sie mögen nun einwenden, dass man die Leute doch einfach fragen könnte, und nicht nur nach dem bevorzugten Personal, sondern auch nach den gewünschten Ergebnissen des Regierens. Manche Anhängerinnen „direkter Demokratie" scheinen zu glauben, Bürgerbegehren und Bürgerentscheide würden den authentischen Willen des Volkes ans Licht bringen. Dagegen sprechen verschiedene Gründe. Auch Volksentscheide müssen organisiert werden: Wie viele Menschen müssen mindestens dafür sein, dass überhaupt abgestimmt wird? Wer bestimmt, wann abgestimmt wird? Und vor allem: Wer legt der Bürgerschaft welche Fragen vor? Indem ich eine Frage so oder anders stelle, kann ich die Antworten zwar nicht determinieren, aber doch einen für mich günstigen Ausgang wahrscheinlicher machen. Auch Verfahren „direkter Demokratie" machen etwas mit unseren Präferenzen: Sie machen sie so oder anders sichtbar, so oder anders zählbar. Und je weniger wir auf sie Einfluss nehmen, umso wahrscheinlicher ist, dass sich Zählweisen und Deutungen durchsetzen werden, die unseren Interessen zuwiderlaufen.

Erst recht gilt dies, wo politische Akteure selber Präferenzen manipulativ erzeugen. Weil sie gewählt werden wollen, sind Politikerinnen versucht, den Menschen bestimmte Vorlieben über die Massenmedien einzureden. Sie müssen dann nur Erwartungen erfüllen, die sie selbst geweckt haben. Das verbessert natürlich ihre Aussichten, gewählt zu werden. Der Preis dafür ist eine verkehrte Verknüpfung von Eingabe- und Ausgabeseite des politischen Prozesses. Die Regierenden legen selbst die Ansprüche der Bürger fest, an deren Befriedigung sie dann gemessen werden. Es kommt zu einer Schließung des politischen Prozesses auf Kosten der Freiheit von Regierten, selbst festzulegen, was sie wollen.

Das Problem ist also: Was wir persönlich wollen, ist von den allgemeinen Rahmenbedingungen unseres Handelns nicht unabhängig. Es kann politisch beeinflusst und auch manipuliert werden. Deshalb verweist uns das Interesse an unserer persönlichen Freiheit auch auf die öffentliche Sphäre. Ist uns diese unzugänglich, so entziehen sich wesentliche Voraussetzungen der Freiheit unserer Verfügung. Ein wenig scheinen die alten Athener also recht gehabt zu haben: Es wäre idiotisch, nur im Privaten frei sein zu wollen und die Politik ganz den Politikern zu überlassen. Um das zu sagen, muss man nicht der bestreitbaren Ansicht sein, dass der wahre Mensch ein politisch Handelnder sei. Es genügt die Einsicht, dass die private Seite der Freiheit von der öffentlichen nicht unabhängig ist. Wer sich mit einer Hälfte der Freiheit begnügt, droht die ganze Freiheit zu verlieren.

2. DEMOKRATIE ALS VERFAHREN

Nun zu einem dritten Merkmal, das Schumpeters Theorie mit vielen ihrer Nachfolger teilt. Demokratie ist demnach nicht an Ergebnissen zu erkennen, sondern allein an einer Menge von Verfahrensregeln. Von allen vier Merkmalen, die Schumpeters Neubestimmung der Demokratie ausmachen, ist dieses dritte sicher am breitesten akzeptiert. Die prozeduralistische Deutung der Demokratie, wie sie kurz heißen mag, ist die heute vorherrschende.

An welchen Regeln erkennt man Demokratien? Die von Schumpeter angefochtene klassische Auffassung verlangt in idealer Reinheit zweierlei. Erstens sollen alle einzelnen Personen, die regiert werden, auch selbst Regierende sein. Das ist das Erkennungsmerkmal der Identität von Regierenden und Regierten. Zweitens soll eine demokratische Entscheidung in Übereinstimmung aller zustande kommen. Nur wenn wirklich alle gemeinsam etwas wollen, bleibt jeder Einzelne auch als Teil einer Bürgerschaft so frei, wie er es in einem Zustand völliger persönlicher Unabhängigkeit gewesen wäre.

Beide Kriterien kommen vielen modernen Theoretikerinnen aus guten Gründen unrealistisch vor. Sie folgen darum Schumpeter in dem Versuch, ein realistisches, zur Lebenswirklichkeit moderner Gesellschaften passendes Bild demokratischer Verfahren zu geben. Dieses „realistische" Bild fällt, gemessen an der klassischen Vorstellung, mager aus. Es sieht ein Minimum an Mitwirkungsmöglichkeiten vor, das mit der Größe, der Kompliziertheit und der inneren Vielfalt moderner Gesellschaften vereinbar sein sollte.

Gemessen an der klassischen Vorstellung ist die Auffassung von Demokratie als Verfahren in beiden von mir genannten Hinsichten ernüchternd. Erstens ist moderne Demokratie weniger eine Sache von Individuen als von organisierten Gruppen. Der Glaube, dass in der Demokratie der Einzelmensch als solcher einen bestimmenden Einfluss auf die politischen Entscheidungen habe, ist ein Irrglaube. Wenn der Einzelmensch im politischen Prozess vorkommt, dann nur, soweit er Repräsentant oder Mitglied einer Gruppe ist.

Der italienische Politikwissenschaftler Norberto Bobbio hat hier eines der unerfüllten und auch unerfüllbaren Versprechen der modernen Demokratie ausgemacht. Das Versprechen ist, jeder Einzelne könne als Freier und Gleicher am politischen Prozess mitwirken. Die Realität ist, er oder sie verschwindet, sofern er nicht aufgefangen wird von einer Organisation, die seine Belange mehr oder weniger unverfälscht vertritt. Das ist ein kräftiger Schuss Wasser in den Wein demokratischer Ideale: Der Individualismus wird aufgegeben zugunsten der Überzeugung, dass Gruppen den politischen Prozess bestimmen. In einer Demokratie hat allerdings keine Gruppe ein Monopol auf politischen Einfluss. Demokratische Ordnungen unterscheiden sich von nichtdemokratischen dadurch, dass sie pluralistisch sind: Eine Mehrzahl von Gruppen steht und vermittelt zwischen dem Einzelmenschen und den Entscheidungszentren.

Man kann zwei Arten politisch erheblicher Gruppen unterscheiden. Beide gehen aus der Gesellschaft hervor, aber nur die einen streben direkt ins Entscheidungszentrum hinein, indem sie Kandidatinnen für Führungsämter anbieten. Solche Gruppen sind die Parteien. Parteien sind diejenigen organisierten Interessen, aus denen in Parteiendemokratien gewöhnlich die Kandidatinnen für politische Ämter kommen. Eine zweite Art von Gruppen sind die Verbände. Auch sie gehen aus der Gesellschaft hervor und wirken auf die Entscheidungszentren ein. Jedoch sind sie formal gesehen nicht im politischen Zentrum selbst tätig. Sie wollen keine politischen Führungsämter besetzen, sondern die Inhaber von Ämtern auf andere Weise für ihre Anliegen geneigt machen. Sie werden etwa ihren „guten Rat" anbieten oder mit Kapitalflucht oder Arbeitsverweigerung drohen. Verbände sind formal im vorpolitischen Raum tätige frei gebildete Einflussgruppen. Das also ist ein erstes Kennzeichen der real existierenden Demokratie, verstanden als Menge von Verfahrensregeln: Moderne Demokratien sind gruppenpluralistisch.

Eine zweite, wiederum unvermeidliche Abweichung vom demokratischen Ideal ist, dass nicht alle gemeinsam entscheiden. In allen wirklichen Demokratien entscheiden Minderheiten, die vielleicht Mehrheiten hinter sich haben. Daher ist streng genommen nie ein Gemeinwille bestimmend, sondern allenfalls ein Mehrheitswille, und die unterlegenen Minderheiten müssen sich fügen. Die Mehrheitsregel ist allerdings nur dann eine demokratische, wenn die Mehrheiten sich ändern können. Angenommen, Sie hätten eine Mehrheit und würden, einmal an die Macht gelangt, alle Anhängerinnen der Minderheit nach Sansibar verschiffen. Wäre das ein demokratischer Gebrauch der Mehrheitsregel? Sicher nicht. Demokratische Mehrheiten sind veränderlich: Sie könnten anders sein, und die Veränderung müsste nach Regeln fairer Konkurrenz vonstattengehen.

Das unterscheidet demokratische von strukturellen Mehrheiten. Grundlage einer strukturellen Mehrheit sind Merkmale, die vom politischen Prozess (relativ) unabhängig sind, etwa die Abstammung. Menschen mögen hinsichtlich solcher Merkmale in der Mehrheit sein, aber sie bilden dann keine Mehrheit im demokratischen Sinne des Wortes. Demokratische Mehrheiten sind politisch erzeugt und im politischen Prozess auch wieder auflösbar. Dazu sind gewisse Vorkehrungen nötig, nicht zuletzt die Grundrechte. Grundrechte sichern die Chance von Minderheiten, auch einmal zur Mehrheit zu gehören.

Eine Minderheit, die befürchten müsste, aufgrund politisch (relativ) unveränderlicher Merkmale immer überstimmt zu werden, hätte kein vernünftiges Motiv, den Mehrheitswillen auch nur zeitweilig hinzunehmen. Das macht demokratisches Regieren so schwer, wo politische von vorpolitischen, etwa ethnischen Mehrheitsverhältnissen überlagert werden. Die Gefahr ist dann groß, dass der demokratische Prozess durch allgemeines Misstrauen und Ressentiments ausgehöhlt wird.

Wie kommt nun in einer modernen Demokratie der Mehrheitswille zum Zug? Auch in einer Demokratie regieren ja Minderheiten, und sie sind zumindest für eine gewisse Zeit, und innerhalb gewisser rechtlicher Grenzen, frei zu entscheiden, wie sie wollen. Tatsächlich gibt es keine Garantie, dass eine einmal mehrheitlich gewollte Regierung nachher auch tut, was die Mehrheit will. Aber sie wird mit einer gewissen Wahrscheinlichkeit nicht allzu weit vom Mehrheitswillen abweichen, immer vorausgesetzt, sie kann ihn nicht restlos manipulieren. In jeder halbwegs funktionierenden Demokratie bleibt die Ausgabeseite des Regierens von dessen Eingabeseite abhängig: Entscheidungen und Handlungen der Regierenden werden eine gewisse Rücksicht auf Erwartungen der Regierten zu erkennen geben.

Wie aber können die Regierten die oft so fernen Entscheidungszentren beeinflussen? Sicher nicht durch individuelles Auftreten auf dem Marktplatz: Die einzelne Bürgerin ist eine de facto verschwindende Größe, in der Bundesrepublik etwa eine unter sechzig Millionen. Außerdem entscheiden wir jedenfalls in einer repräsentativen Demokratie höchstens über die Amtsinhaber und nicht auch über ihr Handeln. In einer funktionierenden Demokratie allerdings wissen die Gewählten, dass sie ihre Mehrheit verlieren können, weil sie nur auf Zeit gewählt wurden. Sie müssen damit rechnen, von den Wählerinnen bestraft zu werden, wenn sie systematisch an deren Interessen und Überzeugungen vorbeiregieren. Sie müssen damit rechnen, für schlechtes oder die Erwartungen der Wählerschaft grob enttäuschendes Regieren abgewählt zu werden.

Also nehmen kluge Regierende, wenn sie politische Entscheidungen vorbereiten, gedanklich die Antworten ihrer Wählerschaft vorweg. Und diese Wählerschaft erscheint ihnen nicht als eine Gesamtheit aus lauter besonderen Gesichtern, sondern als eine hoch abstrakte Aggregatgröße. Auch werden sie so gut wie immer nur einen Teil der Bürgerschaft als für die Wiederwahl wichtig ansehen: Ganz überzeugte Gegner werden sie sowieso nicht gewinnen können, egal, was sie tun. Das kann etwa heißen, dass Regierende, die wissen, dass sie ihre Stütze vor allem im ökonomischen Mittelstand haben, vor allem dessen Reaktionen gedanklich vorwegnehmen. Jedenfalls aber hält die Institution allgemeiner, gleicher und freier Wahlen, zusammen mit Vorkehrungen wie der Presse- und Versammlungsfreiheit, Regierende dazu an, sich möglichst vorausschauend Gedanken über die Urteile ihrer Wählerbasis zu machen. Der deutsch-amerikanische Politikwissenschaftler Carl Joachim Friedrich nennt dies das „Gesetz der antizipierten Reaktion".

Zusammengefasst: Die minimalistische Auffassung von Demokratie als Verfahren ersetzt die überschwänglichen Ideen des Individualismus und des Gemeinwillens durch die nüchterneren des Gruppenpluralismus und der Mehrheitsregel. Außerdem legt sie Wert auf die Hegung und Begrenzung des politischen Kampfes durch Grundrechte. Mehrheitsherrschaft und Grundrechte zusammen ergeben die heute vorherrschende Norm der liberalen oder rechtsstaatlichen Demokratie.

Sie mögen einwenden, das sei ein fauler Kompromiss oder jedenfalls eine zusätzliche Eintrübung des demokratischen Gedankens: Warum sollte die Mehrheit sich grundrechtliche Fesseln gefallen lassen? Ein Teil der Antwort ist, sie sollte es um der Demokratie selbst willen: Wo Mehrheiten Minderheiten regelrecht ausbürgern könnten, würde in keinem Sinne des Wortes mehr „das Volk" regieren. Das Volk ist schließlich mehr als die Mehrheit. Man kann Grundrechte daher auch als Vorkehrungen ansehen, um durch alle Entzweiungen hindurch die Einheit eines Volkes zu wahren. Oder zugespitzt: „Das Volk" im Unterschied zu den vielen Überzeugungen, Interessen und Parteien existiert nur in Gestalt von Verfahren, die allgemein annehmbar sind, weil sie allen die Möglichkeit geben, auch einmal zur Mehrheit zu zählen. Ohne allgemein akzeptable Verfahren würde „das Volk" zerfallen, gerade weil es nur im demokratischen Prozess existiert und kein von diesem unabhängiges Dasein hat.

3. DIE DEMOKRATIETHEORIE ROBERT A. DAHLS

Kein anderer zeitgenössischer Theoretiker der Demokratie hat die liberale Auffassung von Demokratie so systematisch und einflussreich erläutert wie der US-Amerikaner Robert A. Dahl. Er ist heute unter den „realistischen" Nachfolgern Schumpeters sicher der bekannteste. Dahl hat ein Kunstwort geprägt, das zwar nicht den allgemeinen Wortgebrauch, aber den der Politikwissenschaft bereichert hat: „Polyarchie". Das heißt so viel wie „Herrschaft vieler" und betont den pluralistischen Charakter moderner liberaldemokratischer Systeme.

Aber Dahl will damit auch sagen, dass moderne Demokratien deutlich hinter dem demokratischen Ideal zurückbleiben. Unverkürzte „Polyarchien" sind so demokratisch wie heute möglich – nicht mehr und nicht weniger. Anders als Schumpeter möchte Dahl das demokratische Ideal nicht durch eine zeitgemäße Neudefinition ersetzen. Er möchte es als Ideal bewahren. Doch Dahl ist grundsätzlich einer Ansicht mit Schumpeter, was die Unrealisierbarkeit „reiner Demokratie" angeht.

Dahl verankert das demokratische Ideal im Wert der Autonomie: Jeder erwachsene geistig gesunde Mensch sollte selbst darüber befinden dürfen, was für ihn gut und richtig sei. Die demokratische Gleichheit geht normativ auf die Gleichheit dieses Grundinteresses zurück. Wenn es einer kollektiven Willensbildung bedarf, so muss jeder geistig gesunde Erwachsene ein gleiches Recht darauf haben, seine selbst gedeuteten Interessen in sie einzubringen. Jede Stimme zählt dann gleich viel, und alle politischen Entscheidungen sind Funktionen der vielen gleich gewichteten Stimmen. Auch können alle aufgeklärt, weil wohlinformiert urteilen. Und einzig der Demos aus freien und gleichen Bürgerinnen legt fest, was überhaupt politisch entschieden werden soll: Er allein kontrolliert die politische Agenda. Zusammen sichern diese Bedingungen, dass der politische Prozess unverzerrt die Gleichheit aller ausdrückt. Besser gesagt: Sie täten es, wenn sie denn zu verwirklichen wären. Dagegen aber sprechen die gültigen Einwände der „Realisten", zu denen auch Dahl in gewissem Sinne gehört.

Dahls Vorstellung von machbarer Demokratie, also von „Polyarchie", ist reichhaltiger als diejenige Schumpeters. Zu einer Polyarchie gehören mehrere Regeln und Garantien. Nur gewählte Repräsentanten dürfen kollektiv verbindlich entscheiden. Die Wahlen sind fair. Aktiv und passiv wahlberechtigt sind alle geistig gesunden erwachsenen Bürger. Alle haben das Recht, sich zu vereinigen. Sie können zwanglos ihre Meinung äußern und sich informieren. Die Presse ist frei. Manche Systeme, zumal in Zeiten des Überganges von einer nichtdemokratischen zu einer demokratischen Ordnung, verwirklichen einige der Anforderungen, aber nicht alle. Beliebt ist etwa, dass strukturelle Mehrheiten anderen das politische Mitwirkungsrecht verweigern.

Dahls Kriterienkatalog eignet sich zur Kritik solcher Manöver. Was dagegen die etablierten Demokratien des Westens angeht, so scheint seine kritische Reichweite gering zu sein. Aber auch bei uns werden längst nicht alle wichtigen politischen Entscheidungen allein von gewählten Repräsentantinnen getroffen. Viele gehen aus sogenannten Politiknetzwerken hervor. Das sind organisierte Verbindungen, in die sich auch demokratisch nicht legitimierte Machtgruppen einfädeln können. Gerechtfertigt werden solche neuen Formen des Regierens oft mit Sachzwängen, die nach möglichst wirksamen Problemlösungen verlangten. Für solche Lösungen fehlten demokratischen Repräsentanten allein die Kenntnisse und die Machtmittel, weshalb etwa Unternehmerinnen am Regieren teilnehmen müssten. Auch sei der Nationalstaat in immer mehr Hinsichten, von der Währungspolitik bis zum Klimaschutz, zu klein geworden.

Weil die einzelstaatliche Demokratie immer weniger ausrichten kann, spricht Dahl selbst von einer „dritten demokratischen Transformation". Die erste Transformation, die eigentlich eine radikale Neuerung war, brachte die Selbstregierung freier und gleicher Männer in den griechischen Stadtrepubliken der Antike. Die zweite Transformation bestand in der Übertragung des Demokratieprinzips auf die Territorialstaaten der Neuzeit; in ihr ging der demokratische Gedanke der gleichberechtigten Mitwirkung aller eine Verbindung ein mit dem eher aristokratischen Grundsatz der Repräsentation. Die dritte demokratische Transformation geschieht, wo zwischen- und überstaatliche Institutionen die einzelstaatliche Demokratie überwölben und Politiknetzwerke sie relativieren.

Aber kritische Kollegen fragen längst, ob nicht der Ausdruck „Postdemokratie" passender wäre. Zwar bleiben die Einrichtungen und Verfahren der einzelstaatlichen Demokratien formal unangetastet. Von einer Kontrolle und Steuerung der Regierenden durch die Regierten kann aber immer weniger die Rede sein. Im Kern werden heute Möglichkeiten der Mitwirkung gegen gute Ergebnisse ausgespielt und häufig geopfert. Das mag man unvermeidlich finden, aber warum sollte man es noch „demokratisch" nennen?

Schwer zu vereinbaren mit Dahls Kriterien ist auch das technische Verständnis von Regieren, das dessen neuen Formen oft zugrunde liegt. Ein Vorzug von Polyarchien ist, dass sie politische Vielfalt ausdrücken. Die neuen Formen des Regierens aber antworten scheinbar nur noch auf Sachzwänge. Was damit aus dem Blickfeld verschwindet, sind die bestreitbaren Zwecke und fehlbaren Meinungen, die nach politischer und nicht bloß nach technischer Entscheidung verlangen. Bloß technisch sind Entscheidungen über Mittel bei gegebenen Zwecken. Politisches Entscheiden kommt ins Spiel, wo Zwecke grundlegend umstritten sind oder, wären die Menschen über sie im Bilde, umstritten wären. Die Rhetorik des Sachzwangs suggeriert dagegen, dass nur mehr Fanatikerinnen nach grundlegenden Alternativen fragen oder Populisten sie vorschützen könnten. Wo aber echte Alternativen fehlen, verliert der demokratische Streit seinen Sinn.

5. VORLESUNG. „REALISTISCHE" THEORIEN DER POLITIK III: ÖKONOMISCHE THEORIEN DER DEMOKRATIE

Ein viertes Erbstück der Theorie Schumpeters ist die Übertragung von Modellen und Erklärungen aus den Wirtschaftswissenschaften auf die Politikwissenschaft. Spuren dieses Versuches lassen sich mindestens bis zu Thomas Hobbes zurückverfolgen. Schumpeters Glaube an die Ähnlichkeit zwischen wirtschaftlichem und politischem Geschehen hat viele Nachfolger gefunden. Das gilt allerdings nicht so sehr für sein Menschenbild. Schöpferisch zerstörerische Unternehmerinnen und charismatische Führer sind keine kühl kalkulierenden Maximierer von Vorteilen. Eher wollen sie eine Mission erfüllen, deren Ausgang sie nicht kennen können: Arbeitern schwarze Autos verkaufen, Deutschland einen Platz an der Sonne verschaffen. Sich auf etwas so Ungewisses einzulassen, kann nicht eigentlich rational sein. Die heute dominanten Spielarten einer ökonomischen Theorie der Politik sind dagegen Varianten von Rational-Choice-Theorien.

1. ANTHONY DOWNS UND DIE THEORIEN RATIONALER WAHL

„Rational Choice" heißt auf Deutsch „rationale Wahl". Die Grundannahmen sind: Individuen möchten in jeder Entscheidungssituation so weit wie möglich ihren Nutzen mehren. Zu diesem Zweck müssen sie Zwecke und Mittel situationsgerecht kalkulieren. Jedes Individuum hat eine Nutzenfunktion, die aus einer geordneten Menge von Vorlieben besteht. Die Nutzenfunktion muss nicht notwendigerweise eine egoistische sein. Meine Nutzenfunktion mag sein, dass ich möglichst viele Menschen vor dem Verhungern bewahren will. Aber ungeachtet des Inhalts ist rationalen Akteuren gemeinsam, dass sie in jeder Situation nach dem optimalen Ergebnis streben.

Rational-Choice-Theoretiker erklären kollektive Phänomene, etwa staatliches Handeln und die Entstehung von Institutionen, indem sie vom handelnden Individuum ausgehen. Die Erklärung verläuft sozusagen von unten nach oben; man nennt das methodologischen Individualismus. Methodologische Individualisten gehen davon aus, dass in einem strikten Sinne nur Individuen handeln und entscheiden können. Kollektive können beides nur in einem abgeleiteten Sinne. Wenn etwa die USA etwas tun, dann heißt das streng genommen stets, dass Individuen etwas tun, die befugt sind, im Namen der USA zu handeln. Also muss die Handlungserklärung immer beim Individuum ansetzen.

Ein Sonderfall von Rational-Choice-Theorien sind Spieltheorien. Spieltheorien rechnen mit einer Mehrzahl nutzenmaximierender Akteurinnen, die ihren Nutzen nur maximieren können, wenn sie die Strategien anderer Akteurinnen berücksichtigen. Die fremden Strategien sind Teil der Situation, in der ich rational zu handeln versuche. Es gibt verschiedene Konstellationen des Aufeinanderwirkens von strategischen Akteurinnen und ebenso viele „Spiele". Gemeinsam ist ihnen, dass das bestmögliche Ergebnis für den Einzelnen nicht nur davon abhängt, wie er handelt, sondern wie mehrere handeln.

Ein Meilenstein der ökonomischen Betrachtung von Politik ist die Theorie des amerikanischen Politikwissenschaftlers Anthony Downs. Downs macht konsequenten Gebrauch von der Voraussetzung rationaler Nutzenmaximierer, um ein allgemeines Modell für die Erklärung und Voraussage politischer Vorgänge zu gewinnen. Der Grundgedanke ist: Politikerinnen sind wie Unternehmer, die auf einem besonderen Markt in einer besonderen Münze ihren Vorteil suchen. Die Münze ist nicht Geld, wie auf ökonomischen Märkten, sondern Macht. Die von Politikerinnen angebotenen Programme hängen ganz von der Erwartung des Machterwerbs ab. Wie wirtschaftliche Unternehmer erwägen, ob sie reiche Hobbysportler eher mit Carbon- oder mit Titan-Rädern ködern können, so überlegen politische Anbieterinnen, ob sie eher auf Freiheit oder auf Sicherheit setzen sollten, um möglichst viele Wählerinnen zu gewinnen.

Bei kritischer Betrachtung erscheint beides als eine Verkehrung von Mitteln und Zwecken. Kapitalistische Unternehmer bieten Güter mit einem Gebrauchswert nur an, um mehr Geld zu verdienen, als sie vorgeschossen haben. Das Anbieten nützlicher Dinge ist nur ein Mittel zum Zweck der Maximierung von Geld. So wird Geld zu Kapital. Auch Macht ist eine Art Kapital. Es wird so eingesetzt, dass am Ende eines Prozesses – etwa einer Wahlperiode – möglichst viel Macht herauskommt, das heißt die eigene Partei die wichtigsten Ämter innehat. Parteistrateginnen ordnen dem zum Zweck gewordenen Machterwerb die Inhalte unter. Sie folgen nicht feststehenden Überzeugungen, sondern halten sich offen für den Wandel der Meinungen, um nutzenmaximierend auf sie eingehen zu können. Und auch die Wähler sind Nutzenmaximierer. Sie haben ihre je eigenen Nutzenfunktionen, von deren erwarteter Erfüllung sie ihre Wahlentscheidungen abhängig machen.

Die Erklärungskraft wie auch das kritische Potential seines Ansatzes stehen für Downs außer Frage. Er glaubt etwa erklären zu können, warum politische Parteien in westlichen Demokratien einen Hang zur Mitte haben. Jede Partei wird versuchen, so viele Wählerinnen wie möglich zu gewinnen. Sie wird ihre Inhalte davon abhängig machen, welche die größte Zustimmung versprechen. Sie weiß, jede Wählerin setzt jedes Programm mit einem Nutzenwert gleich. Für jede Partei ist die Position die beste, die den Vorteilserwartungen der meisten Wählerinnen am nächsten kommt. Je homogener eine Gesellschaft ist, umso stärker werden alle Parteien nach der Mitte streben. Die Extreme, ob links oder rechts, sind schließlich von den Nutzenerwartungen der meisten Wählerinnen besonders weit weg.

Rationale Parteien werden also einen Treffpunkt anvisieren, von dem aus die Wählerschaft in zwei genau gleich große Hälften links und rechts davon zerfällt. Auf diesem Treffpunkt steht der „Median-Wähler". Downs hat diesen Ausdruck nicht gebraucht, aber der Sache nach gemeint. Der Median-Wähler ist das Ziel der Parteien, die Inhalte nur als Mittel zum Zweck des Machterwerbs erwägen. Je rationaler und besser informiert sie sind, umso eher werden „ideologische" Gegensätze zwischen ihnen verschwinden. Sie werden zu „Allerweltsparteien", wie der kritische Politikwissenschaftler Otto Kirchheimer die modernen Volksparteien nannte: zu Parteien, die so viele Stimmen abgreifen, wie sie kriegen können. Das geht auf Kosten klarer Gegensätze, sorgt aber dafür, dass die Summe der in einer Gesellschaft insgesamt frustrierten Vorlieben minimal ist.

Das kritische Potential der ökonomischen Theorie zeigt sich etwa darin, dass sie an der überlegenen Rationalität demokratischer Verfahren zweifeln lässt. Downs vergreift sich sogar am Allerheiligsten moderner Demokratien: am Wahlakt. Für ihn ist es ein Rätsel, warum Menschen überhaupt wählen gehen. Rational ist das in Massendemokratien nämlich gerade nicht. Sie mögen einwenden, dass doch die Nichtwählerin dumm sei, da sie es den anderen überlasse, den eigenen Nutzen durch Wählen zu mehren. Aber wer wählen geht, trägt auch Kosten, die gegen den erwarteten Nutzen abgewogen werden wollen.

Der erwartete Nutzen für eine beliebige Wählerin besteht in dem Vorteil, den sie hat, wenn die von ihr bevorzugte Partei gewinnt, multipliziert mit der Wahrscheinlichkeit, dass gerade ihre Stimme den Ausschlag gibt. Wie wahrscheinlich aber ist das, wenn sie eine unter 60 Millionen ist? Ungleich wahrscheinlicher ist, dass sie auf dem Weg zum Wahllokal unter die Räder eines BMW gerät. Und selbst der Wert einer Fernsehsendung, die ihr andernfalls entginge, dürfte den erwarteten Nutzen ihrer individuellen Wahlbeteiligung mehr als aufwiegen. Da die Wahrscheinlichkeit, mit der eigenen Stimme die Wahl zu entscheiden, nahe null ist, die Kosten aber immer über null liegen werden, ist es für jeden rational, der Wahl fernzubleiben.

Gewiss, das wäre fatal für die Demokratie. Aber diese ist ein kollektives Gut, und jede Wählerin erwägt für sich, wie viel ihr der Beitrag zu diesem Gut wert sein sollte. Auch mag sie hoffen, dass genügend andere – schlechte Rechner, Konformistinnen und Fanatiker – weiterhin wählen werden. Auf ihren Beitrag käme es dann nicht mehr an; das von ihr vielleicht bevorzugte System der Demokratie hätte trotzdem Bestand. Das ist das Paradox des Wählens. Demokratien sollte an wohlinformierten und folgerichtig überlegenden Bürgerinnen gelegen sein. Solche Bürgerinnen werden aber den mit demokratischer Teilnahme verbundenen Aufwand scheuen. Es scheint, als lebte die Demokratie von der unzulänglichen Aufklärung des Demos.

2. DIE TRAGÖDIE DER GEMEINGÜTER

Damit ist ein weiteres Problem berührt, das ökonomische Theorien beschäftigt. Es ist unter dem Stichwort „Tragik der Gemeingüter" bekannt geworden. Verschiedene Arten von Gütern werden anhand zweier Kriterien unterschieden, der Ausschließbarkeit von der Nutzung und der Rivalität im Konsum. Die erste Unterscheidung ist dann die zwischen Privat- und Gemeingütern. Auf ein Privatgut treffen die Merkmale Ausschließbarkeit und Rivalität zugleich zu: Nicht jeder muss Zugang zu einem bestimmten Stück Kuchen haben und nicht alle könnten von ihm satt werden. Für Ökonomen ist dies der typische Einsatzpunkt für Preise. Ein hoher Preis zeigt an, dass ein Gut im Verhältnis zur angebotenen Menge besonders begehrt ist.

Ein reines Gemeingut liegt dagegen vor, wo der Grad der Ausschließbarkeit und der Grad der Rivalität jeweils null sind. Jeder, der das Gut konsumieren möchte, kann dies tun, und noch so viele Nachfrager vermindern den Wert des Gutes durch ihren Konsum nicht. Ein Beispiel ist die Beleuchtung städtischer Straßen. Sind die Lampen einmal angebracht, so können beliebig viele Menschen die beleuchteten Wege nutzen, ohne dass das Licht darunter leidet. Das Gut ist allerdings nicht kostenlos: Die Lampen müssen erst einmal hergestellt und montiert und dann immer wieder gewartet werden. Niemand, der auf einen Gewinn aus ist, hat aber ein vernünftiges Interesse daran, ein reines Gemeingut anzubieten und zu unterhalten. Es ist schließlich sinnlos, für etwas einen Preis zu verlangen, was ohnehin alle nutzen können, sobald und solange es da ist. Die Bereitstellung reiner Gemeingüter ist daher eine typische Aufgabe von Staaten, die dafür Steuern einziehen. Aber es gibt auch zwei Arten von „unreinen" Gemeingütern. Die einen nennt man Klubgüter. Hier besteht zwar Ausschließbarkeit, nicht aber Rivalität im Konsum. Wer etwa Mitglied in einem Golfklub ist, darf normalerweise wie alle anderen Mitglieder die Vereinsanlagen nutzen. Der Ausschluss von Nichtmitgliedern soll dafür sorgen, dass es zu einer Rivalität unter den Mitgliedern gar nicht erst kommt. Umgekehrt ist es bei einem Allmendegut. Hier kann oder soll keiner ausgeschlossen werden, obwohl Rivalität vorliegt. Stellen Sie sich eine Weide vor, zu der mehrere Hirten Zugang haben. Jede Hirtin will ihre Schafe auf der Weide grasen lassen, aber zu viele Schafe fressen die Weide kahl. Allmendegüter können also durch übermäßige Nutzung Schaden nehmen oder ganz verschwinden. Die Tatsache, dass sie allgemein zugänglich sind, lädt dabei zu einer Art von ausbeuterischem Verhalten ein, für das sich der etwas aus der Zeit gefallene Ausdruck „Trittbrettfahren" eingebürgert hat. (Trittbretter waren außen an alten Straßenbahnen angebracht. Wer kostenlos mitfahren wollte, konnte schnell auf- und wieder abspringen.) Trittbrettfahrerinnen gebrauchen ein Gut, für das andere etwas bezahlt haben, ohne selbst etwas dafür zu bezahlen.

Angenommen, zehn Hirten nutzten gemeinsam eine Weide. Neun von ihnen lassen ihre Schafe nur gelegentlich grasen, um eine Übernutzung zu vermeiden. Die zehnte Hirtin macht sich diese Selbstbeschränkung der anderen zunutze und lässt ihre Schafe ständig auf die Weide. Die Allmende bleibt für alle erhalten, aber nur, weil sich nicht auch die neun anderen Hirten so verhalten wie die Trittbrettfahrerin. Diese zieht aus dem rücksichtsvollen Verhalten der anderen einen unfairen Vorteil. Und das ist nur rational, solange keiner ihr und ihren Schafen den Zugang zur Weide verwehren kann. Jede Hirtin hat daher recht besehen einen Anreiz, sich ausbeuterisch zu verhalten.

Zwar will jede Hirtin die Weide auch künftig nutzen können; keine hat ein vernünftiges Interesse an einer Übernutzung der Allmende. Aber jede Hirtin weiß, dass die Allmende nicht übernutzt werden wird, solange nur die jeweils anderen Hirten sich zurückhalten. Ihr eigener, individueller Beitrag wäre dann entbehrlich. Aber das wäre umgekehrt auch so, wenn nur sie sich zurückhielte, aber die anderen ihre Schafe ständig auf die Weide ließen. Sie selbst hätte dann ein nutzloses Opfer gebracht. Also wird sie sich rationalerweise nicht zurückhalten. Und nicht nur sie überlegt so, sondern jede rationale Hirtin tut dies, und jede von ihnen weiß, dass jede so überlegt. Dabei ginge es jeder einzelnen Hirtin besser, wenn die Weide für alle nutzbar bliebe. Eine Menge aus lauter rational kalkulierenden Akteuren wird also, gerade weil sie rational ist, ein Ergebnis erzielen, das keinen zufrieden stellen kann.

Allmendegüter laden zu Trittbrettfahren förmlich ein, weil alle sie nutzen können. Ökonomen sind dazu drei Arten von Abhilfe eingefallen. Man könnte das Allmendegut erstens in ein Privatgut verwandeln: Das Problem mit der Rivalität im Konsum wird gelöst, indem jemand das Recht erwirbt, alle anderen von der Nutzung auszuschließen. Zweitens könnte der Staat einschreiten, die

Nutzung beschränken und Regelbrecher bestrafen. Die Politikwissenschaftlerin Elinor Ostrom hat auf eine dritte Möglichkeit aufmerksam gemacht, die in bestimmten Gemeinden funktioniert: Die lokalen Nutzerinnen und Nutzer könnten sich zusammentun und Regeln für eine nachhaltige Nutzung des Allmendeguts aufstellen. Dabei muss allerdings klar sein, wer dazu gehört und wer nicht. Auch müssen die Regeln zu den Traditionen und Eigenarten der Gemeinschaft passen, in der sie gelten sollen. Sodann müssen aller Nutzerinnen über die Nutzungsregeln mitentscheiden dürfen. Sie müssen die Regeleinhaltung auch selbst überwachen und Lösungen für Konflikte, untereinander aber auch etwa mit staatlichen Stellen, finden. Nicht zuletzt darf eine Regelverletzung auch nicht ungeahndet bleiben: Die Nutzer müssen Sanktionen verhängen können, die in einem vernünftigen Verhältnis zur Schwere der Verstöße stehen. Diese und weitere Bedingungen bilden die „Designregeln“ für eine erfolgreiche lokale Lösung von Allmendeproblemen „jenseits von Markt und Staat“, wie der Untertitel von Ostroms Hauptwerk lautet.

Eine nicht unwichtige Rolle spielt dabei allerdings die Überschaubarkeit der Gruppe. Die Nutzerinnen müssen wissen können, was die jeweils anderen tun oder lassen. In sehr großen Gruppen können sich Regelverletzer aber gut verstecken. Kleinen Gruppen fällt es folglich leichter als großen, Trittbrettfahrer aufzuspüren und zu bestrafen. Sie sind deshalb unter sonst gleichen Umständen auch nach außen hin handlungsfähiger. Daher haben sie gute Chancen, unverhältnismäßig viel politischen Einfluss zu erlangen. Man möchte meinen, in funktionierenden Demokratien entsprächen die Einflusschancen der Gruppen in etwa der Größe der Bevölkerungsanteile, für die sie stehen. Aber das stimmt nicht. Manche Minderheiten treten schlagkräftig, weil gut organisiert in Erscheinung, manche Mehrheiten bleiben unorganisiert und darum ohnmächtig. Denken Sie an die vielen Verbraucherinnen einerseits, an die vergleichsweise wenigen Unternehmerinnen und Beschäftigten der Lebensmittelbranche andererseits!

Diese wirkmächtige Kritik an dem Glauben, dass in einer Demokratie wenigstens mittelbar die Mehrheit herrsche, geht zurück auf den Wirtschaftswissenschaftler Mancur Olson. Dieser hat in seinem Buch *Logik des kollektiven Handelns* auf Lücken hingewiesen, die zwischen individueller und kollektiver Rationalität klaffen können. Eben dies war bei unseren Hirten der Fall: Jeder einzelne hintertreibt die für alle vorteilhafte nachhaltige Nutzung der Allmende. Und das grundsätzlich gleiche Problem tritt auch auf, wenn es nicht um die Übernutzung eines Allmendegutes geht, sondern um die Bereitstellung gleich welcher Gemeingüter. Diese können überhaupt nur entstehen, wenn ausreichend viele einen rationalen Grund dafür sehen, die Kosten mitzutragen. Der Grund besteht aber nicht schon darin, dass sie, wenn das Gemeingut einmal vorhanden wäre, auch selbst von ihm profitierten. Sie müssen *in ihrer Situation* erkennen können, dass die Vorteile der Mitwirkung die Kosten übersteigen. Und das ist umso weniger wahrscheinlich, je größer die Gruppen sind, denen sie dabei angehören.

Diese Einsicht eröffnet interessante Möglichkeiten politischer Kritik. Man kann sie mit Spielarten marxistischer Kritik kontrastieren. Orthodoxe Marxisten glauben, dass die große Mehrheit der Menschen nach und nach zu Lohnarbeiterinnen wird, welche ein überragendes Interesse daran haben, den Kapitalismus loszuwerden. Umgekehrt nimmt die Zahl der Nutznießer kapitalistischer Ausbeutung immer mehr ab. Sie konzentriert sich endlich auf eine Handvoll großer Eigentümer und Manager, die über die monopolistischen Wirtschaftsorganisationen herrschen. Das stimmt optimistisch: Die große Masse der Arbeiter müsste doch mit der kleinen Zahl an Ausbeuterinnen spielend fertig werden. Sie müsste dazu nur erkannt haben, dass sie die große Mehrheit bildet und durch den Umsturz nur gewinnen kann.

Die große Masse der Arbeiter würde den Sozialismus mit allen seinen Vorteilen, vom sicheren Arbeitsplatz bis zum immerwährenden Sonnenschein, als ein Gemeingut genießen. Aber Olson stellt für den Weg dorthin die gleichen Kollektivgutprobleme fest, mit denen große Gruppen generell zu kämpfen haben. In der riesigen und anonymen Arbeitermasse ist der Beitrag der einzelnen Arbeiterin fast verschwindend. Also wird das Gemeingut Sozialismus gerade dann verfehlt werden, wenn die Arbeiter, was Marx wohl vorausgesetzt hat, rationale Nutzenmaximierer sind. Wenn jeder klug kalkuliert, wird der Sozialismus, den jeder klugerweise will, ausbleiben.

Die orthodox-marxistische Antwort auf das Problem, warum die Arbeiterklasse keine Revolution macht, ist Ideologiekritik: Komplizierte Mechanismen psychologischer oder kultureller Art bewirkten, dass die Leute ihren wahren Interessen zuwiderhandelten. Die wahren Interessen verlangen nach Revolution. Die meisten Leute nehmen aber ihr Privatleben wichtiger als den Klassenkampf, auch wenn der Sozialismus darüber versäumt wird. Wie kommt das? Nun, entweder die meisten Leute sind dumm und verbohrt oder der Warenfetisch hat sie in seinen kognitiven Klauen; oder aber es stimmt etwas nicht mit den Prämissen der Theorie.

Die Prämissen sind: Die allermeisten Arbeiter sind rational. Wer rational ist, will, was ihm gut täte. Der Sozialismus täte allen gut. Ob der Sozialismus kommt, hängt nur vom Wollen der allermeisten Arbeiter ab. Also wird der Sozialismus kommen. Olson übernimmt die erste Prämisse und zeigt, warum der Sozialismus nicht kommen wird, wenn die allermeisten Arbeiter rational sind. Es sei denn, man könnte sie zur Teilnahme am Klassenkampf zwingen: Vielleicht bewirkt die Androhung von Schlägen oder von Ausschluss aus der Gruppe, dass alle bei der guten Sache des Sozialismus mitmachen werden. Gewerkschaften etwa handeln ganz rational, wenn sie Streikbrecher bestrafen und loyale Kämpferinnen belohnen.

Olson muss also kein falsches Bewusstsein voraussetzen, um erklären zu können, warum so viele kollektive Güter verfehlt werden. Ich will nun gar nicht bestreiten, dass manche Leute manchmal ein falsches Bewusstsein haben. Aber so verbreitet wie die Verfehlung kollektiv vorzugswürdiger Ergebnisse ist das falsche Bewusstsein sicher nicht. Oft kann man suboptimale Ergebnisse besser mit einem Übermaß als mit einem Mangel an Rationalität erklären.

Das ist nicht weniger irritierend als der Befund, dass rationale Bürgerinnen nicht zur Wahl gingen. Anders als die Bereitschaft zur Revolution ist aber die Wahlbeteiligung, jedenfalls in der Bundesrepublik, noch recht hoch. Sind demnach die Leute in der einen Hinsicht rational, in der anderen irrational? Das sollten wir nicht vorschnell vermuten; auch sollten wir das Wahlrecht nicht ohne Not für die Vernunft verloren geben. Zum Abschluss dieser Vorlesung will ich daher ein paar kritische Worte über den Erklärungswert von ökonomischen Theorien der Politik verlieren.

3. WIE UND WAS ERKLÄREN ÖKONOMISCHE THEORIEN DER POLITIK?

Zunächst ist klar, dass Rational-Choice-Theorien Erklärungen mit Bezug auf rechtfertigende Gründe geben. Sie wollen Handlungen erklären. Wer Handlungen erklären will, muss Rationalität voraussetzen: Er muss unterstellen, dass politische Akteure im Großen und Ganzen folgerichtig überlegen oder jedenfalls so handeln, als hätten sie folgerichtig überlegt. Rational-Choice-Theorien sind Handlungstheorien und daher suchen sie einen verstehenden Zugang zu ihren Gegenständen. Sie geben Erklärungen mit Bezug auf Denkregeln, die das Tun und Lassen politischer Akteure verständlich machen. Wie allgemein sind diese Denkregeln? Das Problem ist nicht die Voraussetzung rationaler Nachvollziehbarkeit als solche; sie ist unverzichtbar, will man überhaupt verstehenden Zugang zu einem Verhalten finden. Das Problem ist, dass das Modell für Rationalität entweder zu eng ist oder dass es gar keinen Erklärungswert hat.

Das ökonomische Modell ist das einer Überlegenden, die ihre Nutzenfunktion so gut wie möglich erfüllen will, auch gegen andere Akteure, die das Gleiche wollen. Die rationale Akteurin muss dabei keine Egoistin sein; womöglich will sie, dass es ihren Kindern oder auch völlig Fremden möglichst gut gehe. Jedenfalls aber sollen die Folgen ihres Handelns, relativ zu ihrer Nutzenfunktion, optimal sein. Daraufhin bewertet sie die Alternativen, die sie wahrnimmt. Sie folgt, mit anderen Worten, einer Logik der Konsequenz. Und sicher ist, wir alle folgen manchmal dieser Logik, in modernen Gesellschaften vielleicht immer öfter.

Was aber ist mit folgenden Handlungsweisen? Jemand sagt seiner Chefin ohne Rücksicht auf die Folgen ins Gesicht, für wie korrupt er sie hält. Ein anderer hält es für seine Bürgerpflicht, wählen zu gehen, und geht darum wählen. Ein Dritter verzichtet darauf, eine Konkurrentin von der Klippe zu stoßen, obwohl er es straflos könnte. Sind das jeweils die Handlungsweisen von Nutzenmaximierern? Und falls nicht, sind sie unbedingt irrational?

Ein beliebter Versuch, solche Handlungsweisen ins Rational-Choice-Modell einzugemeinden, sieht so aus: An der Art und Weise eines Handelns zeigt sich eben, was für eine Nutzenfunktion der Handelnde hat; und relativ dazu ist sein Handeln rational, auch wenn es direkt das eigene Wohl vermindern mag. Ökonomische Theorien der Politik setzen ja nicht voraus, dass Handelnde immer das persönliche Wohlergehen verfolgen. Vielleicht wollen sie wahrhaftig sein, dem Wahlrecht ihre Referenz erweisen oder als anständige Menschen das Tötungsverbot achten. Und solche „Handlungsfolgen" treten eben ein, indem man entsprechend handelt. Das Vollziehen einer Handlung und ihre Folgen sind nicht immer logisch zu trennen. Wer etwa die Wahrheit sagt, trägt damit direkt dazu bei, dass mehr Wahrhaftigkeit herrscht. Wer zum Ausdruck bringen will, dass ihm das Wahlrecht wichtig ist, tut dies am besten, indem er wählen geht.

Man nennt dies das Modell offenbarter oder enthüllter Präferenzen (*revealed preferences*): Es besteht im Rückschluss von einem beobachtbaren Verhalten auf die Vorlieben des Handelnden. Das Problem mit diesem Versuch der Eingemeindung ist, dass er die Theorie ihres Erklärungswerts beraubt. Von absolut jedem Verhalten kann im Nachhinein gesagt werden, es war nutzenmaximierend, relativ zu jener Nutzenfunktion, die sich im Handeln gezeigt hat. Angenommen, meine Vorliebe für eine Regelbefolgung zeigt sich darin, dass ich der Regel folge: Was für eine Erklärung meines Handelns durch meine Vorliebe sollte das sein, wo doch die Vorliebe nichts anderes ist als das, was mein Handeln enthüllt? Die „Erklärung" lautet im Klartext: Er folgt der Regel, weil er eine Vorliebe für die Regelbefolgung hat, und er hat die Vorliebe für die Befolgung, weil er der Regel folgt. Das Wörtchen „weil" stellt hier keine aufschlussreiche Verbindung zwischen den Satzteilen her. Die Erklärung und das zu Erklärende fallen zusammen. Die Erklärung dreht sich im Kreis. Das heißt, sie ist keine.

Eine aufschlussreiche Erklärung für eine Handlung mag hingegen erhalten, wer eine Akteurin fragt, warum sie etwas getan habe. Die Akteurin könnte antworten, dass sie etwas Bestimmtes kausal bewirken wollte. Sie hat ihre Chefin vielleicht vor der ganzen Belegschaft korrupt genannt, um in den nächsten Betriebsrat gewählt zu werden. Solche Antworten folgen, wie von ökonomischen Theorien vorgesehen, einer Logik der Konsequenz. Die Handelnde mag aber auch antworten, dass sie ein aufrichtiger Mensch sein wolle, selbst wenn unklar sei, was das bewirke. Antworten dieser zweiten Art entsprechen einer Logik der Angemessenheit. Jetzt geht es darum, durch das Handeln etwas auszudrücken oder mit dem Handeln, im Unterschied zu dessen kausalen Folgen, einer Norm zu genügen.

Hält man der Handelnden nun vor, dass sie die Norm der Aufrichtigkeit doch nur befolgt habe, weil das eben ihre Weise der Nutzenmaximierung gewesen sei, so mag sie mit den Achseln zucken und antworten: „Und wenn schon, das heißt nichts, wenn damit nur gemeint ist, dass die Normbefolgung eben das war, was ich gewollt habe. Meine Handlung war sicher nicht selbstlos in dem Sinne, dass sie gar nichts mit mir zu tun gehabt hätte. Durch sie sollte ja gerade zum Ausdruck kommen, wie ich mich verstehe. Ist aber gemeint, dass ich nur aufrichtig war, weil ich klammheimlich auf vorteilhafte Konsequenzen geschielt hätte, so darf ich mir die Deutung verbitten." Sehr oft tun wir etwas nicht, weil uns an möglichst guten Folgen liegt. Wir tun vieles, weil wir eben meinen, wir müssten es tun.

Nur wer diese Unterscheidung beachtet, erhält vielleicht aufschlussreiche Erklärungen für Handlungen. Dann aber ist es eine empirische Frage, ob Akteure durch ihr Handeln ihren Nutzen maximieren möchten. Das mag so sein, und dann gehorchen sie einer Logik der Konsequenz. Aber wer wählen geht, weil er dies für seine Bürgerpflicht hält, der muss sich weder eine solche Logik einreden noch sich sagen lassen, dass er andernfalls irrational wäre. Typische Wählerinnen sehen davon ab, Kosten und Nutzen der Wahlbeteiligung zu kalkulieren. Sie denken, sie sollten jedenfalls so lange wählen gehen, wie die Kosten tragbar bleiben. Sie würden wohl zögern, wenn sie befürchten müssten, von Schergen des Machthabers auf dem Weg zum Wahllokal erschossen zu werden. Das geringe Risiko aber, mitten in Berlin von einem Blumentopf getroffen oder von einem BMW überrollt zu werden, rechtfertigt aus Sicht der meisten ein Fernbleiben von der Wahl nicht.

Solche Risiken wiegen zu leicht, um eine Bürgerin, die das Wählen für ihre Bürgerpflicht hält, überhaupt zu Abwägungen von Erwartungswerten zu bewegen. Der größere oder geringere Nutzen interessiert sie nicht. Anders sähe die Sache für sie wohl erst aus, wenn sie ein sehr großes Übel, etwa die Tötung, für recht wahrscheinlich hielte. Ein Handeln nach der Logik der Angemessenheit muss zumutbar bleiben, und darum dürfen die Konsequenzen nicht untragbar sein.

Das ist kein unwichtiges, aber auch kein unerwartetes Ergebnis. Wir alle wissen, dass die wenigsten Menschen Heldinnen sind. Wer sie vor Alles-oder-nichts-Situationen stellt, wird aus den allermeisten Charaktermasken der Nutzenmaximierung machen. Schließlich müssten sie, wenn sie weiterhin der Angemessenheit den Vorzug vor den Konsequenzen gäben, befürchten, alles zu verlieren. Viele Anbieterinnen auf ökonomischen Märkten wähnen sich in solchen Situationen. Sie nehmen die Konkurrenzsituation so wahr, als ob sie ihnen nur die Wahl zwischen Bankrott oder Anpassung ließe. Die Vorliebe für gute Produkte oder eine faire Behandlung der Beschäftigten scheint irrelevant zu werden, wenn die Alternative der Untergang des Unternehmens ist. Und je mehr Unternehmerinnen und Anlegerinnen so denken, umso eher wird sich die Konkurrenz hin zu Alles-oder-nichts-Situationen verschärfen.

Sie können sich die Folgen vorstellen, wenn die gleiche Denkweise politische Akteure beherrscht: Auch diese werden etwa beginnen, die Stärkung des „Standortes“ für einen Imperativ zu halten, dem sie alles andere, wie Arbeits- oder Umweltschutz, unterordnen müssen. Die Tendenz gibt es. Aber die scheinbare Bestätigung, die das der ökonomischen Theorie verschafft, könnte ja darin liegen, dass diese Theorie auf eine Verfallsform des Politischen passt und das Politische sich wirklich im freien Fall befindet. Sie kennen diese Art des Arguments schon aus der Diskussion der Elitentheorien: Jeweils könnten Theorien mit einem vorschnellen Anspruch auf Allgemeingültigkeit – die Wählerinnen sind desinteressiert und inkompetent, der Wettstreit der Standorte zwingt uns, den Unternehmern überall nachzugeben – Verhältnisse fördern, die ihnen nachträglich Glaubwürdigkeit geben.

Zusammengefasst: Ökonomische Theorien der Politik bieten besondere Erklärungen für Handlungen, soweit sie auf spezifische Handlungsgründe Bezug nehmen: solche, die einer Logik der Konsequenz gehorchen. Handeln nach einer Logik der Angemessenheit ist dagegen in keinem interessanten Sinne des Wortes nutzenmaximierend. Wer es mit dem Modell enthüllter Präferenzen einfangen wollte, ließe die Erklärung leerlaufen. Wer Erklärungen für ein Verhalten sucht, indem er nach Absichten fragt, muss damit rechnen, unterschiedliche Arten von Absichten zu entdecken. Er muss darum die Voraussetzung, nur das Motiv der Nutzenmaximierung könne Handeln erklären, aufgeben. Allerdings gibt es Verhältnisse, die einem Handeln nach der Logik der Angemessenheit abträglich sind. Wer sie fördert, braucht sich nicht zu wundern, auf immer mehr Nutzenmaximierer zu treffen.

6. VORLESUNG. DER NEUERE REPUBLIKANISMUS

1. FREIE MENSCHEN UND FREIE GEMEINWESEN

Von der letzten Kritik führt ein kurzer Weg zu republikanischen Theorien der Politik. Republikanische Theoretiker wenden sich vor allem gegen zwei Annahmen „realistischer Theorien". Sie bestreiten, dass politische Akteure wie Unternehmerinnen und Kundinnen ihren Nutzen maximieren möchten. Außerdem verneinen sie, dass das Politische nur ein Mittel zu nichtpolitischen Zwecken sei. Das Politische habe einen Eigenwert; es sei mehr als ein Werkzeug für die Verwirklichung privater Zwecke. Diese Ansicht hat ehrenwerte Vorläufer. Aristoteles argumentierte, der Mensch sei ein politisches Tier, ein „zoon politikon", welches sich, abgesehen von wenigen Philosophen, allein im öffentlichen Raum verwirklichen könne. Dafür sprächen seine Sprachbegabung und seine Fähigkeit zur Vernunft. Dieser Ansicht sind auch manche modernen Republikaner. Man könnte sie als moderne Aristoteliker bezeichnen.

Bevor Sie diese Ansicht als hoffnungslos veraltet abtun, sollten Sie ein funktionalistisches Argument bedenken. Stellen Sie sich dazu die Bundesrepublik um 1949 vor. Das Ausgangsproblem war eine Gesellschaft, die mehrheitlich zuvor das nationalsozialistische Massenmordregime mitgetragen hatte. Diese Leute sollten nun für eine liberale Demokratie, wenn auch zunächst in einer eher autoritären Spielart, gewonnen werden. Eine Möglichkeit war, ihnen zu zeigen, dass sie in einer Demokratie mehr Wohlstand und Sicherheit zu erwarten hätten als in einer Diktatur. Und das sollte für die ersten Jahrzehnte der Bundesrepublik ja auch gelten: Neben dem Wunder von Bern und ähnlichen Wundern hat vor allem der wirtschaftliche Wiederaufbau viele Bürgerinnen für die westliche Herrschaftsform gewonnen.

Was aber passiert, wenn die Zeit des Wiederaufbaus zu Ende geht und die weiteren Wachstumsraten nicht mehr zwischen 4 und 10 Prozent, sondern zwischen 0 und 2 Prozent liegen oder gar negativ sein werden? Wenn fast alle Bürger nur Schönwetterdemokraten sind, ihre Zustimmung also von der bestmöglichen Befriedigung nichtpolitischer Präferenzen abhängig machen, ist die Demokratie schwach befestigt. Mit Verschlechterungen der wirtschaftlichen Verhältnisse oder etwa der gefühlten Sicherheitslage droht sie ihre Unterstützung zu verlieren. Schönwetterdemokraten könnten sich autoritäreren Herrschaftsformen zuwenden.

Ein funktionales Problem für liberale Demokratien ist also die von wirtschaftlichen und anderen Konjunkturen unabhängige Sicherung des erforderlichen Maßes an Zustimmung. Lösbar ist es nur, wenn genügend viele Bürgerinnen die Demokratie auch um dieser selbst willen wertschätzen. Sie betrachten ihre Mitwirkungsrechte dann als einen Wert an sich und nicht nur als austauschbares Mittel zum Zweck. So lässt sich zwar nicht zeigen, dass und warum Menschen republikanisch gesinnt sind. Aber wir erhalten ein starkes Motiv, nach der Überzeugungskraft von Theorien zu fragen, die politischer Teilnahme einen Eigenwert beimessen.

Das bedeutet allerdings nicht, dass Aristoteles Recht hatte, der die politische Beteiligung für eines der obersten Güter im Leben aller – vollwertigen, männlichen – Menschen hielt. Diese Ansicht ist sicher zu stark. Die Vorstellungen von einem guten Leben gehen heute weit auseinander. Und wer einem anderen erwachsenen Menschen beweisen will, dass dieser sich selbst verfehle, nimmt eine schwere Begründungslast auf sich. Zuletzt hat sich noch Hannah Arendt, unter dem Einfluss von Aristoteles, zugetraut, diese Last zu tragen. Das hat ihr den nicht unbegründeten Vorwurf eingetragen, eine elitäre Denkerin zu sein, die wie selbstverständlich die Lebensformen in wertvolle und wertlose einteile. Wir sollten den Republikanismus zu seinen eigenen Gunsten weniger stark verstehen: Er will zeigen, dass politisches Handeln eine in sich wertvolle Lebensform ist. Weitergehende Aussagen über Hierarchien von Gütern und Lebensformen muss und sollte er sich nicht anmaßen.

Die Vorstellung von Politik als Lebensform verbindet den modernen Republikanismus weiterhin mit dessen altgriechischem Vorbild. Man spricht deshalb auch von „neo-athenischem Republikanismus". Doch die athenische Polis ist nicht das einzige geschichtliche Modell, auf das sich moderne Republikanerinnen berufen. Auch im alten Rom, bis zur Diktatur des Cäsar und der Machtergreifung des Augustus, bestand eine Republik. Sie sollte etwa für die Wiederentdeckung republikanischer Vorstellungen in der Renaissance, bei Autoren wie Machiavelli, maßgeblich werden. Heute lebt der „neo-römische Republikanismus" mit Autoren wie dem Ideenhistoriker Quentin Skinner und dem politischen Philosophen Philip Pettit wieder auf. Das kann verwirren, und darum möchte ich zunächst etwas über den gemeinsamen Ausgangspunkt von neo-athenischem und neo-römischem Republikanismus sagen. Ohne irgendwelche Gemeinsamkeiten wäre das Wort „Republikanismus" schließlich nur Schall und Rauch. Das Hauptaugenmerk in dieser Vorlesung soll auf der neo-athenischen

Spielart liegen, weil sie besonders deutlich den zuletzt diskutierten „realistischen“ Theorien widerspricht. Bei der neo-römischen Variante ist der Unterschied nicht ganz so offensichtlich. Dennoch soll auch sie wenigstens kurz zur Sprache kommen.

Ich habe schon mehrfach die Frage gestreift, ob ein Mensch, der politisch fremdbestimmt wird, dennoch persönlich frei sein kann. Und ich habe meine Zweifel an dieser Möglichkeit angedeutet. Alle republikanischen Theoretikerinnen teilen diese Zweifel und möchten sie vertiefen. Sie sind davon überzeugt, dass ein freier Mensch eines freien Gemeinwesens bedarf, so wie umgekehrt nur ein Gemeinwesen frei sein kann, in dem freie Menschen leben. Die politische und die persönliche Freiheit bedingen einander. Das ist der verbindende Grundgedanke der verschiedenen Spielarten des Republikanismus in der politischen Theorie. Wie ich zeigen will, ist das maßgebliche Modell für Freiheit im neoathenischen Republikanismus das Reden und Handeln im öffentlichen Raum. Ohne Bürgerinnen, die beherzt für das allgemeine Wohl eintreten, könnten auch freiheitliche Institutionen nicht bestehen. Der neo-römische Republikanismus sieht das nicht grundsätzlich anders, aber er lenkt das Augenmerk auf die freiheitssichernden Institutionen selbst.

1.1 DER NEO-RÖMISCHE REPUBLIKANISMUS

Im republikanischen Rom versprach man sich eine Sicherung der Freiheiten von einer sogenannten Mischverfassung. Aristoteles hatte Verfassungen unter anderem danach unterschieden, ob in ihnen einer, einige oder alle herrschen. Dabei sah er auch mögliche Mischverhältnisse vor. Das kennen wir im gewissen Sinne noch immer: *Ein* Kanzler bestimmt die Richtlinien der Bundespolitik, *einige* Repräsentantinnen verabschieden die Gesetze, *alle* Bürgerinnen und Bürger autorisieren sie dazu. Dabei gilt allerdings das Volk als Ganzes als Souverän; von ihm geht alle Staatsgewalt aus. Aus diesem Grund ist auch eine repräsentative Demokratie immer noch eine Demokratie, jedenfalls dem Anspruch nach. Bei einer echten Mischverfassung ist dies anders. Hier ist die Leitvorstellung, dass das Recht zu regieren aus mehreren Quellen zugleich fließt. Wir haben gleichsam mehrere Souveräne, etwa eine Monarchin, einige Aristokraten und alle Bürger.

Ein klassisches Beispiel bildet eben das republikanische Rom, wie es der antike Historiker Polybios überliefert hat. Das Konsulat stand darin für das monarchische Element der Herrschaft des einen, der Senat für das aristokratische der Herrschaft weniger und die Volksversammlung für das demokratische der Herrschaft aller (vollwertigen römischen Bürger). Diese drei Elemente sollten einander ergänzen, sich aber auch gegenseitig korrigieren. Das erinnert ein wenig an die Idee der Gewaltenteilung, die wiederum zu unserem heutigen Demokratieverständnis dazugehört. Aber auch hier ist ein wichtiger Unterschied. Die Gewaltenteilung bedeutet eine Differenzierung in der Sachdimension (Gesetzgebung, Regierung und Rechtsprechung), die Mischverfassung in der Sozialdimension (einer, einige, alle). Aus eben diesem Grund ist die Gewaltenteilung mit der Volkssouveränität vereinbar, die Mischverfassung hingegen nicht. Entscheidend ist, dass die Gesetzgebung auf das Volk als Ganzes zurückgeht und dieses keinen weiteren Souverän neben sich dulden muss.

Heutige neo-römische Republikaner sind moderne Demokraten, und darum interessiert sie am römischen Vorbild nur die Idee der institutionalisierten Machtbalance. Wie die klassische Mischverfassung, so soll auch die heutige Gewaltenteilung verhindern, dass einige der Willkür anderer unterliegen. Entscheidungen der Legislative und Handlungen der Regierung müssen etwa gerichtlich anfechtbar sein, und die Bürgerinnen müssen gegen sie auch auf die Straße gehen oder zivilen Ungehorsam üben können. Die Anfechtbarkeit des Regierens soll Freiheit als Nicht-Beherrschung (*freedom as non-domination*) sichern. Der von Pettit geprägte Begriff der Nicht-Beherrschung ist erläuterungsbedürftig, denn er schließt nicht alles aus, was wir mit dem deutschen Wort „Herrschaft" bezeichnen. Was er allein ausschließt, ist willkürliche Herrschaft. Gemeint ist die Möglichkeit von Ein- oder Übergriffen, die die Betroffenen weder individuell noch kollektiv kontrollieren können.

In einer funktionierenden Demokratie können die Bürgerinnen zwar nicht individuell, aber gemeinsam kontrollieren, wer sie wie regiert und ihnen welche Gesetze gibt. Deshalb ist Nicht-Beherrschung nach Pettit nicht das gleiche wie Anarchie, also Ordnung ohne staatliche Autorität. Der Staat kann sogar nötig sein, um zu verhindern, dass einige Bürgerinnen gegen andere eine private Willkürherrschaft wahrnehmen. Gerade in der kapitalistischen Wirtschaft ist die Gefahr groß, dass Unternehmer ihre Macht dazu nutzen, um abhängig Arbeitende auszubeuten oder nach Belieben zu entlassen. Der Staat kann hier Garantien geben, die das gesellschaftliche Kräfteverhältnis korrigieren, das im Kapitalismus zumeist die Eigentümer der Produktionsmittel begünstigt.

Auch wenn also Freiheit als Nicht-Beherrschung weniger ist als Anarchie, so meint sie doch mehr als eine bloße Abwesenheit von Ein- oder Übergriffen. Wer über andere herrscht, kann schließlich mehr oder weniger wohlwollend sein, und das wiederum kann auch von seinen jeweiligen Launen abhängen. Wenn aber meine Freiheit von Übergriffen am seidenen Faden fremder Launen hängt, dann bin ich nach Pettit in der maßgeblichen Hinsicht eben unfrei. Selbst Sklaven konnten schließlich das Glück haben, freundliche Herrinnen zu finden. Entscheidend blieb aber ihr Status als Beherrschte. Er hinderte sie daran, wenigstens im Kollektiv zu kontrollieren, was die Herrinnen ihnen antun durften. Freisein besteht also umgekehrt in einem formalen und auch faktischen Status, der willkürliche Ein- und Übergriffe institutionell ausschließt. Der Status steht dann wie eine Barriere gegen jede Versuchung, andere nach Belieben die eigene Macht spüren zu lassen. Und er muss dazu auf allen Stufen institutionell gesichert sein: im Verhältnis der Bürgerinnen zum Staat, in ihrem Verhältnis untereinander und auch im internationalen System: Ein freier Staat ist nicht nur frei von Beherrschung nach innen, sondern auch nach außen, gegenüber anderen Staaten, internationalen Organisationen und etwa multinationalen Konzernen.

Was Pettit damit auf seine Weise rechtfertigt, ist die liberale Demokratie mit ihren *checks and balances*, mit Grundrechten und Gewaltenteilung. Soweit ihre Institutionen funktionieren, entlasten sie die Bürgerinnen von der Notwendigkeit, ständig selbst politisch wachsam und aktiv zu sein. Das ist sicher ein wichtiger Punkt, denn keine moderne Republikanerin sollte mit lauter Bürgerinnen rechnen, für die Politik der wichtigste Lebensinhalt wäre. Allerdings besteht bei neo-römischen Republikanismus die umgekehrte Gefahr, zu viel auf Institutionen zu vertrauen und die Wichtigkeit aktivbürgerlichen Handelns zu unterschätzen. Jedenfalls ist das der Einwand, der aus Sicht des neo-athenischen Republikanismus naheliegt. Von dieser zweiten Variante wird der Rest der Vorlesung handeln.

1.2 DER NEO-ATHENISCHE REPUBLIKANISMUS

Neo-athenische Republikaner nehmen zunächst an, dass das Politische ein Feld mit eigenen Regeln bildet. Sie widersprechen damit vor allem ökonomischen Theorien der Politik, für die ja Märkte ein geeignetes Modell sind, um auch politisches Handeln zu begreifen. Republikaner wenden dagegen ein, dass wir, wenn wir uns politisch verstehen, etwas Anderes für maßgeblich halten, als wenn wir uns auf Märkten treffen. Wir wollen dann nicht den eigenen Nutzen maximieren, sondern am Gemeinwohl mitwirken oder, weniger altfränkisch gesagt, zur Herstellung öffentlicher Güter beitragen. Das ist natürlich eine Idealisierung. Die republikanische Theorie ist eine normative Theorie, die davon handelt, wie Politik sein sollte. Zugleich will sie uns aber etwas über das Wesen der Sache mitteilen, denn wenn politisches Handeln wie privates Wirtschaften wäre, dann gäbe es im eigentlichen Sinne gar keine Politik. So jedenfalls sehen es Republikanerinnen.

Die politische Grundfrage, wie Republikanerinnen sie verstehen, lautet: Wie sollen wir leben? Das „Wir“ meint alle, die eine politische Verantwortungsgemeinschaft bilden. Die Frage, wie wir leben sollen, unterscheidet sich fundamental von der Frage, was je meinen Nutzen mehrt. Rational-Choice-Theoretiker mögen antworten, Gemeinwohlorientierung sei eine Nutzenfunktion unter anderen. Damit aber würden sie die entscheidende Differenz verwischen: Sie unterschieden nicht zwischen einem strategischen Streben nach Vorteilen und einer gemeinsamen Bezugnahme auf öffentliche Güter. Eine gemeinsame Bezugnahme nämlich kommt nur zustande, indem Menschen miteinander streiten und einander überzeugen, und das immer mit Blick auf ein verbindendes Ziel.

Damit das möglich ist, müssen Bürgerinnen vorteilhafte Haltungen ausbilden. Sie müssen, um noch einen altfränkischen Ausdruck zu gebrauchen, tugendhaft sein. Republikanische Theorien muten uns zu, dass wir Bürgertugenden ausbilden. Tugenden sind durch theoretisches Lernen oder praktisches Üben erworbene wünschenswerte Grundhaltungen. Sie machen situationsgerechtes Urteilen und Reagieren mit Blick auf etwas Gutes möglich. Es gibt unterschiedliche Typen von Tugenden. Manche sind vorteilhaft für nahezu alle Arten menschlicher Vorhaben; das gilt etwa für Willensstärke, Standfestigkeit und Weltoffenheit. Andere, wie Ordnungsliebe, Genauigkeit oder Pünktlichkeit, erleichtern die einsame und gemeinsame Arbeit. Manche, wie Wohlwollen und Gerechtigkeitsliebe, sind unverzichtbar für die Moral. Bürgertugenden schließlich befähigen uns, zur Verbesserung der Gemeinwesen beizutragen, deren Bürgerinnen wir sind.

Gute Bürgerinnen werden sich etwa besondere Gedanken über die vergangenen und gegenwärtigen Kriege machen, die der eigene Staat geführt hat und führt. Sie werden für seine Verbrechen Scham und für seine Vorzüge Stolz empfinden. Sie werden sich die Geschichte ihres Gemeinwesens wahrhaftig aneignen wollen, um sie angemessen fortsetzen zu können. Sie werden Zivilcourage zeigen, ihre Mitbürger achten und deren Ansichten ernst nehmen, weil vom gemeinsamen Handeln das Gelingen des eigenen politischen Projektes abhängt. So jedenfalls stellen sich republikanische Theoretiker gute Bürgerinnen vor.

Wo gute Bürgerinnen fehlen, werden Gemeinwesen über kurz oder lang verfallen oder von anderen, vitaleren Gemeinwesen überwältigt werden. Es ist dann keiner da, der sie retten kann, und unabhängige Garantien für ihre Rettung gibt es nicht. Gemeinwesen haben also ein Interesse daran, durch Bildung gute Bürger zu gewinnen. Die Frage, welche Verhältnisse Bürgertugenden begünstigen, ist zentral für republikanische Denkerinnen. Das kann etwa bedeuten, dass sie Dienstpflichten für alle Bürgerinnen und Bürger befürworten. Aber ebenso kann es bedeuten, für mehr Demokratie einzutreten, denn demokratisches Handeln dürfte demokratische Haltungen fördern.

Noch eine letzte Besonderheit republikanischer Theorien sei erwähnt. Diese wenden sich gegen allzu rationalistische Deutungen des politischen Prozesses. Natürlich geht das gegen Rational-Choice-Theorien. Aber es richtet sich auch gegen die heute verbreitete Ansicht, der Vorzug von Demokratien liege vor allem im öffentlichen Austausch von Argumenten, der sachlich gute Entscheidungen wahrscheinlich mache. Dieser Ansicht hat Jürgen Habermas zu Einfluss verholfen; und Habermas verdankt viele Einsichten republikanischen Autorinnen wie Hannah Arendt. Aber er neigt zu einer Betonung der Vernunftaspekte des politischen Prozesses, die republikanischen Autorinnen zu weit geht. Um politisches Handeln zu verstehen, seien andere Merkmale mindestens ebenso wichtig: die Gefühle der Handelnden, ihre Urteilsfähigkeit und auch das Ungewisse.

Unsere Handlungsfähigkeit hängt ganz allgemein davon ab, dass wir nicht nur denken können, sondern dass wir mit manchen Gedanken Gefühle verbinden. Ohne sie hätten wir keine Motivation zu handeln. Ein rein rationales Wesen, wie es annähernd Mr. Spock gewesen sein soll, wäre nicht lebensfähig – weshalb wohl selbst Spock, ganz selten, Gefühle zeigen durfte. Ohne alle Gefühle besäßen wir keinen Sinn für Wichtigkeit, wir wüssten nicht, woran wir uns als Handelnde halten sollten.

Zum politischen Handeln zumal gehört Leidenschaft genauso wie Verstand, und manche republikanischen Autoren wollen bis in ihren Duktus hinein eine Leidenschaft für das Politische wecken. Sie treffen sich hier mit einer zentralen Einsicht feministischer Theorien: Die Abspaltung der Gefühle von der Vernunft ist eine Vereinseitigung, die aus einem falschen Ideal von – Distanz haltender – Männlichkeit kommt. Auch geht es in der Politik nicht nur um Meinungen. Politisch Handelnde bringen mit ihren Ansichten zugleich sich selbst zum Ausdruck. Sie stehen „als ganze Menschen“ hinter ihren Überzeugungen, die der Gestaltung des Gemeinwesens gelten.

Auch die von Republikanern geschätzten Tugenden äußern sich in Gefühlen, etwa solchen des Patriotismus. Patriotismus ist eine Liebe zum eigenen Gemeinwesen, weil es das eigene ist. Das kann man irrational oder sogar gefährlich finden, aber viele Republikaner sehen darin etwas für sich genommen Wünschenswertes: Patriotinnen werden sich mit ihrem Gemeinwesen so weit identifizieren, dass sie bereit sind, für seine Bewahrung und Verbesserung die nötigen Opfer zu bringen – bis hin zu ihrem Leben im Widerstand oder in der Landesverteidigung. Nichts bezeugt zwingender, dass eine Bürgerin mit Leib und Seele, mit Herz und Verstand zugleich an ihrem Gemeinwesen hängt, dass sie leidet und sich schuldig fühlt, wenn es versagt, sich freut und Stolz empfindet, wenn es gedeiht.

Tugenden sind unentbehrlich, weil sie rasches situationsgerechtes Reagieren ermöglichen oder jedenfalls wahrscheinlicher machen. Kein wahrhaft politisches Handeln – im Unterschied zu reiner Verwaltungsroutine – geschieht nach Schema F. Politisch Handelnde müssen umsichtig in je besonderen Situationen je besondere Herausforderungen meistern. Dazu benötigen sie, was Immanuel Kant und nach ihm Hannah Arendt „Urteilskraft" genannt haben. Urteilskraft ist die Fähigkeit, allgemeine Begriffe und Überzeugungen situationsgerecht anzuwenden. Begriffe und Überzeugungen schließen Regeln ein. Regeln können aber ihre richtige Anwendung niemals garantierten.

Ein Beispiel: Noch so viel Seminarwissen über Korruption genügt nicht, um sagen zu können, ob meine Regierung jetzt korrupt agiert, um deutschen Unternehmen in China Vorteile zu verschaffen. Die Situation der Verhandlungen mit der chinesischen Staatsführung hat viele Besonderheiten und einige könnten für die Frage der Korruption bedeutsam sein. Das Urteil der Korruption ist angemessen, wenn deren allgemeine Merkmale auf den besonderen Fall der Verhandlungen zutreffen. Ob das so ist, sagen mir noch so viele Regeln alleine nicht. Bräuchte ich, um eine Regel anwenden zu können, wiederum eine Regel, so käme ich niemals an ein Ende. Schließlich bräuchte ich, um die Regel für die Regelanwendung anzuwenden, wieder eine Regel, und so immer weiter zurück ins Unendliche. Daher muss ich urteilen können. Urteilskraft ist verlangt, weil alle Regeln an ein Ende kommen.

Regelwissen reicht auch deshalb nicht hin, weil der Ausgang politischen Handelns fast immer ungewiss ist. Zum Handeln gehört Kontingenz. Damit ist gemeint, dass etwas passieren kann, aber nicht passieren muss. Was kontingent ist, ist weder unmöglich noch notwendig. Republikanische Theoretiker betonen, dass Entscheiden überflüssig wäre, wenn wir bereits wüssten, was herauskommen wird. Immer bleibt ein Moment von Eigenverantwortung, das wir nicht loswerden. Mehr noch: Im politischen Normalfall fehlen uns Kriterien, um die eine beste Antwort zu erkennen. Die meisten politischen Entscheidungen können vernünftigerweise so oder auch anders ausfallen. Republikanische Theoretiker verwerfen daher die Ansicht, in der Politik gehe es, analog zur Wissenschaft, um die eine richtige Antwort. Wo aber mehr als eine richtige Antwort möglich ist, da ist die Verantwortung, die wir mit unseren Entscheidungen übernehmen, radikal.

Daraus lässt sich übrigens ein Argument für die Demokratie gewinnen. Manche ihrer Anhängerinnen halten sie für ein taugliches Mittel, um die jeweils beste Antwort zu finden. Sie rechtfertigen sie aus dem Glauben an ihre überlegene Rationalität heraus. Das aber ist eine fehlbare Vermutung, und es könnte sein, dass manch ein Diktator vernünftiger entscheidet als manch eine demokratische Regierung. Dagegen wäre es immer unfair, wenn der Diktator Entscheidungen träfe, ohne bessere Gründe zu haben als einige der Betroffenen, die die Entscheidungen ablehnen. Gleiche Teilnahmerechte sind ein Gebot der Fairness, wo keiner die Wahrheit für sich gepachtet hat. Sie sind eine Art des Umganges mit Ungewissheit, die keinen von vornherein über andere stellt.

2. WO IST POLITIK ALS LEBENSFORM HEUTE NOCH MÖGLICH?

Sie mögen nun einwenden: „Alles gut und schön, aber sind nicht moderne Gesellschaften gänzlich ungeeignet, um noch einmal Athener Demokratie oder Republik von Florenz zu spielen? Haben uns nicht „Realisten" wie Schumpeter gezeigt, dass moderne Gesellschaften sehr viel größer, komplizierter und differenzierter sind als die athenische Stadtrepublik mit ihren höchstens 30.000 männlichen Vollbürgern? Und haben Sie nicht selbst gesagt, dass eine politische Theorie, die als moderne Theorie ernst genommen werden will, eine Antwort finden muss auf die realistische Herausforderung?" Wo also könnten heute noch Spielräume für politisches Handeln im republikanischen Sinne liegen?

Darauf gibt es verschiedene Antworten. Manche Republikanerinnen argumentieren, dass zwar kein Gemeinwesen in seiner Gänze mehr solche Spielräume bietet, wohl aber ein Bereich, in dem ein großer Teil der Menschen einen großen Teil seiner Zeit verbringt: der Arbeitsplatz. Wer dieser Ansicht ist, wird der Demokratisierung des Wirtschaftslebens und insbesondere der Arbeitsplätze eine Schlüsselrolle im republikanischen Projekt zuschreiben. Und es liegt dann nahe, das republikanische Projekt mit dem sozialistischen zu verbinden. Denn auch manche Sozialistinnen sind der Ansicht, der grundlegende Skandal des Kapitalismus sei, dass die Demokratie am Fabriktor endet.

Wenn also die Menschen noch einmal ein Gefühl für ihre politische Verantwortlichkeit und Handlungsfähigkeit gewinnen sollen, dann kann das nur durch eine Demokratisierung der Arbeitsorte gelingen. An ihnen sind Angelegenheiten zu entscheiden, die die Menschen in einer für sie nachvollziehbaren Weise betreffen. Selbst Schumpeter nahm ja an, die Menschen könnten am ehesten im sozialen Nahbereich kompetent urteilen. Aus republikanischer Perspektive plädierten darum Carol Pateman, die sich später dem Feminismus zuwenden sollte, und Peter Bachrach für eine Demokratisierung von Unternehmen. Beide hielten den Arbeitsplatz für den Ort, an dem sich die direkte Demokratie nach klassischem Vorbild, also die Politik als Lebensform, erneuern ließe.

Hier sind allerdings zwei Motive zu unterscheiden, die etwa bei Bachrach durcheinandergehen. Spezifisch republikanisch ist die Sorge, ob genügend Bürgerinnen bereit und fähig sind, politische Verantwortung zu tragen. Ohne demokratische Grundhaltungen – einen demokratischen Habitus – hängt eine demokratische Ordnung in der Luft. Und vielleicht ist die Erfahrung der Entscheidungs- und Handlungsfähigkeit in Berufsangelegenheiten geeignet, einen demokratischen Habitus zu fördern. Davon zu unterscheiden ist das Motiv der Kontrolle und Einbindung ökonomischer Akteure, die unter der Maske des Privatrechts politische Macht ausüben.

Ganz offenbar gilt das heute für multinationale Konzerne, Großbanken und Pensionsfonds. Sie können mit ihren Entscheidungen das Wollen der Regierungen mittelgroßer Staaten durchkreuzen. Das verschafft ihnen einen großen Einfluss, von dem manche geradezu erpresserisch Gebrauch machen. Das Argument, sie seien als private Organisationen keiner Öffentlichkeit Rechenschaft schuldig, geht an der Tatsache vorbei, dass sie die öffentlichen Angelegenheiten in hohem Maße beherrschen. Schon aus diesem Grund ist der Anspruch auf demokratische Kontrolle des Kapitalismus weiterhin aktuell.

Aber es ist eine offene Frage, ob dies der einzelnen Bürgerin mehr Möglichkeiten politischer Mitwirkung gäbe. Weltweit tätige Konzerne wie Daimler-Benz dürften heute nicht leichter zu überblicken und zu steuern sein als die Verwaltungen mittelgroßer Staaten. Wer den Einfluss der einzelnen Beschäftigten in ihnen stärken wollte, müsste sie zuerst in sehr viel kleinere Einheiten zerlegen. Manche Republikanerinnen würden das begrüßen. Sie glauben, das Gefühl des Kontrollverlusts in der Moderne habe viel damit zu tun, dass die maßgeblichen Handlungseinheiten zu groß geworden sind. Ohne Dezentralisierung ließen sich demokratische Spielräume nicht wiedergewinnen. Das könnte allerdings heißen, dass wir für eine ideale Republik mit Wohlstandseinbußen bezahlten. Auch ist unklar, ob sie mit einer Einbindung in den Weltmarkt vereinbar wäre.

Eine zweite Antwort hat der junge Jürgen Habermas in seiner Habilitationsschrift *Strukturwandel der Öffentlichkeit* gegeben. Sie greift eine zentrale Einsicht der Pluralismustheorien auf: Wesentlich für die moderne Demokratie sind Verbände und Parteien, die zwischen dem einzelnen und der Regierung vermitteln. Unabhängig von ihnen spielen Bürgerinnen im politischen Prozess kaum eine Rolle. Also käme es darauf an, die wichtigsten dieser Organisationen zu demokratisieren: sie für Teilnahmemöglichkeiten ihrer Mitglieder zu öffnen. Dann ist es zwar weiterhin der Deutsche Gewerkschaftsbund, der mich vertritt, aber ich kann wenigstens an seiner inneren Willensbildung mitwirken. Das mag die Entfremdung, die mit großen Apparaten zwangsläufig einhergeht, auf ein Minimum begrenzen.

Eine dritte Antwort hat vor allem in der Zeit der Umbrüche in Mittel-und

Osteuropa eine große Rolle gespielt. Der wichtigste Ort politischen Handelns ist demnach die Zivilgesellschaft. „Zivilgesellschaft" ist eine etwas unglückliche Übersetzung des englischen Wortes *Civil Society* – schöner wäre „Bürgergesellschaft", aber dieses Wort hat sich nicht durchgesetzt. Gemeint ist jedenfalls eine Sphäre, die sowohl vom Staatsapparat als auch von der kapitalistischen Wirtschaft hinreichend unabhängig ist. Vorgänge in der Zivilgesellschaft können weder durch administrative Macht noch durch Geld in Gang gesetzt und gesteuert werden. Eine lebendige Zivilgesellschaft sorgt dafür, dass Menschen in ihren Rollen als Amtsinhaberinnen oder Empfänger staatlicher Leistungen einerseits, als Anbieter und Nachfragerinnen auf ökonomischen Märkten andererseits nicht aufgehen. Sie sind auch Bürgerinnen im politischen Sinne dieses Wortes, die an den öffentlichen Angelegenheiten Anteil nehmen.

Die Zivilgesellschaft ist der Inbegriff der vielen freiwilligen Vereinigungen, Einrichtungen und Bewegungen gemeinwohlorientierter Akteure. Das unterscheidet sie von der bürgerlichen Gesellschaft im klassisch-liberalen Sinne. Deren Kern war der Markt. Noch im östlichen Europa um 1989 lag es nahe, „Zivilgesellschaft" mit beidem zu verbinden: den entstehenden Vereinigungen von Bürgerinnen, die politische Mitsprache verlangten, und der Freisetzung unternehmerischer Initiative. Schließlich standen autoritäre Staatsapparate der wirtschaftlichen Freiheit ebenso im Wege wie der politischen. Heute ist aber überall ersichtlich, dass die eine Freiheit nicht automatisch die andere nach sich zieht.

Für Republikanerinnen ist das kein Wunder. Sie sprechen schließlich dem Bürger als Citoyen ganz andere Einstellungen zu als dem Bürger als Bourgeois. Der Bourgeois will auf Märkten als Anbieter oder Nachfrager seinen Nutzen maximieren. Der Citoyen dagegen setzt sich mit seinen Mitbürgerinnen ins Benehmen über das gemeinsame Beste. Der Bourgeois darf egozentrisch sein, der Citoyen muss seine Egozentrik um der öffentlichen Freiheit willen überwinden.

Eine vierte Antwort gibt der amerikanische Politikwissenschaftler Benjamin Barber. Barber argumentiert, die neuen Medien könnten genutzt werden, um Bürgerinnen, die einander sonst fern und fremd blieben, miteinander ins Gespräch zu bringen. Günstig sei dafür ein interaktiver Gebrauch elektronischer Verbreitungsmedien. Barber schlägt etwa Fernsehübertragungen von Bürgerversammlungen und Videokonferenzen zu öffentlichen Fragen vor. Das würde Auseinandersetzungen unter Bürgerinnen buchstäblich in die Wohnzimmer bringen und die Zuschauenden zu Stellungnahmen anregen.

Was Barber ausdrücklich *nicht* will, ist eine von Computern getragene Knopfdruck-Demokratie. Sie wäre ein Zerrbild der direkten Beteiligung, die ihm vorschwebt. Menschen sollen nicht aus dem Sessel heraus auf vorgefertigte

Fragen mit „Ja" oder „Nein" antworten. Sie sollen sich streitbar und loyal zugleich auf Gespräche mit Mitbürgern einlassen, die sie auf ganz neue Gedanken und Gesichtspunkte bringen könnten. Die demokratische Auseinandersetzung macht etwas mit unseren Vorlieben. Sie wirkt wie ein Filter, der öffentlich nicht haltbare Ansichten aussiebt. Eine Knopfdruck-Demokratie dagegen würde unterschiedslos alles versammeln und verrechnen, was die Leute gerade meinen, wollen und fühlen, auch das Selbstsüchtige und das Trübe.

3. DIE POLITISCHE THEORIE HANNAH ARENDTS

Ich will das Gesagte beispielhaft an einer besonders anregenden, aber auch rätselhaften Theoretikerin veranschaulichen: an Hannah Arendt. Sie hatte als deutsche Jüdin bei Martin Heidegger Philosophie studiert. 1933 floh sie zunächst nach Paris, dann in die Vereinigten Staaten von Amerika, deren Bürgerin sie 1951 wurde. Auch als Denkerin stand Arendt in gewisser Weise zwischen Alter und Neuer Welt. Einerseits wurzelte ihr Denken in europäischen Traditionen, die sie sachkundig, aber auch eigensinnig wie wenige auslegte. Wichtige Anregungen erhielt sie etwa von Aristoteles und Kant sowie von ihrem Lehrer und – was den philosophischen Klatsch bestimmte – zeitweiligen Geliebten Heidegger. Andererseits hielt Arendt die Vereinigten Staaten von Amerika für das bislang interessanteste und wahrscheinlich am ehesten gelungene Beispiel eines modernen demokratischen Projekts.

3.1 POLITISCHES HANDELN

Mit dem *Mainstream* der amerikanischen Politikwissenschaft hat sie sich allerdings nie anfreunden können. Dieser *Mainstream* war der Überzeugung, dass man Politik nach dem Vorbild der Naturwissenschaften studieren könne, als *Political Science*. Eine *Science* ist eine exakte Wissenschaft nach dem Muster der modernen Physik. Aber passt dieses Muster auf die Politikwissenschaft? Das setzte voraus, dass man politische Praxis im Prinzip genauso unter Gesetze bringen kann wie Phänomene der Physik.

Die zu Arendts Zeit tonangebenden amerikanischen Politikwissenschaftler waren Behavioralisten. *To behave* heißt „sich verhalten", und Verhalten ist beobachtbar. Die Politikwissenschaft soll als exakte Wissenschaft möglich sein, soweit sie sich auf beobachtbare Phänomene, eben Verhaltensweisen, konzentriert. Beobachtbar sind etwa Wählerwanderungen oder Kriegserklärungen. Auch Voraussagen gehören zu den prinzipiellen Möglichkeiten einer Verhaltenswissenschaft. Man muss sich dazu nur auf die Gesetze beziehen, die im Verhalten zutage treten. Kennt man alle einschlägigen Gesetze und Randbedingungen, so kann man vorhersagen, was geschehen wird, so wie man vorhersagen kann, was geschehen wird, wenn man mit einer Butter in die Sauna geht.

Es liegt auf der Hand, warum das einer republikanischen Theoretikerin wie Arendt missfallen musste. Der Behavioralismus ist blind für die Ergebnisoffenheit des Handelns. Wie gehandelt wird, hängt von der Initiative der Menschen ab. Damit kann prinzipiell Neues in die Welt treten, das sich nicht prognostizieren lässt. Wäre alles vorhersagbar wie das Verhalten perfekt konditionierter Ratten, so gäbe es keine Freiheit mehr, damit auch keine Spielräume für politische Praxis.

Arendt hält daher das vom behavioralistischen *Mainstream* vermittelte Bild der Politik für verkehrt. Aber sie sieht darin nicht einfach eine Menge von Irrtümern; vielmehr meint sie, seine Verfehltheit verrate etwas über die grundlegende Verfallenheit moderner Gesellschaften. Ähnlich wie Heidegger nimmt Arendt an, dass moderne Gesellschaften unter einer „Weltvergessenheit" leiden. Der behavioralistische *Mainstream* ist ein Ausdruck dieser Weltvergessenheit auf dem Gebiet der politischen Wissenschaft.

Was heißt Weltvergessenheit? In Heideggers Philosophie bezeichnet „Welt" einen Bewandtniszusammenhang, in dem sich die Menschen verständig bewegen. Ein von Heidegger bevorzugtes Beispiel ist die Werkstatt. Die Handwerkerin gibt Dingen durch ihre Arbeit eine Bedeutung. Sie stellt sie in zweckhafte Zusammenhänge, in denen eines auf das andere verweist: die Nägel auf den Hammer, dieser auf Hölzer, diese auf einen Tisch, der der Arbeitenden als Ziel vorschwebt. Auch andere Menschen sind darin gleichsam mitgegeben, schließlich können normalerweise mehrere an einem Tisch sitzen und Tische auf Märkten einen Preis erzielen. Meistens bauen wir solche Bewandtnisganzheiten vorbewusst auf. Das „Gewusst wie" der Praxis geht dem „Gewusst was" des ausdrücklichen Denkens voraus. Und auch das Denken wird sich zumeist in Bahnen aus Bedeutsamkeiten bewegen, die unserer verständigen Praxis entstammen.

Das war ein Grundgedanke in Heideggers Epoche machender Schrift *Sein und Zeit* von 1927. Er hat auch Arendt tief beeinflusst. Doch sie holte Heideggers Begriff der Welt aus dem Bezugsrahmen des Handwerks heraus. In der Welt sind wir nur als miteinander Redende und Handelnde. Sie kann allein intersubjektiv gestiftet und stabilisiert werden. Nur weil und sofern sich mehrere Menschen direkt und nicht nur vermittelst handwerklicher Hervorbringungen aufeinander beziehen, gibt es eine Welt als eine Bewandtnisganzheit. Und Weltvergessenheit liegt vor, wo der Sinn für die Besonderheiten des weltbildenden Handelns verloren gegangen ist.

Zu diesen Besonderheiten gehören sowohl die Gleichheit als auch die Verschiedenheit der Akteure. Sie sind zwei nicht zu trennende und nicht zu tilgende Grundmerkmale unseres In-der-Welt-Seins. Die Gleichheit ist wesentlich, weil Arendt ein gemeinsames Handeln von einem Verhältnis der Unterdrückung oder Benutzung anderer unterscheidet. Die Verschiedenheit ist für das Handeln unverzichtbar, weil dieses immer in einer Verständigung und Abstimmung unter vielen besteht, die aber jeweils als einzelne verantwortlich an ihm teilnehmen. Wenn *uns* etwas gelingen soll, so kommt es auf *je meine* Initiative an.

Zum Handeln gehört nun, dass der Einzelne im Zusammenspiel mit anderen und im Widerspiel gegen sie etwas in die Welt setzen kann, was noch nicht da war. Im Handeln kann etwas Neues und Unvorhergesehenes eintreten. Eben dafür ist der politikwissenschaftliche *Mainstream* blind. Er fragt nach Regeln und Gesetzen, um politisches Verhalten vorherzusagen, und übersieht, dass politisches Verhalten ein ergebnisoffenes Handeln ist. Arendt hat für diese Offenheit den Ausdruck „Natalität" – Gebürtigkeit – gefunden.

Schon im gewöhnlichen Verständnis hat „Gebürtigkeit" mit Neuheit zu tun: Solange wir das Erbgut künftiger Generationen nicht planvoll festlegen können, solange Menschen also immer noch aus einer Zufallskombination von Genen hervorgehen, kommt mit jedem menschlichen Säugling etwas noch nie Dagewesenes in die Welt. Handeln ist nun für Arendt eine Art zweiter Geburt – mit einem entscheidenden Unterschied zur ersten. Geborenwerden ist sicher auch für den Säugling eine mühsame Sache, aber er *wird* eben in erster Linie geboren. Die eigentlich Handelnden sind andere: die Mutter, die Hebamme, die Ärztin, vielleicht auch der Halt gebende Partner. Insofern ist Gebürtigkeit ein schiefes Bild für Handeln. Aber Arendt geht es vor allem um die im Handeln liegende Aussicht auf Neues. Die Handelnde schafft das Neue absichtlich, und in diesem Sinne gelingt ihr eine Art zweiter Geburt. Und wiederum: Solange es zweite Geburten gibt, bleibt die Welt niemals genau dieselbe. Noch so fest gefügte Einrichtungen und Machtverhältnisse haben dann keine Bestandsgarantie.

Das heißt allerdings nicht, dass Handelnde unbedingt den Stillstand der Welt vermeiden möchten. Sie müssen überhaupt nichts ihrem Handeln Äußerliches bezwecken. Arendt glaubt, das Handeln trage seinen Wert in sich selbst. Das erläutert sie so, dass Handelnde ihre eigene Freiheit genießen und an ihr Geschmack finden. Diese Freiheit gibt es nicht als private; es gibt sie nur, wo Menschen gemeinsam öffentliche Räume schaffen. Im Handeln liegt eine tiefe Befriedigung, weil Akteurinnen die mit anderen geteilte Erfahrung machen, weltbildend tätig zu sein. Und dies, der gemeinsame Aufbau einer Welt, unterscheidet das Handeln von anderen Arten des Tätigseins.

Zu Arendts Einflüssen gehört die Handlungstheorie des Aristoteles, der sie wichtige Unterscheidungen entnimmt. Die erste Unterscheidung ist die, ob ein Mensch ein betrachtendes oder ein tätiges Verhältnis zur Welt hat. Das erste Verhältnis heißt „kontemplativ". Kontemplation ist selbstzweckhafte Versenkung, etwa in die letzten Gründe dafür, dass überhaupt etwas ist. Bei Aristoteles ist sie die höchste aller Lebensformen, noch vor der politischen Praxis. Sie bleibt allerdings nur wenigen Menschen, den zur Philosophie berufenen, vorbehalten, zumal andere dafür sorgen müssen, dass die Denker nicht verhungern. Von dieser betrachtenden Lebensform – lateinisch *vita contemplativa* – unterschieden ist das tätige Verhältnis zur Welt, das Arendt im Anschluss an die mittelalterliche Aristoteles-Rezeption *vita activa* nennt. Es hat wiederum verschiedene Unterarten: das Arbeiten, das Herstellen und eben das Handeln.

Arendt trennt begrifflich das Handeln vom Herstellen wie vom Arbeiten; eine Unterscheidung, von der sie denkt, sie sei in der Moderne vergessen worden. Das ist nichts anderes als der erwähnte Weltverlust, denn weltbildend ist einzig das Handeln. Moderne Denker neigen aber zu einer Verwechselung des Handelns sowohl mit dem Arbeiten als auch mit dem Herstellen. Die handlungstheoretische Unterscheidung von Arbeiten, Herstellen und Handeln wird so zum Schlüssel für eine rabenschwarze Diagnose moderner Gesellschaften. Weil Herstellen und Arbeiten das Handeln mehr und mehr verdrängen, werden wir der öffentlichen Freiheit entwöhnt und verlieren so die gemeinsame Welt. Wir verlieren den intersubjektiv gestifteten Bewandtniszusammenhang unseres Daseins.

Was heißt „Herstellen", was „Arbeiten"? Hier ist Arendt den alten Griechen sehr nah in deren Begriffen und auch Wertungen. Das Arbeiten dient ganz der Erhaltung des Körpers; seine Ergebnisse werden gleich wieder verzehrt. Ein Beispiel ist das Brot, das wir aus den Ähren des Bodens gewinnen. Arbeiten bedeutet Teilnahme an den Kreisläufen der Natur durch tätige Beschaffung von Lebensmitteln. Ohne sie müssten wir als biologische Wesen, die wir ja auch sind, vergehen – durch Verhungern oder Verdursten. Arbeiten ist die niedrigste Tätigkeitsform, weil sie direkt dem Körper dient, der uns mit den Tieren verbindet.

Das Herstellen hingegen bringt etwas Dauerhaftes in die Welt. Denken Sie an Architektinnen, deren Bauwerke nicht so schlecht gemacht oder so modisch sind, dass sie schon nach wenigen Jahren wieder wegmüssen: Bedeutende Architektur ist eine Weise, die Welt einzurichten, ihr ein Gesicht zu geben. Das Gleiche gilt für gutes Handwerk: Es schafft beständige Dinge, die uns Haltepunkte der Wahrnehmung und des Handelns geben. Es möbliert sozusagen die Räume für unsere selbstzweckhaften Begegnungen. Das Herstellen kommt damit direkt dem Handeln zugute. Aber es ist zweckhaft auf dieses bezogen, es hat seinen Zweck nicht in sich selbst. Wer etwas herstellt, trägt dazu bei, dass ein öffentlicher Raum geteilter Freiheit entstehen kann, aber das Herstellen selbst macht den öffentlichen Raum noch nicht aus. Es schafft dafür nur Voraussetzungen. Selbstzweckhaft ist allein das Handeln. Um seinetwillen sind Arbeiten und Herstellen da.

3.2 KRITIK DER MODERNE

Doch die gesellschaftliche Modernisierung bringt diese „natürliche" Ordnung der Zwecke durcheinander. Arendts Überzeugung ist in aller Kürze die, dass moderne Gesellschaften von Technik geprägte Massengesellschaften sind. Die Massen werden mehr und mehr dazu abgerichtet, nach materieller Befriedigung, nach Komfort und möglichst vielen verzehrbaren Gütern zu verlangen. Die Abrichtung bewirkt, dass sie größten Wert auf die Zweckrationalität legen, deren Verkörperung die Technik ist.

Nun mögen Sie sagen, die technische Befriedigung massenhafter Bedürfnisse sei doch eine schöne Sache: Wärmere Wohnungen seien besser als kältere, Autos bequemer und schneller als Kutschen und so weiter. Aber der Gewinn an Sicherheit und Wohlbefinden hat nach Arendt eine Kehrseite: Die Menschen kommen auf den Geschmack von Gütern, die ihnen den Geschmack am wichtigsten Gut, der Freiheit, verderben.

Diese Diagnose hat eine unübersehbar konservative, ja nostalgische Schlagseite, obwohl sie darauf nicht reduziert werden sollte. Ich will das an einem wichtigen Punkt veranschaulichen. Arendt ist der Ansicht, eine Grundfrage des 19. und frühen 20. Jahrhunderts sei die soziale Frage gewesen. Darin stimmt sie mit der sozialdemokratischen und sozialistischen Bewegung überein. Die soziale Frage stellte sich, weil der frühe Kapitalismus immer mehr Menschen aus ihren traditionellen Arbeits- und Lebensformen herausgerissen hatte. Die Menschen verschwanden in den Schlünden der riesenhaft anwachsenden Städte. Sie bildeten ein Proletariat, das nur seine Haut zu Markte tragen konnte. Die soziale Frage war nun: Wie ist es möglich, aus einer Masse entwurzelter, verelendeter und abhängiger Menschen freie und gleiche Bürgerinnen und Bürger zu machen, mit allen materiellen Sicherheiten, die für ein menschenwürdiges Dasein unabdingbar sind?

Arendt will nicht bestreiten, dass Armut, Ausbeutung und grobe Ungleichheit Übel sind. Aber sie will sie nicht als eigentlich politische Probleme gelten lassen. Sie glaubt, die Antwort auf die soziale Frage sei der intelligente Einsatz von Technologie. Die soziale Frage zu beantworten ist eine Voraussetzung für Politik; sie ist kein Gegenstand von Politik. Solange Menschen durch die soziale Frage ganz in Anspruch genommen werden, sind sie nicht frei zum politischen

Handeln. Aber es ist ein Fehler, die Beantwortung der sozialen Frage in den Mittelpunkt des politischen Streits zu stellen. Die soziale Frage wird beantwortet durch eine neue Form von Sklaverei: An die Stelle menschlicher Sklavinnen, wie noch in der griechischen Antike, treten künstliche Sklaven, das heißt Maschinen. Deren möglichst wirksamer Einsatz ist ein technisches Problem, kein politisches. Er verlangt Zweckrationalität, nicht politische Freiheit.

Zielscheibe dieser Kritik ist vor allem der Marxismus. Wie keine andere Bewegung des 20. Jahrhunderts hat er die soziale Frage in den Mittelpunkt des politischen Kampfes gestellt. Als wesentlich technische Frage gehört sie dort aber Arendt zufolge nicht hin. Die Marxisten verkennen dies, da sie Handeln mit Arbeiten und Herstellen verwechseln. Ihr Modell der Weltveränderung ist im Grunde selbst ein technisches. Sie vertrauen vor allem auf die Entfaltung der Arbeitsmittel, die irgendwann die Politik überflüssig machen werde. Nur sekundär kommt das organisierte Handeln der Arbeiterklasse hinzu, das nicht zufällig von Marx als „Hebammendienst" bezeichnet wird: als Geburtshilfe bei einem Vorgang, dessen Endzweck schon feststeht.

Auf den Marxismus werde ich in der nächsten Vorlesung zurückkommen. Arendts Kritik ist sicher nicht ganz aus der Luft gegriffen. Aber die Reduzierung der sozialen Frage auf Sozialtechnologie dürfte doch zu einfach sein. Ich glaube, Arendt hat die politische Dimension in Fragen der Daseinssicherung verkannt. Ein menschenwürdiges Dasein für alle muss politisch erkämpft und behauptet, seine genaue Bedeutung muss im öffentlichen Streit immer neu bestimmt werden.

Ein Beispiel: Der soziale Wohnungsbau beeinflusst, wo und wie Menschen arbeiten, wo und wie sie einkaufen, ihren Feierabend verbringen, ihre Mitmenschen sehen und welche sie sehen, wann sie aufstehen und zu Bett gehen, wie schnell sie gehen, ob sie überhaupt gehen oder nicht vielmehr fahren und gefahren werden. Er kann politische Verständigung vereiteln, Ehen auseinanderbringen, Alte krank und Kinder verrückt machen. Die Verteilung von Menschen auf Wohnorte beeinflusst Weltsichten. Sie trägt dazu bei, worauf wir stolz sind und was uns egal ist, ob wir uns für handlungsfähig oder für ohnmächtig halten.

Wohl jeder kennt die Trabantensiedlungen aus Hochhäusern, leeren Flächen und überbreiten Straßen, die den meisten heute so seelenlos vorkommen. Sie sind eine Folge von Gewinnstreben, aber auch Ausdruck von Idealen: Alle sollten Zugang zu zweckmäßigen, komfortablen, Licht und Luft gewährenden Wohnungen haben, autogerecht angebunden, ausreichend versorgt mit Geschäften, Kindergärten und Schulen und sogar mit etwas „Kultur". Ein solches Bild, in Beton gegossen, hat Folgen, über die politisch gestritten werden muss, und eben diesen Streit haben Bürgerinitiativen seit den siebziger Jahren angestoßen.

Sie haben hinter einer Fassade aus Zweckrationalität bestreitbare Interessen und Wertungen gefunden und sie mit alternativen Sichtweisen konfrontiert.

Ich glaube, Arendt hat folgenden Fehler gemacht: Sie hat unterschiedliche Einstellungen des tätigen Lebens kurzgeschlossen mit verschiedenen Themen und ganzen Lebensbereichen. Für die alten Griechen hatten Angelegenheiten des *oikos* – des Haushalts –, vom Umgang mit Frauen und Kindern bis zur Besorgung des Lebensnotwendigen, nur vorpolitische Bedeutung. Die eigentlich politischen Angelegenheiten schienen ihnen über Fragen des Haushalts erhaben. Arendt hat diese Sichtweise übernommen: Das bloße Leben ist nicht Gegenstand der Politik, und was zu seiner Erhaltung oder Verbesserung beiträgt, ist Arbeiten oder Herstellen, nicht Handeln.

Aber man kann grundsätzlich zu allen Problemen, auch solchen, die das bloße Leben aufwirft, zwei verschiedene Einstellungen haben: eine technische, die nach geeigneten Mitteln bei gegebenen Zwecken sucht, und eine eigentlich praktische, die auch die Zwecke hinterfragt. Das Politische zeigt sich dann nicht an bestimmten Themen, sondern an der Einstellung zu allen möglichen Themen. Genuin politisch ist der öffentliche Streit über Fragen, die alle angehen (könnten). Dabei kann es sein, dass manchmal Fragen als politische verkannt werden, die nur technische sind. Wenigstens ebenso groß ist aber die Gefahr, eine Frage als bloß technische zu verkennen oder zu verkleiden, die politisch zu beantworten wäre.

Übernimmt man diese Unterscheidung zwischen Einstellungen und Bereichen oder Themen, so erscheint Arendts Kritik an der Weltvergessenheit der Moderne in einem anderen Licht. Arendt erscheint dann als Theoretikerin möglicher *Politisierung*. Damit will ich sagen, dass Themen in den Sog politischer Auseinandersetzung geraten, die etwa der technokratische Zeitgeist der fünfziger und sechziger Jahre den Experten vorbehalten wollte: „Mathematiker, Ingenieure, Architekten, hier ist Eure Aufgabe: Fünf Millionen Flüchtlinge sind innerhalb von fünf Jahren mit jeweils 30 Quadratmetern gut beheizbaren Wohnraums zu versorgen."

Die Absolutheit dieser Sichtweise auf soziale Fragen lässt sich mit Arendt gegen Arendt anfechten: Hier ist eine Menge zu entscheiden, die Kriterien des Richtigen liegen nicht auf der Hand, bestreitbare Interessen und Wertungen sind im Spiel. Auch hat schon die Idee, Menschen mit Wohnraum „zu versorgen", etwas Fremdbestimmendes. Jenseits des biologischen Minimums sind Bedürfnisse nicht einfach da, sie hängen ab von Interpretationen. Diese wiederum werden je nach Geschlecht, Alter, Religion und vielem anderen differieren und sie werden Ausdruck individuell verschiedener Vorstellungen vom Guten sein.

Indem wir dies alles auf die politische Agenda bringen, beginnen wir einen Streit über die Gestaltung von Lebensbereichen, die uns alle angehen. Und siehe, der Streit macht auch Spaß: Wir finden Geschmack an der Freiheit, wir erfahren sie als in sich wertvoll, bei aller Ernsthaftigkeit der Auseinandersetzungen, bei aller Strenge der Gegnerschaft, bei aller Brisanz der Probleme. Politisches Handeln ist in sich gut, ohne darum nur um sich selbst zu kreisen. Es bezieht seine Themen aus allen möglichen Bereichen, auch aus denen der Daseinsvorsorge.

Kurz, viele Probleme, die Arendt gewissermaßen ontologisch aus dem Politischen heraushalten möchte, geben eine politische Dimension zu erkennen, wenn man sie auf bestreitbare Zwecke hin befragt. Sie sind nicht ihrer Seinsart nach – das eben heißt „ontologisch" – nur technischer Natur. Und oft können wir nicht von vornherein sagen, was an einer Sache zugleich anfechtbar ist und alle angeht. Politisch oder unpolitisch sind nicht Ausschnitte der Welt, sondern Weisen ihrer Betrachtung und Behandlung. So viel zu dieser problematischen Seite der Handlungstheorie Arendts, die zugleich auf eine ihrer Stärken verweist: auf die Verteidigung des Eigensinns politischen Handelns gegen dessen gedankliche Angleichung an Technik.

Die Erfahrung, die wir machen, wenn wir politisch zusammenfinden, ist eine Erfahrung von Macht. Arendt versteht unter *Macht* etwas anderes als Max Weber, der gesagt hat, Macht sei „jede Chance, innerhalb einer sozialen Beziehung, den eigenen Willen auch gegen Widerstreben durchzusetzen, gleichviel, worauf diese Chance beruht". Macht, wie Weber sie sieht, ist immer Macht über andere Menschen. Arendt orientiert sich an einem anderen Grundverständnis von „Macht", das nicht von vornherein auf die Bezwingung eines fremden Willens zielt: Im Wort „Macht" steckt ganz allgemein das Vermögen, etwas zu tun. Mächtig im Unterschied zu ohnmächtig ist, wer etwas bewirken kann. Macht ist das Vermögen zu handeln. Für Arendt ist dieses Vermögen wesentlich intersubjektiv: Eigentlich handeln kann nie nur ein Einzelner. Handeln ist immer ein Zusammenhandeln, und Macht ist das Vermögen, im Handeln zusammenzufinden. Auch kann die Einheit des Wollens eines Kollektivs nicht erzwungen werden; sie beruht wesentlich auf einer Überzeugung aller Beteiligten.

Zwang ist gedeckt durch Gewalt, und diese ist das Gegenteil von Macht im Sinne Arendts. Wo Gewalt herrscht, ist Macht abwesend, und umgekehrt. Macht besteht in Verständigung, Gewalt wirkt gegen Körper; für Macht ist der Gebrauch von Sprache wesentlich, für Gewalt der von Werkzeugen. Das heißt zugleich, Macht ist immer dialogisch, Gewalt im Grunde monologisch. Arendt verwirft den Spruch, der Starke sei am mächtigsten allein, denn wer allein ist, dessen Stärke hängt einzig von seinen Gewaltmitteln ab. Arendt hat ihre Unterscheidung zwischen Macht und Gewalt nicht zuletzt mit Blick auf die Studentenbewegung der späten 1960er Jahre getroffen. In dieser Bewegung, die sie grundsätzlich als politisch belebend begrüßte, sah sie zugleich die Gefahr eines Gewaltkults angelegt.

Ein für die Bewegung wichtiger Autor war Frantz Fanon mit seinem antikolonialen Manifest *Die Verdammten dieser Erde*. Fanon, ein Teilnehmer am algerischen Befreiungskampf, hat nicht nur, was verständlich gewesen wäre, die Gewalt als letztes notwendiges Mittel gegen das koloniale Unrecht verteidigt. Er hat ihr eine regelrecht schöpferische Rolle zugetraut. Der Kolonialismus nämlich habe längst von den Seelen der Kolonisierten, vor allem in den Städten und unter den Eliten, Besitz ergriffen. Die Gewalt sei notwendig, damit der kolonisierte Mensch den verinnerlichten Kolonialherren aus sich herausreißen könne. In der Glut der Gewalt werde der neue, nachkoloniale Mensch geschmiedet. Jean-Paul Sartre, der zu Fanons Buch ein Vorwort beisteuerte, hat diese bei Fanon nur angelegte Überlegung mit dem ganzen Selbsthass des weißen Europäers auf die Spitze getrieben: „Denn in der ersten Zeit des Aufstands muß getötet werden: einen Europäer erschlagen heißt zwei Fliegen auf einmal treffen, nämlich gleichzeitig einen Unterdrücker und einen Unterdrückten aus der Welt schaffen. Was übrigbleibt, ist ein toter Mensch und ein freier Mensch."

Aber Gewalt macht nicht frei. Davon wollte Arendt die Studentenbewegung überzeugen. Frei macht nur das gemeinsame Handeln im öffentlichen Raum. Und der bewaffnete Kampf ist auch nicht die beste Schule, um die politische Kunst der Überzeugung Andersdenkender zu lernen. Ein von Gewalt geprägter, durch Gewalt geradezu sozialisierter Mensch wird immer dazu neigen, Waffen für das Mittel der Wahl zu halten, wenn er auf Widerspruch und Widerstand trifft. Das war durchaus prophetisch: Auf einen Nelson Mandela sollten im postkolonialen Kontext viele Robert Mugabes kommen: Gewaltherrscher, die zu Manipulation und Zwang griffen, sowie die zwanglose Zustimmung zu ihrer Herrschaft zu schwinden begann.

Menschen verwirklichen Macht, indem sie miteinander reden und handeln. Zum eigentlich politischen Handeln, so Arendt, gehört allerdings auch die Stabilisierung der Handlungsräume durch Institutionen. Politisches Handeln ist ein auf Formgebung durch Institutionen bezogenes Handeln. Die Handelnden versprechen einander, in einem gemeinsamen Rahmen und auf gemeinsame Vorhaben hin etwas zu tun. Eine genuin politische Gestalt des Versprechens ist die Verfassung. In ihr manifestiert sich die Macht, Grundsätze für ein Gemeinwesen zu formulieren, denen alle als freie und gleiche Mitglieder zustimmen können.

Macht in diesem Sinne hatten die amerikanischen Gründerväter, denen es vermittelst der Verfassungsgebung gelang, 13 englische Kolonien in Gründungsstaaten der USA zu verwandeln. Macht war auch, was die ungarischen Aufständischen des Jahres 1956 gegen den Stalinismus aufboten. So gab und gibt es immer wieder in der Geschichte glückliche Momente, in denen Macht sinnfällig wird als das Vermögen, aus vielen vereinzelten Menschen, etwa den Untertanen eines kommunistischen Machtapparates, der nichts so fürchtet wie spontane Vereinigungen, eine Gemeinschaft Freier und Gleicher zu machen, die der Manipulation widerstehen. Aber solche Momente sind selten, und selten von Dauer. Zumeist sind moderne Menschen Massenwesen. Sie sind dann, auch wenn sie im Gleichschritt gehen, insofern isoliert voneinander, als sie nicht miteinander reden und handeln. Isoliert lebende Massenmenschen bilden eine ideale Beute für Demagogen. Sie sind anfällig für totalitäre Fremdsteuerung.

Arendt ist folgerichtig eine Theoretikerin für die revolutionären Ausnahmemomente in der Geschichte, deren Regel bürokratische Herrschaft ist. Der auf diese Regel zugeschnittene Begriff des Politischen verwechselt freie Praxis mit zweckrationaler Verwaltung; über sie sagt Arendt wenig, und wenn, dann nichts Gutes. Das immer wieder spontan geschaffene Gegenmodell zu bürokratischer Herrschaft ist die Macht der Räte, für die sich auch sozialistische und anarchistische Theoretikerinnen interessieren. Aber Arendt sieht in den Räten nicht so sehr den sozialen Inhalt des Kampfes um Freiheit von Ausbeutung und Not. Sie sieht darin die bereits verwirklichte Freiheit. Und Revolutionen sind wertvoll, soweit sie Freiheit erfahrbar machen. Darin liegt ihr eigentlich politischer Sinn. Leider neigen aber Revolutionäre immer wieder dazu, diesen Sinn in einem Jenseits ihres Handelns zu suchen.

Arendt ist der Ansicht, alle Revolutionen seien letztlich gescheitert. Immer hätten die Revolutionäre schließlich vergessen, was der eigentliche Zweck ihres Handelns war: das Handeln selbst als intersubjektive Stiftung und Stabilisierung von Macht in einem öffentlichen Raum der Freiheit. Im Falle der französischen Revolution war dies bereits der Geburtsfehler: Die Revolutionäre stellten die soziale Frage in den Mittelpunkt ihrer Bestrebungen. Fixiert auf Klassenunterschiede, unterlief ihnen der Kategorienfehler der Verwechslung von Politik und (Sozial-) Technik, von Handeln und Herstellen. Kein Wunder also, dass Marx, dessen Vorstellung von Revolution vor allem an der französischen Erfahrung gebildet war, diesen Kategorienfehler übernehmen und zu einer regelrechten Weltanschauung ausbauen sollte.

Die amerikanischen Revolutionäre waren dagegen Arendt zufolge zunächst erfolgreicher, weil sie auf eine Tradition gemeinschaftlicher Selbstregierung, ausgehend von Kommunen, zurückgreifen konnten. Aber auch in den entstehenden Vereinigten Staaten sollte die kommunitäre Freiheit der Bürger bald der Bürokratie unterliegen. Die amerikanische Demokratie verkam tendenziell zur Verwaltung einer Massengesellschaft durch eine weit entfernte Regierung in Washington DC. Arendt argumentiert hier ähnlich wie mehr als einhundert Jahre zuvor der Amerikareisende Tocqueville, der annahm, in den USA verlöre die Wertschätzung der Freiheit an Boden zugunsten des Wunsches, gut und sicher versorgt zu werden. Heute ist die amerikanische Demokratie in ihren Hauptzügen sicher keine direkte Demokratie, wenn auch die Tradition kommunaler Selbstverwaltung nicht jede Bedeutung eingebüßt hat: Washington ist vielleicht nicht der beste Ort, um einzuschätzen, wie es um die Demokratie in Amerika steht.

Wenn aber Räte nicht von Dauer sind und kommunale Selbstverwaltung nur lokal möglich ist, wie steht Arendt dann zu den Institutionen des modernen Nationalstaats? Sicher ist, dass sie diesen in seiner zentralistischen Gestalt strikt ablehnt. Der Nationalstaat, wie er mustergültig in Frankreich mit seinen auf Paris konzentrierten Funktionen entstanden ist, verkörpert geradezu das Gegenteil von Arendts Politikvorstellung. Er ist antipluralistisch und unterdrückt die Vielfalt zugunsten der Einheit. Eine einheitsstiftende souveräne Gewalt planiert gleichsam das soziale Leben und lässt die vielen lokalen Quellen der Macht austrocknen. Für Arendt ist dagegen Freiheit der Sinn von Politik, und Freiheit setzt Vielfalt voraus.

Deutlich positiver hat sie darum über föderale Ordnungen geurteilt. In Föderationen bleibt Vielfalt erhalten. Sie bildet den Ausgangspunkt des immer vorläufigen Versuchs, Einheit zu stiften, wo sie aus übergeordneten Gründen wünschenswert wirkt. Das Gelingen eines föderalen Projekts ist in gewissem Sinne selbst eine Erfahrung der Macht: Es beruht auf der nicht erzwingbaren Zustimmung aller einzelnen politischen Ordnungen, die zugleich in ihm aufbewahrt bleiben. Auch so gesehen sind demnach die USA das bessere Beispiel für ein nachrevolutionäres Gemeinwesen als Frankreich, wo an die Stelle der im König verkörperten Fürstensouveränität die ebenso einheitlich gedachte Volkssouveränität getreten ist.

Blickt man in die Regale akademischer Buchläden, in denen Arendts Schriften großen Raum einnehmen, so mag verwundern, dass sie Zeit ihres Lebens eher am Rande der Theorieszenen stand. Mit dem behavioralistischen *Mainstream* legte sie sich ebenso an wie mit dem Marxismus, der seit Ende der sechziger Jahre in der westlichen Welt wiederauflebte. Als Jüdin und Emigrantin war sie ohnehin zweifache Außenseiterin. Auch sah sie den Zionismus, die jüdische Spielart des Nationalismus, sehr kritisch, und ihre Behauptung, „Judenräte" hätten den Nazis das Morden erleichtert, rief in jüdischen Kreisen Empörung hervor. Kurz gesagt: Sie war isoliert.

Heute sieht das ganz anders aus. Spätestens seit den 1990er Jahren ist Arendt geradezu eine Ikone des politischen Denkens. Dazu dürfte beigetragen haben, dass sie eine der wenigen Frauen im Kanon der modernen Theorieklassiker ist. Feministinnen kritisieren zwar ihre schroffe Unterscheidung zwischen Öffentlichem und Privatem, die sie nach dem antiken Modell des Verhältnisses der *polis* zum *oikos* sogar ontologisiert. Irritierend ist auch ihre Abwertung reproduktiver Leistungen zur untergeordneten Tätigkeitsform des „Arbeitens" – ist doch bis heute ein großer Teil dieser Leistungen mit Vorstellungen von Weiblichkeit verknüpft. Eher schon feministisch anschlussfähig ist Arendts Begriff der Macht. Er kommt der Erfahrung von Aktivistinnen entgegen, dass Streit und Verständigung in sozialen Bewegungen befreiend und erfüllend sein können. Für nicht wenige dürfte das frauenbewegte Handeln tatsächlich die Bedeutung einer zweiten Geburt gehabt haben.

Der wohl wichtigste Grund für die Neubewertung Arendts hat aber mit den revolutionären Veränderungen im vormals sowjetischen Machtbereich zu tun. Damit war nicht nur eine despotische Spielart des Marxismus praktisch gescheitert, auch marxistische Theorien sanken deutlich im Kurs. Teile der zuvor marxistischen Linken entdeckten die liberale Demokratie und feierten die Zivilgesellschaft. Arendt kann als eine ihrer anspruchsvollsten Theoretikerinnen gelten. Ihre Kategorien des Handelns, der Pluralität, der Natalität, der Nichtdeterminiertheit des Politischen, ihre Neubestimmung von Macht passen gut zu den Erfahrungen, die Menschen im Kampf gegen die Monopolbürokratien des Ostens, aber auch in den sozialen Bewegungen des Westens gemacht haben.

Gerade der überraschende Zusammenbruch von „realem Sozialismus" und Berliner Mauer hat gezeigt, dass Handeln die Geschichte offen hält für Neues. Eben weil Arendt weder Marxistin noch Behavioralistin war, konnte sie zur Denkerin dieser Offenheit werden. Darin sehe ich den wichtigsten Grund dafür, dass Hannah Arendt zu einer Ikone wurde. Wobei Letzteres ihr auch wieder nicht gerecht wird: Theoretikerinnen und Theoretiker ehrt man nicht, indem man sie auf einen Sockel stellt. Man ehrt sie, indem man sich mit ihren Argumenten auseinandersetzt; ob sie nun Arendt heißen, Adorno, Foucault, Luhmann – oder Marx, dem die nachfolgende Richtung ihren Namen verdankt.

7. VORLESUNG. MARXISMUS UND NEOMARXISMUS

1. MARXISMUS UND REPUBLIKANISMUS

Arendt hat Marx dafür kritisiert, das Handeln gedanklich verdrängt zu haben. Marx habe die politische Praxis nach dem Modell der Arbeit und des Herstellens gedeutet und sie so verfehlt. Daran ist richtig, dass Marx den Menschen in erster Linie als ein Werkzeug gebrauchendes Tier betrachtete. Aber auch sonst waren Marx und seine Nachfolgerinnen in vielen Hinsichten geradezu Anti-Republikaner.

In republikanischen Theorien wird dem Politischen eine eigene, dezidiert nichtökonomische Logik und ein eigener Zweck unterstellt. Marxisten sehen es dagegen gebunden an Zwecke der Wirtschaft. In den Worten von Friedrich Engels: Politisches Handeln muss „in letzter Instanz" erklärt werden aus Funktionserfordernissen der kapitalistischen Produktionsweise. Marxisten sehen die Politik unter dem Gesichtspunkt, dass sie Leistungen erbringt, ohne die der kapitalistische Prozess der Anhäufung von Kapital durch Ausbeutung nicht bestehen könnte.

Ein zweiter Gegensatz ist, dass Republikaner das Politische als einen Raum menschlicher Verwirklichung wertschätzen, während Marxisten die Menschen von Politik als einem Zwangsverhältnis befreien möchten. Die einen wollen Freiheit zur Politik, die anderen Freiheit von Politik, wobei Marxisten den Politikbegriff allerdings anders verwenden als Republikaner. Unter politischer Praxis verstehen sie vor allem den Gebrauch von Zwang zur Sicherung von Klassenprivilegien. Und weil ihr Endziel eine Gesellschaft ohne Klassen und Privilegien ist, ist es auch antipolitisch.

Engels sagt es so: Die Herrschaft von Menschen über Menschen werde verschwinden und an ihrer Stelle eine bloße Verwaltung von Sachen und Arbeitsvorgängen übrigbleiben. Verwaltung ist gewissermaßen die aufs technische Minimum abzüglich aller Herrschaftsmomente reduzierte Politik. Marxisten teilen mit ihren Widersachern auf der Linken, den Anarchistinnen, die Auffassung, dass Politik ein zu überwindendes Zwangsverhältnis sei. Uneinigkeit herrscht „nur" darüber, wie man dazu vorgehen müsse und was dabei den Ausschlag gebe: der Kampf gegen politische Macht oder der Klassenkampf. Anders als Anarchistinnen nehmen Marxisten an, dass man zuerst die politische Macht erobern müsse, um mit ihrer Hilfe die Klassenherrschaft der Bourgeoisie zu brechen. Erst nachdem dies gelungen wäre, würde der Staat alle Funktionen verlieren und schließlich absterben.

Ein dritter Gegensatz zwischen Marxisten und Republikanerinnen betrifft das Gemeinwohl. Für Republikanerinnen ist das ein Grundbegriff: Politische Akteure im eigentlichen Sinne zeichne aus, dass sie öffentlich für das gemeinsame Beste streiten. Marxisten sehen das anders. Sie glauben, alle bisherigen Gesellschaften seit der ersten Sesshaftwerdung seien gespalten in Klassen. Auch heute haben einige einen bevorzugten Zugang zu den Produktionsmitteln, während anderen keine Wahl bleibt, als ihre Arbeitskraft zu vermieten. Marx nannte die Ersteren Kapitalisten, die Letzteren Proletarier.

Politik ist demnach ein mehr oder weniger verdeckter Krieg zwischen wenigstens zwei sich unversöhnlich gegenüberstehenden Interessengruppen. Daher wäre es naiv, an ein „Gemeinwohl" zu glauben. Das würde ja bedeuten, dass die Politik eine neutrale Instanz wäre, die den verschiedenen Gruppen ungefähr gleich viel nützen könnte. In Klassengesellschaften kommt sie aber unweigerlich vor allem den wirtschaftlich Begünstigten zugute. Also ist die Gemeinwohlerwartung in Klassengesellschaften immer ideologisch.

Ein vierter Gegensatz zwischen Marxismus und Republikanismus betrifft die Rolle des Handelns. Republikanische Theorien betonen dessen Ergebnisoffenheit oder Kontingenz. Marxistinnen lassen eine solche Offenheit hingegen allenfalls in engen Grenzen gelten. Bei ihnen liegt der Akzent eher auf Pfadabhängigkeiten oder gar Gesetzmäßigkeiten, denen das Handeln gehorche. So sei es am Ausgang des Mittelalters wohl noch unmöglich gewesen, direkt zu einer herrschaftsfreien Gesellschaft zu gelangen. Dafür seien die technischen Möglichkeiten, Reichtum zu erzeugen, noch zu begrenzt gewesen. Für ihre Vermehrung und Verbesserung habe erst der Kapitalismus in jenem Maße gesorgt, das den Sprung in eine wahrhaft freie Gesellschaft, jenseits des Daseinskampfes und der Klassenherrschaft, möglich oder sogar unvermeidlich mache. Marxisten haben einen Hang zur Geschichtsphilosophie: zum Glauben an eine von unseren Absichten unabhängige Logik des historischen Prozesses.

So viel zur Unterscheidung des Marxismus vom Republikanismus. Dabei ist der Sache nach schon der Grundgedanke des Marxismus zum Ausdruck gekommen. Ich nenne ihn das „Prinzip der Arbeit" und werde ihn zunächst so vorstellen, wie Marx ihn eingeführt hat. Allerdings geht es mir dabei nicht eigentlich um Marx selbst. Vielmehr möchte ich auf einige Neomarxisten des 20. Jahrhunderts eingehen, die davon überzeugt waren, dass die Theorie nur lebendig bleiben könne, wenn sie neue Erfahrungen verarbeite, die nicht alle mit Marx' Voraussagen übereinstimmten. Marx spielt allerdings auch im Neomarxismus eine so wichtige Rolle, dass die Neuerungen unverständlich bleiben ohne Kenntnis der ursprünglichen Theorie. Daher werde ich in dieser Vorlesung ausnahmsweise zunächst ins 19. Jahrhundert zurückgehen. Keine andere heutige Theorierichtung verdankt schließlich so vieles einem einzigen Vorläufer wie der zeitgenössische Marxismus.

2. KARL MARX UND DAS PRINZIP DER ARBEIT

Niemand hat den Grundgedanken des Marxismus prägnanter ausgedrückt als Bert Brecht in der *Dreigroschenoper*: „Erst kommt das Fressen, dann kommt die Moral“. In jeder Art von Gesellschaft müssen die Menschen zuerst für ihre Lebensmittel sorgen. Das heißt, sie müssen planvoll in die Natur eingreifen, sie bearbeiten. Dazu ersinnen sie Mittel, die ihren unterschiedlichen Gesellschaften Gestalt geben. Ein besonders wichtiges Mittel ist die Teilung der Arbeit. Werden Überschüsse erwirtschaftet, so können einige als Nichtarbeitende von der Arbeit anderer leben und sich ganz auf andere Aufgaben verlegen: etwa auf das Befehlen, auf die Verfeinerung des Genusses oder auf die religiöse Sinngebung. Gerade die tonangebenden Gruppen werden deshalb dazu neigen, ihre eigene Abhängigkeit von der materiellen Reproduktion der Lebensgrundlagen zu verleugnen. In Wahrheit kommt aber die materielle Reproduktion immer zuerst, und insofern ist die marxsche Theorie eine Theorie der Arbeit. Genauer: Sie ist eine kritische Theorie gesellschaftlicher Machtverhältnisse unter dem leitenden Gesichtspunkt der arbeitsteiligen Gewinnung von Lebensmitteln.

Als „kritisch“ verstehe ich eine Theorie der Gesellschaft, die sich drei verschiedene Aufgaben stellt. Eine kritische Theorie befasst sich erstens beschreibend und erklärend mit Machtverhältnissen. Sie will über Ungleichheiten der Freiheit und der Einflusschancen Bescheid wissen. Zweitens möchte sie ermitteln, ob die Gesellschaft Möglichkeiten bietet, die Macht zu vermindern. Insofern ist sie eine Theorie der Transformation, des Übergangs von einer Machtordnung zu einer anderen, die die Aussichten auf eine allgemeine Befreiung verbessert. Damit beansprucht sie, drittens, auch zeigen zu können, dass die Richtung der Reise keine beliebige ist: Sie will nachweisen, dass es gut wäre, die Gesellschaft in ihrem Sinne zu verändern.

Marxisten legen Wert darauf, dass ihre Kapitalismuskritik keine rückwärtsgewandte ist, die von der Verklärung vormoderner Verhältnisse lebt. Sie wollen ja nicht die Königin und die Stände wiederhaben. Vielmehr möchten sie die Freiheitschancen ausschöpfen, die die moderne Gesellschaft bietet, aber bislang nur Minderheiten wirklich gewährt. Sie verstehen ihre Bestrebung als fortschrittlich, und dafür brauchen sie Kriterien. Die Maßstäbe der Kritik sollten klar sein und für sie sollten die besten Gründe sprechen. Die Begründung der Maßstäbe der Kritik ist darum die dritte Aufgabe, die jede kritische Theorie und so auch die marxsche, zu lösen hat.

Sie können die Theorie von Marx nun so verstehen, dass er alle drei Aufgaben zu lösen versucht, indem er vom Prinzip der Arbeit ausgeht. Dieses Prinzip sieht vor, immer von Formen der materiellen Reproduktion auszugehen, um Möglichkeiten und Grenzen gesellschaftlicher Emanzipation zu erschließen. Für die Analyse von Machtverhältnissen heißt das: Soziale Macht gründet in der Verselbständigung von Arbeitsergebnissen gegen die unmittelbar Arbeitenden. Diese erzeugen sachliche Reichtümer: Werkzeuge, Maschinen, ganze industrielle Komplexe. Und diese Erzeugnisse menschlicher Arbeit kehren sich in der sozialen Form des Kapitals gegen ihre Erzeuger. Sie versetzen eine Minderheit in die Lage, die Mehrheit auszubeuten.

Ausbeutung liegt vor, wo Menschen aus den Leistungen anderer einen unfairen Vorteil ziehen. Ausbeuterinnen genießen die Früchte fremder Arbeit ohne angemessenes Entgelt für die Arbeitenden. Ganz so hätte Marx es nicht gesagt, denn er wollte den Begriff der Ausbeutung von allem Normativen freihalten. Er wollte reiner Wissenschaftler sein. Aber es wirkt wenig sinnvoll, von „Ausbeutung“ zu reden, ohne damit etwas Kritikwürdiges zu meinen. Wie auch immer, indem die Menschen die äußere Natur bearbeiten, spalten sie sich auf in Eigentümer der Arbeitsmittel und in abhängig Arbeitende.

Die durch Eigentumslosigkeit zur Arbeit Verurteilten bringen einen dinglichen Reichtum hervor, der zu einer verselbständigten Gewalt im Interesse von Nichtarbeitenden wird. Der dingliche Reichtum ist nichts Anderes als geronnene Arbeit, aber in einer Form, die weniger den Arbeitenden als den Nichtarbeitenden nützt. Die Kapitalisten sind sozusagen die Schaumkrone auf einer Suppe, die die Arbeitenden zu ihrem eigenen Nachteil bereitet haben. Das ist das Grundmodell der marxschen Machttheorie.

Sie mögen nun fragen, wo die Politik bleibt, wie wir sie gewöhnlich verstehen. Wo bleiben Gesetzgeber, Verwaltung, Recht, wo bleiben Polizei, Militär und Geheimdienste? Sie spielen in der Theorie eine Rolle, aber eine nachgeordnete. Sie spielen die Rolle der Garanten von Rahmenbedingungen, ohne die die einseitige Aneignung gesellschaftlich erzeugter Reichtümer nicht dauerhaft möglich wäre. Sie sorgen zum Beispiel für die Sicherheit der Verträge zwischen Arbeitern und Unternehmerinnen wie auch der Unternehmerinnen untereinander. Sie stellen Infrastrukturen, vom Eisenbahnnetz bis zu großen Forschungsanlagen, deren Finanzierung Private überfordern oder deren Privatisierung mehr

Abstimmungsprobleme schaffen als lösen würde. Ebenso sind sie dazu da, Aufstände gegen die Aneignungsordnung niederzuschlagen, oder, besser noch, schon im Vorfeld zu verhindern.

Politik, sagt Marx, gehört zum Überbau der kapitalistischen Produktionsweise. Das verbindet sie mit kulturellen Phänomenen wie Religion und Kunst. Das eigentliche Herrschaftsverhältnis sitzt in der Organisation der Arbeit. Aber es ist auch angewiesen auf Leistungen und Deutungen, die das Wirtschaftssystem nicht selbst hervorbringen kann. Der Überbau ist also nicht entbehrlich. Doch er bleibt funktional bezogen auf die Erfordernisse des Wirtschaftssystems.

Die zweite Frage einer kritischen Theorie zielt auf Möglichkeiten der Veränderung. Was könnte eine Gesellschaft über ihre gegebene Gestalt hinaustreiben? Welche Dynamik hin zum Besseren, Freieren, Vernünftigeren wohnt ihr inne? Marx gibt darauf nicht eine Auskunft, sondern deren zwei. Sie hängen beide mit dem Prinzip der Arbeit zusammen, aber auf unterschiedliche Weise.

Einerseits meint Marx, dass jede Klassengesellschaft, und so auch die kapitalistische, aus sich selbst heraus eine funktionale Spannung erzeugt, die irgendwann unerträglich wird. Das ist die Spannung zwischen der institutionellen Regelung des Wirtschaftslebens einerseits, den Mitteln des Arbeitens andererseits. Die institutionellen Formen bezeichnet Marx als „Produktionsverhältnisse“; gemeint sind etwa das Privateigentum an den Produktionsmitteln und die Vertragsfreiheit. Die Arbeitsmittel nennt er „Produktivkräfte“. Sie bestehen grob gesprochen aus zweierlei: der Menge der dinglichen Instrumente, von einfachen Werkzeugen bis zu komplizierten Maschinen, und den Fertigkeiten der Arbeitenden sowie der Art und Weise ihrer Ausnutzung durch Teilung der Arbeit. Nun ist der eine Grundgedanke der marxschen Transformationstheorie, dass die jeweiligen institutionellen Formen den technischen Fortschritt zunächst fördern, ihn später aber zu hemmen beginnen, womit sie schließlich hinfällig werden.

Gerade der institutionelle Rahmen des Kapitalismus hat eine ungeheure technische Verbesserung der Arbeitsmittel gebracht, wofür Marx und Engels ihn im *Kommunistischen Manifest* von 1848 in hohen Tönen – und literarisch glänzenden Wendungen – loben. Was Schumpeter die „schöpferische Zerstörung“ durch kapitalistische Unternehmer genannt hat, gilt ihnen als Voraussetzung für die im Überfluss schwelgende kommunistische Gesellschaft. Das heißt zugleich, das Lob des Kapitalismus ist ein bedingtes und vorläufiges. Marx nimmt an, dass er irgendwann – wann genau, bleibt unklar – von einem Förderer zu einem Verhinderer weiteren Fortschritts geworden sei. Der Fortschritt besteht vor allem in zunehmender Naturbeherrschung und kommt in wachsender Ergiebigkeit menschlicher Arbeit zum Ausdruck.

Das heißt übrigens, dass Marx den Kapitalismus nicht dafür kritisiert, dass dieser die äußere Natur ausbeute oder dass er die Welt mit Maschinen vollstelle. Marx versteht sich nicht als Maschinenstürmer, im Gegenteil: Er setzt die größten Hoffnungen in die Rationalität, die sie verkörpern. Am Kapitalismus kritisiert er nicht, dass dieser zu rational, sondern dass er zu wenig rational sei. Zwar fördert die bürgerliche Wirtschaftsordnung die Vergesellschaftung der Arbeit: Rationelles Herstellen erfordert immer größere Herstellungseinheiten und damit einen immer höheren Grad an Planung. Aber die Aneignung des so erzeugten Reichtums bleibt eine private; der Reichtum kommt nicht allen gleichmäßig zugute.

Außerdem herrscht zwischen den großen Wirtschaftseinheiten weiterhin eine gewisse Konkurrenz, und Marx hält das auf einem weit fortgeschrittenen Stand der Produktivkraftentwicklung für eine Verschwendung. Die Verschwendung wird irgendwann objektiv unerträglich, und sie wird von immer mehr Menschen auch als unerträglich empfunden werden. Diese werden deshalb darauf drängen, den Gegensatz von gesellschaftlicher Arbeit und privater Aneignung zugunsten der ersteren, und damit zugunsten einer wahrhaft gesamtrationalen Organisation des Lebens, aufzulösen.

Das also ist der eine Strang der marxschen Transformationstheorie, und ich glaube, es ist der grundlegende. Aber der Hinweis auf das Drängen der Menschen verweist auf einen zweiten Strang. Die funktionale Spannung zwischen Produktionsverhältnissen und Produktivkräften verlangt nach einer gewaltsamen Auflösung, und damit kommt der „Hebammendienst" des Proletariats ins Spiel. Dieser Dienst ist nichts anderes als der Klassenkampf. Die große Mehrheit der Arbeitenden wird schließlich erkennen, dass die institutionelle Ordnung zu ihrem Nachteil funktioniert und zu ihrem Vorteil verändert werden könnte.

An verschiedenen Stellen seines Werkes will Marx zeigen, dass der Kapitalismus im Maße seines Fortschreitens auch die Bedingungen für das organisierte Handeln der Proletarier verbessert. Er konzentriert die Masse der arbeitenden Menschen in immer weniger Fabriken und begünstigt damit Absprachen und Bündnisse. Die Arbeitenden werden schließlich ihre Klassenlage und den Interessengegensatz zur kleinen Minderheit der Ausbeuter erkennen. Schließlich sind sie es, die durch ihr Zusammenwirken die Gesellschaft auf immer höhere Stufen der Naturbeherrschung heben. Widersinnigerweise wird dabei aber ihre Daseinslage eher schlechter als besser. Schwere und wiederkehrende Krisen bringen viele von ihnen um die Beschäftigung oder um bezahlbare Lebensmittel.

Dieser zweite Strang ist also ein konflikttheoretischer, und er ist sicher in mehr als einer Hinsicht widerlegt worden. Aber im Unterschied zu manchen heutigen Versuchen, ein menschliches Potential für Veränderungen auszumachen, hat sich Marx immerhin auf empirische Untersuchungen und Voraussagen eingelassen. Er hat keine mystische „Multitude" à la Michael Hardt und Toni Negri aus dem Hut gezaubert, die nur den Glauben bewahren soll, das System erzeuge seine eigenen Totengräber. Marx hat vielmehr zwischen Gesellschaftsstruktur und Handlungsmöglichkeiten einen nachweisbaren Zusammenhang gesucht.

Je nach Textsorte und auch nach politischem Erfahrungshintergrund steht dabei mal der eine, mal der andere Aspekt im Vordergrund: Im politisch-appellativen, zu Revolutionszeiten verfassten *Kommunistischen Manifest* hebt Marx das Klassenhandeln hervor, in späteren, eher akademischen Texten den „objektiven" Widerspruch zwischen Produktionsverhältnissen und Produktivkräften. Ein ganz klares Bild vermittelt er bis zuletzt nicht, was die bald einsetzende Industrie der Marxdeutungen befeuern sollte. Jedenfalls aber bleibt Marx in beiden Hinsichten dem Prinzip der Arbeit treu, denn auch der Kampf um Veränderungen soll ja von den Produktionsorten ausgehen.

Nun noch zur dritten Aufgabe einer kritischen Theorie, der Rechtfertigung des Maßstabes der Kritik: Ich hatte gesagt, die marxistische Theorie ist eine kritische Theorie auch insofern, als sie Kriterien zu haben behauptet, warum bestimmte Entwicklungen begrüßenswert sind. Warum sollen wir den Kommunismus wollen? Warum soll die in der Gesellschaft wirksame Rationalisierung ins Extrem gesamtrationaler Planung getrieben werden? Und was ist, andersherum gefragt, am Kapitalismus eigentlich so schlecht?

Darauf finden Sie bei Marx wiederum wenigstens zwei Antworten. Grob gesagt gibt er die eine im Frühwerk bis 1844 und eine andere in den danach erschienenen „reifen" Schriften. Im Frühwerk, besonders eindrucksvoll in den Ökonomisch-philosophischen Manuskripten von 1843/1844, nimmt Marx an, dass der Mensch sein „Gattungswesen" verwirkliche, indem er die äußere Natur bearbeite. Der Arbeitende ist ein weltbildendes Wesen. Das erinnert ein wenig an Arendt, bei der ja ebenfalls von „Weltbildung" die Rede ist. Arendt verneint allerdings entschieden, dass dies durch Arbeit geschehe. Dabei hält sie Arbeiten wie Herstellen für im Grunde einsame Betätigungen. Der junge Marx hingegen hat soziale Beziehungen im Sinn, die durch Formen der Arbeit gestiftet, aber auch gestört werden können. Sein Arbeitsbegriff ist reicher als derjenige Arendts; er zielt auf einen Zusammenhang zwischen produktiver Tätigkeit und sozialer Anerkennung.

Marx nimmt an, wer wahrhaft arbeite, sei direkt mit anderen, indirekt sogar mit der ganzen Gattung verbunden. Schließlich ist, was die Arbeiterin herstellt, nützlich oder auch angenehm für Verbraucher. Dieser soziale Sinn der Arbeit wird in der guten, kommunistischen Gesellschaft von keinem Gewinnstreben verstellt; und er wird nicht erst auf Märkten wahr. Vielmehr schwebt er der Arbeitenden unmittelbar vor. Sie hat direkt den Nutzen oder die Freude für andere im Blick. Sie denkt jederzeit an den Gebrauchswert, nicht an einen Tauschwert der Dinge. Und der fremde Genuss zeigt ihr, dass sie schöpferisch gewesen ist und etwas Brauchbares oder auch Schönes geschaffen hat. Sie hat sich zugunsten anderer in spezifisch menschlicher Weise selbst verwirklicht und erfährt dafür Anerkennung. Das meint Marx mit dem Wort „Gattungswesen".

Sie mögen nun fragen: Was hat dieses schöne Bild mit der wirklichen Arbeit zu tun, wenn es nicht gerade die einer allseits bewunderten Künstlerin ist? Wo bleiben Entsagung, Monotonie und Dreck, wo bleibt die Zerstückelung der Arbeit durch Maschinen, wo die Fremdbestimmung durch Vorarbeiter, die wiederum an der Leine von Eigentümerinnen liegen? Das eben, sagt der junge Marx, macht das Verhängnis im Kapitalismus aus: Die Arbeit, eigentlich Inbegriff unserer sozialen Natur als selbstbewusste Schöpferinnen, reißt uns auseinander und unterwirft uns unseren eigenen Schöpfungen. Marx spricht von „Entfremdung". Das verrät, dass ihm ein Wesen des Menschen vorschwebt, das im Kapitalismus verfehlt werde. Der Mensch wird sich selbst fremd, indem er seiner Arbeit, seinen Arbeitsprodukten und seinen Mitmenschen fremd wird. Er kann sich mit seinen eigenen Fähigkeiten nicht identifizieren, zumal er sie für fremde Zwecke einsetzt. Das Kapital treibt sozusagen einen Keil zwischen den Menschen und seine Arbeit wie auch zwischen Mensch und Mitmensch. Erst die Revolution wird den Spalt schließen.

Dieses Kritikmodell trägt unübersehbar anthropologische Züge. Sie verweisen zurück auf den aristotelischen Begriff der selbstzweckhaften Praxis und auch auf das romantische, von Wilhelm von Humboldt formulierte Ideal der allseitig entfalteten Persönlichkeit. Der Kommunismus ist gerechtfertigt, weil er dem Wesen des Menschen entspricht. Er wird dessen zugleich produktive und soziale Natur zur Blüte bringen. Das also ist die eine Antwort von Marx auf die Frage nach den Kriterien für gesellschaftlichen Fortschritt: die Freisetzung des sozialen Sinns der Arbeit aus den Fesseln der Entfremdung.

Allerdings begann sich Marx bald von den steilen Wertungen in diesem Arbeitsbegriff zu distanzieren; und auch die Idee einer Natur des Menschen sollte ihm bald selbst nicht mehr einleuchten. Seine Kenntnisse der Geschichte vertieften sich und er lernte, wie wandelbar menschliche Bedürfnisse sind. Über ausgedehnte empirische Forschungen wurde auch sein Bild vom Kapitalismus konkreter. Von seinem philosophischen Lehrmeister Georg Wilhelm Friedrich

Hegel hatte Marx ohnehin eine tiefe Skepsis gegen normative Argumente geerbt. Hegel wollte der Geschichte nicht mit Vorschriften kommen; er wollte ihren wirklichen Verlauf als vernünftig begreifen.

Tiefen Eindruck macht auf Marx auch Charles Darwin mit dessen Arbeit über die Entstehung der Arten. Darwin erklärt (natur-)geschichtlichen Wandel, ohne subjektive Zwecke zu unterstellen. Die Evolution bringt einen Reichtum der Arten hervor, der an intelligentes Design denken lässt. Aber sie benötigt dazu nicht mehr als die blinden Mechanismen von genetischer Abweichung und Auswahl durch die Umwelt, von Mutation und Selektion. Marx wird dieses Modell auf die menschliche Geschichte übertragen.

Das ist im Grunde schon die zweite Antwort auf die Frage nach dem Maßstab der Kritik: Der Maßstab wohnt dem geschichtlichen Werden inne. Sein wichtigster Mechanismus ist das Spannungsverhältnis von Produktionsverhältnissen und Produktivkräften. Daher das Bild vom bloßen „Hebammendienst" des Proletariats: Dieses hat kein vom Himmel heruntergeholtes Sollen zu verwirklichen; seine Aufgabe ist die bescheidenere, einen Vorgang möglichst rasch und schmerzlos zu vollziehen, der ohnehin fällig geworden ist. Mit anderen Worten: Der „reife" Marx glaubt, auf eine normative Begründung ganz verzichten zu können.

Aber kann er das wirklich? Der seitherige Verlauf der Geschichte stimmt zumindest skeptisch, was die quasi naturgesetzliche Tendenz zum Kommunismus anlangt. Aber auch davon abgesehen müssten wir das, was unweigerlich kommen wird, ja nicht vernünftig finden. Was sollte uns dazu motivieren, sein Eintreten durch die revolutionäre Tat noch zu beschleunigen? Ich glaube, Marx' implizite Antwort auf diese Frage wurzelt wiederum im Prinzip der Arbeit. Zu diesem Prinzip gehört eine bestimmte Vorstellung von Vernünftigkeit, der der Kapitalismus nicht genügt.

Wer ein Stück äußerer Natur bearbeitet, folgt einer wenigstens ungefähren Vorstellung von einem nützlichen oder schönen Endprodukt, das die Natur nicht schon von sich aus hergibt. Er wird seine Arbeit als gelungen ansehen, wenn das Ergebnis seiner Vorstellung entspricht – oder sie noch übertrifft. Bewusste Planung und Zielverfolgung unterscheiden das Tun eines Menschen von dem einer Biene. Ich glaube, Marx hat dieses Modell der einzelnen Arbeitshandlung auf das Zusammenwirken im Großen übertragen. Auch die gesellschaftliche Gesamtarbeit gilt dann als umso vernünftiger, je mehr sie, analog zur einzelnen Arbeit, einem vorher gefassten Plan folgt. Wird der Nutzen dagegen über Märkte vermittelt, so herrscht eine „Anarchie", ein Mangel an Ordnung, der die menschliche Intelligenz beleidigt. Der Befriedigung von Bedürfnissen haftet etwas Zufälliges an, das nicht sein müsste. Es ist die Folge eines vermeidbaren Mangels an Weltbeherrschung.

Mir scheint, dieses Modell gesamtrationaler Tätigkeit trägt die marxsche Kritik am Kapitalismus. Der Kapitalismus selbst sorgt für eine bisher nicht da gewesene Vergesellschaftung der Arbeit. Er bringt immer größere und besser organisierte Herstellungseinheiten hervor. Marx selbst sieht in den seinerzeit neuen Aktiengesellschaften eine Art Vorwegnahme des Sozialismus inmitten des Kapitalismus. Aber dieser kann eine Schranke der Rationalisierung nicht überwinden, und das ist die private Aneignung des Reichtums. Erst im Kommunismus könnte das Rationalitätspotential gesellschaftlicher Arbeit ganz zum Tragen kommen.

Aber ist die einzelne Arbeit, oder die Arbeit eines Einzelnen, ein gutes Modell für die materielle Reproduktion ganzer Gesellschaften? Daran darf gezweifelt werden. Eine Mehrzahl an Menschen bedeutet auch eine Vielfalt von Interessen und Überzeugungen. Und je freiheitlicher die Gesellschaft ist, umso größer wird die Vielfalt sein. Eine freiheitliche Gesellschaft lebt vom Selbstbewusstsein und Eigensinn der Einzelmenschen. Ist die Gesellschaft zudem reich an produktiven Möglichkeiten, so werden sich auch die Bedürfnisse weit auseinanderentwickeln.

Es ist zweierlei, Standardbedürfnisse oder aber besondere Bedürfnisse zu befriedigen. An der zweiten Aufgabe sind etwa die Planerinnen im „real existierenden Sozialismus" gescheitert. Je differenzierter die Bedürfnisse sind, umso weniger ist der Mechanismus des Marktes verzichtbar. Er kann Informationen über Vorlieben schneller und umfassender verarbeiten als jede Planung. Der Wissens- und Abstimmungsbedarf in großen und differenzierten Gesellschaften übersteigt deutlich deren Möglichkeit, Angebot und Nachfrage vorab zur Deckung zu bringen. Und eine gezielte Verkleinerung und Vereinfachung von Gesellschaften wäre ausdrücklich nicht in Marx' Sinne: Er glaubt an die Überlegenheit großer Einheiten.

Schwer zu sehen ist auch, wie sich zentrale Planung mit gesellschaftlicher Selbstverwaltung vertragen sollte. Das Endziel des Marxismus ist, wie gesagt, ein anarchistisches. Erinnern Sie sich an das Wort von Engels, die Herrschaft über Menschen werde zu einer bloßen Verwaltung von Sachen und Lenkung von Produktionsprozessen! Aber ließe sich Herrschaft von Verwaltung so einfach abziehen? Wohl kaum, wenn die Verwaltungsaufgaben sehr kompliziert sein würden. Wir dürfen annehmen, dass sie in einer den ganzen Globus umspannenden sozialistischen Planwirtschaft immens wären. Was dann drohte, wäre eine Technokratie: eine Herrschaft von Expertinnen, ausgeübt unter dem Vorwand reiner Sachgesetzlichkeit.

3. DER NEOMARXISMUS

Die zuletzt genannten Probleme haben damit zu tun, dass Marx keine ausgearbeitete politische Theorie hinterlassen hat. Zu seinem umfangreichen Vorhaben einer Untersuchung des Kapitalismus gehörte auch ein Buch über den Staat, aber zu diesem ist Marx nicht mehr gekommen. Das sollte dem Neomarxismus, zu dem ich nun endlich übergehe, einiges Kopfzerbrechen bereiten: Neomarxisten haben Gründe, dem Staat und der Eigenlogik politischer Macht mehr Aufmerksamkeit zu schenken, als ihnen der Meister gewidmet hat.

Der Neomarxismus reagiert auf einige Entwicklungen im 20. Jahrhundert, die mit zentralen Überzeugungen von Marx nicht übereinstimmten. Die wohl entscheidende Irritation war das Ausbleiben der Revolution in den entwickelten Gesellschaften des Westens. Marx war davon überzeugt, dass die Revolution in den Gesellschaften mit einem überreifen Kapitalismus kommen werde. Die erste „sozialistische" Revolution gelang aber dann im rückständigen Russland unter Wladimir Iljitsch Lenin. Und selbst dieser hatte den Oktoberaufstand – der eher ein Putsch als eine soziale Revolution war – noch ganz orthodox damit gerechtfertigt, dass er der Arbeiterbewegung in den fortgeschrittenen Ländern Deutschland und Frankreich den erforderlichen Stoß geben dürfte. Die lahmarschige Arbeiterklasse in den Zentren des Kapitalismus müsse offenbar von der Peripherie her dazu bewegt werden, ihre geschichtliche Aufgabe zu erfüllen. Aber weil die junge Sowjetunion isoliert blieb, begann sie sich, nun unter Stalin, auf den „Sozialismus in einem Lande" einzurichten und mit mörderischen Mitteln für dessen industrielle Grundlagen zu sorgen.

Das also war die Grundirritation: Es gab keine Revolution in den entwickelten Gesellschaften des Westens, und die Umwälzung in Russland entsprach nicht dem geschichtsphilosophischen Fahrplan. Weltoffene Marxisten berücksichtigten dies, indem sie auf allen drei Gebieten, der Machttheorie, der Theorie der Transformation sowie der Rechtfertigung des Maßstabes der Kritik, von Marx' ursprünglicher Lehre abwichen und diese auch erweiterten.

3.1 MODIFIKATION DER MACHTTHEORIE

Zunächst zur Machttheorie. Hier ist das wichtigste Merkmal des Neomarxismus die Aufwertung des von Marx so genannten „Überbaues" aus Politik und Ideologie. Er interessierte sich zum einen stärker für die von Marx eher beiläufig betrachteten „subjektiven Faktoren": die Haltungen, Meinungen, Wertungen und Hoffnungen der möglichen Trägerinnen sozialer Umwälzungen. Damit traten Fragen der politischen Psychologie und der Kulturforschung in den Vordergrund.

Die politische Psychologie sollte vor allem in der Kritischen Theorie des Frankfurter Instituts für Sozialforschung eine prominente Rolle spielen; dazu in der übernächsten Vorlesung mehr. Eine marxistisch inspirierte Kulturforschung leistete auf hohem Niveau die britische *Birmingham-School* um Stuart Hall. Ihre Arbeiten befassten sich mit Fragen politischer Identitätsbildung. Hall selbst hat wichtige Analysen dem Rassismus gewidmet, der gerade unter britischen Arbeiterinnen beliebt ist.

Herausragend sind auch die Studien des Historikers Edward P. Thompson über die Entstehung der englischen Arbeiterbewegung. Thompson zeigt, dass die frühen Widerstände gegen den Kapitalismus nicht so sehr aus Interessenskalkülen der Benachteiligten kamen. Wichtiger waren Ehrvorstellungen und Gefühle der Verbundenheit, wie sie handwerkliche Arbeitsordnungen vermittelt hatten. Der frühe Kapitalismus traf auf Menschen, die seine individualisierende Wucht als entwurzelnd empfanden. Sie wehrten sich aus Haltungen heraus, die einer früheren Stufe des Wirtschaftens entstammten. Thompson deutet damit das solidarische Klassenhandeln anders als Marx, der im Grunde dem Modell der Nutzenmaximierung folgte.

Ein anderer Aspekt der Aufwertung des Überbaus bestand im gesteigerten Interesse an Staatstheorie. Darüber will ich etwas mehr sagen. Die Staatstheorie sollte drei Entwicklungen verarbeiten, die über das von Marx Gesehene hinausgingen. Die erste Entwicklung war, dass zunehmend wirtschaftliche „Basis" und politischer „Überbau" miteinander verschmolzen. Im Grunde zeigte sie, wie fragwürdig das – aus dem Schiffsbau stammende – Bild selbst (geworden) war. Der Kapitalismus des 20. Jahrhundert verschaffte dem Staat schon aus funktionalen Gründen immer neue Aufgaben und zog ihn damit direkt ins Wirtschaftsgeschehen hinein.

Der vorsorgende und eingreifende Staat wurde auf immer mehr Feldern zu einer Voraussetzung und zu einem Garanten des Profits. Er setzte etwa, an der betriebswirtschaftlichen Rationalität vorbei, technologische Entwicklungen in Gang, die nach und nach neue Gewinnchancen erschließen sollten. Denken Sie an die Rolle, die heute Luft- und Raumfahrt, einschließlich ihrer militärischen Ausprägungen, im süddeutschen Raum spielen! Oder nehmen Sie das Internet: Es ging zunächst aus militärischer Forschungsförderung hervor, ehe es Privatakteure unermesslich reich machen sollte. Auch die Atomindustrie war keineswegs ein spontanes Ergebnis privaten Gewinnstrebens. Auch ihr lag von Anfang an ein politisches Wollen zugrunde – des ungelösten Endlagerproblems und der großen Gefahren zum Trotz, für die der Staat haften muss, weil sich kein privater Versicherer finden will.

Ein wirtschaftspolitischer Ausdruck der Aufwertung des Staates war die keynesianische Globalsteuerung. Ihr Namensgeber, John Maynard Keynes, hatte den orthodoxen Glauben erschüttert, Märkte tendierten immer zu Gleichgewichten. Er argumentierte, unter Umständen müsse der Staat der Konjunktur auf die Sprünge helfen, etwa durch Förderung des Konsums, wenn Unternehmerinnen und Verbraucher zu sehr zum Sparen neigen. Die Globalsteuerung gab dem Kapitalismus der Nachkriegszeit eine gewisse Stabilität, vor allem nachdem der Boom des Wiederaufbaus vorbei war. Sie stieß an eine Grenze mit dem Nachlassen des Wachstums bei schwindendem Geldwert. Auf dieses Phänomen – Stagnation plus Inflation oder kurz Stagflation – war der Keynesianismus nicht vorbereitet.

Aber es wäre ein – von manchen Neoliberalen genährter – Irrtum zu meinen, der Staatsinterventionismus sei einfach ein geschichtlicher Irrweg gewesen. Noch heute liegt das Verhältnis aller Staatsausgaben zum Bruttoinlandsprodukt in der Bundesrepublik um die 50 Prozent. In den USA kam mit der Schwächung des Wohlfahrtsstaates unter dem rechten Präsidenten Ronald Reagan eine Art Kriegskeynesianismus zum Zuge: Der Staat mästete mit horrenden Rüstungsausgaben den militärisch-industriellen Komplex. Ein lupenreiner Neoliberalismus sähe anders aus – und wir dürfen bezweifeln, dass er möglich wäre.

Die zweite Entwicklung, auf die die Staatstheorie reagierte, war die zunehmende Integration der arbeitenden Massen durch Konsum kapitalistisch erzeugter Güter. Bis in die Nachkriegszeit hinein lebte ein großer Teil der Menschen von Produkten, die außerhalb der kapitalistischen Kernsektoren der Wirtschaft erzeugt worden waren. Viele Lohnarbeiter blieben Selbstversorger. Sie konnten sich die Produkte, die sie selbst in den Fabriken herstellten, nicht leisten. Das sollte sich nach dem Zweiten Weltkrieg, ausgehend von den USA, rasch ändern. Nun sollte in großem Maßstab gelingen, was in der ersten Jahrhunderthälfte der Automobilfabrikant Henry Ford vorgemacht hatte: Die Arbeitenden steigerten die Ergiebigkeit ihrer Arbeit, erhielten in ungefähr gleichem Maße höhere Löhne und konnten sich somit erstmals komplexe Industrieprodukte kaufen: Autos, Kühlschränke, Fernseher.

Diese „innere Landnahme“ trug wesentlich zu den außergewöhnlich guten Wachstumsraten in den fünfziger und sechziger Jahren bei. Zugleich versöhnte sie weite Teile der arbeitenden Bevölkerung mit dem Kapitalismus. Der Massenkonsum erwies sich als besonders wirksames Mittel der Einbeziehung und sozialen Befriedung. Marxistische Autoren wie Herbert Marcuse erkannten, dass der Kapitalismus dabei war, das Proletariat im alten Sinne abzuschaffen: Bald hatten auch „kleine Leute“ mehr zu verlieren als ihre Ketten, zum Beispiel Bausparverträge. Wer weiter von „Verelendung“ reden wollte, musste einen recht raffinierten Begriff von ihr haben, der den Adressatinnen nicht immer einleuchtete.

Die dritte wesentliche Veränderung war, dass endlich auch die arbeitenden Massen in den Genuss gleicher Teilnahmerechte kamen. Das allgemeine Wahlrecht, das seit 1919 in Deutschland auch die Frauen mit einbezog, war nicht zuletzt ein Sieg für die Arbeiterbewegung. Diese durfte nun hoffen, dass die große Mehrheit der Menschen, eher arm und abhängig als reich und unabhängig, über Parlamente und Parteien ihren Willen durchsetzen werde. Überholt war damit auch das Bild von der Zwingburg des Staates, dem die ausgeschlossenen, darbenden, unterdrückten Massen von außen mit Revolution drohen müssten. Die darbenden, unterdrückten Massen waren nicht länger gänzlich vom Staat ausgeschlossen. Nun saßen Vertreterinnen, die sie selbst gewählt hatten, mit im Apparat und in den Parlamenten. Und das wiederum machte auf mittlere Sicht soziale Errungenschaften und also Massenintegration durch Konsum wahrscheinlicher. Sozialdemokratische Staatsrechtler der Weimarer Republik wie Hermann Heller hofften auf die „soziale Demokratie“; nach dem Krieg sollte Wolfgang Abendroth die Fackel dieser Hoffnung wieder aufnehmen.

Verschmelzung von Wirtschaft und Staat, Massenintegration durch Konsum kapitalistischer Güter sowie formal gleiche Teilnahmerechte verlangen nach einer differenzierteren Theorie der Politik, als Marx sie hinterlassen hatte. Besonders anregend wirkten die Gedanken, die der italienische Kommunist Antonio Gramsci in Mussolinis Gefängnissen aufgeschrieben hatte. Gramsci versteht unter „Staat“ ein vielfach gegliedertes Gebilde, das ebenso für Massenintegration wie für Unterdrückung zuständig ist. Der Staat im engeren Sinne – von Gramsci *società politica* genannt – ist eine Zwangsanstalt, die im Zweifelsfall Gewalt zugunsten der Besitzenden gebraucht. Anderen Abteilungen obliegen die eher weichen Aufgaben der Sicherung von Zufriedenheit und Einverständnis. Sie sollen Hegemonie gewährleisten.

Damit ist zweierlei gemeint: Zum einen verbreiten Einrichtungen und Organisationen wie Schulen, Parteien, Verbände und Kirchen ein für Großeigentümer günstiges Deutungsmuster in der Gesellschaft. Gramsci zählt all diese Gebilde der Zivilgesellschaft – *società civile* – zum Staat im weiteren Sinne. Sein Begriff der Zivilgesellschaft unterscheidet sich vom heute vorherrschenden dadurch, dass er ein staatlich bestelltes Feld von Klassenauseinandersetzungen meint. Ihr direkter Gegenstand sind allerdings nicht materielle Machtpositionen, sondern Haltungen und Sichtweisen. Das Feld selbst ist im Sinne der herrschenden Gruppen abgesteckt. Aber es gibt auch den Organisationen der Benachteiligten Spielräume für Gegenmanöver. Die Kommunistinnen sollten daher ihre Vorstellungen von Klassenkampf auf die Höhe der Zeit bringen. Bürgerkrieg und Stürmung des Staatspalasts bieten erhebende Bilder – denken Sie an die seinerzeit bahnbrechenden Filme Sergej Eisensteins. Aber sie haben wenig zu tun mit dem geduldigen Umdrehen herrschender Vorstellungen durch „organisch" den arbeitenden Klassen verbundene Intellektuelle.

Solche Bilder zielen auch am zweiten Merkmal von Hegemonie vorbei. Die Machthabenden und Privilegierten erhalten die Zustimmung der Benachteiligten nicht umsonst. Sie müssen politische und wirtschaftliche Zugeständnisse machen. Gramsci nimmt an, dass die benachteiligten Gruppen sich manches einreden lassen, solange sie nur auch Vorteile erfahren, wie sie im Massenkonsum sinnfällig werden. Hegemonie ist also mehr als Manipulation. Sie ist nur möglich, wo anziehende Deutungen und tatsächliche Konzessionen zusammentreffen. Sie schließt echte Kompromisse ein. Aber diese sind nicht dazu da, ein wahrhaftiges Gemeinwohl zu verwirklichen. Sie sollen die ungleiche Verteilung von Macht und Möglichkeiten der Aneignung aufrechterhalten. Und auch der Staat als Zwangsanstalt ist ja nicht verschwunden. Der Staat, wie Gramsci ihn sieht, ist „Hegemonie, gepanzert mit Zwang".

Die vielleicht wichtigste Weiterentwicklung von Gramscis Leistung auf dem Gebiet der Staatstheorie stammt von dem griechischen Eurokommunisten Nicos Poulantzas. Kennzeichnend für den Eurokommunismus war eine grundsätzliche Bereitschaft, sich auch konstruktiv auf die Institutionen des „bürgerlichen" Staates, vor allem auf die Parlamente einzulassen. Poulantzas liefert dafür eine gewisse Rechtfertigung, indem er den Staat nicht einfach als eine der Arbeiterklasse feindselig und abweisend gegenüberstehende Zwingburg charakterisiert. Der Staat sei vielmehr „die materielle Verdichtung eines Kräfteverhältnisses zwischen Klassen und Klassenfraktionen, das sich im Staat immer in spezifischer Form ausdrückt".

Mit „materieller Verdichtung" wollte Poulantzas wohl sagen, dass die Kräfteverhältnisse auch in den verschiedenen Institutionen, die zusammen den Staat ergeben, zum Ausdruck gelangen. Denken Sie etwa an die verschiedenen Bundesministerien und ihr Verhältnis zueinander. Das Landwirtschaftsministerium ist traditionell sehr offen für die Interessen der – vor allem industriellen – Landwirtschaft. Durch das Arbeits- und Sozialministerium kommen Sichtweisen und Anliegen der abhängig Arbeitenden zu einem gewissen Recht. Dagegen steht üblicherweise das Wirtschaftsministerium, das die Perspektive der Unternehmerinnen besonders wohlwollend würdigt. Und damit die Umverteilung nicht zu weit geht, wird das Finanzministerium vor drohender Überschuldung warnen. Aber immerhin: Der moderne Staat repräsentiert verschiedene Interessen und ist damit mehr als nur der von Marx so genannte geschäftsführende Ausschuss der ganzen Bourgeoisie.

Die Kompromissstruktur im wohlfahrtsstaatlichen Kapitalismus findet eine materielle Entsprechung und Verdichtung im demokratischen Staat. So darf man Poulantzas wohl verstehen. Und er deutet auch an, dass der Staatsapparat das gesellschaftliche Kräfteverhältnis nicht eins zu eins widerspiegelt, sondern modifiziert; dafür scheint die abstrakte Wendung „immer in spezifischer Form" zu stehen. Nehmen Sie noch einmal das Landwirtschaftsministerium. Es gibt der Landwirtschaft eine institutionelle Stütze, deren Stärke die wirtschaftliche Bedeutung dieses Sektors weit übersteigt. Im Haushalt der Europäischen Union macht der Anteil für die Landwirtschaft sogar um die 40 Prozent aus – und das bei einem Anteil der Beschäftigten in diesem Sektor von gerade einmal 4,2 Prozent. Institutionen haben eben ihre eigenen Regeln und Rigiditäten und können noch so starken Veränderungen, etwa der Wirtschaftsstrukturen, bis zu einem gewissen Grad widerstehen.

Den Staat als Verkörperung eines Kräfteverhältnisses zu verstehen, widerspricht zwei von Marxistinnen gepflegten Vorstellungen. Der einen zufolge ist der Staat eine Art Handpuppe der herrschenden Klasse, ihr Knüppel-aus-dem-Sack. Der bürgerliche Staat, sagt Poulantzas, ist aber kein Werkzeug, weder der herrschenden Klasse als ganzer noch einiger ihrer Fraktionen. Andererseits ist er auch kein Subjekt, das einen von den Klassen unabhängigen Willen bilden könnte. Das eben ist die illusionäre Sicht der Sozialdemokratinnen, die dem – selbstverständlich sozialdemokratisch regierten – Staat zutrauen, ein Gemeinwohl zu verwirklichen. Wir sollten uns den Staat aber eher wie ein Kampffeld vorstellen und seine Institutionen wie Konzentrate aus Siegen und Niederlagen. Damit verarbeitet Poulantzas Erfahrungen, wie sie die kommunistischen Parteien in den westlichen Demokratien machen konnten. Zu diesen Erfahrungen gehörten Bündnisse mit bürgerlichen Gruppen und parlamentarische Teilerfolge, aber ebenso mehr oder weniger blutige Rückschläge.

Wäre der Staat ein Werkzeug in den Händen einzelner Kapitalistinnen oder Kapitalfraktionen, dann diente er gerade nicht der kapitalistischen Ordnung als ganzer. Weder Infrastruktur noch Massenloyalität, weder Rechtssicherheit noch stabiler Geldwert wären möglich, wenn der Staat wie ein einzelnes Unternehmen oder Kartell funktionierte oder an dessen Leine läge. Der Staat muss über die einzelwirtschaftliche Rationalität erhaben sein, um die öffentlichen Güter anbieten zu können, die alle einzelnen Unternehmen brauchen. Auch umfasst das wirtschaftliche Bürgertum viele Fraktionen, deren Interessen nicht von allein zusammenlaufen: Denken Sie an große Konzerne einerseits, an mittelständische Unternehmen andererseits, an export- oder binnenorientierte Branchen, an zinstragendes oder produktives Kapital, an Aktionäre oder Vorstände! Und selbst erfolgreiche Lohnkämpfe von Werktätigen könnten den Unternehmern nützen, schließlich muss jemand die vielen Waren erwerben. Weil der Kapitalismus auf eine kaufkräftige Massennachfrage angewiesen ist, kann er sich, wie der Wirtschaftshistoriker Werner Plumpe schreibt, „Armut zumindest auf Dauer gar nicht leisten". Die politische Kunst besteht darin, all diese Interessen so zu balancieren, dass die bürgerliche Ordnung als ganze Bestand hat.

Wenn aber der Staat, um dem Kapital zu nützen, anders funktionieren muss als dieses, was macht ihn dann gleichwohl zum bürgerlichen Staat? Diese Voraussetzung aller Neomarxistinnen versteht sich ja nicht von selbst. Das Standesbewusstsein von Beamten wird nicht das von Unternehmerinnen sein; Politikerinnen werden manchmal Wählerwünsche auf Kosten wirtschaftlicher Gewinne erfüllen; Polizistinnen und Soldaten könnten ihre Waffen gegen die Ausbeuter wenden, deren Vorteile sie sichern sollen, anstatt gegen die kleinen Leute, zu denen sie selbst gehören. Claus Offe, lange Zeit ein besonders einfallsreicher Neomarxist, spricht von einem „Interesse des Staates an sich selbst". Was macht dieses Interesse objektiv zu einem bürgerlichen?

Gewiss, manchmal ist die Wirklichkeit vulgärmarxistisch und Unternehmerinnen kaufen Politiker. Aber aufs Ganze gesehen kann das, wie angedeutet, nicht die Antwort sein. Offe nimmt an, dass der Staat ein kapitalistischer ist, wird sich im Moment der Eskalation von Klassenkämpfen zeigen. Er übernimmt damit einen Gedanken des rechten Staatsrechtlers Carl Schmitt, der geschrieben hatte: „Souverän ist, wer über den Ausnahmezustand entscheidet". Das heißt, nicht im Normalmodus von Politik zeigt sich, wer das Sagen hat, sondern erst, wenn es für die Ordnung ernst wird. Neomarxistisch: Wenn die Stärke der antikapitalistischen Kräfte den Staat dazu zwingen wird, die Maske der Gemeinwohlorientierung fallen zu lassen und sich auf die Seite der Besitzenden zu schlagen. Aber wiederum: Wer oder was soll garantieren, dass er gerade diese Partei ergreift?

Wahr ist, dass alle Staaten nur selektiv für das Gemeinwohl sorgen. Offe hat dafür eine Erklärung gefunden, die Vermutungen der ökonomischen Theorie der Politik aufnimmt: Manche Interessen lassen sich schlecht organisieren und manche Träger von Interessen können nicht glaubhaft damit drohen, systemnotwendige Leistungen zu verweigern. Das kann bedeuten, dass gerade verallgemeinerbare Interessen, etwa an hochwertigen Lebensmitteln, an sauberer Luft oder an Abrüstung, nicht zum Zuge kommen. Aber erstens hat es dennoch in allen westlichen Demokratien zeitweilig starke Friedens-, in vielen auch Umweltbewegungen gegeben. Zweitens sind die eher organisations- und konfliktfähigen Gruppen nicht deckungsgleich mit den Eigentümern und privilegierten Verwalterinnen der Produktionsmittel; zu ihnen zählen auch Flugkapitäne, Lokführerinnen und Müllmänner.

Mir scheint, die Wahrheit des Satzes, der Staat sei ein bürgerlicher, hat einen einfachen Grund: Der Staat ist durch sein „Interesse an sich selbst" auf eine florierende Wirtschaft verwiesen. Schließlich muss er ihr in Form von Steuern die Mittel entnehmen, ohne die er nicht handeln könnte. In kapitalistischen Gesellschaften befindet nicht der Staat über die wichtigsten Investitionen, sondern Privateigentümer die wiederum teilweise Marktzwängen unterliegen. Also hängt das Gedeihen des Staates vom Gedeihen eines Teilsystems ab, über das er recht wenig Gewalt hat – heute noch weniger als zu Zeiten der keynesianischen Globalsteuerung.

Solange das so bleibt, gebietet sein ureigenes Interesse, das Unternehmerlager nicht zu verprellen und für funktionierende Märkte zu sorgen. Das Gesamtpaket seiner Entscheidungen muss der Akkumulation von Kapital zugutekommen. Gewiss, das würde nicht länger gelten, wenn der Staat die Wirtschaft ganz unter Kontrolle bekäme. Aber gegen jede derartige Ambition sprechen schlechte Erfahrungen, die Gefahr staatlicher Selbstüberforderung wie auch die absehbaren Kosten des Übergangs, von Kapitalflucht über Putschversuche bis zu militärischen Interventionen.

So viel zur Staatstheorie. Wenigstens erwähnen will ich noch andere Erfahrungen, die Neomarxisten zu Ausbesserungen an ihrer Machttheorie veranlasst haben. Eine Erfahrung ist die, dass sich nicht alle Ungleichheiten von Freiheit und Einfluss, nicht alle Grausamkeiten und Demütigungen auf einen einzigen letzten Nenner bringen lassen. Sexismus und Rassismus sind Machtphänomene, die schwerlich darin aufgehen, dass der Kapitalismus sie braucht oder begünstigt. Die Leitdifferenz im Kapitalismus ist: zahlungsfähig oder nicht zahlungsfähig. Sie ist vom Geschlecht der Anbieterinnen oder Nachfrager von Gütern und Leistungen ebenso unabhängig wie von deren Hautfarbe. Selbst mit der Verwirrung von Geschlechterrollen lassen sich gute Geschäfte machen, wie jede C&A-Filiale beweist. Auch will mir die wirtschaftliche Zweckmäßigkeit von Gewalt gegen Kinder, Alte oder Behinderte nicht recht einleuchten. Viele Machtphänomene nisten eher in kleinen Auseinandersetzungen und Gemeinheiten des Alltags als in den großen wirtschaftlichen Strukturen. Der Sozialphilosoph Michel Foucault spricht darum von einer „Mikrophysik der Macht". Eine Theorie, die sie aufnimmt, wird keine rein marxistische mehr sein.

Weltoffene Marxistinnen werden auch nicht leugnen, dass der „real existierende Sozialismus" viele Belege geliefert hat, die Weber recht geben: Die Bürokratie hat ein Beharrungsvermögen, das dem der wirtschaftlichen Machtgruppen mindestens gleicht. Und wo private Unternehmen geschwächt werden, kann der Staat seine Macht erweitern. Mit dem Verschwinden der Herrschaft privater Eigentümer verschwindet daher nicht automatisch Klassenherrschaft überhaupt. Damit ist auch klar, dass weder Privateigentum noch Staatseigentum *als solche* für soziale Selbstbestimmung günstig sind.

3.2 VERÄNDRUNGEN AN DER THEORIE DER TRANSFORMATION

Damit will ich es, was die neomarxistische Machttheorie angeht, bewenden lassen. Veränderungsbedürftig erscheint auch die marxsche Theorie der Transformation, und zwar in beiden Teilen, dem strukturtheoretischen und dem handlungstheoretischen. Im Mittelpunkt der Strukturtheorie steht die Spannung zwischen Produktionsverhältnissen und Produktivkräften, im Mittelpunkt der Handlungstheorie stehen die Klassenkämpfe.

In der ersten Hinsicht interessieren sich Marxisten besonders für Krisen. Je häufiger und heftiger sie sind, umso mehr scheint die Fäulnis vom System Besitz ergriffen zu haben. Auch der Kapitalismus der Zeit seit dem Zweiten Weltkrieg hat Krisen nicht ausschließen können, und manche scheinen eher struktureller als konjunktureller Natur zu sein: Sie scheinen das institutionelle Gefüge aus Herstellung und Verbrauch als Ganzes zu erschüttern. Und wahr ist, zu jeder Krise gehört eine Vergeudung von Reichtum, der der Bedürfnisbefriedigung dienen könnte.

Aber damit ist noch nicht der Schluss gedeckt, ein System, das krisenfrei funktionierte, wäre dem heutigen überlegen. Sehen wir einmal von den hohen menschlichen Kosten vieler Krisen, von zerstörten Träumen und vermehrten Selbsttötungen ab, so können wir sagen: Krisen erfüllen auch eine positive Funktion für das System. Sie reinigen es von überlebten Kräften und geben Raum für neue Anfänge und neue Akteurinnen. Sie sind ein Preis, den Ordnungen für ihre Fähigkeit zur Neuerung zahlen. Denken Sie an Schumpeters Wort von der „schöpferischen Zerstörung": An der Zerstörung gibt es nichts zu beschönigen, aber sie ermöglicht auch das Schöpferische, etwa den Erfolg neuer Technologien. Umgekehrt droht ein System, das keinerlei Krisen vorsieht, zu kollabieren, sobald doch eine eintritt. Es verfügt über keine Auffangmechanismen für Störungen. Es ist sozusagen ultrastabil. Es ist so fest, dass es nur unverändert bleiben oder zerbrechen kann.

Wenn aber der Kapitalismus die Krisen als eine Art Jungbrunnen benützt, bürdet er dann nicht den arbeitenden Menschen unerträgliche Risiken auf? Krisen, so lautet eine orthodoxe Hoffnung, kommen der Bereitschaft zum Klassenkampf zugute. Und wiederum: Wer wollte ernsthaft bestreiten, dass auch der Kapitalismus der Nachkriegszeit seine Klassenkämpfe kannte und kennt? Sie sind heute weniger wild als in den Flegeljahren des Systems, aber darum nicht weniger real und folgenreich. Nur: Sie haben nicht unwesentlich zur Integration der Arbeiterklasse beigetragen. Es ist nur scheinbar paradox, dass Kämpfe zum sozialen Frieden beitragen können. Die gewerkschaftliche Vereinigungsfreiheit und das Streikrecht geben Arbeiterinnen das Vertrauen, ihre Interessen auch im Konflikt durchsetzen zu können. Und Konflikte sind in der politischen Ordnung ausdrücklich vorgesehen. Sie dürfen nur gewisse Leitplanken aus Regeln nicht durchbrechen.

Heute folgen viele Konflikte ohnehin nicht mehr den Linien, die wirtschaftliche Positionen voneinander trennen. Neue soziale Bewegungen sind nur sehr unzuverlässig an ökonomischen Merkmalen zu erkennen. Und auch die Konfliktthemen waren jedenfalls in den siebziger und achtziger Jahren andere, als die marxistische Versteifung auf Klassenkämpfe vermuten ließ. Zu einem Teil stritten benachteiligte Gruppen um formal und faktisch gleiche Rechte und Chancen: Die neue Frauenbewegung, die Bewegung der Homosexuellen und die Bürgerrechtsbewegung in den USA standen und stehen in der Tradition „bürgerlicher“ Kämpfe um Freiheit und Gerechtigkeit.

Zu einem anderen Teil suchten junge Leute nach Lebenssinn jenseits der Industriegesellschaft, die sie für Umweltzerstörung und drohenden Atomtod verantwortlich machten. Manche Soziologinnen sprachen von „postmaterialistischen“ Bewegungen. Damit wollten sie sagen, dass die materielle Behebung von Lebensnot nicht mehr konfliktbestimmend sei. Das mag heute wieder anders sein. Aber selbst ATTAC kann schwerlich aus der Klassenlage seiner Mitglieder heraus verstanden werden. Sie mögen sagen: „Das sind fast alles Kleinbürgerinnen“. Aber was heißt das schon in einer Gesellschaft, in der fast alle Kleinbürger sind – Sie etwa nicht?

3.3 NEUE MAẞSTÄBE DER KRITIK?

Die dritte Aufgabe einer kritischen Theorie ist die Begründung ihrer eigenen kritischen Maßstäbe. In dieser Hinsicht gibt Marx besonders wenig her. In seinen „reifen“ Werken vermeidet er jede wertende Stellungnahme. Damit aber tritt an die Stelle normativer Begründung der Glaube an einen Selbstlauf der Geschichte, den die Arbeiterklasse nur beschleunigen müsse. Wer wollte heute, nach so vielen Rückschlägen und Großverbrechen allein im 20. Jahrhundert, der Geschichte ein solches Vertrauen noch entgegenbringen?

Nun hatte ich gemutmaßt, ganz so normativ abstinent, wie er sich selbst gern sah, sei der „reife“ Marx gar nicht gewesen: Ihm schwebte ein Ideal vernünftiger gesellschaftlicher Selbsteinwirkung vor, das er der Einzelarbeit abgeschaut hatte. Dieses Vorbild gibt seiner Freiheitsvorstellung einen Zug ins Sozialtechnische. Gesamtrationale Planung soll die Gesellschaft frei machen von der Verhexung durch ihre eigenen Hervorbringungen. Doch die Gesellschaft ist kein Subjekt im Großen, das auf sich selbst so einwirken könnte wie eine Schuhmacherin auf das Leder, aus dem sie ihre Schuhe macht. „Die Gesellschaft“ gibt es nur als Inbegriff einer Vielzahl aufeinander bezogener und aufeinander einwirkender Handlungen einer Vielzahl von Akteuren. Nur durch diese Vielheit hindurch kann eine Gesellschaft sich ihr Gesetz geben.

Das heißt aber, das geeignete Modell für gemeinschaftliche Selbstbestimmung ist eher das Gespräch als die Arbeit. Im Gespräch beziehen sich mehrere Akteure gemeinsam auf etwas in der Welt. Ohne Pluralität wäre das Gespräch unnötig, ohne gemeinsame Bezugnahme bliebe es ohne Inhalt. Zugleich ist ein Gespräch wesentlich ergebnisoffen. Der Sprecher muss mit dem Eigensinn einer anderen Sprecherin rechnen. Nur wenn er darauf verzichtet, sie zu beherrschen, kann ihre Zustimmung für sein Urteil aufschlussreich sein.

Das Modell des Gesprächs macht am Marxismus einen radikaldemokratischen Kern kenntlich; es rückt ihn in die Nähe zum Republikanismus. Gesellschaftliche Selbstbestimmung bedeutet dialogische Zweckbestimmung. Sie stellt alle gesellschaftlichen Machtverhältnisse unter den Vorbehalt allgemeiner Zustimmungsfähigkeit, auch und gerade die wirtschaftlichen. Marxistinnen heben zu Recht hervor, dass Unternehmen und Marktmechanismen demokratisch gebändigt und begrenzt werden müssten. Demokratische Willensbildung wäre witzlos, wenn ihre Ergebnisse immer wieder von Unternehmern unterlaufen und von Marktresultaten durchkreuzt würden. Kapitalismus und Demokratie stehen in ständiger Spannung zueinander; die eine Freiheit droht die andere zu vereiteln. Vernünftige Selbsteinwirkung der Gesellschaft wäre die Kunst, die wirtschaftliche Freiheit, anstatt sie zu erdrosseln, in den Dienst dialogisch ermittelter Zwecke zu stellen.

Vernünftige Selbstgesetzgebung durch radikale Demokratie ist eine Antwort, die Neomarxistinnen auf die Frage nach ihren normativen Maßstäben geben können. Aber vielleicht steht ihnen noch eine andere Antwort offen, die eher an die Frühschriften von Marx anknüpft als an dessen „reifes“ Werk. In den Ökonomisch-philosophischen Manuskripten legt Marx seiner Kritik an kapitalistischer Entfremdung ein Ideal ganzheitlicher Arbeit zugrunde. Und wer wollte bestreiten, dass viele Arbeiten, etwa an Fließbändern, den Geist abstumpfen und den Körper kasteien? Das kann man falsch finden, ohne überschwänglichen Ideen von Gattungswesen und allseitig entwickelten Persönlichkeiten anzuhängen. Die Frage ist nur, wo diese Kritik sinnvollerweise ansetzen sollte.

Stellen Sie sich vor, zwei Brüder haben zu gleichen Teilen geerbt: Der erste Bruder investiert seinen Vermögensteil, der zweite zieht es vor, so lange wie möglich in der Sonne zu liegen. Bald blüht das Geschäft des Unternehmers und er offeriert seinem Bruder, dessen Vermögensteil unter der Sonne, die ihn bräunt, rasch dahinschmilzt, eine Anstellung in seiner Fabrik. Die Anstellung bedeutete öde und wenig gesunde Arbeit, aber der Müßiggänger könnte seine Freizeit finanzieren. Er könnte das Angebot auch ablehnen; kein Pistolero zwingt ihn zur Vertragsunterzeichnung. Zudem ist seine Geldnot die Folge seiner eigenen Entscheidungen. Er hätte es ja wie sein Bruder machen können, der jetzt in der Position des Anbieters ist. Der Müßiggänger nimmt an, und bald sehen wir ihn mit belastetem Rücken im Warenlager schuften. Was sollte hier moralisch falsch gelaufen sein?

Gewiss, Sie könnten das als ein typisches Märchen zur Rechtfertigung einer ausbeuterischen Ordnung abtun. Aber es zeigt, dass nicht die Arbeit als solche zu erkennen gibt, ob Ausbeutung vorliegt. Auch die Tatsache, dass der Unternehmer einen Mehrwert aus fremder Arbeit abschöpft, dürfte für eine Anklage nicht ausreichen: Das könnte ja auch eine Art Zins sein, der dem Unternehmer zusteht, weil er seinem faulen Bruder eine bezahlte Beschäftigung verschafft hat. Hätte der eine nicht investiert, hätte der andere sich anderswo umsehen müssen.

Das legt folgenden Schluss nahe: Das Grundübel im Kapitalismus ist, dass so viele unfaire Vorteile genießen. Wer viel erbt oder gefragte Talente mitbringt, kann anderen, die weniger Glück hatten, immer mehr enteilen. Seine unverdienten Vorteile tendieren zur Selbstverstärkung und auch zur Weitergabe über Generationen. Ein *Anzeichen* dafür ist die Bereitschaft so vieler Menschen, miserable Arbeit anzunehmen. Wer echte Alternativen hätte, wäre wohl nicht bereit, seine Lungen im Bergwerk zu ruinieren oder auf den Strich zu gehen. Kurzum: Das Grundübel liegt in einer ungleichen Verteilung ohne unparteiische, allgemein akzeptable Rechtfertigung. In meinem Beispiel habe ich eine Gleichheit der Ausgangsposition unterstellt, die selten genug gegeben ist. Das lässt das Beispiel beinahe wie ein Märchen aussehen.

Diese Kritik an Ausbeutung setzt nicht direkt an den Arbeitsverhältnissen an. Als erstes Übel identifiziert sie eine ungleiche Verteilung von Vorteilen. Von ihr hängt ab, wer unverdient von fremder Arbeit leben kann. Erst sekundär, nämlich relativ zu ungerechter Verteilung, wird damit Ausbeutung erkennbar und kritisierbar. Die systematisch erste Frage nach der rechtlichen und tatsächlichen

Regelung des Zugangs zu Grundvorteilen ist Gegenstand neuerer Theorien der Gerechtigkeit. Auf sie werde ich ausführlich zurückkommen, wenn ich den neueren Liberalismus vorstellen werde. In seinem Fahrwasser formulieren mittlerweile frühere Marxisten wie Gerald Cohen und John Roemer ihre Kritik am Kapitalismus.

Das also scheinen die normativen Alternativen zu sein, vor denen Marxistinnen heute stehen: eine vom Republikanismus angeregte Vorstellung radikaler Demokratie, die auch wirtschaftliche Machtverhältnisse einbezieht; und eine ursprünglich liberale, doch systemkritisch vertiefte Vorstellung verteilender Gerechtigkeit. Die erste Konzeption beerbt die überschwängliche Hoffnung von Marx, der Staat werde schließlich verschwinden und mit ihm alle Herrschaft; die zweite stellt die Kritik an Ausbeutung auf eine neue, normativ geeignete Grundlage. Die erste gibt dem marxistischen Anliegen der Emanzipation, die zweite dem der Gerechtigkeit eine neue Gestalt. Sie mögen bezweifeln, dass das eine wie das andere noch „Marxismus" heißen sollte. Vielleicht stehen wir damit schon mitten im Postmarxismus.

8. VORLESUNG. POSTMARXISMUS

Postmarxisten verleugnen Marx als Inspirationsquelle nicht, aber sie machen von theoretischen Annahmen und Mitteln Gebrauch, die teils weit von Marx wegführen. Ich will dafür zwei Beispiele geben, die manches gemeinsam haben. Ernsto Laclau und Chantal Mouffe einerseits, Bourdieu andererseits übernehmen jeweils von Marx ein Kampfmodell des Politischen. Sie bestreiten, dass Politik funktioniere wie Märkte oder Diskussionen. Wer Politik macht, zielt ausdrücklich oder unausdrücklich, bewusst oder vorbewusst auf die Behauptung oder Verbesserung von Positionen. Allerdings müssen die Positionen keine wirtschaftlichen sein; und nichts garantiert, dass gerade die Arbeiterklasse der wichtigste Akteur und der Sozialismus das Ziel der Kämpfe ist.

1. SYMBOLE UND DISKURSE

Kämpfe um soziale Stellungen unterscheiden sich ohnehin von Kämpfen um handfeste Dinge wie Bananen: Sie drehen sich wesentlich um Deutungen und Bedeutungen. Sie haben eine symbolische Dimension, in der etwas für etwas Anderes steht: ein Doktortitel für Vertrauenswürdigkeit, eine Stiftung für wirtschaftliche Souveränität, ein Harem für politische Macht. Bei manchen Postmarxistinnen geht die Betonung des Symbolischen so weit, dass sie dazu neigen, den ganzen Kapitalismus auf ein System von Bedeutungen zu reduzieren. Sie wollen auf keinen Fall den Eindruck erwecken, dass der Kapitalismus einfach vorhanden sei. Es gibt ihn nur, soweit wir ihn durch unsere Deutungen hindurch immer wieder beleben: etwa buntes Papier oder Computersignale als Geld und Wortwechsel in der Sauna als Verträge gelten lassen. Sie sind, was sie sind, weil wir etwas für etwas Anderes nehmen: Linien und Farben für Wertausdrücke, Schallwellen für Verbindlichkeiten.

Das Zauberwort linker Intellektueller, die nicht symbolische Gebilde mit dinglichen Gegebenheiten verwechseln wollen, ist „Diskurs“. Wird einmal gesagt, was es heißen soll, so erhält man etwa folgende Antwort: Ein Diskurs ist eine geordnete Menge von Aussagen. Aussagen sind Elemente, kleinste Einheiten, die zusammen mit anderen Aussagen Bedeutungen bilden. Die Bedeutung eignet nie einer einzelnen Aussage allein. Sie besteht in Verhältnissen der Folgerung, des Ein- oder Ausschlusses, in denen Aussagen zueinanderstehen. Die Bedeutung von Aussagen ist also immer eine Funktion ihrer Anordnung zueinander. Die Anordnung von Elementen heißt Struktur. Ganze Strukturen, nicht einzelne Aussagen sind die Träger von Bedeutungen.

Wer nun eine Aussage in die Welt setzt, bringt wie immer minimal die ganze Struktur in Bewegung. Die Bewegung äußert sich als eine Menge von Wirkungen. Diskurstheoretiker interessieren sich für diese Wirkungen im Hinblick darauf, was sie für die Verteilung von Macht bedeuten. Ein Beispiel: Wer eine große Zahl von Asylsuchenden als „Flut" bezeichnet, bringt sie gedanklich in Verbindung mit Naturkatastrophen. Andere Bilder drängen heran: Dämme, die halten oder brechen, Häuser, die zusammenfallen, Boote, die kentern könnten und nur wenigen Platz bieten. Die Verbindungen stellen sich wie von alleine her. Und sie kommen manchen politischen Interessen zugute, während sie anderen schaden.

Diskurstheoretiker wollen nicht wissen, was Sprachbenutzer denken, wenn sie Wörter wie „Asylantenflut" in die Welt setzen. Sie wollen auch nicht darüber richten, ob die Wörter etwas Wahres treffen. Sie sehen von Absichten ebenso ab wie von Wahrheit oder Rechtfertigung. Ihr Blick ähnelt dem von Insektenforscherinnen, die Bewegung in einem Ameisenhaufen bemerken, nur dass die Bewegung eine unter symbolischen Einheiten ist. Diskurstheoretiker verfremden sozusagen das, was Wortbenutzer tun, zu einem beobachtbaren Geschehen aus Ereignissen und Wirkungen. So bekommen sie mit, was Wörter und andere symbolische Einheiten mit ihren Benutzerinnen machen.

2. ERNESTO LACLAU UND CHANTAL MOUFFE

Die wohl bedeutendsten Diskurstheoretiker, die sich selbst als Post-Marxisten verstehen, sind der Argentinier Ernesto Laclau und die Belgierin Chantal Mouffe. Beide sind ausgesprochen begabt darin, Überlegungen verschiedener Herkunft ihrer eigenen Theorie anzuverwandeln. An Marx interessiert sie vor allem die Idee des Klassenkampfes. Hingegen verwerfen sie seine Geschichtsphilosophie ebenso wie das Prinzip der Arbeit. Sie geben der materiellen Reproduktion von Gesellschaften keinen Vorrang vor deren symbolischer Reproduktion. Eher im Gegenteil: Laclau und Mouffe betrachten ganze Gesellschaften als Gebilde aus Diskursen. Diese umfassen sprachliche Ereignisse ebenso wie deren Ablagerung und Verdichtung in Institutionen. Alles wird damit zum Diskurs – was natürlich das Wort extrem strapaziert. Michel Foucault etwa hat „Diskurs" für die symbolische Dimension reserviert und davon die Materialität von Kämpfen und Kräfteverhältnissen abgesetzt. Erst bei Laclau und Mouffe wird „Diskurs" zum Grundbegriff einer ganzen Gesellschaftstheorie des Politischen.

Ein weiterer für Laclau und Mouffe wichtiger Marxist ist Gramsci, dessen

Begriff der „Hegemonie“ sie aufnehmen. Gramsci hat das Verständnis vom Klassenkampf erweitert um die symbolische Dimension des Kampfes um Deutungshoheit. Laclau und Mouffe verallgemeinern auch dies: Alle sozialen Kämpfe, nicht nur die von Klassen, handeln von Hegemonie. Gesellschaft ist im Grunde nichts anderes als ein unentwegtes Gegeneinander von Versuchen, Bedeutungen zu bilden, um Gruppen Gestalt zu geben und Macht zu erlangen.

Damit reagieren sie zum einen darauf, dass viele Kämpfe nicht mehr auf ökonomische Stellungen der Handelnden zurückgeführt werden können. Zum anderen wenden sie sich gegen die gedankliche Verdinglichung von kollektiven Akteuren. Wenn es so etwas wie kämpfende Klassen gibt, dann nur als Ergebnis von Benennungen und Grenzziehungen. Klassen sind nicht an sich da und warten darauf, dass jemand sie zur Klasse für sich macht. Laclau und Mouffe lösen alles, was bei Marx noch nach festen Wesenheiten aussieht, in symbolisch vermittelte Praktiken auf. Das heißt zugleich: Sie entlarven es als kontingent, als auch anders möglich. Linke Politik hat damit nichts mehr, woran sie sich halten kann, abgesehen von ihren eigenen, immer vorläufigen Resultaten. Laclau und Mouffe wollen „Anti-Essentialisten“ sein – von „Essenz“ gleich „Wesen“.

Gruppen und ganze politische Gesellschaften bilden sich durch Entgegensetzung. Sie bedürfen eines Gegenübers, das für sie das Gegenprinzip verkörpert. Gruppenbildung und Ausgrenzung sind zwei Seiten derselben Sache. In diesem Gedanken macht sich der Einfluss eines weiteren Theoretikers geltend, der allerdings gar nichts mit dem Marxismus im Sinn hatte: Carl Schmitt. Dieser hat das Politische von „Sachgebieten“ wie Moral, Wirtschaft oder Wissenschaft abgesetzt durch eine eigene, letzte Unterscheidung: von Freund und Feind. Die Unterscheidung bezeichnet „den äußersten Intensitätsgrad einer Verbindung oder Trennung, einer Assoziation oder Dissoziation“. Das Politische zeigt sich an der grundsätzlichen Bereitschaft zum bewaffneten Kampf: zum Töten für eine gemeinschaftliche Sache, die auch das Opfer des eigenen Lebens verlangen kann.

Wer der Feind sei, können nur die jeweils Beteiligten entscheiden; Dritte haben dabei so wenig zu sagen wie heute die Vereinten Nationen faktisch im Nahost-Konflikt. Mehr noch, der Feind muss überhaupt nicht unabhängig davon unser Feind sein, dass wir ihn dazu erklären. Er kann das Ergebnis eben der Grenzziehung sein, die uns zur politischen Gemeinschaft macht. Kein „Wir“ ohne „Sie“; kein politisches Kollektiv ohne die Bereitschaft, „Fremde“ mit allen Konsequenzen zu bekämpfen. Soweit Schmitt.

Alle Politik ist ausschließend: Diesen Gedanken übernehmen Laclau und Mouffe von Schmitt. Das heißt umgekehrt, keine Politik kann für sich beanspruchen, schlechthin einschließend zu sein, wie die moderne Rhetorik des Universalismus suggeriert. Auch sagt uns kein Wesen der Dinge und kein Gesetz der Geschichte, was ein- und was auszuschließen wäre. Auch das ist kontingent, auch das könnte immer anders sein. Aber der Ausschluss muss nicht die tödliche Schärfe der Unterscheidung von Freund und Feind annehmen.

Ein demokratischer Widerstreit ist einer unter Gegnerinnen, nicht unter Feinden. Anders als Feinde, bestreiten Gegnerinnen einander nicht das Daseinsrecht. Sie bekämpfen sich in einem Rahmen gegenseitigen Respekts, der die demokratische Vielfalt sichert. Die Gegnerin hat so sehr ein Recht auf ihre Positionen wie ich auf meine. Das unterscheidet den demokratischen Widerstreit vom autoritären Einschluss durch Ausschluss, der Schmitt vorschwebte.

Laclau und vor allem Mouffe verstehen unter demokratischer Politik einen ständigen Kampf um Hegemonie unter der anerkannten Voraussetzung, dass keiner ein natürliches Anrecht auf sie hat. Der symbolische Ort der Macht soll leer bleiben, wie Mouffe mit dem französischen Demokratietheoretiker Claude Lefort verlangt. Damit ist nicht gemeint, dass nie eine Partei die Kanzlerin stellen dürfe. Sie darf sich nur nicht einbilden, sie sei die selbstverständliche Inhaberin der Macht, ein Sieg der Opposition käme daher einem Staatsumsturz gleich. Das geht auch gegen die Überzeugung orthodoxer Marxistinnen, die Gesetze der Geschichte beglaubigten die Sache des Proletariats. Der Sieg des Sozialismus wäre nur ein weiteres hegemoniales Projekt ohne vorpolitische Garantien und ohne natürliches Recht auf Dauer.

Laclau und Mouffe zufolge beruht Hegemonie auf der Kunst, Bündnisse zu bilden. Verschiedene Gruppen haben jeweils eigene Anliegen, die sie in einer eigenen Begrifflichkeit vorbringen: Studiengebühren sind „unsozial", Theaterschließungen „barbarisch", Tierversuche „grausam", Gehaltskürzungen „ungerecht". Die Kunst besteht darin, all diese breit streuenden Vorwürfe auf einen plausibel wirkenden Nenner zu bringen. Negativ etwa: „Kampf dem Neoliberalismus!" Oder positiv: „Für eine solidarische Gesellschaft!"

Der Regenschirmbegriff wird nicht allzu eng geschnitten sein dürfen, sollen möglichst viele Gruppen mit ihren Forderungen unter ihm Platz finden. Je leerformelhafter, desto besser für die Bündnisbildung. Laclau und Mouffe sprechen darum zugespitzt vom „leeren Signifikanten". „Signifikant" ist ein Begriff aus der strukturalistischen Sprachtheorie und meint die Form eines Zeichens im Unterschied zu dessen Inhalt, das Bezeichnende im Unterschied zum Bezeichneten, also etwa „Baum" im Unterschied zu Baum als dem dazu gehörigen Vorstellungsbild.

Ein Signifikant ist leer, wenn ihm gar kein Vorstellungsbild entspricht. Viele Schlüsselwörter des politischen Kampfes kommen diesem Extrem sehr nahe;

denken Sie an „Freiheit", „Frieden", „Gerechtigkeit" oder „Menschenwürde"! Wer die Hegemonie will, darf kein allzu philosophisches Verhältnis zu Begriffen haben. Er darf sich nicht scheuen, Folgerungen zu behaupten, wo der Sache nach keine sein müssen, etwa zwischen Freiheit, Familie und Privatfernsehen oder zwischen Sozialismus, der Erhaltung subventionierter Theater und einem gebührenfreien Studium.

Und natürlich muss das Moment von Willkür in der Schlagwortkette nicht auf Dauer verborgen bleiben. Politische Gegnerinnen können es bloßlegen, um das Bündnis zu entzweien und neue Bündnisse zu bilden. Eben weil die vielen Signifikanten, die politischen Anliegen Form geben, keine festen Bedeutungen haben, sind sie anfällig für Umdeutungen. In anderen Zusammenhängen aus Symbolen wäre ihr Aussagewert ein anderer. Ein hegemoniales Projekt ist daher immer eine unsichere Sache. In der Anstrengung der Einheitsbildung steckt schon der Keim ihres Scheiterns. Auch deshalb kann der politische Kampf kein Ende finden. Laclau und Mouffe bedauern das nicht. Sie begrüßen die Demokratie als das einzige hegemoniale Vorhaben, das nicht auf eine Schließung des sozialen Raumes zielt.

Allerdings liegt hier eine Unklarheit, auf die ich wenigstens hinweisen will. Laclau und Mouffe verweigern jede normative Begründung, die ihre demokratische Parteinahme stützen könnte. Für sie hat politischer Kampf mit Rechtfertigung gar nichts zu tun. Jede Parteinahme, auch ihre eigene, sei eine durch nichts gedeckte Festlegung. Jede bedeute Einschluss durch Ausschluss; Bildung eines „Wir" durch Entgegensetzung eines „Sie". Aber offenbar ist es zweierlei, ob jemand aus der Kontingenz aller Festlegungen den Schluss zieht, tolerant zu sein, oder ob er intolerant seine eigene Festlegung unangreifbar machen will. Die Parteinahme für Toleranz ist eine Parteinahme zweiter Stufe. Sie ist eine Parteinahme, die auf der Einsicht in die Bestreitbarkeit aller Parteinahmen erster Stufe fußt.

Das heißt zugleich, wer die Intoleranz ausschließt, vollzieht keinen gewöhnlichen Ausschluss. Er will nicht seine spezielle politische Identität durchsetzen. Vielmehr verteidigt er das Daseinsrecht aller möglichen Identitäten, die der Intolerante weghaben will. Manche Ausschlüsse sind Akte der Notwehr gegen Leute, die genau das nicht wahrhaben wollen, wovon Laclau und Mouffe ausgehen: dass keiner die Wahrheit oder das Recht für sich gepachtet hat. Wer wollte etwa die strafrechtliche Verfolgung gewalttätiger Skinheads auf eine Stufe stellen mit der Verhaftung gewaltfreier Gegnerinnen eines Diktators? Laclau und Mouffe beglaubigen die Toleranz auf dem negativen Weg des Nachweises, dass zwingende Gründe für die Hegemonie irgendwelcher Gruppen nicht zu haben sind. Das aber ist selbst eine Begründung, und Laclau und Mouffe sollten zu ihr stehen.

Ohnehin ist der Gegensatz von Kampf und Rechtfertigung im politischen Raum kein absoluter. Wer Hartz-IV „ungerecht“ nennt, sagt damit, dass unparteiische Gründe das Gesetz disqualifizierten. Dieser Anspruch auf Geltung kann auf Widerspruch stoßen, und dann ist ein weiterer Geltungsanspruch im Raum – etwa: Hartz-IV sei gerecht, weil es den Ausgeschlossenen neue Chancen gebe. Wer ernsthaft am politischen Streit teilnimmt, glaubt gute Gründe für seine Parteinahmen zu haben. Ernsthaft vertretene Gründe, nicht grundlose Machtansprüche führen in den Widerstreit hinein, der das Lebenselixier der Demokratie bildet.

Gewiss, die Handelnden mögen überzogene Vorstellungen von der Überzeugungskraft ihrer Gründe haben. Vielleicht gehen sie von Voraussetzungen aus, die andere zwar nicht widerlegen können, aber auch nicht übernehmen müssen. Vielleicht bewegen sie sich in einem Bereich rationaler Unentscheidbarkeit. Ob das so ist, können sie aber von vornherein gar nicht wissen. Es wäre nur nach Prüfung aller verfügbaren Argumente entscheidbar.

So fällt übrigens auch ein anderes Licht auf die Möglichkeit, Schlagwortketten zu knacken, an denen Hegemonien hängen. Nehmen wir an, eine solche Kette sei um das Wort „Freiheit“ geknüpft worden. Laclau und Mouffe zufolge ist das ein leerer Signifikant. Er bietet beinahe beliebige Möglichkeiten des Anschlusses. Aber wer seine Hegemonie im Namen der Freiheit errichtet, provoziert einen Streit um die beste Deutung dieses Ideals, und es stimmt nicht, dass in diesem Streit Argumente keine Rolle spielten.

Gewiss, der Freiheitsbegriff gibt vielen Deutungen Raum: Freiheit (nur) für Individuen oder (auch) für Kollektive, (nur) als Dürfen oder (auch) als Können, (nur) von etwas oder (auch) zu etwas, (nur) als Willkür oder (auch) als vernünftige Selbstbestimmung? Sie mögen skeptisch sein, wie weit hier gute Gründe reichen. Aber ein Freiheitsverständnis könnte mehr Bedeutungsmomente einbeziehen als ein anderes, es könnte ihren Zusammenhang besser erläutern oder beides. Das gleiche mag für andere wichtige Werte gelten und für ihr Verhältnis zueinander: Wie etwa steht Freiheit zu Wohlergehen, wie zu Gleichheit? Sicher wäre es unsinnig, den Kampf um Hegemonie mit einem Seminar zu Grundbegriffen der politischen Philosophie gleichzusetzen. Aber wer die Position, für die er mit noch so vielen Finten kämpft, inhaltlich ernst nimmt, setzt voraus, dass sie selbst in einer Seminarsituation gegen die Vorhaben der Gegner bestehen könnte.

3. PIERRE BOURDIEU

Ich will Ihnen noch eine zweite Variante des Postmarxismus beispielhaft vorstellen: die Theorie des Franzosen Pierre Bourdieu. Bourdieu trat gegen Ende seines Lebens als Anhänger der globalisierungskritischen Bewegung ATTAC in Erscheinung. Seinen wissenschaftlichen Ruf allerdings verdankt er einer soziologischen Theorie, die eher skeptisch stimmt, was die Möglichkeiten von Intellektuellen betrifft, gesellschaftlichen Fortschritt zu fördern.

Bourdieu kann als Postmarxist gelten, weil in seinem Werk die Begriffe des Klassenkampfs und des Kapitals eine wesentliche Rolle spielen. Aber Sie werden gleich sehen, dass er beiden eine von Marx weit abweichende Deutung gibt. Bourdieu deutet das gesellschaftliche Geschehen als eine ständige Abfolge von Kämpfen um Möglichkeiten der Maximierung von Vorteilen. Doch die Kämpfe sind nicht nur solche um wirtschaftliche Aneignungschancen. Ähnlich wie Laclau und Mouffe nimmt auch Bourdieu das Symbolische, also Deutungen und Bedeutungen, sehr ernst. Sie bilden eigene Felder der Behauptung und Verbesserung von Positionen.

Auch folgt Bourdieu der Einsicht Webers, dass Herrschaft, um stabil zu sein, der Anerkennung bedarf: Machthaber sitzen umso sicherer, je verbreiteter der Glaube ist, sie verdienten ihre Vorteile – Weber spricht vom „Legitimitätsglauben". Bourdieu argumentiert allerdings, dass der Glaube nicht das Erste ist: Grundlegend sind nicht Meinungen, sondern Praktiken. Sie sorgen dafür, dass die scheinbare Rechtfertigung für Ungleichheit den Menschen buchstäblich in Fleisch und Blut übergeht. Raffinierte Ideologien sind gar nicht erforderlich, wenn die Unterstellung, die Welt sei im Grunde in Ordnung, den meisten zur zweiten Natur geworden ist. Und die Unterstellung wird ständig durch unsere Praxis beglaubigt.

Der Begriff der Praxis soll den Weg zwischen zwei Extremen weisen, die Bourdieu vermeiden will. Wer zum einen Extrem tendiert, sieht Menschen im Griff starrer Strukturen und spricht ihnen fast alle Spielräume zum Handeln ab. Wer zum anderen Extrem neigt, will als Sozialwissenschaftlerin nichts weiter, als verstehend nachvollziehen, was die Menschen von sich und ihren Verhältnissen halten. Wird im ersten Fall unser Selbstverständnis, Handelnde zu sein, die Dinge verändern können, nicht ernst genommen, so wird uns im zweiten Fall zu viel zugetraut: Wer sich aufs Verstehen beschränkt, bekommt all das nicht in den Blick, was unser Tun gerade dadurch beeinflusst, dass wir es nicht begreifen. Die einen blicken sozusagen nur in die Statistiken, die anderen werten nur aus, was die Leute sagen. Aber die Statistiken geben die Praktiken nicht zu erkennen, die hinter den Daten stehen, und was die Leute sagen, entspricht selten dem, was sie tatsächlich tun und was sie damit bewirken.

Bourdieus Blick auf soziale Strukturen ist durchweg an Konflikten orientiert. Die Daten verraten sozusagen nur den augenblicklichen Stand in immerwährenden Kämpfen um Positionen und Abstände. Bourdieu stellt sich die Struktur moderner Gesellschaften als eine Menge von Feldern vor, auf denen jeweils um bestimmte Mittel der Verschaffung von Vorteilen gekämpft wird. Und die Mittel, mit denen gekämpft wird, sind zugleich die Güter, um die sich der Kampf dreht. Also etwa: Wer Geld vorschießt, kann noch mehr Geld verdienen. Wer seine wissenschaftliche Reputation in die Waagschale wirft, darf noch mehr Reputation erwarten. Wer seine guten Kontakte einsetzt, wird noch mehr gute Kontakte knüpfen können. Und so jeweils den Abstand, zur Konkurrentin, zur Mitbewerberin um Drittmittel, zur politischen Rivalin, vergrößern.

Das alles wirkt merkwürdig: Jeweils verhalten sich Menschen so, dass bloße Mittel zu Zwecken und Zwecke zu bloßen Mitteln werden. Was erscheint natürlicher, als dass jemand Geld haben möchte, um nützliche Dinge zu erstehen; dass jemand Reputation erwerben will, um besser relevanten Wahrheiten nachgehen zu können; dass jemand Beziehungen schätzt, um wichtige Entscheidungen zu treffen? Die Zweck-Mittel-Verkehrung ist ein Kennzeichen von Kapital. Marx hat das für das Geld gezeigt. Es wird zu Kapital, wenn man es einsetzt, um vermittelst nützlicher Dinge oder spekulativer Aktivitäten mehr Geld zu erlangen, als man vorgeschossen hat. Was die Wirtschaft angeht, so haben die meisten von uns sich daran gewöhnt. Die Kapitalistin erscheint ihnen nicht mehr, wie noch Aristoteles und den edlen Rothäuten Hollywoods, als Verrückte, sondern geradezu als Inbegriff des rationalen Menschen. Aber Bourdieu überträgt den Kapitalbegriff auf Felder, auf die er augenscheinlich gar nicht gehört.

Auch kulturelle Güter, an denen man die Gebildeten und die gut Ausgebildeten erkennt, spielen demnach die Rolle von Kapital: Auch sie sind Vorteile, die die Aussicht auf weitere Vorteile verbessern. Ebenso funktionieren die Beziehungen „gut vernetzter" Zeitgenossen. Auch hier gilt in statistisch erheblicher Häufigkeit: Wer hat, dem wird gegeben – nämlich ein noch zentralerer Ort im Spinnennetz guter Verbindungen. Das erste nennt Bourdieu kulturelles, das zweite soziales Kapital.

Beide funktionieren analog zum ökonomischen Kapital, auf das Marx fixiert war. Nicht ganz zu Unrecht: Auch Bourdieu meint, in kapitalistischen Gesellschaften sei am wichtigsten, wer welche wirtschaftlichen Aneignungschancen hat. Aber diese hängen mehr denn je auch von Vorteilen ab, die nicht unmittelbar wirtschaftliche sind: Wer kennt wen, wer hat von welchen Vernissagen gehört, und vor allem: Wer bringt welchen Schulabschluss mit? Und noch die wirtschaftsfernsten Vorteile spielen eine organisierende Rolle auf Kampffeldern eigener Art, die zum Gesamtbild der Machtbeziehungen beitragen.

Zu diesem Bild gehören Antworten auf vier Fragen: Wer hat wem gegenüber wie viele Vorteile? Welches sind die Vorteile, die er hat: Sind sie wirtschaftlicher, kultureller und/oder sozialer Natur? Welches Gewicht haben die Vorteile im Vergleich mit Vorteilen anderer Art; kann Bildung zum Beispiel Geld aufwiegen oder Bekanntheit Bildung? Und schließlich: Wer kam wann in den Genuss welcher Vorteile? Gehört er zum alten Adel oder zu den Neureichen, ist seine Familie schon in dritter Generation dabei oder gerade erst oben angekommen? Aufsteigerinnen sehen anders aus als „geborene" Gewinner: Man sieht ihnen die Mühen des Aufstiegs an, und auch das kann ihre Chancen auf weitere Gewinne mindern.

Nun ist Kapital nicht einfach deshalb wirksam, weil es da ist. Geld, Kultur und Beziehungen haben Gewicht als Machtmittel nicht unabhängig von der Anerkennung, die ihr Besitz verschafft. Bourdieu glaubt allerdings, dass mit dem Besitz von Kapital der einen oder anderen Art auch eine gute Aussicht verbunden ist, als die natürliche Inhaberin von Vorteilen zu gelten. So steigt mit der Zahl der Titel das Vertrauen, das der Titelinhaberin entgegengebracht wird. Auch wirtschaftlicher Erfolg tendiert zur Selbstbeglaubigung und ebenso soziale Gewandtheit. Solche Beglaubigung verwandelt wirtschaftliches, kulturelles und soziales in symbolisches Kapital. Symbolisches Kapital besteht aus anerkannten Vorteilen in wenigstens einer der drei Hinsichten, die Bourdieu unterschieden hat. Es ist also eine Art Kapital zweiter Stufe. Und erst auf dieser zweiten Stufe der Kämpfe um Anerkennung entscheidet sich, was welche Mittel wert sind.

Hier kommt nun ein weiterer Schlüsselbegriff der Theorie Bourdieus ins Spiel: das Konzept des *Habitus*. Bourdieu versteht darunter ein erworbenes Schema der Wahrnehmung und Wertung, welches der Inhaberin zur zweiten Natur geworden ist. Der Habitus gibt Personen einen Sinn dafür, wo sie sozial hingehören. Er vermittelt ihnen vor allem Nachdenken, wem sie sich wie nähern und von wem sie besser Abstand halten sollten. Mehr noch, er macht sich bis in die scheinbar persönlichsten Entscheidungen des Alltags hinein geltend: Gehe ich zu „Inge's Curry-Bude" oder zum Feng-Shui-Chinesen, trage ich Hemden mit Farbexplosionen oder lieber Schwarz, ziehe ich Breitreifen auf meinen Mercedes oder nehme ich das Serienmodell „Elegance" – oder lasse ich mich prinzipiell überhaupt nicht in einem Daimler blicken, sondern in einem Auto französischen Fabrikats oder mit einem Lastenfahrrad?

Was das mit Klassenkampf zu tun hat? Mehr, als Ihnen lieb sein dürfte, liebe linke Leserin, sagt Bourdieu. All diese Entscheidungen wirken zugleich unterscheidend, distinktiv: Sie markieren Abstände, die soziale Ungleichheit ausdrücken und bekräftigen. Und sie geben diesen Unterschieden den Anschein des Selbstverständlichen: „Ich bin nun mal anders als diese Prolls, wie die schon reden! Vielleicht höre ich Hip-Hop wie die da, aber bitte, ich bin mir der Ironie bewusst! Zwischen ihnen und mir liegen Welten, als gehörten wir zu verschiedenen Spezies."

Bourdieu geht wahrscheinlich zu weit in der Zuordnung von Verhaltensweisen zu Ungleichheit verstärkenden Strategien: Heute gehen auch Intellektuelle zu Union Berlin und nicht nur klammheimlich; heute bestätigen wir soziale Schemata am ehesten, indem wir Abweichungen kultivieren, etwa Comic-Konsum und Museumsbesuche verbinden. Eine Professorin im Fitness-Studio ist kein ganz unvertrauter Anblick mehr. Aber Sie dürfen sicher sein, es wird nicht ein beliebiges Studio sein, wahrscheinlich bietet es auch Yoga-Kurse und Rückzugsräume für Frauen. Kurz: Zwar ist Abweichung zur auffälligen Spielart der Anpassung geworden, aber die Muster sind so wenig beliebig wie die Entscheidung einer Akademikerin auf Partnersuche, den Handwerker sogleich abzuhaken oder ihr Kind keinesfalls Kevin zu nennen. Je spontaner solche Entscheidungen einrasten, umso weniger kommen sie als Bestandteile von Strategien der Positionssicherung in den Blick.

Aber was sollen das für Strategien sein? Streifen wir etwa als Nutzenmaximierer durch die Dating-Cafés und über die Flohmärkte? Ja und nein, sagt Bourdieu. Wir tun es sicher nur selten bewusst und absichtlich. Oft legen wir großen Wert darauf, über Nutzengesichtspunkte erhaben zu sein, etwa wenn wir spenden. Aber nutzenmaximierend ist objektiv vieles, was wir tun – und gerade dann, wenn wir glauben, es habe mit Nutzenmaximierung gar nichts gemein. Meine Entscheidung für den neuen Chinesen hat bewusst damit zu tun, dass ich ruhige, asketisch gestaltete Räume mag. Sie hat tatsächlich den Effekt, dass ich damit Abstand halte zu Leuten, die es lieber schreiend bunt mögen. Und oft werde ich merken, wer meine Vorliebe fürs asketisch Kühle teilt, teilt auch meinen Schul- und Hochschulabschluss, und wahrscheinlich – da Restaurant-Besuche unterschiedlich teuer sind – wird er ähnlich viel verdienen wie ich.

Außerdem könnte meine Vorliebe für sparsam, aber gewählt eingerichtete Räume etwas damit zu tun haben, dass ich das kunterbunte Gegenteil mit Menschen und Milieus in Verbindung bringe, die mir missfallen. Bunte Drachen sind sozusagen befleckt von der Vorstellung der Gesellschaft, in die sich begäbe, wer bunte Drachen nicht zum Schreien fände. Das heißt, Lebensstile wirken differenzierend. So tragen sie erstens bei zu den Abständen in einer Gesellschaft und zweitens dazu, die Abstände für normal zu halten. Sie verschleiern die soziale Gewaltsamkeit, die den Trennlinien zugrunde liegt.

Man kann sagen, Bourdieu entwirft eine allgemeine ökonomische Theorie der Politik des Unbewussten. Er verlegt sozusagen die Unterstellung der Nutzenmaximierung ins Souterrain unserer gewöhnlichen Entscheidungen. Dort wirken sie umso effektiver, weil der Kontrolle durchs Nachdenken entzogen. Wir leben ja nur unserem Stil entsprechend. Wir wollen ja gar nicht wissen, was andere tun. Wir wollen nur wahrhaftig wir selbst sein. So handeln wir, *als ob* wir um unsere Stellung relativ zu anderen besorgt wären. Die Folge ist, unsere Stellung relativ zu anderen wird tendenziell gefestigt. Für diesen objektiv strategischen Stellenwert habitusgeleiteten Handelns steht der Praxisbegriff bei Bourdieu. Praxis ist das, was uns unentwegt in Kämpfe verwickelt, die wir als Kämpfe verkennen.

Woher kommt der Habitus? Erstens aus der Familie, die wiederum Haltungen aus einem Herkunftsmilieu vermittelt. Zweitens aus der Schule. Bourdieu ist Franzose: Daher gibt er der sozialen Selektion durch ein streng gestuftes System von Bildungsorten großes Gewicht. Beinahe alle Angehörigen der französischen Führungsgruppen haben eine der Großen Schulen in Paris besucht: die „Intellektuellen" die École normale supérieure, die Unternehmerinnen die Haute école commerciale, die Spitzenbeamten im Staatsapparat die École normale d'administration. Dieses System sorgt bis heute für einen sehr elitären Zuschnitt der französischen Gesellschaft, und das beeinträchtigt den Allgemeinheitsgrad mancher Aussagen Bourdieus. Aber wie bedeutsam soziale Selektion durch Bildung auf andere Weise auch in der Bundesrepublik ist, hat die PISA-Studie offenbart.

Familie und Schulen sind wesentlich verantwortlich für Klassenschicksale: Sie verteilen statistisch auffällig Menschen bestimmter Herkunft auf bestimmte Positionen. Gewiss, nicht jede Tochter von Akademikern wird Akademikerin. Die Entsprechung von Herkunft und eigener Laufbahn ist nur eine wahrscheinliche. So viel ist wahr an der Vermutung, moderne Gesellschaften seien sozial mobil. Aber die Häufung von Entsprechungen reicht hin, um die Verabschiedung des Klassenbegriffs vorschnell zu finden. Der Begriff „Klasse" ist in dem Maße angemessen, wie Machtchancen über Generationen hinweg weitergegeben werden.

Was aber sind Klassen? Sind sie so etwas wie Gruppen im Wartestand, Gruppen, die nur von kritischen Intellektuellen wachgeküsst werden müssten? Bourdieu versteht unter „Klassen" zunächst statistische Konstrukte. Sie zeigen sich anhand von Querschnitten durch das Kampfgeschehen, das eine Gesellschaft ausmacht. Sie geben typische Verteilungen von Merkmalsträgern auf Positionen zu erkennen. Die Verteilungen sind nichts anderes als Zwischenstände im Klassenkampf. Damit relativiert Bourdieu den Klassenbegriff zweifach: erstens im Hinblick auf die konstruktive Tätigkeit sozialwissenschaftlicher Beobachterinnen, zweitens im Hinblick auf Kämpfe und Relationen. Klassen sind nicht so da wie Dinge.

Aber es ist möglich, Menschen einzureden, sie müssten so und so handeln, weil sie der und der Klasse angehören. Wie Laclau und Mouffe sieht auch Bourdieu kämpfende Klassen aus Praktiken des Benennens und der Grenzziehung hervorgehen. Im 20. Jahrhundert haben viele Führer Politik gemacht mit der Behauptung, Klassenlagen zwängen zu Parteinahmen. Haben sie damit im Interesse der Benachteiligten gehandelt? Vielleicht. Aber sie haben objektiv auch Anspruch erhoben, als die eigentlich gerechtfertigten Eliten zu gelten. Bourdieu wirft auf das häufige Phänomen stellvertretender Parteinahmen – Adlige schlagen sich zu Arbeiterinnen – einen ebenso bösen Blick wie auf die scheinbar unschuldigen Entscheidungen des Alltags. Oft benützten Gegeneliten Benachteiligte dazu, die etablierten Kräfte zu stürzen und selbst an deren Stelle zu treten. Das ist etwa Bourdieus Erklärung für die neue Klassenherrschaft nach der Oktoberrevolution in Russland.

Der Existenz mehrerer Felder und Kapitalsorten entsprechend ist „die herrschende Klasse" nicht homogen. Manche ihrer Angehörigen haben mehr wirtschaftliches, andere mehr kulturelles Kapital. Und das relative Gewicht der Kapitalsorten beeinflusst ebenso wie die Gesamtmenge an Kapital die jeweiligen Machtchancen. Typischerweise sind die ökonomisch Verfügenden stärker als die vor allem Gebildeten. Das kann bei diesen Ressentiments bis hin zu der Bereitschaft wecken, die Revolution gegen Reichtum oder Ausbeutung auszurufen. Dabei geschieht zweierlei: Die Armen und Ausgebeuteten werden beim Schopf ihrer Interessen an materiellen und symbolischen Verbesserungen gepackt; die Führer verfolgen das eigene Interesse an einer Aufwertung der Art von Kapital, über das sie vor allem verfügen. Das Ergebnis ist im günstigsten Falle, dass die Benachteiligten besser dastehen. In jedem Fall aber wird es weiterhin Ungleichheit geben, wenn auch vielleicht auf einer anderen Grundlage an maßgeblichen Machtmitteln.

Bourdieu ist ein Ideologiekritiker, dessen bösem Blick auch der gute Wille von „Klassenverrätern" nicht entgeht. Er gibt das seltene Beispiel eines Aufklärers, der zur Aufklärung seiner eigenen Stellung beiträgt. Der Preis dafür ist nebenbei, dass auf Bourdieus eigenes spätes Engagement für ATTAC der Schatten des Zweifels fällt: Wen wollte er damit vor allem beeindrucken, was vor allem erreichen? Ging es ihm in erster Linie um die Armen und Ausgeschlossenen oder eher um den eigenen Kontostand auf den Kampffeldern der französischen Eliten?

Aber wichtiger ist der Einwand, dass Bourdieu seine Theorie grundbegrifflich gegen alternative Deutungen abdichtet: Absolut jedes Verhalten kann ja auf verdeckte Distinktionen hin befragt werden, absolut jedes wird, entsprechend betrachtet, Folgen zu erkennen geben, die zur Absicht der Gleichheit nicht passen. Ob eine Theorie zur Selbstbestätigung tendiert, können Sie erkennen, indem Sie sich Folgendes fragen: Was müsste der Fall sein, damit sie nicht recht behielte? Wer unbewusste Strategien unterstellt, verschafft sich den Vorteil, durch ihre ausdrückliche Leugnung nicht irritierbar zu sein. Die Menschen können sagen, was sie wollen; die Logik ihres Tuns ist eine andere, wie ein Blick auf die Effekte verrät. Und die Effekte werden selbst daraufhin ausgesucht sein, ob sie den allgemeinen Ideologieverdacht bestätigen.

Bourdieu wehrt sich gegen den Vorwurf, eine zirkulär geschlossene Theorie vorgelegt zu haben. Vor allem legt er Wert darauf, die bestimmende Macht sozialer Strukturen relativiert zu haben. Die Strukturen gehen bei ihm ebenso aus der Praxis hervor wie diese aus den Strukturen. Der Habitus, der die Praxis bestimmt, ist sowohl das Produkt als auch der Produzent von Kräfteverhältnissen. Er ist strukturierte und strukturierende Struktur, wie Bourdieu sagt. Zwischen Struktur und Struktur steht also ein Mittelstück, eben der Habitus. Aber das nimmt der Theorie noch nichts von ihrer Geschlossenheit zugunsten der Strukturen. Je mehr diese den Habitus bestimmen und der Habitus das Handeln, umso weniger ist zu erwarten, dass der Zirkel der Macht durchbrochen wird. Der Habitus vermittelt dann einfach die Macht der Struktur; er bekräftigt die Kräfteverhältnisse, aus denen er selbst hervorgegangen ist.

Bourdieus Theorie ist ihrer ganzen Logik nach darauf angelegt, den Zirkel der Macht durch Reflexion zu brechen. Sie vermittelt Einsichten, die uns helfen können, die Machtwirkungen unserer gewöhnlichen Orientierungen besser zu begreifen. Aber ähnlich wie Laclau und Mouffe übergeht Bourdieu die Ebene der Geltungsansprüche. Auf dieser Ebene steht unser Selbstverständnis als Handelnde, die aus Einsicht etwas verändern können. Oft haben wir Gründe, an diesem Selbstverständnis zu zweifeln. Aber der Zweifel kann nur ein lokaler sein, kein globaler. Wir können wohl vermuten, dass wir hier und da missverstehen, was wir objektiv tun. Aber wir können nicht vermuten, dass wir in absolut jeder Hinsicht einem Missverständnis aufsitzen. Die Verallgemeinerung des Zweifels beraubte diesen des logischen Sitzes im Zusammenhang unserer Überzeugungen.

Wir könnten sie nicht länger als unsere Überzeugungen verstehen. Das heißt, wir könnten uns selbst nicht mehr verstehen.

Laclau und Mouffe einerseits, Bourdieu andererseits wollen eine Logik von Kämpfen entschlüsseln, zu der gehört, dass wir sie verkennen. Wir mögen glauben, einer schlechthin einschließenden Sache – den Rechten der Menschen oder aller fühlenden Wesen – zu dienen. Aber wir verfolgen ein hegemoniales Projekt, das nicht anders sein kann als ausschließend. Wir mögen uns für Klassenverräterinnen halten, die gegen die eigenen Interessen die der Unterdrückten vertreten. Aber unser Habitus verrät uns: Wir sind und bleiben Privilegierte, die ihre Privilegien durch Anerkennung gestärkt wissen wollen.

Solche Einsichten, soweit sie zutreffen und tragen, sind wertvoll. Sie sind unverzichtbar für eine kritische Theorie, die auf Befreiung von selbstgeschaffenen Zwängen zielt. Selbstgeschaffene sind schließlich oft auch unverstandene Zwänge. Das gibt der Ideologiekritik ihr relatives Recht. Aber sie kann nicht allumfassend werden, ohne gedanklich die Möglichkeit der Befreiung durch Einsicht zu verstellen. Sie verliert dann ihren logischen Adressaten. Sie verliert den Menschen, der aus ihr den Schluss ziehen kann, bewusster zu handeln. Zwischen Ideologiekritik und befreiender Praxis: das ist auch der Ort der Theorien, die ich nun vorstellen will.

9. VORLESUNG. DIE ÄLTERE KRITISCHE THEORIE

Ich habe schon mehrfach den Ausdruck kritische Theorie gebraucht und zwar in einem recht allgemeinen Sinn. Eine kritische Theorie ist eine Theorie, die die Gesellschaft unter dem leitenden Gesichtspunkt der Verbesserungsmöglichkeiten betrachtet, die sie birgt. In der von Marx geprägten Tradition ist das vor allem die Möglichkeit von Befreiung oder Emanzipation. Im Hinblick darauf analysiert eine kritische Theorie die Machtverhältnisse und fragt, was in der Gesellschaft über deren gegebene Gestalt hinausweist. Außerdem sollte eine solche Theorie etwas Rechtfertigendes über die Gründe sagen können, die für ihren kritischen Maßstab sprechen.

1. INTERDISZIPLINÄRER MARXISMUS

Der Ausdruck „Kritische Theorie" – mit großem K! – steht vor allem für einen Kreis deutsch-jüdischer Gelehrter, die seit Ende der zwanziger Jahre in Deutschland eine eigenständige Spielart marxistischer Theorie entwarfen. Sie standen dabei unter der durchaus diktatorischen Leitung des Industriellensohnes Max Horkheimer. Dieser hatte Ende 1930 das Amt des Direktors am Frankfurter Institut für Sozialforschung angetreten. Weil seine Mitarbeiter und er sowohl Linke als auch Juden waren, hatten sie zwei zwingende Gründe, vor den Nazis zu fliehen. Die Emigration endete für die meisten von ihnen in den Vereinigten Staaten von Amerika.

Einige sind dann nach 1945 in die Trümmerwüste Westdeutschland zurückgekehrt. Sie haben die politische Kultur der jungen Bundesrepublik mitgeprägt, ihr theoretisch markantester Kopf, der Musiksoziologe und Philosoph Theodor Wiesengrund Adorno, auch ihre künstlerischen Szenen. Aus dieser Zeit stammt der Ausdruck „Frankfurter Schule", der oft gleichbedeutend mit „Kritischer Theorie" gebraucht wird: Er geht zurück auf die Lehrtätigkeit Horkheimers und Adornos an der Frankfurter Universität seit den späten 1940er Jahren. Die neomarxistisch inspirierte Studentenbewegung sollte dann in den sechziger Jahren den kulturellen Einfluss der Frankfurter Schule politisch wenden. Sie sollte manche ältere Äußerung aus diesem Kreis wörtlich nehmen, was vor allem Horkheimer gar nicht recht war.

Auf die Selbstbezeichnung „Kritische Theorie" sollten Sie übrigens nicht zu viel Gewicht legen. Sie war zunächst als ein möglichst wenig verfängliches Tarnwort für Marxismus gedacht. Das war vor allem in den Vereinigten Staaten wichtig. Diese nahmen zwar in Grenzen jüdische und auch linke Flüchtlinge auf, ihre Repräsentanten waren aber wenig begeistert, wenn sie sich damit Marxisten einhandelten.

Trotzdem ist die Kritische Theorie in mehreren Hinsichten vom orthodoxen Marxismus abgewichen. Die Unterschiede sollten im Laufe der Zeit größer werden. Aber von Anfang an beschäftigte die Kritische Theorie das große Rätsel des Neomarxismus: Warum ist die Revolution in den entwickelten Gesellschaften des Westens ausgeblieben? Und auch Horkheimer und die Seinen reagierten mit einer Aufwertung des „Überbaus“ aus Politik und Ideologie. Genauer: Sie vermuteten Faktoren, die der sozialistischen Umwälzung entgegenstanden, in der Psyche der Menschen und in den kulturellen Apparaten und Hervorbringungen, die sie mit Weltsichten versorgten.

Horkheimer hatte keine Scheu vor großen theoretischen Entwürfen. Aber zugleich glaubte er, die neue Lage wäre ohne erfahrungswissenschaftliche Forschung nicht zu begreifen. Sein ursprüngliches Programm für das Institut für Sozialforschung sah daher eine interdisziplinäre Forschung in einem marxistischen Theorierahmen vor. Heute mag man geneigt sein, Horkheimer zu verübeln, dass er das Vorurteil gefördert hat, gute Wissenschaft müsse interdisziplinär sein. Schließlich ist das ein Fetisch der Forschungspolitik unserer Tage: kein Sonderforschungsbereich über Sonette ohne Hirnforscher. Aber zu Horkheimers Ehrenrettung sei gesagt: Wenn er von „Interdisziplinarität“ sprach, meinte er keine äußerliche Zusammenfügung einander fremder Fachperspektiven unter einem finanzierungsfreundlichen Titel. Er hatte eine Fortentwicklung des Marxismus im Sinn, dem die Einzelwissenschaften Informationen zu genau gestellten Fragen liefern sollten.

Das Institut für Sozialforschung war daher arbeitsteilig aufgebaut. Herbert Marcuse, der ursprünglich von Heidegger herkam, war zuständig für Philosophie und Ideengeschichte. Erich Fromm oblag die Psychologie; er vertrat eine linke Spielart von Sigmund Freuds Psychoanalyse. Fromm hatte etwa maßgeblichen Anteil an der Aufdeckung autoritärer Neigungen in der Arbeiterklasse sowie an Untersuchungen über *Autorität und Familie*, letztere bereits in den Vereinigten Staaten. Leo Löwenthal war verantwortlich für Literaturtheorie, Adorno für Musik, was aufgrund seiner Prägung durch den Komponisten Alban Berg und eigener Versuche als Tonsetzer nahelag. Horkheimer selbst wollte dem Ganzen mit den Mitteln marxistischer Geschichtsphilosophie eine einheitliche Richtung und einen verbindlichen Rahmen geben.

Sie werden vielleicht fragen, wo die Politikwissenschaft – oder traditioneller gesprochen: die Staatsrechtslehre – geblieben sei. Sie spielte im Institut tatsächlich nur eine randständige Rolle. Und das auch erst, nachdem das Institut für Sozialforschung in New York City eine neue vorläufige Bleibe gefunden hatte. Dort stießen mit Franz Leopold Neumann und Otto Kirchheimer zwei linke Juristen zu Horkheimers Kreis. Neumann veröffentlichte in der hauseigenen *Zeitschrift für Sozialforschung* einen größeren Aufsatz über den Funktionswandel des Rechts im autoritären Staat, Kirchheimer eine Arbeit über Kompromisse unter politischen Herrschaftsgruppen.

Horkheimer zeigte sich an diesen Arbeiten eher wenig interessiert. Dabei spielte seine enge Freundschaft zu Friedrich Pollock eine wichtige Rolle. Pollock war am Institut für die politische Ökonomie, also gleichsam für die empirische Königsdisziplin in einem marxistischen Institut, zuständig. Und er war der Ansicht, die Wirtschaft sei *staatskapitalistisch* geworden. Damit war im Wesentlichen gemeint, dass Profite nicht mehr über Märkte realisiert, sondern politisch garantiert würden. Pollock zog daraus theoretische Schlüsse, die einer genauen Untersuchung politischer Institutionen ebenso entgegenstanden wie einer eigenständigen Kritik der politischen Ökonomie nach marxschem Vorbild.

Staatskapitalismus soll heißen: Wirtschaft und Staat sind völlig verschmolzen; sie bilden einen einzigen planwirtschaftlichen Komplex. Die neue herrschende Klasse besteht aus führenden Vertretern des Kapitals, des Staates und der Partei – wir sind in den frühen vierziger Jahren. Der unversöhnliche Gegensatz, der die Gesellschaft zerreißt, verläuft nicht mehr zwischen Kapitaleigentümern und Lohnabhängigen, sondern zwischen Befehlenden und Befehlsempfängern. Die große Masse der Bevölkerung, formal im Status besoldeter Angestellter, untersteht dem Führerprinzip. Der neue Kapitalismus funktioniert wie ein Sozialismus mit verkehrten Vorzeichen: ohne Markt, aber mit Kapitalisten, die ihre Interessen über Herrschaftsbündnisse durchsetzen.

Pollock war mit anderen Worten der Überzeugung, dass der Kapitalismus in der ersten Hälfte des zwanzigsten Jahrhunderts zu einer Planwirtschaft im Dienste privater Profiteure geworden war. Horkheimer übernahm diese Ansicht – mit zwei fragwürdigen Folgen. Zum einen ersparte das Institut sich wirtschaftswissenschaftliche Studien: eine Wirtschaft, die eigenen Gesetzen folgte, existierte ja scheinbar nicht mehr. Zweitens zeigte sich der innere Kreis um Horkheimer, zu dem Neumann und Kirchheimer nicht gehörten, desinteressiert an Studien über politische und rechtliche Institutionen. Keine Rolle spielte etwa die vergleichende Analyse politischer Ordnungen; stattdessen malte man das Grau in Grau eines allumfassenden Führerprinzips. Horkheimer und Adorno sprachen gern von „Gangs und Rackets" – das heißt Verbrechergruppen –, die

Wirtschaft und Verwaltung im Griff hätten. Das ist Webers „stahlhartes Gehäuse", kriminologisch gedeutet.

Wie undifferenziert Pollocks Theorie gerade hinsichtlich der Wirtschaft im Nationalsozialismus war, zeigte sich, als Neumann mit seinem Buch *Behemoth* eine andere Analyse dieses Herrschaftssystems anbot. Behemoth ist der Name eines biblischen Landungeheuers, es bildet die Gegenfigur zum Seeungeheuer *Leviathan*, das dem Ordnung stiftenden Staat des Thomas Hobbes den Namen gab. Auch der Nationalsozialismus ist ein Ungeheuer, aber mit vielen Köpfen, die sich nicht einig sind und dabei einem ökonomischen Leib aufsitzen, den sie nicht völlig beherrschen. Die Köpfe stehen für konkurrierende Führungsgruppen: Partei, Staatsbürokratie, Großindustrie und Wehrmacht. Zwischen ihnen herrscht ein vom Führer noch gefördertes Chaos. Die Wirtschaft ist weiterhin kapitalistisch, wenn auch vermittelst staatlicher Eingriffe. Kartelle nutzen ihre Stellung im Staatsapparat, um unliebsame Wettbewerber loszuwerden, aber sie können die Konkurrenz nicht restlos ausschalten. Das Führerprinzip hat die Profitwirtschaft nicht gänzlich im Griff; sie besteht neben ihm fort.

Bei all diesen Differenzen ist aber auch eine Gemeinsamkeit augenfällig, und sie ist fragwürdig genug. Pollock und der engere Kreis um Horkheimer auf der einen, Neumann und Kirchheimer auf der anderen Seite stimmen darin überein, dass der liberale Kapitalismus und mit ihm die bürgerliche Demokratie der Vergangenheit angehörten. Beide Seiten neigen dazu, in Faschismus und Nationalsozialismus eine logische Konsequenz der Entwicklung zum „Spätkapitalismus" zu sehen. Sie unterstellen jeweils eine Wahlverwandtschaft zwischen dem Kapitalismus in seinem liberalen Stadium und der parlamentarischen Demokratie einerseits, dem organisierten Kapitalismus und dem autoritären Staat andererseits.

Der Kapitalismus in seinem liberalen Stadium ist eine relativ funktionierende Marktwirtschaft: Eine große Zahl von Kapitalisten muss ihren Profit auf Märkten realisieren. Der Kapitalismus des zwanzigsten Jahrhunderts hingegen gibt Oligopolen, Monopolen und Kartellen einen immer größeren Raum. Absprachen und Anweisungen verdrängen Verträge und freie Konkurrenz. Käuferinnen unterliegen der Manipulation durch Reklame. Das nennen die kritischen Theoretiker Spät- oder auch Monopolkapitalismus. Beide Ausdrücke stehen für einen Kapitalismus, der aufgrund seines Grades an Rationalität überreif ist für den Übergang zum Sozialismus. Weil dieser aber ausbleibt, tritt an die Stelle der marktvermittelten Herrschaft die Herrschaft in der direkten Form von Befehlen. Ihr entspricht der autoritäre oder sogar offen terroristische Staat.

Ist das wahr, so steht und fällt der politische Liberalismus der Parteienvielfalt und des starken Parlaments mit dem wirtschaftlichen Liberalismus der freien Konkurrenz und des Vertrages. Oder kürzer: Die politische hängt an der wirtschaftlichen Freiheit. Da diese weggefallen ist, wäre es illusionär, jene retten zu wollen. Wie fragwürdig das war, können Sie daran erkennen, dass sich Faschismus und Nationalsozialismus keineswegs überall in der kapitalistischen Welt durchsetzten. In den USA begann in den dreißiger Jahren die vergleichsweise sozialstaatliche Phase des New Deal unter Präsident Franklin Delano Roosevelt. Auch England, sicher noch eine führende kapitalistische Nation, widerstand der faschistischen Versuchung. Für diese Abweichungen vom kontinentaleuropäischen Siegeszug des autoritären Staates fehlte den marxistischen Theoretikern das Verständnis.

2. DIALEKTIK DER AUFKLÄRUNG

Soviel zum interdisziplinären Programm des Instituts. So eingeschränkt es war, immerhin machte der Horkheimer-Kreis den Versuch, mittels Psychoanalyse und Kulturforschung einige Faktoren besser zu begreifen, die Marx dem Überbau zugeschlagen hatte. Aber seit Anfang der vierziger Jahre haben Horkheimer und vor allem Adorno die interdisziplinäre Arbeit immer skeptischer gesehen. Schließlich schreiben sie zusammen ein Buch, das radikal wissenschaftskritisch ist, auch hinsichtlich ihrer eigenen früheren Versuche. Das Buch erscheint zuerst 1947 unter dem Titel *Dialektik der Aufklärung. Philosophische Fragmente*.

Wie der Untertitel sagt, ist es kein gerundetes Werk geworden, sondern eines mit vielen offenen Enden. Aber das formale Fehlen eines Systems hat selbst System: Horkheimer und Adorno sind zu der Überzeugung gelangt, dass gerade der Systemzwang die Menschheit auf eine neue Stufe der Barbarei gehoben habe. Alles wurde immer rationaler und eben damit immer unmenschlicher. Die Welt ihrer Zeit kommt den Autoren vor wie eine fast perfekt geschlossene Anstalt – fast, denn sie selbst, die Autoren, haben noch Freigang, sonst könnten sie ja keine Kritik üben. Die Insassinnen jedenfalls halten ihre Welt für völlig rational; alles in ihr hat seine Ordnung. Aber die Ordnung dient keinen menschlichen Zwecken, sie ist selbst zum Zweck geworden. Sie ist fraglos verallgemeinerter Zwang um des Zwanges willen. Das macht den Irrsinn aus.

Vor allem drei Erfahrungen stehen hinter dieser nachtschwarzen Diagnose. Das Programm des interdisziplinären Marxismus war orthodox geblieben in dem Glauben, die Arbeiterklasse wäre dazu bestimmt, den Kapitalismus aus den Angeln zu heben. Stattdessen triumphierte vorläufig und mit verheerenden

Folgen der Nationalsozialismus. Große Teile der deutschen Arbeiterbewegung haben ihn hingenommen, nicht wenige aktiv gefördert.

Zweitens war Horkheimer und seinem Kreis auch nicht verborgen geblieben, dass in der Sowjetunion mit Stalin eine mörderische Variante der nachholenden Industrialisierung zum Zuge gekommen war. Mit Ausnahme gelegentlicher Mitarbeiter wie Walter Benjamin und Ernst Bloch machte man sich keine Illusionen, dass der Stalinismus den Marxismus um alles verkürzt hatte, was an ihm human und freiheitlich gewesen war. Der Stalinismus war neben dem Nationalsozialismus eine zweite niederschmetternde Erfahrung, die kaum noch Lichtblicke ließ.

Jetzt könnte man vermuten, ein Lichtblick sei doch gewesen, dass die USA die kritischen Theoretiker aufgenommen hatte. Die Vereinigten Staaten waren bei allen Fehlern kein faschistischer Staat, sondern eine recht robuste Demokratie. Aber wie namentlich Adorno zeigen zu können glaubte, waren auch die USA ein Land, das echte Alternativen ausschloss. Gerade seine vermeintliche Freizügigkeit sei ein perfides Mittel, Auswege undenkbar zu machen.

Das Gebiet, auf dem Adorno dieser vermuteten Perfidie in erster Linie nachgeht, ist die „Kulturindustrie“. Sie ist ein vor allem vom Film verkörpertes System der Erzeugung von Geschichten und laufenden Bildern, die den Menschen nur eines einreden: Kleiner Mann, kleine Frau, bleib an deinem Platz, am besten spielst du die Rolle, die die Gesellschaft für dich vorgesehen hat. Das ist keine sehr freundliche und sicher eine einseitige Sicht auf das, was Filmschaffende Hollywoods in den dreißiger und vierziger Jahren leisten – allenfalls für Charlie Chaplin hat Adorno das eine oder andere freundliche Wort übrig. Aber jedenfalls vervollständigt es den Befund totaler Herrschaft. Stalinismus und Nationalsozialismus sind ihre offen terroristischen Ausprägungen. Die Kulturindustrie bewirkt die Schließung einer scheinbar liberalen Gesellschaft mit den Mitteln der Suggestion. Ein Grundmotiv des Marxismus ist damit vom Tisch: die geschichtsphilosophische Gewissheit, mit der Gefahr wachse das Rettende auch; menschlich in Gestalt des Proletariats, sachlich in Gestalt neuer Technologien.

So viel zur Zeitdiagnose. Horkheimer und Adorno glauben aber auch philosophische Gründe zu haben, um vom interdisziplinären Marxismus abzurücken. Sie halten Faschismus, Stalinismus und Kulturindustrie für Ausprägungen eines und desselben Grundübels: Die Menschheit hat sich von Anfang an der Selbsterhaltung verschrieben. Mythos und Wissenschaft waren aufeinander folgende Versuche, der gefahrvollen Natur durch Erzählung und Berechnung Herr zu werden. Die Menschen, die fürchteten, von der Welt verschlungen zu werden, gingen auf Abstand zu ihr. Sie brachten Distanz zwischen sich und die Dinge, etwa durch Maschinen. Sie verhärteten sich nach außen, doch um den Preis, dass sie auch innerlich verhärteten. So verstricken sie sich immer tiefer in selbst geschaffene Herrschaft.

Marx nimmt an, die zunehmende Herrschaft über die äußere Natur habe die Herrschaft von Menschen über Menschen entbehrlich gemacht. Deshalb begrüßt er die industriellen Produktivkräfte und will ihre noch freiere Entfaltung. Er kritisiert den Kapitalismus, weil dieser von einem Förderer zu einem Verhinderer weiterer Naturbeherrschung geworden sei. Wer über Natur herrscht, herrscht aber über etwas, dem der Mensch selbst angehört. Wir sind ja selbst ein Stück Natur, wir sind leibliche, fühlende, drängende, wollende Lebewesen. Daher bleiben wir, indem wir die äußere Natur zurichten, nicht unverändert. Je zwanghafter unser Verhältnis zur Welt wird, umso zwanghafter wird auch unser Verhältnis zu uns selbst. Besonders sinnfällig ist dies in der großen Industrie.

Stellen Sie sich vor, Sie arbeiten in einer Fabrik bei künstlichem Licht – 500 Lux anstelle von 50.000, die die Sonne spendet. Sie stehen am Fließband und vollziehen tagaus, tagein die gleiche Bewegung. Sie sind Teil einer Maschinerie, Ihr Arm geht auf und ab wie ein Kolben. Sogar Ihr Zeitempfinden folgt dem Maschinentakt. Sie sind bereit aufzustehen, auch wenn es draußen noch dunkel ist; die Geräte sind viel zu teuer, um der Sonne zu gestatten, Ihren Tagesablauf zu bestimmen.

Adorno nennt die Anverwandlung von Menschen an Maschinen „Mimesis ans Tote“. Mimesis heißt Nachahmung: Das Fell der Maus entspricht dem Grau der Gleise, auf denen sie lebt. Auch Menschen, so denkt Adorno, werden ihrer Umwelt ähnlich, aber es ist eine Umwelt, für die sie selbst Verantwortung tragen. Der moderne Mensch hat die äußere Natur aller Bedeutung beraubt, sie in ein einziges riesiges Rohstofflager verwandelt. Die aller Qualitäten beraubte äußere Natur kann die Natur in uns nicht mehr ansprechen. Darum veröden auch wir. Das ist mit Mimesis ans Tote gemeint.

Die radikale und schwer zu verstehende Leitthese in der *Dialektik der Aufklärung* lautet nun: Die industrielle Naturbeherrschung bildet nur den Gipfelpunkt einer Entwicklung, die mit den Anfängen der Sprache einsetzte. Adorno und Horkheimer argumentieren, dass lange vor der ersten Maschine, lange vor den großen industriellen Anlagen das wichtigste Werkzeug schon da war: das begriffliche Denken. Begriffe dienen den Menschen dazu, eine bedrohliche Welt als manipulierbar darzustellen. Das beginnt mit den ersten Namen für Naturgewalten; es mündet ins naturwissenschaftliche Wissen, das in den Herstellungs- und Zerstörungsmitteln des Industriezeitalters steckt.

Irgendwann begannen unsere Vorfahren, für die furchtbaren Gewalten der Natur Namen zu finden – denken Sie an eine Sammlerin, die erlebt, wie ein Blitz direkt vor ihr einen Baum durchschlägt! Ihre Furcht ist nur zu verständlich. Eine namenlose Gewalt wäre besonders erschreckend; bei seinem Namen genannt, lässt der Herr der Blitze sich vielleicht besänftigen. Wer einen Namen hat, den kann man ansprechen, anbeten, vielleicht mit ihm verhandeln. Ganze Erzählungen – Mythen – werden ersonnen, um der Befürchtung zu begegnen, die Menschen seien ungreifbaren Mächten ausgeliefert. Die neuzeitliche Wissenschaft macht im Grunde nichts Anderes. Sie ersetzt nur die vielen Götter und Qualitäten durch Naturgesetze, deren Beachtung uns sicher machen soll: „Fürchte dich nicht vor dem Blitz, du sitzt in einem Faradayschen Käfig!"

Adorno und Horkheimer vermuten also, dass die Furcht ein Grundmotiv hinter der Sprachentwicklung war und die Manipulation von Natur ihr Zweck. Und nicht nur die Entstehung des begrifflichen Denkens ist von Herrschaft nicht zu trennen; dieser Zweck sitzt in der begrifflichen Form als solcher. Wie ist das zu verstehen? Dazu ein ganz kleiner Ausflug in die Sprachphilosophie.

3. MACHT UND GRENZEN VON BEGRIFFEN

Angenommen, ich sage „Hasso ist ein Hund". „Hasso" ist der singuläre Ausdruck im Satz, in diesem Fall ein Eigenname; „ist ein Hund" ist der generelle Ausdruck, und den nennen wir „Begriff". Begriffe gebrauchen heißt also verallgemeinern. Ich sage gewissermaßen: Hasso hat mit ungezählten Einzeldingen etwas gemeinsam, was sich auf den Begriff „Hund" bringen lässt. Ich bringe Hasso in eine Gemeinschaft mit Fiffi, Falco, Felicitas von Arentin und allen anderen Einzeldingen, die Hunde sind. Natürlich geht das nur um den Preis, von allem abzusehen, was Hasso einzigartig macht: Hasso mag zum Beispiel Milch, er liegt gern vor Kaminfeuer und genießt es, wenn ich ihn hinter den Ohren kraule. Nur, „mag Mich", „liegt gern vor Kaminfeuer" und so weiter sind wiederum Begriffe, also auch Verallgemeinerungen. Was Hasso einzigartig macht, scheinen wir so nicht zu fassen zu kriegen.

Für Adorno ist eben dies das Problem: Wer Begriffe gebraucht, will etwas zu fassen kriegen. In der *Dialektik der Aufklärung* heißt es drastisch: „Gleich dem Ding, dem materiellen Werkzeug (...) ist der Begriff das ideelle Werkzeug, das in die Stelle an allen Dingen paßt, wo man sie packen kann". Hunde packt man am Genick, Soldatinnen bei der Ehre. Das ist mit der Behauptung gemeint, Begriffe seien von vornherein Herrschaftsmittel.

Das klingt äußerst abstrakt, aber Adorno macht daraus die Grundlage einer ganzen Gesellschaftstheorie. Er sieht eine Analogie und wohl auch eine Kausalität zwischen der Logik des Begriffs und der Logik der Warenwirtschaft: Beide ließen das Einzigartige verschwinden und nur das Allgemeine gelten. Wirtschaftlicher Ausdruck des Allgemeinen ist der Preis, den Dinge als Waren haben: Fünfhundert Gramm Weintrauben sind so viel wert wie zwei Paprika. Und in der kapitalistischen Wirtschaft besteht die Tendenz, alles mit allem vergleichbar zu machen: Eine Kinderniere aus Indien hat den Wert von zehn Transistorradios.

Adornos Kritik am Kapitalismus fußt also auf folgender These: Die Neigung, alles auf den einen Nenner des Tauschwerts zu bringen, folgt einem Zwang zur Verallgemeinerung, der bereits in der Struktur der begrifflichen Sprache steckt. Insofern kann man Adorno als einen Marxisten ansehen, der die Kritik am Kapitalismus in einer Sprachkritik verankert, die bis auf die Anfänge aller Kultur zurückreicht. Aber der Verdacht liegt nahe, dass auf dieser ungeheuren Wegstrecke wichtige Unterscheidungen verloren gegangen sind.

So viel ist wahr: „Hasso ist ein Hund" enthält eine Verallgemeinerung. Das heißt aber nicht, dass „ist ein Hund" das Einzige ist, was über Hasso zu sagen wäre. Ich kann in einer beliebigen Gesprächssituation fortfahren: „Hasso mag Milch", „Hasso liebt es, wenn im Wohnzimmer das Feuer knistert" und so weiter. Jedes Mal gebrauche ich natürlich wieder andere Begriffe. Um Verallgemeinerung komme ich daher nicht herum, wohl aber darum, Hasso darauf zu reduzieren, dass er ein Hund ist. Ich sollte mir bewusst sein, dass alle möglichen Begriffe von Hasso handeln, ohne dass er aber darum in noch so vielen Begriffen aufgeht. Sie sind nur ebenso viele Hinsichten, in denen von Hasso die Rede sein mag.

Adorno spricht manchmal vom „Identitätszwang" des begrifflichen Denkens. Aber Hasso *zu identifizieren*, etwa mittels „ist ein Hund", und ihn auf diese eine Eigenschaft *zu reduzieren*, ist zweierlei. Nur Letzteres sollte „Identitätszwang" heißen. Und hier mag die Analogie zur Warenwirtschaft angehen. Wie manche Unternehmerin, gleichgültig gegen Gebrauchswerte, Beliebiges anbieten wird, solange es nur Gewinn verspricht, so mag eine Hundefängerin sagen: „Ist ein Hund, kommt in die Kiste". Weitere Beispiele zu finden, fällt leider nicht schwer: Alle Enten in einem bestimmten Gebiet könnten Überträger der Vogelpest sein und werden daher „gekeult". Alle Juden werden ins Gas getrieben, alle Brillenträgerinnen erschlagen.

Äußerst fraglich ist, ob das alles auf einer Linie liegt, die durch die Warenwirtschaft verläuft. Schließlich sind längst nicht alle Kapitalisten bereit zur Reduzierung von Menschen auf ein einziges abwertend gemeintes Merkmal, so wenig wie alle, die bereit sind, Enten zu köpfen, auch bereit sind, Menschen zu ermorden. Aber immerhin: Jedes Mal liegen Abstraktionen vor, die man auch unabhängig von den Folgen gewaltsam finden mag. Und es ist eine sinnvolle Frage an eine Gesellschaftstheorie, welche sozialen Bedingungen Menschen dazu bringen, das Einzigartige und Besondere ganz dem Allgemeinen unterzuordnen, um etwa billiges Fleisch oder griffige Feindbilder zu erhalten. Adorno denkt, das Übel wurzle in der Versteifung auf Selbsterhaltung. Der Eindruck, in einem ständigen Kampf ums Dasein zu stehen, mache Menschen blind für das Einzigartige an Dingen, Augenblicken, Lebewesen, Menschen. Er lasse sie alles übersehen, was nicht in Begriffen aufgeht. Das ist keine unplausible, wenn auch eine sehr generelle Auskunft.

Von Francis Bacon, einem Philosophen der frühen Neuzeit, ist der Satz überliefert: „Wissen ist Macht". Bacon war eine Art Vordenker des naturwissenschaftlichen Weltzugangs, und sein Satz stellt eine Verbindung her zwischen der Suche nach Naturgesetzen und dem Motiv der Kontrolle. Er legt den Gedanken nahe, naturwissenschaftliche Untersuchungen folgten einem Interesse an technischer Weltbewältigung. Das ist keine Vermutung über die Absichten von Forscherinnen, sondern über die Art und Weise, in der sie Gegenstände der Erfahrung gewinnen. Der naturwissenschaftliche Weltzugang ist begrifflich anders beschaffen als etwa derjenige der romantischen Dichtung. Die Natur kommt als Geltungsraum der Naturgesetze radikal anders in den Blick, als wenn wir sie als Resonanzraum menschlicher Stimmungen verstehen: Es war die Nachtigall und nicht die Lerche, aber beide unterliegen den Fallgesetzen.

Adorno hat seine romantischen Motive nie verleugnet. Er erwägt, ob wir der Natur, anstatt in ihr nur eine Menge ausbeutbarer Ressourcen zu sehen, nicht auch wie einem verständigen Gegenüber begegnen könnten. Auch das wäre eine Art der Mimesis, nur nicht ans Tote, sondern ans Lebendige. Wiederum entsprächen innere und äußere Natur einander, doch jetzt nicht in ihrer Berechenbarkeit, sondern in ...?

Hier versagen alle Begriffe, denn Adorno meint, weiter als bis an die Schwelle zur Versöhnung kann das begriffliche Denken uns nicht tragen. Die Freiheit, die ihm vorschwebt, wäre eine, die sich mit begrifflichen Mitteln nur umkreisen, aber nicht fassen lässt. Das erscheint mir nachvollziehbar. Versuchen Sie einmal, einen Augenblick in Worte zu fassen, den Sie als schlechthin geglückt erlebt haben! Sie mögen noch so viele Worte finden, das Gefühl, sie seien ganz unzulänglich, dürfte Sie nicht verlassen. Wer in einem Augenblick aufgeht, bringt ihn nicht begrifflich auf Distanz, denn damit zerstörte er den Zauber – und „Zauber" ist selbst ein ganz unzulänglicher Ausdruck.

Immerhin aber ist jetzt eine weitere mögliche Leistung begrifflichen Denkens aufgetaucht neben der, uns gedankliche Werkzeuge der Selbst- und Weltbeherrschung zu geben. Begriffe sind auch das Medium, in dem wir nach der Logik und nach den Zwecken unseres Tuns fragen können. Sie erlauben uns zumindest negativ, den Irrsinn einzusehen, der darin liegt, alles der Selbsterhaltung unterzuordnen. Und nur begrifflich können wir erkennen, dass das Begreifbare nicht alles sein kann. Adorno nennt dies „Eingedenken der Natur im Subjekt“: Wir sind derjenige Teil der Natur, der seine Selbsterhaltung begrifflich organisieren, aber auch von ihr absehen kann. Und von ihr abzusehen, ist selbst eine begriffliche Leistung, aber eine, die uns an eine definitive Grenze des Sagbaren bringt.

Adorno sieht, mit anderen Worten, die Vernunft als Instanz an, die sich selbst begrenzen kann und begrenzen soll. Die Vernunft bedarf der Begrenzung, denn das Glück von Sinnenwesen, wie wir es sind, geht nicht auf im begrifflich Sagbaren. Doch der Gedanke, es wäre unvernünftig, alles vernünftig regeln zu wollen, ist selbst ein vernünftiger Gedanke. Die Vernunft ist darum nicht nur die begrenzte, sondern auch die begrenzende Instanz.

Sie können jetzt auch den Titel des Buches verstehen: *Dialektik der Aufklärung*. Aufklärung geschieht, wo etwas zuvor Unbegriffenes begriffen wird. Weil Begreifen immer etwas von Herrschaft hat, ist Aufklärung etwas zutiefst Fragwürdiges. Aber dass wir sie hinterfragen, gehört selbst mit zur Aufklärung. Wer die Aufklärung kritisiert – und sich nicht nur raunend von ihr abwendet –, setzt sie unweigerlich fort. Er webt mit am Netz begrifflichen Denkens. Dialektik heißt, dass etwas beim ersten gedanklichen Zugriff in zwei scheinbar unverbundene Teile zerfällt, die sich aber im Weiterdenken als zusammengehörig herausstellen. So zerfällt Aufklärung in Herrschaft einerseits, in Kritik andererseits. Aber weil die Entzweiung aus dem Durchdenken ein und derselben Sache kommt, sind die Teile doch nicht unverbunden. In unserem Fall also: Begriffe, als Werkzeuge in die Welt gekommen, geben zugleich Raum für Reflexion, für die Zurückbeugung der Aufklärung auf sich selbst.

Unklar bleibt allerdings die politische Pointe der Kritik. Eine Ahnung davon, was durch restlose Weltbeherrschung verloren zu gehen droht, gibt Adorno zufolge allenfalls noch die Kunst. Und die Reflexion ist zur Sache isolierter Intellektueller geworden, die sich nicht mehr einbilden dürfen, natürliche Verbündete sozialer Bewegungen zu sein. Sie werfen gewissermaßen ihre Einsichten wie eine Flaschenpost ins Meer, ohne zu wissen, ob und wo sie anlanden werden. Alles politische Handeln hingegen scheint uns im Zirkel der Herrschaft festzuhalten. Seine Akteurinnen und Institutionen tragen durch ihr manipulierendes Tun zur Versteinerung der Verhältnisse bei. Auch die Organisationen der Arbeiterbewegung wirken mit an der geschlossenen Anstalt der Verhältnisse sowie daran, sie als Anstalt zu verkennen.

Schlimmer noch, die wichtigsten Arbeiterführer verbreiten einen naiven Glauben an Fortschritt, der blind macht für dessen Doppelbödigkeit. Sie begrüßen beinahe jede technische Neuerung in der Annahme, sie fördere humanere Verhältnisse. Sie sind Marx wenigstens darin treu geblieben, dass sie dessen Glauben an die befreiende Rolle der Produktivkraftentwicklung teilen. Aber der menschliche Fortschritt folgt nicht dem technischen auf dem Fuß wie ein Hund seinem Herrchen. Der technische Fortschritt kann auch im Atomtod enden. Hoffen dürften wir nur, wenn es gelänge, ihn an vernünftige Zwecke zu binden.

10. VORLESUNG. DIE NEUERE KRITISCHE THEORIE: JÜRGEN HABERMAS

Jürgen Habermas, in den fünfziger Jahren Assistent Adornos in Frankfurt, setzt hier an. Auch er warnt vor einem gedanklichen Kurzschluss zwischen technischem und menschlichem Fortschritt. Auch er will ein umfassendes, unverkürztes Verständnis von Vernunft gewinnen, welches die Zwecke ebenso einbezieht wie die Mittel. Aber er geht dazu, wie Sie gleich sehen werden, deutlich anders vor als Adorno und Horkheimer seit der *Dialektik der Aufklärung*. Vor allem hält er es für falsch, die Sprache primär als Werkzeug der Weltbewältigung anzusehen. Adorno und Horkheimer, so vermutet er, sind vom Prinzip der Arbeit, das die Theorie von Marx kennzeichnet, nicht losgekommen. Sie haben daher die erste Leistung der Sprache darin gesehen, Gegenstände so zugänglich zu machen, dass sie technisch zugerichtet werden können. Von dieser Funktion her wird aber nicht verständlich, wie dieselben Begriffe zugleich Reflexion ermöglichen.

Habermas hält also jene Leitthese für unplausibel, die die Rede von einer *Dialektik* der Aufklärung trägt: Dass Begriffe Kritik möglich machen, wird nicht aus ihrer Werkzeugfunktion heraus verständlich. Es wird nur verständlich, wenn wir bedenken, dass sie auch und zuerst der Verständigung dienen. – Habermas spricht statt von „Verständigung" auch von „Kommunikation", weshalb sein Hauptwerk von 1981 *Theorie des kommunikativen Handelns* heißt.

1. VERSTÄNDIGUNG UND KRITIK

Verständigung ist ein Verhältnis zwischen mehreren Subjekten, sie ist intersubjektiv. Die Bearbeitung der äußeren Natur ist dagegen das Verhältnis eines Subjekts zu einem Objekt. Objekte bieten sich an für technische Eingriffe und Veränderungen, die nur gelingen können, wenn die Arbeitenden die Naturgesetze beachten. Aber sie können den Subjekten, die sie auf Möglichkeiten der Bearbeitung hin betrachten, keine Antworten geben. Subjekte sind antwortfähig, Objekte sind stumm. Subjekte können widersprechen, Objekte nur kausal „mitteilen", dass wir sie falsch angefasst haben. Mir fällt dann der Bohrer aus der Hand, oder mich trifft der Schlag.

Habermas glaubt, von der Verständigung auszugehen, biete weitere Vorteile. Erstens könnten wir so besser verstehen, was Gesellschaften zusammenhält.

Ohne Verständigung kann Sozialintegration nicht gelingen, ohne Sozialintegration könnte selbst das „stahlharte Gehäuse" aus Bürokratien und Märkten nicht bestehen. Zweitens macht das Erfordernis sprachlicher Verständigung Gesellschaften auch störanfällig: Machtwirkungen können verhindern, dass Gesellschaften leisten, worauf Menschen angewiesen sind, etwa Erziehung und die Vermittlung von Sinn.

Drittens werden mit jeder Verständigung normative Ansprüche bemüht. Eine kritische Theorie kann diese Ansprüche zur Sprache bringen als einen Maßstab der Kritik, der in der von ihr kritisierten Welt immer schon wirksam ist. Sie kann also die Gesellschaft auf normative Ansprüche hin durchschaubar machen, die nicht, wie die natürlichen Rechte bei Friedrich Schiller, vom Himmel heruntergeholt werden müssen. Sie gehören zum Boden, auf dem wir uns als sprachlich Handelnde unweigerlich bewegen. Soweit die Beweisziele.

Will man verstehen, was Habermas zu seinem ungeheuren Theorieprogramm bewegt, so bietet es sich an, ihn als gelungenes Produkt der *Reeducation* nach dem Zweiten Weltkrieg zu betrachten. Die *Reeducation* war der vor allem von US-Amerikanern betriebene Versuch, ein Volk von Nazis und Mitläuferinnen politisch zu alphabetisieren. Habermas hält sich zugute, dass der Versuch zumindest an ihm nicht verschwendet war. Er wird zu einem Anhänger der Demokratie. Er wird es so sehr, dass ihm bald manches ungenügend vorkommt, was der *Mainstream* der Politikwissenschaftler aus dem Land der Befreier für hinreichend demokratisch hält.

Habermas gewinnt den Eindruck, Schumpeter und andere verkürzten die Demokratie gedanklich um fast alles, was sie anziehend macht. Demokratie verkörpert die Idee, dass mündige Menschen über zwanglose Meinungs- und Willensbildung ihre gemeinsamen Angelegenheiten regeln. Demokratie ist Regierung durch Diskussion. Ich hatte schon in der Vorlesung über Republikanismus angedeutet, dass Habermas von Hannah Arendt viel gelernt hat: Beide kritisieren die gedankliche Gleichsetzung von politischem und wirtschaftlichem Handeln. Beide betonen, dass Menschen, die als Bürgerinnen miteinander reden, zu neuen Einsichten kommen können.

Der demokratische Prozess ist ein Vorgang der Meinungs- und Willens*bildung* nicht nur im Sinne der Verrechnung, der Aggregation: Die Beratschlagung unter Bürgerinnen kann zur Läuterung von Vorlieben führen. Wir sehen die eigenen Ansprüche und die anderer vielleicht in einem neuen Licht und verstehen sie so besser als zuvor. Habermas denkt allerdings, Arendt könne nicht genug über die Möglichkeit demokratischen Lernens sagen; sie unterschätze den Gesichtspunkt des Begründens im Miteinanderreden. Für Habermas ist dieser

Gesichtspunkt zentral. Bürgerinnen suchen nach guten rechtfertigenden Gründen für ihre Parteinahmen. Und sie behelligen einander mit Einwänden, die argumentativen Streit anstoßen.

Sie sehen, das Augenmerk, das Habermas auf die Verständigungsfunktion der Sprache legt, hat eine natürliche Nähe zur freiheitlichen Politik, wie er sie auffasst. Ich glaube, man versteht Habermas am besten, wenn man ihn durch alle Teile seines verzweigten Werkes hindurch vor allem als demokratischen Denker ansieht. Er gibt selbst uralten philosophischen Themen wie Wahrheit und Moral eine Deutung, die verdächtig nach Demokratie aussieht: Immer begegnet uns die Überzeugung, dass nicht ein einzelner Mensch am Wahren oder am Gesollten orientiert sein kann, ohne dass mehrere es sind. Immer ist die Antwort, die Habermas für die Schwierigkeiten hat, der Tatsachen oder des Sittengesetzes habhaft zu werden, dass wir argumentieren müssen. Und wer argumentiert, wendet sich an ein Gegenüber, das Gründe begreifen und auch zurückweisen kann. Wir können die Wahrheit nicht in Taschen nach Hause tragen, aber wir können unter verständigen Menschen zu einer Einigung kommen, die einstweilen keiner von uns mehr mit Gründen erschüttern kann.

Was ist daran normativ? Stellen Sie sich vor, ich sagte: „Ich bin der größte lebende Denker, und wer mir widerspricht, wird erschossen"! Ich glaube, Sie wüssten intuitiv, dass hier etwas nicht stimmen kann. Was immer es hieße, der größte lebende Denker zu sein, eine solche Behauptung kann bezweifelt werden, und Zweifel lassen sich nur durch Gründe entkräften. Natürlich, ich könnte Sie zum Schweigen bringen, etwa durch Gewehrkugeln. Aber Gewehrkugeln als solche taugen nicht zur Wahrheitsfindung. Habermas argumentiert, wer ernsthaft eine beliebige Behauptung in die Welt setzt, geht davon aus, dass jeder, der die Sache ernsthaft prüfte, zwanglos zustimmen müsste.

„Zwanglos", das heißt, ohne dass Drohungen nötig wären. „Jeder", das heißt, wer immer von der Sache etwas versteht und also sinnvoll Stellung nehmen kann. „Jeder" heißt also ohne Ansehen der Person. Ob die Prüfende eine Putzfrau, ob sie überhaupt eine Frau, ob sie schwarz oder weiß, homo- oder heterosexuell ist, diese und tausend weitere Unterschiede spielen keine Rolle. Insofern stehen alle Argumentierenden auf derselben Stufe. Sie sind alle gleichermaßen befugt, „Ja" oder „Nein" zu sagen. Ob Professorin oder Putzfrau, was zählt, ist das Argument, und nicht, wer es äußert. Natürlich, fällt eine Streifrage ins Fachgebiet der Professorin, ist die Wahrscheinlichkeit hoch, dass sie mehr von der Sache versteht als die Putzfrau. Aber ihr Titel selbst ist kein Argument, allenfalls ein Hinweis darauf, von wem wohl eher gültige Gründe kommen werden. Keine Rolle spielt auch, wer wann meine Behauptung, der größte lebende Denker zu sein, überprüft. Auch Menschen einer noch so fernen Zukunft, die noch wüssten, was Denken heißt, müssten mir zustimmen, wenn sie nur vorbehaltlos an die Frage herangingen und das nötige Wissen besäßen. Die Gemeinschaft der Argumentierenden ist logisch gesehen unendlich groß, und ihr Streit hat kein definitives Ende in der Zeit.

Habermas nimmt an, wer einen beliebigen Anspruch erhebt, sagt unausdrücklich mit, dass die Bedingungen erfüllt seien, unter denen der Anspruch gilt; er spricht daher von „Geltungsansprüchen". Also: dass es regnet, wenn ich sage, „es regnet"; dass ich befugt bin zu befehlen, wenn ich sage, „Du sollst mir gehorchen". Und Geltungsansprüche laden prinzipiell beliebige andere ein, zu widersprechen. Dagegen hilft kein gewöhnlicher Zwang. Die einzige Art von Zwang, die zu ernsthaft erhobenen Geltungsansprüche passt, ist der „zwanglose Zwang des besseren Arguments". Argumente, soll das heißen, sind nicht zwingend wie ein Schlag auf den Kopf; aber ich kann ihnen auch nicht nach Belieben ausweichen. Der Zwang liegt darin, dass ich sie einsehe. Eine Einsicht aber lässt sich nicht ihrerseits erzwingen, es sei denn argumentativ. Argumentationen sind daher Praktiken, zu deren logischer „Geschäftsgrundlage" gehört, dass die vielen faktischen Zwänge des Lebens das Ergebnis nicht bestimmen können.

In diesem Sinne sagt Habermas, dass der logische Fluchtpunkt einer beliebigen Argumentation die „ideale Sprechsituation" sei. Die ideale Sprechsituation wäre eine Situation, in der nur das bessere Argument zum Zuge käme. Alle bloß empirischen Zwänge wären ausgeschaltet oder ausgeklammert. Die Gesprächssituation wäre außerdem inklusiv: Alle, die argumentieren wollen und können, hätten Zutritt. Und schließlich wäre sie symmetrisch. Alle begegneten einander auf gleichem Fuß.

Habermas hat allerdings, um ein beliebtes Missverständnis zu vermeiden, nie gesagt, dass wir die ideale Sprechsituation je erreichen könnten. Vielmehr ist sie eine notwendige Unterstellung, die wir „kontrafaktisch" vornehmen. „Kontrafaktisch" heißt: den Tatsachen zuwider. „Kontrafaktisch" ist aber nicht das Gleiche wie „irrtümlich". Denn wir können wissen, dass wir die ideale Sprechsituation nie erreichen werden, ohne den Vorgriff auf sie sein zu lassen. Tatsächlich nehmen wir ihn immer vor, wenn wir argumentieren. Wir können nicht anders. Auch können wir nicht anders, als zu argumentieren, nicht immer, aber immer öfter; dazu im nächsten Abschnitt mehr.

Habermas sagt nur wenig darüber, was Gründe zu guten oder gar zwingenden Gründen macht. Sie müssen in einer Geltungsbeziehung zum strittigen Anspruch stehen und sie dürfen nur solche Evidenzen in Anspruch nehmen, die allgemein zugänglich sind. Sie dürfen kein Geheimwissen erfordern, wie es Esoterikerinnen zu haben behaupten. Ob das für eine Theorie, in der so viel von „Vernunft“ die Rede ist, genügt, will ich dahingestellt sein lassen. Wichtiger aber ist, dass Habermas glaubt, zeigen zu können, was praktische Fragen, Fragen über die richtige Wahl von Zwecken, mit Erkenntnis zu tun haben.

Viele neuzeitliche Autoren sind der Ansicht, über Zwecke lasse sich im Grunde nur sagen, dass wir etwas wahrhaftig wünschen. Relativ dazu können wir dann, die Naturgesetze bedenkend, überlegt die Mittel wählen. Nicht die Wahl von Zwecken ist rational, nur die von Mitteln ist es. Daher sollte etwa die politische Grundfrage, wie wir leben *sollen*, eigentlich lauten: Wie *wollen* wir leben und was brauchen wir dazu? Habermas hält das für eine Umdeutung, die unserer praktischen Einstellung als Bürgerinnen Gewalt antut. Sehr oft fragen wir uns nicht, was wir wollen, sondern was wir sollen. Wir unterstellen damit, dass wir uns irren könnten, und nicht nur darüber, was wir wirklich wünschen. *Was* wir wollen sollten, sagt freilich auch Habermas nicht; das könnten nur die jeweils Betroffenen unter sich ausmachen. Aber er sagt immerhin etwas darüber, *wie* sie es klären können, und vor allem: wie nicht. Dazu noch einmal ein wenig Sprachphilosophie:

Für Habermas' Verständnis von Kritik ist ein Fehler sehr wichtig, den er „performativen Selbstwiderspruch“ nennt. Der Ausdruck „performativ“ steht für die Art der Sprechhandlung, die jemand vollzieht, indem er einen Satzinhalt äußert. Der Satzinhalt selbst heißt „Proposition“. Wer einen Satz äußert, vollzieht eine Sprechhandlung, und jede Sprechhandlung besteht aus einem Inhalt und einer Einstellung der Sprecherin. Der Inhalt mag sein: „Du holst Bier.“ Die Einstellung kann etwa die einer Fragenden sein: „Ich frage dich: Holst du Bier?“ Sie kann die einer Auffordernden sein oder sie kann behauptend sein. Nicht immer kommt die Einstellung zu Sprache; oft versteht sie sich aus der Situation heraus von selbst. Aber sie kann zur Sprache kommen, und dann wird außer der Proposition auch der performative Satzteil sichtbar.

Nun nehmen Sie diesen Satz: „Ich bin tot!“ Der Satzinhalt scheint unproblematisch zu sein – außer für mich natürlich, denn wer wäre schon gerne tot (andererseits, was könnte das heißen: „*Ich* bin tot?“). Vollständig, mit seinem performativen Teil, aber lautete der Satz: „Ich behaupte, ich bin tot“. Damit tritt ein Widerspruch zutage: Wer etwas behauptet, kann nicht tot sein. Das ist mit „performativem Widerspruch“ gemeint: Der Vollzug der Äußerung, ihre „Performanz“, straft den Satzinhalt Lügen.

Habermas nimmt nun an, auf diese Weise eine allgemeine Argumentationsregel für die Klärung praktischer Fragen zu erhalten. Wer sich ernsthaft fragt, was richtig sei, nimmt eine bestimmte Einstellung ein, die er bei Strafe eines performativen Widerspruches auch dann durchhalten muss, wenn ihm die Ergebnisse missfallen. Die Regel lautet ungefähr: „Wenn du meinst, eine Norm sollte für alle gelten, suche deren zwangloses Einverständnis in einer Diskussion, die keinen ausschließt". „Für alle" kann heißen: für alle, die einer Rechtsgemeinschaft angehören, und dann ist die Diskussion eine politische. „Für alle" kann auch heißen: für alle Menschen ohne weitere Voraussetzung, und dann ist die Diskussion eine moralische.

Jedenfalls gehört zur Beantwortung praktischer Fragen, formal gesehen, dass alle einander als freie und gleiche (Gesprächsteilnehmerinnen) gelten lassen. Habermas vermutet mit anderen Worten, Gründe für Merkmale der modernen Moral und ebenso der modernen Demokratie identifiziert zu haben, die jeder akzeptieren muss, der sich auf moralische und politische Gründe ernsthaft einlässt. Und er sagt, wer an moralischen und politischen Praktiken ernsthaft teilnimmt, glaubt Gründe zu haben, für die er notfalls Rede und Antwort stehen muss.

2. DEUTUNG DER MODERNE: LEBENSWELT UND SYSTEM

Allerdings waren Argumente nicht immer in der Geschichte so wichtig, wie sie es in der Neuzeit und Moderne, unter dem Eindruck der Aufklärung, geworden sind. Denken Sie an Horkheimer und Adorno: Wer immer an der Aufklärung zweifelt, setzt sie eben damit auch fort. Woran der Zweifel einmal nagt, das wird ihn nicht mehr los. Die Situation ist dann grundlegend anders, als wenn noch ein Tabu gelten würde. Tabus haben sicherlich in allen Kulturen und zu allen Zeiten eine große Rolle gespielt. In der Moderne ist ihre Stellung aber schon deshalb prekär, weil wir sie „Tabus" nennen und fragen können, warum wir sie beachten sollten: „Tabu Menschwürde – warum eigentlich?" Das ist durchaus paradox: Das fraglos Gültige muss unter Beweis stellen, dass es fraglos gültig zu sein verdient. Das heißt, es gilt jedenfalls nicht mehr fraglos.

Immer mehr Gewissheiten, die zum Hintergrund unserer ausdrücklichen Ansichten gehörten, können selbst hinterfragt werden. Das nennt Habermas „Rationalisierung der Lebenswelt". Der Ausdruck ist ein wenig irreführend, denn die Lebenswelt ist nicht das, was angefochten wird, sie ist der Hintergrund, auf dem die Anfechtung erfolgt. Wir bewegen uns *in* einer Lebenswelt, wenn wir argumentativ das Einverständnis anderer anstreben, aber wir suchen Einverständnis nicht über etwas in der Lebenswelt. Diese trägt unsere Verständigungsversuche, sie ist ihnen nicht selbst ausgesetzt. Genauer: Was hinterfragt wird, hört eben damit auf, Teil der Lebenswelt zu sein. Diese kann nicht verschwinden. Was aber schwindet, ist die Immunität irgendwelcher Inhalte gegen argumentative Anfechtung. Das ist mit „Rationalisierung der Lebenswelt" gemeint.

Die Lebenswelt spielt eine wichtige Rolle in Habermas' Gesellschaftstheorie. Sie macht drei Leistungen möglich, ohne die Gesellschaften nicht lebensfähig wären: die Weitergabe von Sinn über Generationen, die Stiftung von Solidarität, auch unter Fremden; die Verwandlung hilfloser Babys in selbstbewusste Personen. In der ersten Hinsicht spricht Habermas von „Kultur", in der zweiten von „Gesellschaft" – jetzt in einem engeren Sinne des Wortes –, in der dritten von „Persönlichkeit". Kultur, Gesellschaft und Persönlichkeit sind die drei Hinsichten, in denen Gesellschaften der symbolischen Reproduktion bedürfen. Und symbolisch heißt, die Reproduktion kann nur gelingen, wenn Menschen bereit sind, sich zu verständigen. Unter modernen Bedingungen steigt der Verständigungsbedarf. Immer mehr Menschen fragen schon aus Prinzip „Warum?" und wollen überzeugt werden. Das macht etwa die Sozialisation Heranwachsender für Eltern wie für Lehrerinnen so mühsam.

„Rationalisierung der Lebenswelt" heißt nicht zuletzt, dass immer mehr Menschen lernen, verschiedene Gesichtspunkte möglicher Geltung auseinanderzuhalten. In rationalisierten Lebenswelten werden Tatsachenfragen nicht mit Fragen der Moral und diese nicht mit Fragen des Schönen kurzgeschlossen. Umgekehrt sind die diversen Fundamentalismen unserer Tage daran zu erkennen, dass sie aus solchen Kurzschlüssen einen Teil ihres Eifers beziehen. Stellen Sie sich einen Fundamentalisten vor, der zum ersten Mal durch ein Schwulenviertel im Berliner Bezirk Schöneberg spaziert! Vieles, was er sieht, widert ihn an. Aber was genau stößt ihn ab? Zur Rede gestellt, mag er antworten: „Männer, die Männer begehren, werden auch Kinder schänden; sie verkörpern die Sünde; außerdem beleidigt, was sie tun, jedes unverdorbene Auge."

Eine Antwort auf der Höhe der modernen Weltbilddifferenzierungen wäre, jede dieser Aussagen für sich zu prüfen: Schänden wirklich alle oder auch nur die allermeisten Schwulen auch Kinder? Das ist eine Tatsachenfrage, und die Antwort ist offenbar negativ. Kann das, was sie tun, bei unparteiischer Betrachtung nur verurteilt werden? Das ist eine moralische Frage, und es bleibt unklar, warum ein Begehren unter Erwachsenen, das keine Dritten schädigt, widermoralisch sein sollte, es sei denn, man legt eine bestreitbare religiöse Moral zugrunde. Ist etwa der Anblick von Männern, die einander küssen, unbedingt unschön (und weniger schön als der von Männern und Frauen, die das Gleiche tun)? Das ist eine Frage der Ästhetik, und hier gehen die Ansichten weit auseinander. Außerdem darf das Hässliche nicht mit dem moralisch Verwerflichen gleichgesetzt werden, sonst müsste man auch viele Hunde und die Mode ihrer Halterinnen verbieten.

Kurz, nimmt man die Vorwürfe des Fundamentalisten anhand der Geltungsansprüche auseinander, die sie enthalten, werden sie jeder für sich als fragwürdig erkennbar. Und moderne Gesellschaften halten für jeden Grundtyp von Ansprüchen eigene Instanzen der Prüfung bereit: Wahrheitsfragen sind vor allem Sache der (Erfahrungs-)Wissenschaften, Fragen der Unparteilichkeit fallen in die Zuständigkeit von (Moral-)Philosophie, Recht und demokratischer Öffentlichkeit; Fragen der Ästhetik in diejenige der Kunstkritik. Eine solche Differenzierung garantiert zwar keine richtigen Antworten, macht sie aber wahrscheinlicher. Anders gesagt: Wo Aufklärung nicht völlig folgenlos war, nimmt die symbolische Reproduktion von Gesellschaften eine reflektierte Gestalt an. Aus diesem Grund sieht Habermas den Vorgang der Lebensweltrationalisierung durchaus positiv. *In dieser Hinsicht* können moderne Gesellschaften gar nicht rational genug sein.

Die symbolische Reproduktion ist aber auch für Habermas nicht alles. Die materielle Reproduktion kommt hinzu. Und wiederum nimmt Habermas in der Moderne eine Rationalisierung wahr. Sie entspricht ungefähr dem, was Marx als Freisetzung der Produktivkräfte gefeiert hat und was Horkheimer und Adorno so abgründig vorkommt. Die Rationalisierung der materiellen Reproduktion besteht in zunehmender Wirksamkeit. Dafür sorgen hierarchische Organisationen in Wirtschaft und Politik: Unternehmen und Verwaltungen. Auch Märkte tragen zur effizienten Problemlösung bei: Sie verarbeiten Informationen über Vorlieben schneller und umfassender, als jede Planung es könnte. Dieser Sinn von „rational“ steckt in dem Wort „Rationalisierung“, bei dem viele sofort an Entlassungen denken. Das deutet das Problem schon an: Ein verbesserter Wirkungsgrad ist kein Selbstzweck; er muss akzeptablen Zwecken dienen. Und über die Zwecke zu befinden, gehört zur symbolischen Reproduktion.

Aber einleuchtend ist auch, dass Kommunikation nicht alles sein kann. Moderne Gesellschaften würden sich heillos überfordern, würden sie nicht nur ihre symbolische, sondern auch ihre materielle Reproduktion ganz von verständigungsorientiertem Handeln abhängig machen. Stellen Sie sich vor, Sie müssten bei jedem Brötchenkauf mit der Frage der Verkäuferin rechnen: „Begründen Sie mir mal, wozu Sie das brauchen!“ Zum Glück haben wir ein Mittel, das ähnlich wie Wörter funktioniert, aber nicht wie sie zum Widerspruch einlädt. Dieses Mittel ist Geld. Wer Geld hinlegt, gibt etwas zu verstehen: „Ich bin hier als Käufer und nicht, um über die Dritte Welt zu reden.“

Im geeigneten Kontext trägt also Geld dazu bei, das Risiko, dass Kommunikation schiefgeht, zu vermindern. Es entlastet uns vom Zwang zum kommunikativen Handeln, das heißt zur Verständigung. Und Habermas sagt, wir haben noch ein zweites derartiges Mittel, das in manchem dem Geld ähnlicher ist als der Sprache. Das ist die Macht, wie sie sich in den Befehlsketten hierarchischer Organisationen manifestiert. Organisationen können sicher auf Verständigung nicht völlig verzichten. Aber sie stellen sie unter einen generellen Vorbehalt: „Wir könnten auch anders, nämlich durch Anweisungen, gewährleisten, dass geschieht, was die Leitung will."

Zwei Handlungsbereiche, in denen Verständigung allenfalls noch unter Vorbehalt zählt, sind die kapitalistische Wirtschaft und die staatliche Verwaltung. Wenn aber die vielen Menschen ihre Handlungsvorhaben nicht mehr sprachlich aufeinander abstimmen, was verhindert dann, dass alles auseinanderfällt? Was sorgt für Integration, wenn nicht das argumentativ vermittelte Einverständnis aller? Habermas nimmt an, dass die gesellschaftliche Integration im Geltungsbereich von Geld und Macht durch eine Vernetzung von Handlungsfolgen „hinter dem Rücken der Akteure" erfolgt. Geld und Macht spielen dabei die Rolle von Steuerungsmedien.

Das beste Beispiel ist der Markt: Millionen Käuferinnen und Verkäuferinnen tun etwas, ohne sich vorher abgesprochen zu haben. Mit dem Eintritt in Märkte erhalten Handelnde eine Art Freikarte, um unkommunikativ den eigenen Vorteil zu suchen und Mithandelnde nur strategisch zu beachten. Das Ergebnis ist im besten, von Adam Smith vermuteten Falle die Verbesserung der Wohlfahrt aller ohne unnötige Kosten. Keiner hat dieses Gesamtergebnis – einmal unterstellt, es kommt zustande – bezweckt. Ein anonymer Mechanismus hat es besorgt.

Will man erfassen, wie solche Mechanismen funktionieren, kann man also nicht bei den Einstellungen der Handelnden ansetzen. Man kann Integration über Märkte nicht verstehen, man kann sie nur erklären. Habermas nennt eine Betrachtung, die nichtbezweckten Zusammenhängen von Handlungen gilt, „systemtheoretisch". Die Handlungsbereiche, die sich für eine solche Betrachtung vor allem anbieten, nennt er dementsprechend „Systeme". So gelangt er zu einer Grundunterscheidung seiner Gesellschaftstheorie. Moderne Gesellschaften gewährleisten ihre symbolische Reproduktion aus einer Lebenswelt heraus, ihre materielle Reproduktion besorgen Systeme: die kapitalistische Markt- und Geldwirtschaft, die machtgesteuerte staatliche Verwaltung.

Dieses Bündnis von Lebenswelt und System ist durchaus prekär. Wie Marx für die Wirtschaft und Weber für die Bürokratie gezeigt haben, neigen Systeme zur Ausdehnung ohne Rücksicht auf Verluste. Auch Habermas sieht diese Neigung, aber er meint, grundsätzlich könnten wir sie von der Lebenswelt her begrenzen. Die genauen Aufgaben der Systeme sollten Gegenstand der Verständigung in demokratischen Öffentlichkeiten sein. Mündige Bürgerinnen sollten über Zwecke beraten, an deren Erfüllung Wirtschaft und Verwaltung in der Form des Rechts zu binden wären. Solange sie demokratisch ermittelten Zwecken dienen, sind kapitalistische Wirtschaft und Staatsverwaltung, wiewohl nicht selbst demokratisch organisiert, dennoch demokratisch gerechtfertigt – und zudem funktional unverzichtbar.

Aber die Funktionen, für die sie zuständig sind, liegen allein im Bereich der materiellen Reproduktion. Hier können und sollen sie ihre überlegene Effizienz ausspielen. Nichts zu suchen haben sie hingegen in Bereichen, die der symbolischen Reproduktion dienen. Hier ist Verständigung unverzichtbar. Weder Geld noch Macht können sie ersetzen. Als Schlagworte: Man kann Sinn und Solidarität nicht kaufen und selbstbewusste Persönlichkeiten nicht herbeizwingen – und umgekehrt. Habermas sieht aber starke Anzeichen dafür, dass Macht und Geld längst in Bereiche symbolischer Reproduktion eingedrungen sind, in denen sie nur stören können. Diese Vermutung bestimmt seine Zeitkritik in der *Theorie des kommunikativen Handelns*. Habermas hat für sie den einprägsamen, aber vielleicht auch nur scheinbar konkreten Ausdruck „Kolonialisierung der Lebenswelt" gefunden. Was ist damit gemeint?

Die kolonialisierte ist eine schon recht weitgehend rationalisierte Lebenswelt. Ihre Probleme sind nicht Analphabetismus und Hexenglauben. Selbst die gute alte Ideologiekritik eines Marx kommt Habermas überholt vor. Aber die Lebenswelt kann die Möglichkeiten vernünftiger Verständigung, die ihr aufgrund ihres Rationalisierungsgrades eignen, nicht voll ausschöpfen. Das liegt zunächst daran, dass ein großer Teil des Wissens nicht bei Laien, sondern bei Expertinnen liegt, und dass die Expertinnen sich über eigene Kulturen, etwa juristische Vereinigungen, von den Laien entfernt haben.

Außerdem nimmt Habermas an, dass die Systeme Wirtschaft und Staatsverwaltung weiterhin mit Schwierigkeiten geschlagen sind, die sie dem kapitalistischen Zwang zur Akkumulation verdanken. Hier liegt sozusagen der orthodoxe Rest bei Habermas. Der Kapitalismus tendiert zu Krisen, die indes keine systemgefährdenden Ausmaße annehmen müssen. Für ihre Abfederung sorgt nicht zuletzt der Wohlfahrtsstaat – wir sind in den siebziger und frühen achtziger Jahren. Allerdings ist der Preis dafür eine Bürokratisierung immer weiterer Lebensbereiche. Sie nimmt auch keine Rücksicht auf den Eigensinn der symbolischen Reproduktion.

Die Bürokratie bringt das Steuerungsmedium Macht zum Zuge, wo sich

Bürger frei verständigen müssten. Sie definiert zum Beispiel über die Köpfe von Menschen hinweg, was deren Bedürfnisse seien, für deren Befriedigung sie dann sorgt. Wo selbstbewusste Personen sein könnten, sieht sie nur Klienten. Analog nehmen Unternehmerinnen lauter Kundinnen wahr, die sich auch selbst so wahrnehmen. Eine Kehrseite der erfreulich gestiegenen Massenkaufkraft ist, dass immer mehr Menschen sich selbst vor allem als Konsumentinnen betrachten: „Ich kaufe, also bin ich". Ihr Selbstbild ist dem Geldmedium gemäß.

Von einer Kolonialisierung der Lebenswelt spricht Habermas nun, wenn beide Bedingungen zusammentreffen: Macht und Geld durchdringen Bereiche einer prinzipiell schon rationalisierten Lebenswelt, die der Verständigung vorbehalten bleiben müssten; die Menschen bekommen das nicht mit, weil das erforderliche Wissen auf Expertenkulturen beschränkt bleibt.

3. EINIGE PROBLEME MIT DER UNTERSCHEIDUNG VON SYSTEM UND LEBENSWELT

Diese Krisendiagnose ist natürlich nicht unwidersprochen geblieben. Das mindeste, was man über sie sagen kann, ist: Sie ist sehr abstrakt. Habermas geizt mit Beispielen, die den Vorgang der Kolonialisierung fassbar machen könnten. Unklar bleibt, was genau die symbolische Reproduktion gefährden soll. Natürlich spielt Geld in Familien hinein: Jeder Streit über die Höhe des Taschengeldes oder über das schulische Überlebenserfordernis, das neueste Smartphone zu besitzen, bezeugt es. Aber das zeigt eben auch, dass Geld, anstatt Verständigung zu verdrängen, auch neue Anlässe für sie geben kann. Ähnlich die von Sozialbürokratien ausgehende Macht: Sie ist eine Kehrseite, deren andere Seite verbriefte Rechtsansprüche sind. Und dass über Ansprüche wortreicher Streit möglich ist, weiß jede Beamtin des Sozialamts.

Vielleicht sollten wir die Idee, die Habermas vorschwebt, anders verstehen. Vielleicht ist ihr haltbarer Kern, dass Systeme, deren Grenzen in demokratischer Diskussion bestimmt werden müssten, stattdessen die Diskussion bestimmen – oder verhindern, dass überhaupt diskutiert wird. Diese Deutung hat den Vorteil, dass wir nicht durch eine Art von Wesensschau des Sozialen festlegen müssen, wo Geld und Macht keinesfalls hingehören. Wir können uns damit begnügen, Einflüsse auf Öffentlichkeiten problematisch zu finden, die eben diese Öffentlichkeiten daran hindern, Einflüsse zu kontrollieren.

Wer hier an Herrn Berlusconi und sein Medienimperium denkt, liegt nicht falsch. Aber auch das Privatfernsehen in Deutschland sowie die hohe Kapitalkonzentration im Medienbereich mögen einem problematisch vorkommen. Dabei ist das Problem nicht schon, dass überhaupt Geld und auch Macht eine Rolle spielen. Wichtige meinungsbildende Medien wie die *Süddeutsche Zeitung*, die *Frankfurter Allgemeine* und die *Zeit* sind in privater Hand, und trotzdem bieten sie ihren Leserinnen oft bedenkenswerte Argumente – auch Habermas schreibt schließlich für sie. Der öffentlich-rechtliche Rundfunk war nie frei vom Einfluss der Parteiführungen, die wiederum Teil des politischen Systems sind.

Das Problem beginnt, wo Geld und Macht verhindern, dass über die Grenzen von Geld und Macht halbwegs frei gestritten werden kann. Und Kolonialisierung liegt vor, wo Geld und Macht bewirken, dass eben diese Wirkung unsichtbar bleibt. Wer Berlusconis Fernsehen guckt, sieht keinen machtgierigen Mogul und kein gebeugtes Recht, sondern Fußball und hüpfende Brüste. Die Demokratie nimmt Schaden, aber der Souverän sitzt auf dem Sessel und glaubt sich gut unterhalten.

Manches lässt sich auch gegen die Unterscheidung von System und Lebenswelt einwenden – oder jedenfalls gegen die starke Deutung, die Habermas ihr gegeben hat. Die Deutung ist deshalb sehr stark, weil sich Habermas nicht damit begnügt, zwei Weisen *der Betrachtung* von Gesellschaft zu unterscheiden. Er verbindet sie mit der Unterscheidung zweier gesellschaftlicher *Bereiche*: Wirtschaft und Staatsverwaltung auf der systemischen, Familie und Öffentlichkeit auf der lebensweltlichen Seite.

Grundsätzlich spricht aber nichts dagegen, *alle* gesellschaftlichen Vorgänge systemtheoretisch zu betrachten. Alle haben schließlich auch Folgen, die davon unabhängig sind, ob sie bezweckt wurden. Niklas Luhmann hat eine solche Betrachtungsweise gewählt und viele tausend Seiten mit den Befunden gefüllt. Man kann zum Beispiel manches über die Dynamik von Ehen in Erfahrung bringen, wenn man sich ansieht, was die Partner anrichten, ohne es zu wissen und zu wollen.

Umgekehrt mag es auch fruchtbar sein, Gesellschaft allein anhand von Verstehensleistungen ihrer Angehörigen zu erschließen, also ganz der Lebenswelt verbunden zu bleiben. Man kann etwa vieles über die kapitalistische Wirtschaft lernen, indem man sich verstehend den Überzeugungen zuwendet, die wirtschaftlich Handelnde bewegen. Eine solche Zugangsweise wählt schon Weber. Er möchte wissen, welche Motive religiösen Ursprungs Menschen dazu brachten, ihre Reichtümer nicht gleich wieder zu verzehren, sondern zu akkumulieren. Weber glaubt, am Ursprung des Kapitalismus habe nicht zuletzt die Hoffnung von Calvinisten – Anhängern der Lehre des Genfer Reformators Jean Calvin – gestanden, ihr wirtschaftlicher Erfolg werde ihnen verraten, dass Gott sie für die ewige Seligkeit vorgesehen habe. Weber nimmt allerdings auch an, dass dieses Motiv im Maße der Durchsetzung der neuen Wirtschaftsordnung verblasst sei:

Aus dem fest verankerten Kapitalismus sei aller „Geist" gewichen; nur mehr mechanischer Zwang halte sein stahlhartes Gehäuse zusammen. Das kommt der Ansicht von Habermas entgegen, dass sich die Wirtschaft nur noch systemtheoretisch erfassen lasse.

Aber das könnte voreilig gewesen sein. Nehmen Sie den Streit um den sogenannten *Shareholder Value*, den Wert eines Unternehmens für Aktionäre: Sind Kapitalisten, die alle Entscheidungen der Befriedigung von Anlegerinteressen unterordnen, nicht auch für einen Wandel in der Kultur des Kapitalismus verantwortlich? Folgen sie nicht einer ganz anderen Vorstellung von erfolgreichem Wirtschaften als die ebenso fürsorglichen wie autoritären Unternehmensherren alten Typs? Und beeinflussen solche Vorstellungen sowie ihr Wandel nicht ebenso die strukturellen Bedingungen des Wirtschaftens, wie sie umgekehrt von diesen beeinflusst werden? Wir sollten wichtige wirtschaftskulturelle Gesichtspunkte nicht vorschnell mit Floskeln wie „Zwang zur Profitmaximierung" zudecken.

Der Kapitalismus hat eine lebensweltliche Seite, die nicht unwesentlich ist. Über sie kann Habermas zu wenig sagen, weil ihn die Wirtschaft vor allem unter dem Gesichtspunkt der Wirksamkeit bei der Herstellung und Verteilung von Gütern und Leistungen interessiert. Allerdings liegt es nahe, die *besondere* Integrationsleistung, die Märkte erbringen, systemtheoretisch zu deuten. Schwieriger finde ich die Übertragung dieser Sichtweise auf Organisationen. Auf Märkten spielt die Verständigung keine bestimmende Rolle, weil mehrere Akteure ohne vorherige Absprachen ihren Nutzen mehren möchten. In Organisationen steht die Verständigung unter einem Vorbehalt, weil Leitungen sich das Recht nehmen, sie durch Befehle abzukürzen, um eine Abstimmung der Handlungen in ihrem Sinne nicht zu gefährden. Der Unterschied kommt mir erheblich vor: auf der einen Seite Planlosigkeit und „unsichtbare Hand", auf der anderen Planung und sozialtechnische Menschenführung. Warum für beides die Systemtheorie zuständig sein soll, wird (mir) nicht klar.

Zu kritischen Nachfragen lädt auch die Deutung von Unrecht und Widerstand ein, die Habermas mit seiner Unterscheidung im Sinn hat. Er vermutet, Konflikte seien heute vor allem an den Übergangsstellen zwischen System und Lebenswelt zu finden. Dort kämpften Menschen, etwa in neuen sozialen Bewegungen, gegen die Entwertung der Verständigung durch Macht und Geld. Nancy Fraser, eine Habermas durchaus nahestehende Feministin, hat darauf hingewiesen, dass jedenfalls die neue Frauenbewegung ganz andere Probleme vordringlich findet. Sie wendet sich gegen Gewalt und Ungleichheit auch in Familien, also in einem Bereich der Lebenswelt. Manche Frauen erwägen, ob nicht Hausarbeit einen Geldlohn wert wäre. Das würde dem Medium Geld neue Kanäle öffnen, aber wäre das unbedingt schlecht? Dass Vergewaltigung in der Ehe endlich unter Strafe steht, hat das Machtmedium tiefer in die Familien eindringen lassen. Noch mehr Raum bekäme es, wenn auch die Rechte von Kindern gegen ihre Eltern gestärkt würden. Aber sollten wir das bedauern?

Doch nicht nur in der Lebenswelt, auch in den Systemen sind Konflikte möglich, die sich nicht um die Kolonialisierung der Lebenswelt drehen. Habermas sieht die Systeme allein unter dem Gesichtspunkt überlegender Leistungsfähigkeit. Das kommt mir einseitig vor: Ich glaube, moderne Menschen messen die Systeme auch daran, ob sie modernen Idealen wie Freiheit, Gleichheit und Humanität Ausdruck geben. Tun sie es nicht, so wirken sie entfremdend – und wecken vielleicht die Bereitschaft zum Widerstand.

Am Beispiel der industriellen Arbeit: Was könnte wirksamer sein als die wissenschaftliche Arbeitsorganisation im Taylorsystem – benannt nach dem Ingenieur Frederick Winslow Taylor? Die Tätigkeit der einzelnen Arbeiterin wird auf ihre kleinsten Einheiten reduziert, etwa auf das Heben des linken Armes im 45-Grad-Winkel am Fließband. Alles Wissen über die Zusammenfassung und den Zweck der Gesamtarbeit sitzt im Management. Das war eine wesentliche Seite des kapitalistischen Erfolgsmodells im 20. Jahrhundert, dessen andere Seite die Kopplung der Löhne an die Produktivität der Arbeit und damit die Ermöglichung von Massenkonsum war. Auch hatte das Taylorsystem den Vorzug, dass selbst die Unbegabtesten irgendwo unterkommen konnten, was heute immer seltener der Fall ist. Trotzdem haben sich mehr und mehr Arbeitende seit Ende der sechziger Jahre gegen das Taylorsystem gewehrt. Sie haben etwa Schraubenschlüssel in laufende Bänder geworfen – was die Neue Linke der siebziger Jahre hoch erfreut hat.

Der Widerstand gegen das Taylorsystem hatte damit zu tun, dass Menschen, die industrielle Arbeit nicht gewohnt waren, es unmenschlich fanden und dass besser Ausgebildete sie nur zu gut verstehen konnten – so wenig sie auch sonst von industrieller Arbeit und deren Ausführenden verstanden haben mögen. Einleuchtend schien jedenfalls, dass Arbeit Herstellerstolz vermitteln sollte. Auch sollte sie den Menschen Gelegenheiten zur Verständigung geben. Zerstückelte Fließbandarbeit bot beides nicht. Der Widerstand gegen sie kann, mit Habermas gegen Habermas gesagt, verstanden werden als ein Versuch, der Lebenswelt *im System* Geltung zu verschaffen. Das ist nur scheinbar paradox: Lebenswelt ist überall da, wo Handelnde sind, auch in hierarchischen Organisationen, deren Zweck nicht Verständigung ist, sondern eine möglichst große Gütermenge in möglichst kurzer Zeit.

Und der Widerstand war nicht ganz erfolglos. Eine beschränkte, aber erhebliche Zahl von Beschäftigten erfreut sich heute höherer Freiheitsgrade. Sie kann im Unternehmen eigenständig und kommunikativ handeln, auch wenn die letzten Entscheidungen andere treffen. Zudem zahlen viele den Preis einer „Kolonialisierung" ihres Privatlebens: Sie sollen tendenziell immer und überall als verkörpertes Gewissen „ihres" Unternehmens tun, was dessen Ziele fördert; selbst abends, selbst im Freundeskreis, selbst im Bett. Das heißt im Neusprech *Corporate Identity*. Angelehnt an Habermas könnten wir auch sagen: Die Lebenswelt wird instrumentalisiert. Unternehmerinnen machen aus ihr eine Ressource der Reichtumserzeugung.

Die Instrumentalisierung der Lebenswelt ist aber nicht das Gleiche wie deren Kolonialisierung. Im zweiten Fall wird die Verständigung entwertet; im ersten Fall wird sie *verwertet*. Anders gesagt: Aufgeklärte Kapitalisten machen sich das Bedürfnis von Menschen, ihre Arbeit sinnvoll und auch sozial erfüllend zu finden, zunutze. Sie bieten etwa Arbeit in Gruppen. Die groben Ziele gibt das Management vor, über die Einzelheiten befinden die Gruppenangehörigen selbst. Für Kontrolle sorgt die Konkurrenz der Gruppen untereinander.

Grundsätzlich scheint mir Habermas dennoch recht zu haben, wenn er eine Gesellschaftstheorie entwirft, die beides einfängt: soziale Integration über sprachliche Verständigung und systemische Integration über Handlungsfolgen. Gesellschaft ist nicht möglich ohne Akteurinnen, die mit ihrem Handeln zumindest implizit Geltungsansprüche verbinden. Aber sie geht nicht auf in dem, was noch so viele Handelnde sich vorstellen. Sie ist mehr als eine Menge von Deutungen und Bedeutungen, wie das modische Gerede über „Diskurse" suggeriert. Eine kritische Theorie sollte auch erfassen, was uns dadurch beeinflusst, dass wir es nicht verstehen und nicht beherrschen.

Habermas geht aber wahrscheinlich zu weit in der Trennung von Lebenswelt und System und in der ausschließlichen Zuordnung der materiellen Reproduktion zu dieser und der symbolischen Reproduktion zu jener Seite. Die materielle Reproduktion erfolgt auch in der Moderne nicht nur über Märkte, sondern etwa auch über die unbezahlte Hausarbeit in Familien, die immer noch vorwiegend Frauen leisten. Und symbolische Reproduktion geschieht überall dort, wo Menschen handeln. Denn Handeln heißt: mit einem Tun Bedeutung verbinden.

Ich habe mich hier auf Habermas' Gesellschaftstheorie konzentriert. Sie scheint mir deutlicher zu machen, was ihn mit der früheren Kritischen Theorie verbindet, als seine heute vor allem beachtete Demokratietheorie. Diese darf, wie angedeutet, als eine auf Argumentationen zugeschnittene Spielart des Republikanismus gelten. Mit dem klassischen Republikanismus teilt Habermas ein anspruchsvolleres Verständnis von demokratischer Willens*bildung*, als es „realistische“ Theorien vermitteln. Der Witz von Demokratie ist demnach nicht die möglichst gleichmäßige Verarbeitung vorpolitischer Vorlieben, sondern die gemeinsame Überprüfung der Vorlieben selbst. Idealerweise würden alle für die Gesetzgebung maßgeblichen Vorlieben eine argumentative Läuterung durchlaufen haben. Sie wären aus einem Prozess der Prüfung unter lauter wohlmotivierten, gut informierten und gründlich urteilenden Bürgerinnen hervorgegangen oder hätten einer solchen Prüfung standgehalten.

Politikwissenschaftlerinnen nennen die Demokratievorstellung, für die Habermas streitet, „deliberativ“. Demokratische Deliberation bedeutet, dass Bürgerinnen mit sich selbst, aber vor allem auch miteinander zu Rate gehen. Dazu brauchen sie Spielräume, die möglichst frei sind vom Einfluss der Steuerungsmedien Geld und Macht. Habermas interessiert sich daher sehr für die Zivilgesellschaft. Sie soll aber das politische System nicht ersetzen. Zivilgesellschaftliche Akteure halten aus guten Gründen Abstand von den Entscheidungszentren: Sie bringen Gründe und Gesichtspunkte zur Geltung, auf die professionelle Politikerinnen, eingeklemmt zwischen Entscheidungszwängen und Rücksichten auf Kräfteverhältnisse, von alleine nicht kämen.

Der wichtigste Rahmen, in dem zivilgesellschaftliche Öffentlichkeit und Entscheidungszentren aufeinander einwirken, ist nach wie vor der Nationalstaat. Aber dieser Rahmen ist in immer mehr Hinsichten wie Klimaschutz oder Unternehmensbesteuerung zu eng geworden. Habermas ist daher heute publizistisch überall zu finden, wo über die Aussichten öffentlicher Argumente in einer entgrenzten Welt gestritten wird. Nicht unwahrscheinlich ist, dass eine Theorie, die so viel Wert legt auf das Aussprechen von Gründen, die Demokratie enger an die Muttersprache bindet, als Habermas, ein Freund Europas, wahrhaben will. Die meisten Bürger der Bundesrepublik können bestenfalls Deutsch. Eine grenzüberschreitende Verständigung über die Europäische Union oder gar über globales Regieren ist noch eine Sache von Eliten. Aber Habermas' Suche nach demokratischen Spielräumen jenseits des Nationalstaats verrät, wie politisch rege und erregbar dieser große Intellektuelle geblieben ist.

11. VORLESUNG. POSTSTRUKTURALISMUS: MICHEL FOUCAULT

1. STRUKTURALISMUS UND POSTSTRUKTURALISMUS

Eine Grundfrage der zuletzt vorgestellten Theorien, die Habermas anders beantwortet als Horkheimer und Adorno, lautet: Wo sind noch Spielräume für selbstbestimmtes und wohlüberlegtes Handeln, das systemische Zwänge eindämmen und zurückdrängen könnte? Die *Dialektik der Aufklärung* gibt solche Spielräume kaum mehr zu erkennen; das hat Habermas bewogen, die Gesellschaftstheorie auf eine andere Grundlage zu stellen. Einen wiederum anderen Weg geht Michel Foucault: Er legt seine ganze Theorie grundbegrifflich darauf an, die moderne Hoffnung auf eine vernünftige Selbstbestimmung selbstbewusster Subjekte zu enttäuschen. Er will wissen, was überhaupt Subjekte zu Subjekten macht, die sich dann selbstbewusst und selbstbestimmt vorkommen mögen.

Foucaults Leitthese lautet, der neuzeitliche Mensch sei schon als ein Gemachtes auf die Bühne getreten. Wir sind Effekte von Macht, Artefakte von Kräfteverhältnissen. Wollen wir eine illusionslose Sicht auf moderne Gesellschaften gewinnen, so müssen wir die anonymen Mechanismen der Formung und Umformung von Subjekten in den Blick bekommen. Man kann sagen, Foucault vertritt, jedenfalls über weite Strecken seines Werkes, einen „methodischen Antihumanismus".

Das klingt polemischer, als es gemeint ist. Eine methodische Antihumanistin hat nichts gegen die Menschheit. Sie strebt nur Beschreibungen und Erklärungen an, die nicht beim Selbstverständnis von Handelnden ansetzen. Sie denkt, dieses Selbstverständnis bedürfe selbst einer Erklärung, die ähnlich von außen kommen sollte, wie die Erklärungen der Naturwissenschaften von außen kommen. Diesen habe es schließlich auch gut getan, in der Natur nicht länger subjektive Zwecke und Absichten, sondern einzig Gesetze zu vermuten. Für die Wissenschaften vom Menschen heißt das: Sie sollten beim individuellen und gemeinschaftlichen Unbewussten ansetzen. Anstatt unser – generell falsches – Bewusstsein zu verdoppeln, sollten sie nach Regelmäßigkeiten suchen, die dieses Bewusstsein untergründig durchziehen. Man könnte dies eine verallgemeinerte „Ich sehe was, was du nicht siehst"-Einstellung nennen. Sie prägt auch den Poststrukturalismus Foucaults.

Der Poststrukturalismus steht in einem ähnlichen Verhältnis zum Strukturalismus wie der Postmarxismus zum Marxismus: Jeweils werden Motive und Merkmale der ursprünglichen Theorie aufgegriffen und mit neuen Mitteln teils zur Geltung gebracht und teils überboten. Der Strukturalismus nahm seinen Anfang im 19. Jahrhundert als eine Theorie der Sprache. Er hat in den sechziger Jahren des 20. Jahrhunderts in Frankreich, ausgehend von Forschungen des Völkerkundlers Claude Levi-Strauss, die Geistes- und die Gesellschaftswissenschaften ergriffen und damit die Vorherrschaft des Existenzialismus gebrochen.

Das war kein Zufall: Der von Philosophen und Schriftstellerinnen wie Jean-Paul Sartre, Albert Camus und Simone de Beauvoir geradezu verkörperte Existenzialismus stand für ein schwer haltbares Pathos radikaler Freiheit und Verantwortlichkeit der einzelnen Person. Er hat den Freiheitsgedanken bis über die Grenzen des Nachvollziehbaren hinausgetrieben. Der Strukturalismus ist wie ein Pendelschlag ins andere Extrem: Er lässt nurmehr unbewusst wirksame Beziehungen zwischen Elementen gelten. Wo die Existenzialisten radikal vereinzelte Menschen sehen, die zur grundlosen Wahl von Lebensentwürfen verurteilt sind, sieht der Strukturalismus lauter Effekte von Strukturen. Er kommt damit dem naturwissenschaftlichen Vorbild so nahe, wie Wissenschaften vom Menschen dies eben können.

Ich will Ihnen nur zwei Grundgedanken des Strukturalismus vorstellen, die Sie auch bei Foucault häufig finden werden. Das eine ist der Gedanke, dass Bedeutungen durch Bildung von Gegensätzen entstehen. Am Beispiel der Sprachtheorie: Ein Begriff wie „Berg“ bezieht seine Bedeutung nicht von etwas Außersprachlichem da draußen in der Landschaft. Seine Bedeutung kommt aus der Beziehung zu anderen Begriffen, gegen die er profiliert ist. „Berg“ hat Bedeutung als Element in einer geordneten Menge von Begriffen wie „Tal“, „Senke“ und „Hügel“. Gegen all diese Begriffe ist „Berg“ durch Absetzung bestimmt: Berge sind keine Hügel, keine Täler und so weiter. Die geordnete Menge der Elemente heißt „Struktur“, was dem Strukturalismus seinen Namen gibt.

Wer immer nun Begriffe wie „Berg“ gebraucht, lässt sich auf die Struktur als ganze ein. Er bewegt sich darin nicht etwa frei und nach Gutdünken. Er bewegt sich nach Maßgabe der Regeln, die die Struktur ausmachen. Der Erfinder des Strukturalismus, Ferdinand de Saussure, sagt es so: Die Praxis des Sprechens – französisch *parole* – wird bestimmt von der Sprache als Struktur – französisch *langue*. Das ist der zweite Grundgedanke des Strukturalismus, den seine Anhängerinnen im zwanzigsten Jahrhundert auf alle möglichen Gegenstände, von sinnstiftenden Erzählungen über Verwandtschaftsregeln bis zur kapitalistischen Produktionsweise, übertragen haben: Stets kommt zuerst die Struktur und dann die Praxis; stets gehorcht, was die Menschen tun, unbewusst wirksamen Regeln der Hervorbringung.

Beide Gesichtspunkte, die Bedeutungsgebung über Gegenbegriffe und der Vorrang der Struktur, treten vor allem in Foucaults frühem Werk deutlich hervor. Foucault will etwa wissen, in welche Strukturen wir uns verstricken, indem wir uns für vernünftig halten. Zur „Vernunft" gehört als Gegenbegriff der „Wahnsinn". Und umgekehrt: Nur wo Vernunft ist, kann Wahnsinn sein. Foucault meint das ganz radikal: kein Wahnsinn ohne Vernunft. Er wendet sich damit gegen ein vorherrschendes Verständnis, das etwa so aussieht: Wahnsinn ist eine Krankheit, die medizinisch erkannt werden kann. Ein Wahnsinniger hat ein grob verzerrtes Bild von der Wirklichkeit und wird vielleicht mangels Selbstkontrolle zur Gefahr für sich und für andere. Vernünftig ist dagegen, wer angemessen überlegen und davon sein Handeln bestimmen lassen kann.

Foucault aber fragt nicht danach, ob dem Begriff des „Wahnsinns" irgendetwas in der wirklichen Welt entspricht. Der „Wahnsinn" ist nur innerhalb einer Struktur bestimmt, über den Gegenbegriff der „Vernunft", so wie die „Vernunft" über den „Wahnsinn". Was dabei völlig in den Hintergrund tritt, ist die Frage, ob es so etwas wie Wahnsinn und Vernunft eigentlich gibt. Das ist ein durchgängiges Merkmal der Arbeiten Foucaults: Eine von unseren begrifflichen und sonstigen Ordnungen unabhängige Wirklichkeit interessiert ihn nicht; womöglich hält er sie nicht einmal für denkbar.

Das lässt sich etwa so erläutern: Wann immer wir über etwas *in der Welt* reden, *reden wir*, und das heißt, wir gebrauchen Begriffe, die über Gegenbegriffe bestimmt sind. Die Gesamtheit der gegeneinander bestimmten Begriffe bildet ein Deutungsschema. Es legt fest, von welchen Grundbestandteilen der Welt wir ausgehen. Und Foucault glaubt außerdem, jedes Deutungsschema sei kontingent, das heißt, es könnte auch anders sein. In gewissem Sinne ist sein ganzes Werk dem Nachweis gewidmet, dass wir immer wieder dazu neigen, alternative Sichtweisen zu übersehen. Weil wir aus einem Deutungsschema heraus wahrnehmen, denken und handeln, wird uns das Schema selbst gewöhnlich nicht bewusst. Es ist schließlich nicht der Gegenstand, sondern der Rahmen unserer Bezugnahmen. Ich werde auf dieses Problem in der letzten Vorlesung zurückkommen, wenn ich die Theorie Judith Butlers diskutiere, die vieles Foucault verdankt.

Nun ist Foucault nicht einfach Strukturalist, sondern Poststrukturalist. Inwiefern also geht er über den Strukturalismus hinaus? Vor allem zweierlei ist hier wichtig. *Erstens* ist der klassische, von Saussure begründete Strukturalismus nur an der jeweiligen Gegenwart von Strukturen interessiert. Foucault lenkt dagegen das Augenmerk auf die Geschichtlichkeit aller Ordnungen; er stellt sie als Ergebnis historischer Brüche dar. Er übernimmt dazu von dem deutschen Kulturphilosophen Friedrich Nietzsche das Verfahren der *Genealogie*.

Genealogien sind geschichtliche Erzählungen zum Zwecke der Verfremdung. Sie sollen das vermeintlich Selbstverständliche seiner Selbstverständlichkeit entkleiden und seine Fragwürdigkeit aufzeigen. Und dabei geht es nicht um beliebige Aspekte unseres Selbstverständnisses, sondern um solche, an denen unser Herz hängt. Was wir gern in der Stimmung größter Feierlichkeit betrachten, das bildet den bevorzugten Angriffspunkt genealogischer Erzählungen. Eine genealogische Erzählung soll uns in den erhabensten Hinsichten unseres Selbstverständnisses erschüttern.

Nietzsche etwa nahm sich die Humanität vor, die sich das Christentum zugute hielt. Er dachte, sie sei eine besonders verdrehte und verlogene Spielart des Willens zur Macht: Ausdruck des Ressentiments der zu kurz Gekommenen gegen die Siegernaturen. Das Ressentiment mache die Welt nicht etwa humaner. Es vermehre nur ihren Jammer durch Verbreitung eines schlechten Gewissens unter den Starken; außerdem begünstige es neue Machtgruppen wie die Priester.

Foucault wird später ähnlich argumentieren, um die vermeintliche Humanisierung des Strafvollzuges als wichtigen Zug in der Durchsetzung einer „Disziplinargesellschaft“ zu entlarven. Und wie Nietzsche wird auch er überall Machtwirkungen wahrnehmen, wo idealistischere Naturen nur edle Absichten zu finden vermeinen. Damit geht eine *zweite* Hinsicht einher, in der Foucault über den Strukturalismus hinausgeht: Er betrachtet sprachliche Ordnungen als Teile eines Gesamtgefüges, zu dem auch nichtsprachliche Praktiken und Institutionen gehören. Anders als etwa Laclau und Mouffe hat Foucault seit den siebziger Jahren die Rede von „Diskursen“ relativiert. Für ebenso wichtig wie Deutungen und Bedeutungen hält er körperbezogene Praktiken und deren Materialisierung in Disziplinareinrichtungen wie Gefängnissen, Kliniken und Schulen.

Zusammengefasst: Foucault übernimmt vom Strukturalismus die Annahmen der Bedeutungsbestimmung über Gegensätze und des Vorrangs der Strukturen vor den Praktiken. Er betrachtet Strukturen jedoch nicht nur synchron, hinsichtlich ihrer Gleichzeitigkeit, sondern auch diachron, hinsichtlich ihres Gewordenseins. Er erzählt ihre Geschichte in der Absicht einer Verfremdung liebgewonnener Ansichten. Außerdem verbindet er das Symbolische mit dem Materiellen, Ordnungen von Begriffen und Aussagen mit institutionalisierten Praktiken.

2. SUBJEKT, WISSEN UND MACHT

Die vielleicht zentrale These in Foucaults Werk lautet nun, dass im Zusammenspiel von Diskursen und handfesten Kämpfen, von Wissen und Macht moderne Subjekte entstehen, die sich frei und aufgeklärt vorkommen. Dieses Selbstverständnis will Foucault genealogisch erschüttern. Er will das Subjekt, das scheinbar imstande ist, selbstbewusst seine Welt zu gestalten, als Produkt entlarven: Die vermeintlichen Macher sind selbst etwas Gemachtes. Radikaler kann man moderne Menschen wohl nicht kränken.

Foucault möchte zeigen, dass moderne Subjekte aus einem Zusammenspiel von Sichtweisen und Kräfteverhältnissen hervorgehen. Für die Sichtweisen verwendet er den Ausdruck „Wissen“, für die Kräfteverhältnisse den Ausdruck „Macht“. Alle drei Schlüsselbegriffe, „Subjekt“, „Wissen“ und „Macht“, finden bei Foucault eine Verwendung, die vom gewöhnlichen Sprachgebrauch abweicht und daher erläutert sei.

Zunächst zu „Subjekt“. Damit meinen wir gewöhnlich jemanden, der wahrnehmen, denken und handeln kann. Subjekte sind aktiv, sie handeln, im Gegensatz zu Objekten, die passiv sind und behandelt werden. Aber das ist, wie Foucault in Erinnerung ruft, nicht der ursprüngliche Sinn von „Subjekt“: Das lateinische *subjectum*, aus dem unser „Subjekt“ geworden ist, meinte „das Unterworfene“, also eher das, was wir heute „Objekt“ nennen. Allerdings will Foucault nicht einfach Subjekt- und Objektstelle mit Verweis auf die Wortgeschichte umkehren. Er möchte den Doppelsinn festhalten, der darin liegt, dass Subjekte zu wahrnehmenden, denkenden und handelnden Wesen gemacht werden. Subjekte sind nicht zuerst aktiv und werden dann unterworfen; sie werden durch Unterwerfung als aktive Wesen in die Welt gebracht.

Wichtig ist auch, dass „Subjekt“ nicht dasselbe bedeutet wie „Mensch“. Subjekte werden durch Subjektivierung geschaffen, und Subjektivierung bedeutet, dass jemandem bestimmte Stellen in einer Sozialstruktur zugewiesen werden. Eine „Urszene“ in der strukturalistischen Theorie der Subjektivierung ist die „Anrufung“. Sie spielt eine wichtige Rolle in Althussers Vorstellung von „ideologischen Staatsapparaten“. Althusser hat dabei etwas Ähnliches in Sinn wie Gramsci mit dem Konzept der Zivilgesellschaft. Ideologische Staatsapparate sorgen für die Verinnerlichung einer Herrschaftsstruktur. Soweit ihnen dies gelingt, ist dann gar keine Repression, keine äußerliche Unterdrückung mehr nötig. Die Menschen werden wie von selbst im Sinne der Struktur funktionieren.

Stellen Sie sich dazu vor, sie betreten nichtsahnend bei Gerade-nicht-mehr-Gelb eine Straße. Da herrscht ein Uniformträger Sie an: „He. Sie da!“ Sie zucken zusammen und kommen sich spontan ertappt vor. Ihre körperliche Reaktion auf die „Anrufung" verrät, dass der ideologische Staatsapparat von Ihnen Besitz ergriffen hat. Und er hat Sie subjektiviert, indem er Ihnen für bestimmte Umstände die Rolle einer folgsamen Untertanin zugewiesen hat. Das ist aber hoffentlich nicht die einzige Rolle, die Sie in der Gesellschaft spielen. Sie werden sich manchmal vielleicht als selbstbewusste Hockeyspielerin oder als begehrenswerte Geliebte erleben und empfinden. Diesen verschiedenen Rollen liegen ebenso viele Subjektivierungsweisen zugrunde. Sie machen aus Ihnen aber natürlich nicht jedes Mal einen anderen Menschen. Ein und derselbe Mensch kann und wird in seiner Gesellschaft verschiedene Subjektpositionen einnehmen.

Ungewöhnlich ist auch, wie Foucault den Wissensbegriff gebraucht. Zur Standardbedeutung von „Wissen" gehört Folgendes: Wenn ich sage: „Petra weiß, dass Paul in London ist", dann teile ich Petras Meinung, Paul sei in London. Ich halte wie sie für wahr, dass Paul in London ist. Foucault aber kappt das begriffliche Band zwischen „Wissen" und „Wahrheit". Er nennt jede Art von Ordnung, in der wir uns wahrnehmend und denkend orientieren, eine Wissensordnung, unabhängig davon, ob diese Ordnung wahre Überzeugungen vermittelt oder nicht. Wahrscheinlich denkt er ohnehin, die Wahrheit von Aussagen sei ganz und gar relativ zu den begrifflichen Ordnungen, in die die Aussagen eingelassen sind.

Jedenfalls unterscheidet Foucault nicht zwischen Aussagen, die wahr sind, und solchen, die nur für wahr gehalten werden. Er will auch nicht wissen, welche Gründe Sprecherinnen für ihre Aussagen zu haben glauben und was sie mit ihnen bezwecken. Seine Frage lautet allein, welche Effekte es hat, dass etwas für wahr gehalten wird. Foucault interessiert sich also für „Diskurse", wie sie uns schon im Postmarxismus begegnet sind. Diskurse in diesem Sinne sind geordnete Mengen von Aussagen, betrachtet unter dem Gesichtspunkt ihrer Wirkungen auf die Formung von Sichtweisen. Diskursanalysen des foucaultschen Typs nehmen sprachliche Praktiken ähnlich in den Blick wie Billardkugeln: Die einen stoßen die anderen an, manche ballen sich zusammen, andere geraten an den Rand oder werden versenkt. Nichts davon müssen die Sprecherinnen beabsichtigt haben, nichts davon muss ihnen bewusst sein.

Nun noch zu „Macht". Die Macht ist Foucault zufolge immer und überall. Auch das ist nicht gerade *Common Sense*. Üblicherweise meinen wir, Situationen und Verhältnisse seien mehr oder weniger von Macht geprägt. Es lohne sich daher, nach deren Notwendigkeit zu fragen und eventuell gegen sie zu kämpfen. Foucault hält aber die Absicht, Macht als solche zu beseitigen, für sinnlos; möglich seien allenfalls Formwechsel der Macht, nicht aber deren Verminderung. Der Wechsel zwischen Ordnungen ist immer ein Nullsummenspiel der Macht.

Ungewöhnlich ist auch, dass Foucault gar nicht zu fragen scheint, ob jemand dazu legitimiert ist, Macht zu gebrauchen, oder nicht. Ungewöhnlich ist das, weil der Ausdruck „Macht" zumeist für eine gefährliche Sache steht: Wer Macht hat, kann etwas gegen den Willen oder die tatsächlichen Interessen anderer tun. Darum legen wir Wert darauf, zu kontrollieren, wer Macht zu welchen Zwecken gebraucht. Auch Foucault gewinnt an vielen Stellen seines Werkes eine rhetorische Wirkung aus dem Eindruck des Gefährlichen, den der Machtbegriff erweckt. Trotzdem scheint ihn die Legitimitätsfrage nicht zu interessieren. Er sagt einmal sogar, sein Blick sei der eines „fröhlichen Positivisten": Er wolle einfach feststellen, wie Machtordnungen entstehen und vergehen, ohne Hoffnung zu hegen und ohne zu werten. Und tatsächlich erscheint beides sinnlos, wenn man annimmt, dass die Macht immer und überall ist.

Ich glaube, die Annahme einer Allgegenwart der Macht folgt logisch aus der Einstellung, die Foucault zu Gesellschaften und deren Geschichte einnimmt. Immer betrachtet er sie unter dem Gesichtspunkt von Kräfteverhältnissen. Und tatsächlich kann man absolut alle Situationen so betrachten. Jede Wechselwirkung zwischen Handelnden hat Folgen für das, was die Handelnden als nächstes tun können. Jede beeinflusst gewissermaßen den Punktestand in einem immerwährenden Kampf um die Bestätigung oder Anfechtung von Stellungen, die Spielräume und Grenzen des Handelns ausmachen.

Ein Beispiel: Nehmen Sie diese Vorlesung und sehen Sie einmal ganz davon ab, ob das, was ich sage, Sie überzeugt oder nicht. Betrachten Sie stattdessen etwa die räumliche Anordnung des Redners zu seinem Publikum: Ich stehe, Sie sitzen. Ich bin der Eine, Sie sind die vielen. Ich habe Platz, Sie sitzen gedrängt. Und wir spielen verschiedene Rollen. Ich rede, Sie hören zu. Ich lehre, Sie lernen. Und hinter dieser einen Situation stehen viele andere, die sich zu Institutionen verdichten, in diesem Fall des höheren Bildungswesens. Und „höher" relativ zu was? Offenbar zu weiteren Institutionen, die wiederum mit anderen Institutionen über Kräfteverhältnisse verknüpft sind.

In einer Lehrsituation ist auch besonders augenfällig, dass Macht und Wissen zusammenwirken. Die Materialität des Raumes dient dem Zweck, Vorurteile über die Verteilung von Kompetenzen zu verstärken, in diesem Fall zugunsten des Professors. Und was dieser sagt und wie er es sagt, beeinflusst, was Sie in solch einer Situation für sagbar halten. Als Zuhörende stehen Sie unter dem Eindruck des Gesagten; nicht weniger aufschlussreich wäre aber, was alles nicht gesagt wird. Durch Kräfteverhältnisse, heißt das, werden Möglichkeitsräume aufgespannt. Und jede Einbeziehung in den Raum bedeutet, dass etwas Anderes ausgeschlossen bleibt.

Auf dieser Gleichzeitigkeit von Einschluss und Ausschluss liegt das Augenmerk Foucaults. Und weil dazu Strukturen aus Deutungen und Bedeutungen ebenso beitragen wie ganz handfeste Körper, deren Verteilung und Kollision im Raum, gehören Wissen und Macht zusammen. Foucault trennt sie nur analytisch voneinander, in der Wirklichkeit kommen sie aber immer gemeinsam vor. Wissen ist selbst ein Wirkungsfeld von Macht, und Macht ist immer auch als Wissen wirksam.

Zwei Grenzfälle der Verteilung von Macht sind denkbar. Im einen Fall wäre sie ganz gleichmäßig über die vielen Positionen im Handlungsfeld verteilt; alle wären gleich stark. Im anderen Fall läge sie allein bei einer Partei, der alle anderen machtlos ausgeliefert wären. Zumindest den zweiten Grenzfall schließt Foucault allerdings aus: Er spricht von Kräfte*verhältnissen*, um deutlich zu machen, dass alle Parteien, wie ungleich auch immer, zur Situation beitragen. Nie ist die eine Seite nur aktiv, die andere nur passiv, die eine allmächtig, die andere ohnmächtig. Also: Sie könnten mir auch widersprechen; und wer wäre ich, stünde ich in einem leeren Hörsaal und kaufte hinterher keiner dies Buch?

Sprachlich geht es bei Foucault übrigens recht militärisch und auch blutig zu. Ausdrücke wie „Taktik", „Strategie", „Kampf" und „Krieg" sind allgegenwärtig. Das dürfen Sie teils bildlich, teils wörtlich verstehen. Bildlich insofern, als nicht überall Strateginnen auf Feldherrnhügeln und Taktiker im Gefechtsgewühl stehen. Manchmal sind wir Redende und Mitschreibende in Hörsälen oder auch Liebende, die einander im Bett begehren. Aber Foucault will wissen, welche Verteilung von Kräften aus noch so unschuldig gemeinten Handlungsweisen hervorgeht. Er nimmt dazu Wirkungen in den Blick, die den Handelnden gewöhnlich nicht bewusst werden und die oft nur möglich sind, weil sie unbewusst bleiben; Sie kennen das schon von Bourdieu.

„Strategisch", „taktisch", „kämpferisch", „kriegerisch" sind dann nicht die subjektiven Einstellungen der Handelnden. All diese martialischen Ausdrücke stehen vielmehr für Muster, die nur eine externe Beobachterin erkennen kann. Der Liebende, der oben liegt, bestätigt dann ein Geschlechterschema, so wie eine Professorin hinter ihrem Pult einen Eindruck von Unangreifbarkeit gibt. Hier zeigt sich wieder die strukturalistische Herkunft Foucaults.

Aber der Poststrukturalist Foucault meint auch reale Kämpfe und Kriege, wenn er „Kampf" und „Krieg" sagt. Er meint steinerne und nicht nur gedankliche Mauern, wenn er „Mauern" sagt, und Ketten aus Stahl, wenn er von „Ketten" spricht. Die Beugung und Brechung der Körper interessiert ihn ebenso wie die Lenkung und Ablenkung der Gedanken. An einer besonders provozierenden Stelle sagt Foucault, dass für ihn, in Umkehrung eines Satzes des preußischen

Kriegstheoretikers Carl von Clausewitz, die Politik eine Fortsetzung des Krieges mit anderen Mitteln sei: „Der Friede wäre dann eine Form des Krieges und der Staat eine Art ihn zu führen".

3. WIE MODERNE SUBJEKTE GEMACHT WERDEN

So viel zu den Begriffen, und nun zu der Deutung der Moderne, in der Foucault sie zusammenbringt: Er will das moderne Subjekt als etwas Gemachtes entlarven; es sei eine Hervorbringung von Wissen und Macht. Das erinnert ein wenig an die Frankfurter Schule: Wir sind unfrei unter dem Anschein, frei zu sein, und der Anschein trägt selbst verstärkend zu unserer Unfreiheit bei. Aber Foucault argumentiert, dass wir, um unfrei zu sein, zuallererst überhaupt *jemand* sein müssten. Wir sind aber nicht zuerst da, und dann kommt die Macht: als Knüppel aus dem Sack des Polizisten, als Pastor oder Vater im Kopf, der uns die Freude an der Selbstbefriedigung nimmt, oder als Hollywoodfilm, der uns zeigt, warum Rebellion sich nicht lohne. Solche und tausend weitere Praktiken und Einflüsse wirken nicht zuerst auf uns ein und werden dann vielleicht „spontan" von uns bestätigt. Sie sitzen vielmehr an der Wurzel, aus der heraus wir handeln und uns selbst ansehen. Diese Wurzel ist eben die Macht.

Foucault macht den Unterschied zwischen seiner Sichtweise und der des Neomarxismus deutlich, indem er sagt, die Macht sei „produktiv". Er widerspricht damit einer Vorstellung von Freiheit und Unterdrückung, die er „Repressionshypothese" nennt. Ihr zufolge ist das Wesentliche an Macht, dass sie vorhandene Möglichkeiten mehr oder weniger gewaltsam eindämmt. Foucault schlägt dagegen vor, zuerst den Aufbau von Möglichkeiten in den Blick zu nehmen. So will er nicht etwa unser Selbstverständnis, frei und gleich zu sein, gegen eine radikale Kritik ins Recht setzen. Im Gegenteil, er will es noch tiefer desillusionieren, indem er die Möglichkeiten selbst als Machtwirkungen enthüllt.

Foucault schreibt, Anhängerinnen der Repressionshypothese stellten sich die Macht im Grunde weiterhin als eine souveräne Instanz nach dem Muster des Hobbes'schen Staates vor. Er formuliert provokant, in der politischen Theorie sei der König bis heute nicht geköpft worden. Auch die Ersetzung von „Staat" durch „Kapital" ändere nichts daran, dass weiterhin der gesetzgebende „Souverän" in den Vorstellungen der Machtgegner umgehe. Das aber ist eine viel zu harmlose Vorstellung; sie wird der Raffiniertheit und Allgegenwart moderner Macht nicht gerecht.

Zum Beispiel tritt der moderne Staat als Wohlfahrtsstaat in Erscheinung: Er verspricht den Menschen eine weit reichende Daseinsvorsorge und appelliert so an ihr ureigenes Bedürfnis nach Sicherheit. Der Wohlfahrtsstaat verfolgt lauter gute Zwecke, auch wenn er dazu tief in den Alltag der Menschen eingreifen und sie in lauter zu versorgende Fälle verwandeln muss. Gewiss, er hat ein Auge auf sie. Aber es ist nicht so sehr das Auge des Gesetzes als das eines guten Hirten auf seine Herde. Der gleiche Geist fürsorglicher Humanität spricht aus den vielen Reformen in Schulen, Kliniken und selbst Gefängnissen.

Ein gutes Bild für diesen Geist gibt das „Panoptikum", das sich Jeremy Bentham, ein reformfreudiger Philosoph des frühen 19. Jahrhunderts, ausgedacht hat: Stellen Sie sich einen Beobachtungsturm über einem Gefängnishof vor. Was immer die Gefangenen tun, könnte vom Turm aus jederzeit gesehen werden, während die Gefangenen in den Turm nicht hineinschauen können. Sie kommen sich daher ständig beobachtet vor, egal, ob wirklich Einer sie überwacht, denn das können sie ja nicht erkennen. Sie werden sich also vorsorglich immer so bewegen, dass sie keinen Anlass zu Strafen geben. Folglich muss weniger gestraft werden.

Wäre das nicht humaner als die ewigen Schläge und Kerkerstrafen? Gewiss, sagt Foucault, wenn wir Humanität an der Verminderung von Repression bemessen. Aber der Preis ist, die Leute kommen sich immerzu überwacht vor. Und schließlich werden sie ganz freiwillig und spontan im Sinne der Institutionen funktionieren. Sie werden im wahrsten Sinne Verkörperungen von Schule, Klinik oder Knast sein. Umso schlimmer, wenn sie sich dabei noch frei und human behandelt fühlen.

Aber moderne Menschen werden nicht nur gut beobachtet, sie haben auch selbst ein gutes Auge auf sich. Sie fragen sich unentwegt – wir sind in den rede- und reflexionsfreudigen siebziger Jahren –, was sie wohl wahrhaftig wollen. Sie sorgen sich unentwegt um ihre „Selbstverwirklichung". Dazu muss natürlich erstmal ein zu verwirklichendes Selbst da sein, etwa wie ein Goldschatz am Grund der Seele. Die zeittypische Vorstellung ist, dieser Grund sei so mit Schutt bedeckt, dass es endlos langer psychoanalytischer Sitzungen bedürfe, ihn freizulegen. Nicht nur der Warenfetisch, auch der verinnerlichte Vater verhindere, dass wir unsere wahren Bedürfnisse erkennen und ausleben können.

Doch die Macht, sagt Foucault, beginnt nicht mit der Unterdrückung oder Verbergung wahrer Bedürfnisse. Sie setzt an bei Techniken und Sichtweisen, die uns suggerieren, es gebe überhaupt etwas in uns zu entdecken. Die Psychoanalyse ist solch eine mit Wissensanspruch auftretende Technik. Sie hat gewissermaßen das Erbe der katholischen Beichte angetreten: Wir reden und reden und gewinnen so den Eindruck, wir seien schuldig – die katholische Variante – oder verklemmt – ihre moderne Nachfolgerin.

Aber wir „sind" zuerst das, was wir vermittelst solcher Techniken und Betrachtungsweisen aus uns machen. Wir machen uns etwa zu Tieren, die meinen, etwas gestehen zu sollen, um erlöst zu werden oder uns selbst zu erlösen. Der sich selbst bespiegelnde Mensch der Moderne macht sich zum Geständnistier. Und das sollten wir uns wiederum nicht als einen intentionalen, durch Überlegung geleiteten Vorgang vorstellen. Unser Tun spiegelt Machttechniken und Logiken des Handelns. Sie formen uns, indem wir uns ihnen unterwerfen und uns ihrer zu bedienen glauben.

Das also ist in aller Kürze Foucaults Sicht auf moderne Gesellschaften. Und Foucault nimmt an, dass die vielen kleinen Praktiken des Alltags das Eigentümliche moderner Macht besser zu erkennen geben als die großen Institutionen und Strukturen, bis hinauf zu Staat und Kapital. Er spricht daher auch von einer „Mikrophysik der Macht“. Der Ausdruck „Physik“ verrät einmal mehr das quasi-naturwissenschaftliche Erkenntnisideal, dem er folgt. Mit „Mikro“ ist gemeint, dass die moderne Macht vor allem von unten nach oben wirkt. Sie ist umso effektiver, und umso typischer für die moderne Unterwerfungsweise, je unauffälliger sie durch die Blutbahnen der Alltagspraxis läuft.

Foucault hat für die moderne Macht einen Ausdruck gefunden, der heute oft gebraucht wird: Er spricht von der „Biomacht“. Damit hebt er den Unterschied zur älteren Souveränitätsvorstellung anhand der letzten Fragen von Leben und Sterben hervor. Vereinfacht gesagt: Der Souverän konnte Köpfe rollen lassen; er konnte seinen Untertanen aber auch das Weiterleben erlauben. Die Biomacht will dagegen Leben schaffen und es für alle möglichen Zwecke „fit machen“. Sie sorgt sich sehr um unsere persönliche Gesundheit und auch um die der ganzen Gesellschaft. Allerdings kann und will sie den Tod nicht ausschalten; wer nicht länger fit ist, den lässt sie sterben. Denken Sie an die aktuelle Diskussion um selbstbestimmtes und humanes Sterben: Mit foucaultschen Augen angesehen, erscheint sie als Wirkungsfeld einer Macht, die sich unseres Wunsches nach Selbstkontrolle und Leidvermeidung bedient.

Auch die Biomacht geht zugleich von oben und von unten aus; und wiederum ist die zweite Richtung besonders aufschlussreich. Die großen Strukturen und Institutionen bringen Biomacht zur Geltung, indem sie neue Techniken wie die Statistik einsetzen. Sie erfassen Häufigkeitsverteilungen und Durchschnitte, auf die hin sie Ziele setzen, zum Beispiel: Im Durchschnitt sollte jedes Paar 2,4 Kinder bekommen, Akademikerinnen lieber noch etwas mehr – und nicht 1,54 wie heute in der gebärfaulen Bundesrepublik. Vor allem aber sollen und wollen moderne Menschen sich selbst optimieren. Sie verzichten zum Beispiel aufs Rauchen und gehen ins Fitness-Studio, um dort stundenlang gesundheitsdienlich auf der Stelle zu treten. Außerdem schreiben sie Patientenverfügungen, damit Ärztinnen und Erbinnen wissen, woran sie sind.

Viele dieser von Foucault gegebenen oder angeregten Deutungen moderner Situationen, Strukturen und Sichtweisen sind ebenso ungewöhnlich wie erhellend. Allerdings bleibt die Leitidee, moderne Subjekte entstünden im Zusammenspiel von Wissen und Macht, unerläutert, solange Foucault nicht auch eine weitere Frage beantworten kann: Wie wirken eigentlich Mikro- und Makrodimensionen der modernen Macht zusammen? Foucault drückt sich ja bewusst so aus, als sei das moderne Subjekt aus der Hand einer Strategin hervorgegangen, ohne aber zu meinen, eine solche Strategin gebe es wirklich. Also muss an deren Stelle ein unbewusst wirksamer Mechanismus vermutet werden. Dieser muss dafür sorgen, dass die vielen kleinen Praktiken und die großen Institutionen stimmig ineinandergreifen wie viele kleine Räder in einem einzigen großen Getriebe.

Leider erklärt Foucault aber nicht, wie das Getriebe funktioniert. Er verteilt sozusagen die Beschreibung der Mikro- und der Makroebene der Macht auf zwei verschiedene Bücher: Überwachen und Strafen handelt vor allem von ersterer, *Der Wille zum Wissen* von letzterer. Immerhin aber hat er, wenige Jahre vor seinem frühen AIDS-Tod, einen Begriff geprägt, der das Rätsel einer Lösung näherbringen könnte. Das ist der Begriff der „Gouvernementalität".

„Gouvernementalität" ist ein Kunstwort, gebildet aus den Begriffen „Regieren" (französisch *gouverner*) und „Denkweise" (*mentalité*). „Regieren" meint hier ganz allgemein die Kunst der Menschenführung. Menschen werden geführt, und sie führen sich selbst, und beides trägt zum Gesamtbild des Regierens bei. Regieren ist also eine sowohl fremd- als auch selbstbezogene Kunst. Bedeutung und Richtungssinn erhält sie durch die Denkweisen. Wiederum spielen also Macht und Wissen ineinander. Und nun scheint Foucault sagen zu wollen, dass die Gouvernementalität Mikro- und Makrodimension der Macht aufeinander abstimmt.

Ein Beispiel: Der Neoliberalismus regiert Menschen und hält sie gleichzeitig zur Selbstregierung an, indem er sie als „verantwortlich" hinstellt. Wir werden behandelt und angesprochen, als wäre das Leben eine ständige Folge von „Projekten", die unternehmerisch bewältigt werden wollen: Projekt Schulerfolg, Projekt Selbständigkeit, Projekt Buch, Projekt Kind, Projekt Abtreten. Dem entsprechen die Großen Strategien des Regierens, etwa Dritte Wege und die kurzlebige Jahrhundertreform Hartz-IV; und abertausende Appelle des Alltags gehen in die gleiche Richtung. Auf allen Ebenen gelten alle möglichen Lebensgüter als knapp. Immer gilt es, schneller zu sein als die Konkurrenz; bei Verwaltungs- und Hochschulreformen wie bei der Einschulung des eigenen

Kindes. Immer erneuerte Vergleiche – neudeutsch „Evaluationen" – erwecken den Eindruck, die Abstände objektiv messen zu können. Und jedes Vergleichsergebnis treibt das Konkurrenzkarussell weiter an.

4. WIE KRITISCH IST DIE THEORIE FOUCAULTS?

Das Beispiel mag dafür stehen, dass manchmal Regierungsweisen so wirken wie aus der Hand einer Strategin hervorgegangen. Allerdings sollten Sie die tatsächliche Reichweite des Neoliberalismus auch nicht überschätzen: Eine Menge Sprüche über „Wettbewerb" und „Kundenorientierung" machen noch keine alles umfassende Marktgesellschaft; und ob hinter jedem Reformflickwerk eine stimmige Strategie steckt, kann man auch bezweifeln. Der Zweifel lässt sich verallgemeinern: Foucault tut oft so, als bildeten die unterschiedlichsten Phänomene zweckdienliche Bausteine in einem Ganzen, das dann wahlweise „Disziplinargesellschaft", „Biomacht" oder eben „Neoliberalismus" heißen mag. Aber das versteht sich oft nicht von selbst. Im Gegenteil, es liegt nahe, innere Spannungen, Ambivalenzen und Widerstände wahrzunehmen, wo für Foucault alles auf eine einzige Sache zuzulaufen scheint.

Am Beispiel seiner Diagnose aus den siebziger Jahren, moderne Gesellschaften seien Disziplinargesellschaften: Auf der Makroebene entsprächen sie dem Bild des Panoptikums, auf der Mikroebene brächten sie lauter Geständnistiere hervor. Für beides lassen sich unschwer Beispiele finden. Das Panoptikum ist kein schlechtes Bild für das Taylor-System der „wissenschaftlichen Arbeitsorganisation", das zudem die Körper der Arbeitenden kasteit. Aber wie passen dazu die Selbstverwirklichungskultur und die Psychoanalyse, Foucaults Beispiele für unsere Abrichtung zu Geständnistieren? Eine naheliegende Antwort lautet: Weil das Taylor-System so zumutungsreich ist, hat es der Frage, wie wir leben wollen, eine neue Dringlichkeit gegeben – und mit den materiellen Reichtümern, die es hervorbringt, auch neue Möglichkeiten, Selbstverwirklichung auszuprobieren.

Gegen die Angleichung von Menschen an Maschinen setzten Leute, die es sich leisten konnten, den Anspruch, aus innerer Tiefe zu leben. Gegen den befürchteten sozialen Kältetod setzten sie eine neue Sinnlichkeit. Und man kann sicher sagen, das habe den Kapitalismus verändert und ihm zugleich neue Lebensenergien gegeben. Aus nicht wenigen Selbstverwirklichern wurden Selbstausbeuter, über die sich jede Unternehmerin nur freuen konnte. Disziplinierung und Selbstverwirklichung sind zwei Seiten entwickelter moderner Gesellschaften, die einander manchmal ergänzen. Trotzdem wäre es falsch, die Selbstverwirklichung auf ihren Beitrag zur Disziplinierung zu reduzieren. Das ergäbe ein grob verzerrtes Bild der Wirklichkeit und eine einseitige Bewertung ihrer wichtigsten Tendenzen.

Grundsätzlich das Gleiche lässt sich über die verbreitete Rede von der „Biomacht" sagen. Auch in ihr drohen Spannungen, Ambivalenzen und Widerstände unterzugehen, die deskriptiv und normativ wichtig sind. Ein Beispiel: Viele Juristinnen, Patientinnen und auch Politiker haben lange für eine rechtliche Verbindlichkeit von sogenannten Patientenverfügungen gekämpft. Solche Verfügungen sind gewiss nicht unproblematisch: Jemand soll, solange er noch über sich nachdenken kann, Vorsorge treffen für den Fall, dass er es nicht mehr könnte. Woher aber soll ich wissen, wie es wäre, wenn ich nicht mehr bei klarem Bewusstsein wäre? Außerdem könnte hintergründig der Wunsch wirksam werden, die Kosten im Gesundheitswesen zu senken. Und man könnte sagen, so setzte sich die Biomacht durch, die von einer scharfen Unterscheidung zwischen gesundem und krankem, produktivem und unproduktivem Leben zehrt.

Aber das wäre wiederum einseitig. Sinnvoll auf- und sensibel umgesetzte Patientenverfügungen geben uns neue Möglichkeiten, unsere Vorstellungen vom guten und würdigen Leben auch für das Lebensende geltend zu machen. Die existentielle Bedeutung der Frage, wie ein Mensch sterben möchte, liegt auf der Hand. Sie hält Ärztinnen, Juristinnen und Politiker aber bis heute nicht davon ab, Menschen jedenfalls vorzuschreiben, wie sie keinesfalls sterben dürfen. Darin steckt, neben gebotener Vorsicht vor Dammbrüchen, ein kräftiger Schuss anmaßender Fremdbestimmung. Der hippokratische Eid der Ärzte etwa sieht selbstbestimmte Patientinnen nicht vor. Elementare Ansprüche, in Fragen des eigenen Lebens und Sterbens mitreden und informiert entscheiden zu können, müssen daher gegen Ärztinnen, die einen Hang zu gut gemeinter Fremdbestimmung haben, mühsam erkämpft werden.

Dienen solche Kämpfe objektiv der Biomacht? Vielleicht. Aber problematisch daran wären vor allem die drohenden Einbußen an Selbstbestimmung und Humanität. Dagegen scheinen aber, neben einer anständigen Sozialpolitik, erweiterte Mitsprachemöglichkeiten von Patientinnen das beste Mittel zu sein. Für beides, die Gefahr und das Rettende, denselben Ausdruck, „Biomacht", zu gebrauchen, führt leicht in Verwirrung.

Mit diesen Einwänden wird allerdings unterstellt, Begriffe wie „Disziplinargesellschaft" und „Biomacht" dienten nicht allein der Beschreibung, sondern auch der Bewertung. Dafür spricht deutlich der polemische Zungenschlag, mit dem Foucault und seine Schülerinnen sie gebrauchen. Auch war Foucault alles andere als ein politikferner Forscher. Er hat geradezu das Erbe Jean-Paul Sartres als repräsentativer eingreifender Intellektueller Frankreichs angetreten. Seine Eingriffe gaben zu erkennen, dass er Selbstbestimmung erweitert und Grausamkeit vermindert wissen wollte – in der Psychiatrie, in den Strafanstalten, in der Behandlung Homosexueller. Und er sagt, seine Kritik ziele darauf, „nicht dermaßen regiert zu werden“. So vage das ist, es verrät ein Interesse, das ihn mit den Kritischen Theorien verbindet. Und es hilft zu verstehen, warum er moderne Gesellschaften unter dem Leitgesichtspunkt der Macht betrachtet.

Aber fraglich ist, ob seine Theorie der Macht trennscharf genug ist. Wie schon gesagt, geben absolut alle Situationen und Institutionen irgendwelche Kräfteverhältnisse zu erkennen und können in diesem Sinne nie machtfrei sein. Auch schließen sie immer irgendetwas aus. Das ist trivialerweise wahr. Und natürlich ist es so gesehen nur ein Gestaltwandel der Macht, wenn in Polizeistationen nicht mehr gefoltert und Verurteilte nicht mehr gevierteilt werden, wenn Arbeitende neue Spielräume zur Verständigung erkämpft haben und wenn Schwule sich zu ihren Partnern bekennen können.

Aber erübrigt das die Frage, ob ein Gestaltwandel von Macht auch eine echte Verbesserung bedeutet? Ob er uns von erheblichen Übeln befreit, ohne uns neue, ebenso bedeutsame Übel aufzubürden? Ob er das Maß an Unrecht in der Welt vermindert? Ich bin der Ansicht, solche Fragen sind für jede kritische Theorie unverzichtbar. Foucaults Machtbegriff ist aber viel zu allgemein, um sie beantworten zu können. Im Grunde besagt er nur, dass jeder Einschluss einen Ausschluss „einschließt“. Aber längst nicht jeder Ausschluss verdient unsere kritische Aufmerksamkeit. Gewöhnlich wollen wir nur dann wissen, ob etwas ausgeschlossen wird, wenn wir es für einschlägig und möglicherweise wichtig halten.

Ein Beispiel: Würde ich in dieser Vorlesung nur eine einzige Theorierichtung vorstellen oder alle anderen Theorierichtungen allein aus dem Blickwinkel meiner Leib- und Magentheorie beleuchten, so hätten Sie einen guten Grund, mir einen Missbrauch meiner Macht vorzuhalten. Schließlich dürfen Sie erwarten, einen halbwegs fairen Überblick über moderne politische Theorien zu bekommen. Eine Vorlesung, in der nur *Rational Choice* oder nur Foucault vorkäme, würde diesen legitimen Anspruch sicher verletzen. Nun kommt aber in dieser Vorlesung vieles nicht vor: kein Wort über Schrödingers Katze oder Quarks – außer diesen hier natürlich –, keines über Astrologie und über Regentänze.

Jetzt könnte eine Postmodernistin protestieren: Ist es nicht eine typische Manifestation moderner Macht, dass hier einer vorträgt, anstatt zu tanzen? Das mag sein, aber weshalb sollte es mich beirren? Ich verstehe mich als Theoretiker und glaube, dass Tänze nichts zur Theoriebildung beitragen. Das mögen Sie wiederum willkürlich finden, aber selbst dann müssten Sie etwas mehr gegen meine Auswahl einwenden als nur, dass sie eine Auswahl ist, was keiner bestreiten kann. Ich sehe aber nicht, wo Foucault grundbegrifflich unterschieden hätte zwischen dem Ausschluss irgendwelcher und dem Ausschluss bedeutsamer Möglichkeiten. Das ist mein zentraler Einwand gegen seinen sehr weiten Machtbegriff.

Allerdings vermute ich, dass Foucault unterschwellig zu erkennen gibt, worauf seine Kritik eigentlich zielt: auf die drohende Gerinnung von Machtverhältnissen zu Herrschaft. Foucault zieht das Hin und Her der Kämpfe, die ständige Verschiebung der Kampflinien deren Fixierung vor. Er will den Sinn für Alternativen wachhalten, unterdrückte Möglichkeiten stärken und verdrängte dem Vergessen entreißen. Wenn wir schon die Macht nicht loswerden, sollten wir doch versuchen, sie im Fluss zu halten. Foucault wendet sich daher gegen Versteinerungen im buchstäblichen und im übertragenen Sinne: gegen Gefängnisse etwa und auch gegen unsere Selbstverhexung durch Identitätsvorstellungen.

Foucault möchte zum Beispiel dazu beitragen, den „König Sex" zu entthronen. Er denkt dabei nicht zuletzt an die Schwulenbewegung, mit der ihn persönlich und politisch Vieles verbindet. Foucault will die Bewegung, deren grundsätzliche Ziele er teilt, davor warnen, Schwulsein als eine alles bestimmende Substanz wahrzunehmen: „Ich denke schwul, ich rede schwul, ich schlafe schwul, ich trinke schwul, ich höre schwul Musik, kurz: Ich bin schwul."

Foucault ist generell misstrauisch gegen Wesensbehauptungen irgendwelcher Art. Gegen Ende seines Lebens interessiert er sich sehr für die antike Auffassung von Lebensführung als einer Kunst, sich selbst zu gestalten. Er meint, wir sollten uns eher unter dem Gesichtspunkt der Erfindung als unter dem der Entdeckung, eher mit den Augen einer Künstlerin als mit denen einer Forscherin anschauen. Wir sollten weniger an Selbstverwirklichung als an Selbsterschaffung interessiert sein, denn ein zu verwirklichendes Wesen haben wir gar nicht.

Die Unterscheidung zwischen Macht und Herrschaft ist sicher sinnvoll und sie gibt Foucaults Kritik mehr Trennschärfe, als allein sein Machtbegriff es könnte. Aber ich denke aus zwei Gründen nicht, dass sie hinreicht. Erstens ist auch Herrschaft nicht gleich Herrschaft. Manche Alternativen sollten doch wohl definitiv ausgeschlossen werden. Rassistische Skinheads sind aus guten Gründen in Stadtparlamenten nicht gern gesehen, und andernfalls verdienten die Kommunen Kritik. Pädophile werden aus guten Gründen daran gehindert, ihre Neigung, für die sie wohl nichts können, auszuleben. Herrschaft kann notwendig sein, um Verhältnisse zu schaffen und zu erhalten, die die unparteiische Zustimmung aller verdienen. Sie kann zum Beispiel erforderlich sein, um gegen Schläger und Möchtegern-Tyrannen die Menschenrechte durchzusetzen.

Wiederum scheint Foucault zu wenig darüber sagen zu können, was Herrschaft problematisch macht. Einmal mehr reicht dafür der Hinweis auf den – vielleicht definitiven – Ausschluss von Alternativen nicht hin. Foucault schweigt zu dem Grundproblem einer freiheitlichen Ordnung, ohne Willkür die Grenzen der Toleranz zu ziehen. Zumindest rhetorisch tut er so, als sei der Wunsch nach definitiven Grenzziehungen selbst das Grundproblem. Aber das ist nur plausibel, wenn wir schon voraussetzen, dass das Ausgeschlossene eine erwägenswerte Alternative ist.

Der zweite Grund, aus dem ich nicht glaube, dass Foucaults Herrschaftskritik normativ genügen kann, mag problematischer sein; ich nenne ihn trotzdem. Mir scheint, Foucault hat eine unrealistische Vorstellung von den Möglichkeiten menschlicher Selbstveränderung. Oder andersherum gesagt: Er unterschätzt, in welchem Maße wir festgelegt sind, und das nicht nur durch kontingente Ordnungen aus Wissen und Macht, sondern durchaus auch durch unsere erste Natur.

Ein vielleicht extremes Beispiel sind Transsexuelle. Das sind Menschen, die unter ihrem biologischen Körper so sehr leiden, dass sie Hormonbehandlungen und öffentliche Ächtung in Kauf nehmen, nur um endlich als die Frau zu leben, als die sie offenbar nicht geboren wurden, oder als der Mann, der sie mit Blick auf ihren Chromosomensatz nicht sind. Mir fallen keine machtvermittelten Normen ein, die einen Mann dazu veranlassen könnten, unbedingt eine Frau werden zu wollen. Auch wenn die genauen Ursachen für Transsexualität unbekannt sind, spielen offenbar genetische Dispositionen eine Rolle. Aber auch abgesehen von dieser heiklen Frage scheint mir mehr für die Idee und das Ideal der Selbstverwirklichung zu sprechen, als Foucault wahrhaben will: Warum überwanden Romeo und Julia alle Schranken aus Vorurteil und Familienfehde? Weil sie einander – wahrhaftig – liebten. Warum bin ich Wissenschaftler und nicht etwa Klempner geworden? Weil ich in der Wissenschaft, solange sie nicht im Management ertrinkt, aufgehe und im Handwerk wohl eingehen würde. Und ich glaube, als ich das erste Mal ein philosophisches Buch in die Hände bekam, habe ich wirklich etwas über mich entdeckt: dass Reflexion über Grundfragen mir Freude macht.

Gibt es also „in uns" gar nichts zu erkennen? Das kommt mir unplausibel vor. Das dazu alternative Bild vom Leben als Kunstwerk scheint mir beispielhaft für moderne Allmachtsphantasien zu sein. Wer sein Leben führt, muss auf vieles – eigenständig – antworten, was er zunächst nur zur Kenntnis nehmen kann, auch wenn es zu seiner eigenen Verfassung gehört. Wir verfügen nicht über die Voraussetzungen und Umstände unserer Lebensführung wie eine Romanautorin über ihre Figuren.

Diese Einsicht macht Foucaults Kritik an der Selbstverhexung durch Identitätsvorstellungen aber nicht wertlos. Noch so viele Merkmale legen uns noch nicht auf ein ganz bestimmtes Selbstbild fest. Erstens können wir über manches Merkmal sagen, es gehört zwar tatsächlich zu uns, aber wir identifizieren uns nicht mit ihm. Jedes Selbstbild beruht auf einer Auswahl und Gewichtung. Sie ist sicher nicht beliebig – Romeo kann nicht leugnen, dass Julia die Frau seines Lebens ist –, aber sie lässt uns Spielräume.

Zweitens haben wir viele Möglichkeiten, zu sagen, wer wir – wahrhaftig – sind, und sie gehen nicht unbedingt alle in die gleiche Richtung: Ich bin Mann, Ehemann, Vater, Deutscher, Hochschullehrer, Politikwissenschaftler, Philosoph, garantiert dopingfreier – und darum nicht allzu schneller – Rennradfahrer, Vegetarier, Feinschmecker, Linker, Liberaler, Liebhaber schwarzen Humors, Mitglied einer nicht schwarzen Partei und noch manches, was ich Ihnen nicht verrate. Das sind lauter Hinsichten der Selbstbetrachtung, die mir manchmal wichtig sind. Aber in keiner dieser Hinsichten glaube ich mich ganz erfasst. Ich kann zwischen ihnen hin und hergehen und die eine an der anderen relativieren. Das wiederum macht mich noch nicht schizophren: Ich zerfalle nicht in ebenso viele Personen, wie Neigungen und Überzeugungen in mir sind. Ich kann sie alle in ein und demselben Leben unterbringen und balancieren. Mehr scheint mir nicht erforderlich, um ein zugleich realistisches und offenes Selbstverhältnis zu haben. Foucaults Übertreibungen mögen uns helfen, diese Offenheit zu bewahren.

12. VORLESUNG. SYSTEMTHEORIE: NIKLAS LUHMANN

Ich möchte Ihnen noch eine zweite Variante des methodischen Antihumanismus vorstellen: die Systemtheorie des deutschen Soziologen Niklas Luhmann. Wie Foucault, so wählt auch Luhmann einen Ausgangspunkt der Beschreibung und Erklärung gesellschaftlicher Vorgänge, der nicht der von Handelnden ist. Auch Luhmann bricht zu Erkenntniszwecken mit der Teilnehmerperspektive. Und wie Foucault hebt er die Kontingenz aller modernen Strukturen hervor. Diese sind das unwahrscheinliche Ergebnis zielblinder evolutionärer Vorgänge, ohne jede Garantie auf Dauer. Außerdem könnte die Geschichte ja auch in der Umweltkatastrophe oder im Atomkrieg enden.

Nun hatte ich angedeutet, dass Foucault mit dem Nachweis der Kontingenz einen – wenn auch nicht immer eingestandenen – normativen Anspruch verbindet: Die Einsicht, dass das noch so Vertraute auch anders sein könnte, erschließt uns neue Freiheiten. Luhmann gibt auch noch diesen normativen Rest ohne Bedauern preis. Er sagt lapidar: „Fast alles könnte anders sein, fast nichts lässt sich ändern." Dieser Satz entlarvt den Kurzschluss, zu dem linke Liebhaber von Kontingenzen neigen: Habe man erst einmal eingesehen, dass die Dinge anders sein könnten, so müsste man sie doch mit gutem Willen auch ändern können. Luhmann traut dem guten Willen nicht viel zu. Wenn er überhaupt etwas bewirkt, dann wohl Störungen im Getriebe der modernen Gesellschaft. Diese ist geradezu darauf angelegt, gute Absichten zu neutralisieren. Keine der von mir vorgestellten Theorien ist darum so eindeutig nichtnormativ gemeint wie diejenige Luhmanns.

Folgerichtig war Luhmann – der 1998 verstorben ist – auch kein öffentlicher Intellektueller. Anders als Foucault oder Bourdieu, die gewissermaßen gegen den Wortlaut ihrer Theorien ständig auf die Straße gingen, beschränkte sich Luhmann auf distanzierte Beobachtung und gelegentliche mokante Kommentare. Vor allem nützte er die Abgeschiedenheit von Bielefeld, um ein wissenschaftliches Werk zu schaffen, dessen Umfang seinesgleichen sucht. Auch wird sich schwerlich eine abstraktere und weiter gespannte Theorie der Gesellschaft finden. Aber Luhmann war nicht ohne Vorläufer. Der wohl wichtigste in seinem eigenen Fach, der Soziologie, war der Amerikaner Talcott Parsons.

1. WAS SIND SYSTEME UND WOZU BRAUCHEN WIR SIE?

Parsons, ein Weber-Schüler, hat in seinem späteren Werk eine Systemtheorie vertreten. Sie nimmt die Gesellschaft ungefähr so in den Blick wie einen Organismus: Dieser wahrt seine Grenzen gegen die Umwelt vermöge einer Mehrzahl von Organen mit aufeinander bezogenen Funktionen: Das Herz versorgt den Organismus über die Blutbahnen mit Nährstoffen, der Magen dient der Verdauung, Leber und Nieren filtern die Schadstoffe aus und so weiter. Jedes Organ ist Empfänger und Lieferant überlebensdienlicher Leistungen. Fällt eines aus, so müssen funktionale Äquivalente einspringen, etwa Herzschrittmacher. Sind keine Äquivalente verfügbar, so droht dem Organismus der Tod durch Organversagen.

Parsons unterscheidet für alle möglichen Systeme vier Funktionen: (A) *Adaptation*, die Anpassung an die Umwelt; (G) *Goal attainment*, Zielsetzung und Zielerreichung; (I) *Integration*, die Einfügung von Ereignissen in eine Ordnung; (L) *Latent pattern maintenance*, die Erhaltung latenter Strukturen. Dieses AGIL-Schema ist äußerst abstrakt, und es wird nur teilweise klarer, wenn man für die Variablen die spezifisch sozialen Funktionen und (Teil-)Systeme einsetzt. Das Wirtschaftssystem erfüllt demnach die Funktion der Anpassung; das politische System ist für Zielsetzung und Zielerreichung zuständig; das Gemeinschaftssystem integriert das Ganze, das kulturelle System erhält die latenten Strukturen, indem es die Gesellschaft mit Sinn versorgt.

Nicht diese Einzelheiten sind hier wichtig, sondern das übergreifende Bild. Parsons geht von Systemen aus und fragt dann, welche Strukturen welche Funktionen erfüllen müssen, damit sie Bestand haben. Wo Systeme sind, herrscht Ordnung: Die Elemente sind funktional aufeinander bezogen und dienen zusammen dem Überleben des Ganzen, sei dies ein Organismus oder eine Gesellschaft. Parsons setzt also Ordnung voraus, um die Leistungen zu ermitteln, die sie ermöglichen.

Aber wozu brauchen wir überhaupt Systeme? Haben sie ihrerseits eine Funktion? Für Luhmann sind das die ersten Fragen einer Systemtheorie. Und seine allgemeine Antwort lautet: Systeme reduzieren Komplexität. Sie bändigen durch Vereinfachung die andernfalls überfordernde Fülle an Ereignissen in der Welt. Ohne Systeme herrschte eine heillose Reizüberflutung. Der Reizüberflutung entgehen wir nur, indem wir vereinfachen: Dies ist ein gefährliches, jenes ein ungefährliches Tier, dieses ist genießbar, jenes ungenießbar. Jeweils treffen wir Unterscheidungen, die hoffentlich nicht fatal falsch sind. Wir konzentrieren uns auf ganz bestimmte Dinge, Ereignisse, Zustände oder Verhältnisse. Alles andere halten wir einstweilen im Hintergrund. Ohne Auswahl und Gewichtung fänden wir uns in der Welt nicht zurecht. Wir kämen nie dazu, etwas Bestimmtes zu sehen oder zu tun. Dieser aus der Erkenntnistheorie wohlbekannte Umstand steht auch am Anfang von Luhmanns Systemtheorie.

Aber Unterscheidungen können zur Ordnungsbildung nur beitragen, wenn sie immer wieder getroffen werden. Ordnungen müssen in der Zeit bestehen, doch in der Zeit ereignet sich dauernd etwas Anderes: Ich sehe etwas, und dann wende ich den Kopf um ein Winziges weg und erblicke etwas Anderes. Das Problem der Ordnungsbildung ist also die Stabilisierung von Ereignissen. Und das geht offenbar nur, wenn Ereignisse an ähnliche Ereignisse Anschluss finden.

Das wiederum setzt ein Sortierprinzip voraus: Wie brauchen einen Gesichtspunkt, unter dem etwas als etwas Anderem gleich erkannt werden kann. Ein solcher Gesichtspunkt ist etwa die Essbarkeit: Ist etwas genießbar oder ist es ungenießbar? Die zweiwertige Unterscheidung genießbar/ungenießbar hebt aus den unzähligen möglichen Gesichtspunkten der Identifizierung von Ereignissen einen ganz bestimmten heraus. Luhmann nennt eine zweiwertige Unterscheidung einen binären Code. Er weist damit auf die Sprachähnlichkeit aller zweiwertigen Unterscheidungen hin: Es ist, als würden wir immerzu mit „Ja" (ist genießbar) oder „Nein" (ist ungenießbar) antworten. Binäre Codes ermöglichen Strukturbildung, indem sie Gesichtspunkte der Verknüpfung von Ereignissen anbieten.

Die binäre Codierung schlägt also Schneisen aus Unterscheidungen in die Überkomplexität der Welt. Weil jeder Gesichtspunkt ein besonderer ist, kann er natürlich nicht die ganze Welt umfassen. Jedem System entspricht daher eine Umwelt, und sie ist grundsätzlich komplexer als das System. Die Umwelt ist alles, was das durch zweiwertige Unterscheidung ausdifferenzierte System nicht ist. Zugleich ist sie immer die Umwelt des jeweiligen Systems. Es gibt keine Umwelt-an-sich, sondern immer nur eine systemrelative Umwelt.

Mehr noch, die Umwelt erscheint im System als dessen eigene Konstruktion. Sie wird als Umwelt ausgeschieden und tritt eben damit auch als Umwelt ins System ein. Luhmann nennt dies mit dem Logiker George Spencer Brown ein *re-entry*, einen Wiedereintritt der Unterscheidung in das durch sie selbst Unterschiedene: „Die Differenz System/Umwelt kommt zweimal vor: als *durch* das System produzierter Unterschied und als *im* System *beobachteter* Unterschied". (Der Ausdruck „beobachtet" meint ganz allgemein ein Bezeichnen durch Unterscheiden.)

Ein Beispiel: Wir gebrauchen eine Sprache, um über vieles zu reden, von dem wir unterstellen, es sei sprachunabhängig. Wir reden etwa über Lerchen und Nachtigallen. Die Begriffe „Lerche" und „Nachtigall" stehen, anders als die Begriffe „Gedicht" und „Alliteration" für Dinge, die nicht erst durch Sprache existieren. Sie gehören zur Umwelt der Sprache. Aber natürlich erfolgt diese Unterscheidung von System und Umwelt ihrerseits in der Sprache: Wir *sagen* ja, dass Lerchen etwas anderes seien als die Begriffe, die wir von ihnen haben. So werden Lerchen *in* der Sprache als Bestandteile der Sprachumwelt identifiziert. Und analog für alle möglichen Systeme: Das Bewusstsein hat eine Umwelt, etwa aus Körpern, und das Bewusstsein von den Körpern bringt diese im Bewusstsein als Umwelt zur Geltung. Das Unverkäufliche kommt im System der Zahlungen als Unverkäufliches vor, das für den Wahlkampf unergiebige Problem wird im System der Politik als unergiebig betrachtet und so weiter.

Die Systeme sind also nicht allein in der Welt. Trotzdem sind sie in gewissem Sinne autistisch: Sie nehmen nichts Anderes in Anspruch als ihre je eigenen Elemente. Alles, was in der Umwelt passiert, muss im System als dessen eigenes Ereignis vorkommen, sonst bleibt es unbemerkt. Ein Erdbeben mag die Politik erschüttern, aber nur, soweit es zum politischen Ereignis wird, etwa die Wahlaussichten der Kandidatinnen beeinflusst. Ein Börsenkrach mag im Rechtssystem Resonanz finden, aber nur nach Maßgabe der Sprache des Rechts selbst: Hat einer illegal mit Aktien gehandelt, verändert sich durch einen Bankrott die Rechtslage für Anlegerinnen? Luhmann nennt dies mit einem aus dem Altgriechischen stammenden Ausdruck *Autopoiesis* (von *autos* gleich „selbst" und *poiesis* gleich „Herstellung"). Also: Systeme stellen selbst die Elemente her, die Hinsichten ihrer Irritierbarkeit durch Umweltereignisse bilden. Sie sind nur über ihre eigenen Erzeugnisse offen für Veränderungen in ihrer Umwelt.

Luhmann hat die Idee der Autopoiesis von zwei chilenischen Biologen, Humberto Maturana und Francisco Varela, übernommen. Beide gelten als Helden des „radikalen Konstruktivismus". Der Physiker Heinz von Foerster hat gegen Ende seines Lebens in einem Vortrag die vermeintlich umstürzenden Konsequenzen veranschaulicht. Stellen wir uns vor, so von Foerster, jemand träfe mit einer Nadel genau jenen Nerv, der für die Erzeugung des Geschmackseindrucks Essig zuständig ist. Die Versuchsperson schmeckt daraufhin Essig, obwohl in der Umwelt keiner ist. Verallgemeinert: Wir können niemals wissen, was in der Umwelt vor sich geht. Alles, was wir erleben, erleben wir vermöge der Autopoiesis unserer eigenen informationsverarbeitenden Systeme.

Luhmann selbst nimmt darum an, dass Systeme sich nur selbst steuern könnten. Jede Fremdsteuerung sei schon begrifflich ausgeschlossen. Das ist eine nicht zuletzt für die Politikwissenschaft beunruhigende Auskunft. Lebt Politik, als Kunst des Regierens, nicht geradezu von der Möglichkeit gezielter und kausal wirksamer Beeinflussung aller möglichen Systeme? Ich werde auf dieses Problem am Ende der Vorlesung zurückkommen. Hier sei nur angemerkt, dass die

Idee der Autopoiesis, und mit ihr der radikale Konstruktivismus, alles andere als unstrittig ist.

Nehmen wir den Bordcomputer in einem modernen Auto. Gewiss, er verrechnet nur Nullen und Einsen. Jede Eingabe muss sich dieser Logik fügen, sonst bleibt sie unbemerkt oder stört nur. Und doch verlassen wir uns darauf, dass die Zahlen auf der Anzeige hinter dem Lenkrad etwas mit der Außenwelt, etwa der Fahrbahntemperatur, zu tun haben. Wir nehmen an, der Computer melde genau dann eine Senkung der Außentemperatur um ein Grad, wenn die Außentemperatur um ein Grad gefallen ist. Wir setzen voraus, dass der Bordcomputer Veränderungen in der Umwelt des Autos verlässlich abbildet. Etwas technischer gesagt: Wir unterstellen eine „Kovarianz" zwischen Ereignissen um das Auto und Ereignissen im Bordcomputer des Autos: Die Rechenvorgänge sind kausal so an Veränderungen in der Umwelt gebunden, dass die Resultate die Veränderungen korrekt anzeigen.

Solange das funktioniert, kann es uns gleich sein, auf welcher technischen Grundlage es funktioniert, so wie wir ja auch nicht wissen müssen, welche elektrischen Signale in unserem Gehirn hin und her gehen, während wir Luhmann lesen, solange wir ihn nur recht verstehen. Die Möglichkeit der Täuschung, wie im Beispiel von Foersters, rechtfertigt daher keinen generellen Skeptizismus. Gewöhnlich haben wir genau dann einen Essiggeschmack, wenn wir eine Flüssigkeit auf der Zunge fühlen, die die dispositionale Eigenschaft hat, in uns den Eindruck „Essig" hervorzurufen. Ich meine daher, dass der radikale Konstruktivismus nicht Recht hat: Auch wenn alle Medien des Erkennens – Gehirne, Sprachen, Bordcomputer – konstruktiv verfahren, ist darum nicht alles, was sie zu erkennen geben, ihr eigenes Erzeugnis.

2. GESELLSCHAFT ALS SYSTEM

So viel zu Luhmanns allgemeiner Theorie. Ihr eigentliches Anwendungsgebiet ist die Theorie moderner Gesellschaften. Moderne Gesellschaften umfassen wiederum Teilsysteme, deren eines das politische System ist, über das ich gleich sprechen werde. Weitere Teilsysteme der modernen Gesellschaft, denen Luhmann eigene Bücher gewidmet hat, sind das Recht, die Wirtschaft, die Wissenschaft, die Erziehung und die Kunst. Durch alle Teilsysteme hindurch umfasst die Gesellschaft außerdem zwei Unterfälle: Interaktionen unter Anwesenden, also Beziehungen von Angesicht zu Angesicht, sowie Mitgliedschaft in Organisationen. Eine besondere Organisation ist der moderne Staat.

Aber Gesellschaft als solche macht nicht an Staatsgrenzen halt. Ihre Reichweite wird bestimmt von kommunikativer Erreichbarkeit. Das System Gesellschaft schreibt sich durch Verkettung kommunikativer Ereignisse in die Welt hinein. Das klingt ein wenig nach Habermas, aber Luhmann meint es viel allgemeiner. Kommunikation liegt vor, wo dreierlei der Fall ist: Mitteilung, Information und Verstehen. Die Mitteilung trägt die Information, und die Kommunikation gelingt im Verstehen, das wiederum in der Unterscheidung von Mitteilung und Information besteht. Das kann inhaltlich alles Mögliche heißen. Zu meiner persönlichen Empörung meinte einmal ein Schüler Luhmanns, der heute Mitherausgeber der FAZ ist, natürlich seien die Atombomben auf Hiroshima und Nagasaki kommunikative Ereignisse gewesen, schließlich hätten sie den Japanern etwas zu verstehen gegeben. Außerdem ist für den Fortgang der Kommunikation nicht wesentlich, *was* verstanden wird. Denken Sie an das Gesellschaftsspiel „Stille Post": Der erste Spieler sagt seiner Nachbarin leise einen Satz ins Ohr, den diese wie vernommen an die nächste Spielerin weitergibt, und irgendwann ist aus „Luhmann verstehen ist nicht leicht" ein ganz anderer Satz geworden, etwa „Leichen haben's schwer". Die Hauptsache ist, die Kommunikation ist durch alle möglichen Missverständnisse hindurch weitergegangen, jede Spielerin hat das Mitgeteilte als Information verstanden.

Aus der Entscheidung, Gesellschaft aus Kommunikation bestehen zu lassen, folgt direkt zweierlei, was viele Luhmann-Leserinnen verwirrt hat. Erstens ist die Gesellschaft schon begrifflich Weltgesellschaft. Genauer: Sie ist die Welt, betrachtet unter dem Gesichtspunkt der Kommunikation. Daher wäre es, wie schon angedeutet, ein merkwürdiger Zufall, wenn die Gesellschaft ausgerechnet an Staatsgrenzen aufhörte; Redeweisen wie „die deutsche Gesellschaft" scheinen Luhmann also nicht sinnvoll zu sein. Allerdings ist das, was heute unter „Globalisierung" verstanden wird, auch nur ein Sonderfall von Weltgesellschaft: Es ist eine empirische Frage, wie leicht und schnell etwa wirtschaftliche und künstlerische Kommunikationen die Kontinente überspringen können.

Wohl noch irritierender ist zweitens, dass die Gesellschaft nicht aus Menschen besteht. Zwar erzeugt Kommunikation Personen als Zurechnungspunkte – sie „richtet sich an jemanden" –, aber der Mensch aus Fleisch und Blut bleibt mitsamt seinem Bewusstsein in der Umwelt der Gesellschaft. Kommunikation ist schließlich kein Gedankenlesen. Und öffneten wir die Schädeldecken, so fänden wir darunter Gehirne, aber keine Mitteilungen, die Informationen tragen. Außerdem schwindet die Gesellschaft nicht dadurch, dass Menschen sterben. Es klingt bitter, aber ich werde vergehen und die Gesellschaft wohl bestehen bleiben. Ihre Identität hängt nicht davon ab, welche Menschen in ihr herumlaufen.

Was die Gesellschaft bestimmt, ist ihr Code: Kommunikationen können mit „Ja" oder „Nein" beantwortet, sie können angenommen oder abgelehnt werden.

Angenommen oder abgelehnt wird das Sinnangebot, das in jedem Kommunikationsereignis liegt. Luhmann sagt daher auch, alle Kommunikation erfolgt im Medium Sinn. Eine besondere Mitteilung gibt dem Sinn einen besonderen Inhalt, sie verdichtet ihn zu einem ganz bestimmten kommunikativen Angebot. Das gilt für Medien überhaupt. Sie sind lose Kopplungen von Elementen, die sich für feste Kopplungen anbieten. Geld ist so ein Medium, das ganz verschiedene Formen – feste Kopplungen – annehmen kann, etwa 19 Euro 95 für eine DVD. Ein weiteres Medium ist Macht, das sich zur festen Kopplung in Gestalt von Regierungsbildungen anbietet. Und das allgemeine Medium der Gesellschaft, von dem Geld und Macht Sonderfälle sind, ist eben Sinn.

Moderne Gesellschaften erkennt man nun daran, dass sie innerhalb des Sinnmediums eine Vielzahl von Sondermedien mit entsprechenden Codes aufweisen. Spezifisch politisch ist die Codierung im Medium Macht: Man hat Macht oder man hat sie nicht. Die wirtschaftliche Codierung erfolgt im Geldmedium: Man ist zahlungsfähig oder nicht. Jeder Code erfüllt eine Funktion, weshalb Luhmann von funktionaler Differenzierung spricht. Sie ist die in modernen Gesellschaften vorherrschende Form der Unterscheidung. Das Wirtschaftssystem erfüllt zum Beispiel die Funktion des Umgangs mit Knappheit. Die Funktion, kollektiv verbindlich zu entscheiden, obliegt dem politischen System. Für die Funktion, Erwartungssicherheit zu gewähren, ist das Rechtssystem zuständig, für die Funktion methodisch geregelter Erkenntnissuche das Wissenschaftssystem. Und so weiter.

In einer funktional differenzierten Gesellschaft hat jedes Teilsystem eine Alleinzuständigkeit, aber unter genau einem Gesichtspunkt. Diese Art der Differenzierung ist geschichtlich spät entstanden; durchgesetzt hat sie sich seit dem Ende des 18. Jahrhunderts. Solange die Menschen in Gruppen von Jägern und Sammlern zusammenlebten, verteilten sie sich auf eine große Zahl strukturgleicher Einheiten; diese Art der Differenzierung nennt Luhmann „segmentär". Sie findet eine neuzeitliche Entsprechung in der Staatenwelt: Auch diese besteht ja aus lauter strukturgleichen Einheiten, die jeweils ein Stück Land exklusiv für sich beanspruchen. Dennoch denkt Luhmann, dass die segmentäre Differenzierung in der Moderne weniger wichtig ist als die funktionale.

Ebenso irreführend scheint ihm die Beschreibung moderner Gesellschaften als „Klassengesellschaften" zu sein. Klassen stehen zueinander in ziemlich stabilen Verhältnissen der Über- und Unterordnung oder jedenfalls des ungleichen Zugangs zu den maßgeblichen Machtmitteln. Sie haben die Schichten des Feudalsystems darin beerbt, Menschen per Geburt einen Platz zuzuweisen. In geschichteten Gesellschaften gehörte der ganze Mensch zu einem Stand, der mit besonderen Rechten, Pflichten und Ehrvorstellungen verknüpft war: Was für die Königin galt, galt für den Handwerker noch lange nicht. Der Begriff der „Klassengesellschaft“ suggeriert, so ähnlich sei es immer noch. Auch Luhmann will Ungleichheit nicht leugnen, aber er glaubt, sie sei am besten als Nebenprodukt funktionaler Differenzierung erklärbar. Jedes Teilsystem legt selbst die Bedingungen für Ein- oder Ausschluss, für Erfolg oder Misserfolg fest. Die Folgen können hart sein: Pastoren fallen durch die Führerscheinprüfung, Politikersöhne scheitern im Showgeschäft, Spitzensportlerinnen setzen eine Firmenfiliale in den Sand, Philosophen blamieren sich beim Preisboxen.

Vielleicht erleben wir auch gerade, wie sich eine neue Form der Differenzierung durchsetzt, die in Manchem einem Schichten- oder gar Kastensystem ähnelt. Neue Unterschichten werden zu Sammelpunkten von Merkmalen, die Ausschluss bedeuten: kein gesicherter Aufenthaltsstatus, keine Ausbildung, keine anständige Gesundheitsvorsorge, keine Arbeit, keine politischen Teilnahmerechte und so weiter. Luhmann nennt die Leitunterscheidung, die sich hier abzeichnet, Inklusion/Exklusion. Gegen Ende seines Lebens erwägt er, ob sie im Begriff sei, die funktionale Differenzierung zu unterlaufen oder sogar abzulösen (er hat gerade die Elendsviertel von Rio de Janeiro besichtigt).

3. DAS POLITISCHE SYSTEM

Das politische System ist ein Teilsystem der Gesellschaft. Seine Funktion habe ich schon erwähnt. Luhmann bestimmt sie, dem Systemtheoretiker David Easton folgend, als Herstellung und Umsetzung kollektiv bindender Entscheidungen. Der Funktion entsprechen ein eigener Code und ein eigenes Medium. Die politische Kommunikation gehorcht der Leitunterscheidung Macht haben/Macht nicht haben, und Macht ist auch ihr Medium. Macht haben heißt vor allem, kollektiv bindend entscheiden zu können, also etwa ein Amt im Staat zu bekleiden. Ein Sonderfall der politischen Leitdifferenz ist die Unterscheidung von Regierung und Opposition. An dieser Sonderform erkennt man moderne Demokratien: Die politische Spitze ist gespalten in aktuelle und potentielle Inhaber der entscheidenden Stellen. Wer heute zur Regierung gehört, kann sich morgen in der Opposition wiederfinden, und umgekehrt.

Wichtiger als diese eher holzschnittartige Kennzeichnung demokratischer Politik- wo bleiben etwa die modernen Verhandlungsdemokratien oder der Föderalismus, in dem die Opposition im Bundestag über den Bundesrat an der Gesetzgebung teilhat? – ist etwas anderes: Kollektiv bindendes Entscheiden darf nicht mit Fremdsteuerung aller möglichen Systeme gleichgesetzt werden. Das politische System ist ebenso autopoietisch geschlossen wie alle anderen Systeme auch und kann daher nur sich selbst „steuern". Die anderen Systeme vermag es höchstens zu irritieren. Eine politische Entscheidung wird dann in der Leitunterscheidung der Wirtschaft, des Rechts, der Wissenschaft und so weiter jeweils eigenlogisch verarbeitet – oder bleibt unbemerkt.

Moderne Gesellschaften haben keine Spitze und kein Zentrum. Sie können mit grundsätzlich gleichem Recht als politische oder aber als wirtschaftliche oder aber als verrechtlichte oder aber als verwissenschaftlichte Gesellschaften beschrieben werden, je nachdem, welche Leitunterscheidung die Beobachterin wählt. Luhmann ist daher ähnlich wie Foucault der Ansicht, dass der König in der politischen Theorie endlich geköpft werden müsste. Der König steht für die Spitze, auf die alle gesellschaftlichen Vorgänge und Teilbereiche zweckhaft zulaufen. Aber die anderen Bereiche und Vorgänge bestehen nicht zum Zweck der Politik.

Aus der Zeit gefallen ist daher die Idee Hannah Arendts, die Öffentlichkeit sei der wichtigste Raum menschlicher Verwirklichung. Selbst die gemäßigt-republikanische Vision einer Zivilgesellschaft aus gemeinwohlorientierten Bürgerinnen kommt Luhmann überholt vor. Sie zehrt noch von der Vorstellung, die Gesellschaft habe einen bevorzugten Ort ihrer Selbstbeschreibung, etwa die Öffentlichkeit, auf die Habermas hofft. Luhmann weist diese Hoffnung einer vergangenen Zeit zu; er nennt sie „alteuropäisch".

Sie können sich die alternativen Sichtweisen anhand zweier Bilder veranschaulichen. Das klassische Bild, das Luhmann ebenso verwirft wie Foucault, ist das der Pyramide: Alles läuft auf eine Spitze zu. Das alternative Bild enthielte lauter in sich geschlossene Ringe, deren jeder mit jedem anderen in Berührung kommt. Fehlte die Berührung, so könnten die Systeme füreinander nicht das leisten, was jedes von ihnen braucht. Weil aber jeder Ring ganz geschlossen ist, berührt er alle anderen Ringe nur äußerlich, er verschmilzt nicht mit ihnen.

Luhmann nennt die funktional erforderlichen Berührungspunkte strukturelle Kopplungen. Das ist das äußerste Zugeständnis, das er an das traditionelle Bild der Steuerung macht: Eine strukturelle Kopplung soll die Ereignisfolge in einem System mit der in einem anderen so synchronisieren, dass beide Systeme fortbestehen können. Luhmanns liebstes Beispiel ist das Verhältnis von Kommunikation zu Bewusstsein. Kommunikation kann nicht ohne Bewusstsein sein und umgekehrt. (Oder doch? „Sagen Sie mir, was Ihnen so durch den Kopf geht!" bittet der Psycho-Doc die Daltons. „Bei mir geht gar nichts durch den Kopf", antwortet Averell, der dümmste und gefräßigste der Bande.)

Näher liegt für uns das Beispiel der Verfassung. Sie koppelt strukturell die Kommunikation im politischen System an die des Rechts. Die Kommunikation in dem einen System findet dann nicht nur zufällig eine Entsprechung in dem anderen, die beiden hilft, ihre Grenzen zu wahren. Sie findet diese Entsprechung mit großer Wahrscheinlichkeit immer wieder. Politik wie Recht bleiben selbstbezüglich geschlossen, und doch scheinen sie aufeinander eingespielt zu sein. Dennoch steuert kein System das andere. Auch ist strukturelle Kopplung selbst nur das unwahrscheinliche Ergebnis einer zielblinden Evolution.

Das ist ein mageres Ergebnis. Es provoziert die Frage, was kollektiv bindendes Entscheiden überhaupt noch heißen sollte. Luhmann selbst räumt ein, dass zum politischen System die Suggestion gehört, Politik könne mehr, zum Beispiel durch Eingriffe in die Wirtschaft für Vollbeschäftigung sorgen. Aber das ist eben nur eine funktional notwendige Täuschung. Parteien, Regierungen und vor allem Wählerinnen müssen sich Handlungsmöglichkeiten einbilden, die moderne Gesellschaften aufgrund ihrer Differenzierung aber nicht hergeben. Das Problem daran ist, je mehr Akteure die Täuschung erkennen, weil sie etwa Luhmann gelesen haben, umso weniger kann sie wirken. Zum Allgemeingut geworden, würde Luhmanns Theorie sich selbst aufheben. Das spricht nicht unbedingt gegen sie; vielleicht bezeugt es nur ihren radikal aufklärerischen Charakter. Aber wir haben doch ein starkes Motiv, nach ihren Schwächen und Grenzen zu fragen, was jetzt abschließend geschehen soll.

4. ZUR KRITISCHEN WÜRDIGUNG DER SYSTEMTHEORIE

4.1 WAS FÜR DIE SYSTEMTHEORIE SPRICHT

Ich nenne den letzten Abschnitt dieser Vorlesung eine „kritische Würdigung“, weil ich zunächst ein paar Gründe für die Anziehungskraft der Systemtheorie nennen will. Zwar bin ich davon überzeugt, dass sie erhebliche Defekte hat; aber ganz aus der Luft gegriffen ist sie sicher nicht. Luhmann hat nicht zufällig seit den siebziger Jahren viele Anhänger gefunden. Das dürfte zunächst damit zu tun gehabt haben, dass in dieser Zeit eine Reihe von überspannten Steuerungsansprüchen in sich zusammenfielen.

Das starke Wirtschaftswachstum der Nachkriegszeit wich einer Mischung aus Dämpfern und Depressionen. Die Arbeitslosigkeit wurde strukturell und traf Millionen. Die Ölkrise machte den westlichen Staaten ihre Verwundbarkeit, weil Abhängigkeit von fragwürdig regierten Wüstenstaaten bewusst. Die Bürgerinnen erwarteten von ihren Regierungen Leistungen, die diese immer weniger erfüllen wollten oder auch konnten; manche Kommentatoren sprachen von „Anspruchsinflation“, andere überspitzt von „Unregierbarkeit“. Zugleich griffen Bürgerinitiativen mit den Atomkraftwerken ein Sinnbild des planenden Staates an.

Auch fand die Kehrseite von Planung und Vorsorge, das hohe Maß an Überwachung und Sozialdisziplinierung, immer weniger Zuspruch. Kurz: Der Staat schien immer weniger zu können, und was er vielleicht noch konnte, sollte er nach Ansicht vieler nicht mehr dürfen. Diese Wahrnehmungen und Stimmungen waren für die Aufnahme der radikal steuerungsskeptischen Systemtheorie günstig.

Ein zweiter Grund für deren Attraktivität ist eher logischer Art. Luhmann macht darauf aufmerksam, dass das politische System die Funktionen der anderen Systeme nicht ersetzen kann. Gewiss, es kann etwa Schlüsselindustrien verstaatlichen. Aber damit lässt es sich auf die Operationen im Wirtschaftssystem ein: Es unterwirft sich der Leitunterscheidung zahlungsfähig/zahlungsunfähig, mit gewissen Risiken für die öffentlichen Haushalte. Die Politik als solche kann so wenig wirtschaften, wie sie singen kann.

Damit hängt drittens zusammen, dass die Politik gut daran tut, für die Eigenart jedes anderen Systems, auf das sie einwirken will, sensibel zu sein. Sie sollte zum Beispiel bedenken, dass das Geld seine Rolle als Knappheitsanzeiger nur spielen kann, wenn es selbst halbwegs knapp gehalten wird. Der Staat könnte also zwar die Notenpresse anwerfen, aber er müsste irgendwann mit Geldentwertung und Flucht aus der Währung rechnen. Was eine für die Eigenlogik eines anderen Bereichs blinde Politik anrichten kann, müssen seit „Bologna" die deutschen Universitäten ausbaden. Wir haben daher durchaus Gründe, einem pausbäckigen Steuerungsglauben zu misstrauen.

Schließlich könnte man noch folgende Beobachtung zu Luhmanns Gunsten anführen. Ein großer Teil der politischen Kommunikation macht einen ausgesprochen selbstbezüglichen, um nicht zu sagen: autistischen Eindruck. Immer mehr strittige Inhalte scheinen zur Manövriermasse im Gerangel um Positionsvorteile zu verkümmern. Ähnlich wie die ökonomische Theorie der Politik kann auch die Systemtheorie eine solche Zweck-Mittel-Verkehrung gut erklären. Beide Theorierichtungen verbindet die Annahme, inhaltliche Differenzen seien eine abhängige Variable des Kampfes um Macht. Und beide können den missvergnügten Bürgern sagen: „Verurteilt die Politikerinnen nicht, sie können nicht anders, denn sie gehorchen der politischen Rationalität beziehungsweise der Logik politischer Kommunikation".

Gesetzt, an all dem ist etwas dran: An wen richtet es sich, wen soll es beeindrucken? Offenbar Handelnde, die überzogene Steuerungsansprüche fallenlassen, eher indirekte Formen der Steuerung wählen und Sach- und Machtbezug ihres Handelns in eine erträgliche Balance bringen *sollten*. Das zu sagen, setzt allerdings voraus, was Luhmann leugnet: dass nicht jede Hoffnung auf gezielte

Veränderung eitel ist. Gezielte Veränderung ist oder wäre Sache politischer Akteurinnen. Luhmann geht aber nicht von Handelnden aus, sondern von Kommunikationen. Diese seien gegeneinander geschlossen und also für Fremdsteuerung unzugänglich. Auch gebe es keine gemeinsame Sprache, in der sich ein System, etwa das politische, den anderen verständlich machen könnte.

Aber selbstbezügliche Kommunikationen schließen Adressaten der Steuerung nicht aus. Und die zweiwertigen Spezialsprachen der Systeme sind nicht die einzigen Verständigungsmittel, die eine moderne Gesellschaft besitzt. Auf den ersten Umstand hat Fritz W. Scharpf, auf den zweiten hat Habermas hingewiesen.

4.2 DIE VIELEN CODES UND DIE EINE SPRACHE

Scharpf, ein Politikwissenschaftler und langjähriger Direktor des Kölner Max-Planck-Instituts für Gesellschaftsentwicklung, hält gegen Luhmanns Abstraktionen zunächst den Augenschein: Bewirkt die Politik wirklich nie das, was sie sich vornimmt, nicht einmal annähernd? Warum wird dann an Feiertagen – jedenfalls noch – weniger gearbeitet, warum fahren so viele Autos mit Drei-Wege-Katalysatoren herum? Scharpf schlägt vor, die Antworten mit Hilfe einer Handlungstheorie zu suchen, die er „Akteurzentrierten Institutionalismus" nennt.

Die Grundannahmen sind: Zu politischem Handeln gehören mehrere Akteure. Die wichtigsten treten kollektiv, wie Bewegungen, oder korporativ, wie Verbände, in Erscheinung. Alle wollen grundsätzlich den eigenen Nutzen maximieren, können ihn aber oft aus Mangel an Zeit oder Informationen nicht gut erkennen; man nennt dies „begrenzte Rationalität" (*bounded rationality*). Ohnehin stehen alle Akteure unter Rahmenbedingungen, die ihre Handlungssituation charakterisieren: Dazu zählen Regeln, zum Beispiel des Rechts, Ressourcen wie Geld und Macht sowie Restriktionen, etwa Grenzen des Wissens. Eine Handlungstheorie muss folglich für die Begrenzungen und Zwänge, denen gerade politisch Handelnde unterliegen, nicht blind sein. Zugleich gibt sie aber zu erkennen, bei wem Steuerung ansetzen könnte: bei Akteuren, deren Prämissen des Überlegens sie verändern könnte.

Auch wenn es Handlungen streng genommen nur gibt, wenn einzelne Menschen etwas absichtlich tun oder lassen: Die wichtigsten Ansprechpartner für Versuche politischer Steuerung dürften Organisationen sein. Sie sind ebenso wie Einzelmenschen, aber anders als Luhmanns Kommunikationen, für mehr als eine „Sprache" offen. Ein größeres Unternehmen mag sich zum Beispiel eine Rechtsabteilung leisten, eine Abteilung zur Förderung der Künste und vielleicht auch eine für politische Beratung. Auch wenn der übergreifende Organisationszweck der wirtschaftliche Gewinn bleibt, wächst die Wahrscheinlichkeit, ihn zu erreichen, mit der Zahl der Gesichtspunkte, die die Organisation beachten kann. Scharpf nennt das, etwas gestelzt, „multilinguale Kommunikationskompetenz", oder einfacher: Mehrsprachigkeit.

Selbst wenn also Kommunikationen immer nur das Entweder-Oder ihres eigenen Codes kennen, so sind sinnvoll gegliederte Organisationen mit mehr als einem Code vertraut. Sie können zwischen den Perspektiven, für die jeder Code steht, hin und her gehen. Und genau diese Fähigkeit können sich politische Akteurinnen, die selbst aus Organisationen heraus handeln, zunutze machen. Die Politik muss daher nicht direkt mit „der Wirtschaft", also mit dem System von Zahlungen, kommunizieren. Sie kann sich an Organisationen halten, die auf wirtschaftliche Zwecke spezialisiert sind, aber durchaus begreifen, was Verbote, Gebote und Anreize bedeuten. Und solange Unternehmen keine allzu großen und billigen Ausweichmöglichkeiten haben, werden die tatsächlichen Wirkungen von den politisch gewollten nicht beliebig weit abweichen.

Diese Antwort ist allerdings noch unvollständig. Unklar bleibt, wie Organisationen nicht nur zwischen den Codes hin und hergehen, sondern die Ergebnisse in einer einzigen Sprache ausdrücken können. Offenbar kann das weder die Sprache eines ganz speziellen Codes noch die aller zusammen sein. Wir brauchen daher ein Kommunikationsmedium, das nicht zu einem ganz bestimmten System gehört und auch nicht deren Summe bildet.

Hier kommt einmal mehr Habermas ins Spiel: Wir haben ein solches Medium, nämlich die Alltagssprache. Auf sie müssen wir aus allen Spezialsprachen heraus in strittigen Fällen zurückkommen können. Selbst Grundlagenprobleme der Mathematik werden, sind die Axiome einmal strittig, nicht mehr in der Sprache der Formeln geklärt werden können. Ebenso stellt die Alltagssprache Begriffe bereit, in denen wir Probleme des Rechts mit solchen der Wirtschaft, der Wissenschaft, der Künste und so weiter vermitteln können. Und wir können dies als Handelnde, denen die Ressourcen einer Lebenswelt zu Gebote stehen. Diese Einsicht hat, wie üblich bei Habermas, auch eine demokratietheoretische Pointe: Sie verweist auf die Möglichkeit einer vernünftigen gesellschaftlichen Selbsteinwirkung, die nicht auf das politische System begrenzt bliebe.

Zur Lebenswelt gehört, gesellschaftstheoretisch gesehen, die politische Öffentlichkeit. Habermas sagt nun, so wie Luhmann zu Unrecht die Alltagssprache zugunsten der Systemcodes vernachlässige, so vernachlässige er zu Unrecht die bürgerschaftliche Verständigung über Themen von allgemeiner Bedeutung. Das ist kein Wunder, weil das Medium öffentlicher Verständigung eben die Alltagssprache ist. Die öffentliche Verständigung folgt nicht von vornherein den Unterscheidungen der Systeme; oft stellt sie deren Grenzen gerade in Frage. Ihr Anspruch an die Politik ist dann, mehr als bloß ein System neben anderen zu sein. Wir brauchen Politik, um die Systemgrenzen vereinbar zu halten mit verallgemeinerbaren Grundsätzen, etwa der Gerechtigkeit und der Menschenwürde.

Wo Ämter oder Kindernieren gekauft werden können, sind solche Grundsätze wenig wert. Der Autismus der Systeme kann das Zusammenleben und die Rechte des Einzelnen gefährden. Die Politik muss darum geltende Grenzen gegen Übergriffe aus den Systemen verteidigen oder auch neue Grenzen ziehen. Der Soziologe Hans Joas nennt das, mit einem glücklichen, wenn auch abstrakten Ausdruck, die „Demokratisierung der Differenzierungsfrage".

Wir sind damit wieder, gegen Luhmann, bei der Einstellung engagierter Teilnehmerinnen angekommen. Sie hat, wie schon mehrfach in diesen Vorlesungen gezeigt, eine normative Seite. Luhmann hat diese Seite ganz ignoriert. Die liberalen Theorien, die ich nun vorstellen werde, widmen sich ihr ausschließlich: Sie sind allein und ausdrücklich normative Theorien.

13. VORLESUNG. DER NEUERE LIBERALISMUS

1. LIBERALE UND IHRE VERWANDTEN

Der Ausdruck „Liberalismus“ sollte Sie nicht irreführen. Er hat keine parteipolitische Bedeutung. Die *Liberals*, um die es hier gehen soll, sind Liberale im US-amerikanischen Sinne, und dort steht das Wort für die sozialstaatsfreundliche Linke. Zu ihren Zielen zählen eine gute Bildung für alle, gemeinschaftlich finanzierte Versicherungen für Krankheit, Arbeitslosigkeit und Alter, substantielle Gleichheit der Chancen, auch für lange benachteiligte Minderheiten und für Frauen, außerdem ein möglichst geringer Einfluss des Geldes auf die Politik. Das wirkt auf Europäerinnen eher sozialdemokratisch. Allerdings legen alle amerikanischen Liberalen großen Wert auf grundrechtlich gesicherte Freiheiten, was dem Wort „liberal“ doch einen gewissen Unterscheidungswert gibt: Es verweist schließlich auf die *libertas*, die Freiheit.

1.1 DAS FREIHEITSVERSTÄNDNIS DES LIBERALISMUS

Auch die relativ starke Betonung der Gleichheit durch neuere Liberale steht dazu nicht im Widerspruch. Schon klassische Liberale wie John Locke und Immanuel Kant forderten nicht Freiheit schlechthin, sondern gleiche Freiheit. Jedoch war ihr Freiheitsverständnis im folgenden Sinne begrenzt: Sie wollten vor allem Freiheit *von* fremden, namentlich staatlichen Übergriffen. Zwar sollte die Gesetzgebung idealerweise eine *Selbst*gesetzgebung aller männlichen Eigentümer sein. Wer aber ohne Eigentum und daher wirtschaftlich abhängig war, dem schuldete der ideale Staat der frühen Liberalen keine Umverteilung: Sie hatten eben Pech gehabt.

Neuere Liberale legen dagegen auch Wert darauf, dass alle Personen ihre Freiheitsrechte tatsächlich nützen können. Ein reiner Wirtschaftsliberalismus könnte das nicht garantieren, im Gegenteil: Die ungebremste Freiheit der Märkte zerstörte im Ergebnis die Freiheit aller, die für eine Selbstbehauptung auf Märkten schlecht gerüstet sind. Alte, Kranke, Behinderte, Unbegabte, Alleinerziehende, Kinder mittelloser Eltern wären auf freiwillige Hilfe angewiesen, was nicht nur unsicher, sondern auch entwürdigend wäre.

Sogenannte Libertarianer (*Libertarians*) wie der amerikanische Philosoph Robert Nozick nehmen das in Kauf. Sie argumentieren, ein umverteilender Staat verletze das natürliche Recht, das selbst erarbeitete oder durch Erbschaft oder

Schenkung erworbene Eigentum nach Belieben zu gebrauchen. Aber es erscheint merkwürdig, Freiheitsrechte wertzuschätzen und doch viele Menschen zu einem Leben in faktischer Unfreiheit zu verurteilen. Im Gegensatz zu Libertarianern wie Nozick sind Liberale der Ansicht, dass jeder die tatsächliche Möglichkeit haben sollte, selbstbestimmt und gut zu leben. Die Freiheiten, die sie wertschätzen, sind darum *effektive* Freiheiten.

1.2 LIBERALISMUS UND ANARCHISMUS

Der Liberalismus, wie ich ihn hier vorstellen will, darf also nicht mit einem radikalen Wirtschaftsliberalismus verwechselt werden. Eine weitere Abgrenzung ist gegenüber dem Anarchismus nötig. Auch dieser erstrebt eine größtmögliche gleiche Freiheit für alle. Aber er will darum jedwede Herrschaft, auch und vor allem die staatliche, überwinden. Anarchismus wäre Ordnung ohne Herrschaft. Doch könnte eine solche Ordnung stabil und gerecht sein? Beides ist zweifelhaft. Liberale jedenfalls glauben, dass auch eine freiheitliche Ordnung auf staatliche Herrschaft angewiesen sei, zumal nur sie den Schwächeren die nötigen Sicherheiten geben könne.

Die liberale Grundfrage ist daher, was Herrschaft rechtfertigen könnte. Die allgemeine Antwort der Liberalen lautet: Herrschaft ist dann, aber auch nur dann gerechtfertigt, wenn sie die ungezwungene Zustimmung aller verdient, die ihr unterliegen. Jedenfalls gilt das für die Grundordnung eines Gemeinwesens: seine wichtigsten Einrichtungen und Verfahren. Jeder Einzelne muss sich vorstellen können, er hätte sie in einem Zustand der Freiheit und Gleichheit täuschungsfrei akzeptiert. Die etwas umständliche Formulierung deutet darauf hin, dass hypothetische Zustimmung gemeint ist, nicht wirkliche. Tatsächlich sind wir alle in ein Gemeinwesen hineingeboren worden und haben dessen Grundordnung schon vorgefunden. Das macht aber die Frage nicht sinnlos, ob wir sie auch gewollt hätten, wenn wir sie gleichsam auf der grünen Wiese hätten festlegen können.

Stellen Sie sich dazu vor, jeder von Ihnen wäre im Besitz zweier Karten, einer grünen und einer roten. Jeder von Ihnen hätte das Recht, die rote Karte zu zücken, wann immer er meint, einem Merkmal der Ordnung, deren Regeln er befolgen soll, nicht zustimmen zu können. Die Ordnung wäre gerechtfertigt, wenn keiner von diesem Recht begründet Gebrauch machen könnte. Diese Idee erinnert an einen Vertrag. Ein Vertrag, der seinen Namen verdient, kommt ja nur zustande, wenn keine der Parteien ihr Veto einlegt, obwohl jede auch „Nein" sagen könnte.

1.3 LIBERALISMUS UND KONTRAKTUALISMUS

Die Idee des Vetorechts verbindet die Liberalen mit einer anderen Richtung in der politischen Philosophie, die manchmal „kontraktualistisch" genannt wird. „Kontrakt" ist ein Fremdwort für „Vertrag". Kontraktualistinnen halten den Vertrag für ein gutes Modell, um vernünftige Ordnungen auszumachen. Das wären Ordnungen, die allen Regeladressaten zum Vorteil gereichen: Jeder steht mit der Ordnung und ihren Regeln besser da als ohne sie.

Kontraktualisten wie James Buchanan, David Gauthier oder Norbert Hoerster halten sich zugute, besonders wenig vorauszusetzen. Die Menschen müssen nicht moralisch sein, es genügt, dass sie klug kalkulieren, was alles in allem für sie das Beste ist. Sie kennen dieses Rationalitätsmodell schon aus den ökonomischen Theorien der Politik. Jeder bringt seine Vorlieben unabhängig von den anderen in eine insgesamt zweckdienliche Ordnung. So gerüstet, tritt er in Verhandlungen mit anderen ein, die ihre Nutzenfunktion ebenso rational wahrnehmen wollen wie er die seine. Es ist klar, dass rationale Nutzenmaximiererinnen irgendeine Rücksicht auf irgendwelche anderen Nutzenmaximiererinnen nehmen müssen, wollen sie nicht in ständiger Unsicherheit leben. Wo jeder jeden jederzeit berauben oder töten könnte, wo Verträge nur leere Worte wären, da könnte kein Mensch ruhig planen und gut leben.

Und das Modell ist noch in einer anderen Hinsicht sparsam. Es geht von den jeweiligen Kräfteverhältnissen aus. Jeder weiß, wie viel Gewicht er in die Waagschale der Verhandlungen legen kann. Jeder kennt, neudeutsch gesprochen, seine *Bargaining Power*. Die Folge ist, eine Einigung kommt nur zustande, wenn alle, egal, wie stark oder schwach sie sind, mit ihr besser dran sind als ohne sie. Je größer das Ungleichgewicht der Kräfte, umso ungleicher werden die Stellungen der Parteien nach der Einigung sein. Thomas Hobbes, ein Ahnherr des Kontraktualismus, ging davon aus, in der alles entscheidenden Hinsicht herrsche Gleichheit: Jeder kann jeden anderen töten, weil auch der Stärkste einmal schlafen muss und weil viele Schwache wenige Starke überwältigen können.

Aber das war sicher zu optimistisch gedacht. Geistig stark behinderte Menschen, kleine Kinder oder gar Tiere sind nicht einmal imstande, Verträge zu verstehen. Wenn sie überhaupt in ihnen vorkommen, dann nur dank der Vorlieben anderer, die selbst vertragsfähig sind und auch irgendeinen Schaden anrichten können. Indigene Gruppen sind jahrhundertelang von Einwanderern verdrängt, verfolgt und an den Rand der Ausrottung gebracht worden, ohne sich nennenswert wehren zu können. Sie fanden eben unter den vertragsschließenden Parteien keine kraftvollen Fürsprecherinnen. Und selbst Vertragsparteien mögen so schwach sein, dass sie nur eine moderate Sklaverei erwarten können.

Gewiss, auch die Stärksten werden irgendwelche Rücksichten auf Schwächere nehmen müssen, wollen sie ihrer Stellung halbwegs sicher sein. Aber die Gleichgewichtspunkte der Einigung können weit von dem abweichen, was bei unparteiischer Betrachtung gerecht erscheint. Auch werden sie wohl wenig stabil sein: Die vorerst Unterlegenen haben einen ständigen Anreiz, nach Möglichkeiten des Ausweichens oder auch der Veränderung der Kräfteverhältnisse zu suchen. Und wer kann schon im Voraus genau wissen, wann es sich lohnen würde, den Kampf wieder aufzunehmen?

Liberale sagen daher, um zu einer ebenso stabilen wie fairen Einigung zu kommen, müssen die Parteien von allem absehen, was ihnen relative Verhandlungsvorteile verschaffen könnte. Sie müssen so urteilen, wie ein Beliebiger urteilen würde: Jeder muss sich vorstellen, er könnte auch jeder andere sein. Nur eine Einigung, die dieser Bedingung genügt, darf gerecht heißen. Das ist mit Zustimmung unter Freien und Gleichen gemeint. Anders als Kontraktualistinnen muten Liberale den Menschen zu, den Standpunkt der Unparteilichkeit einzunehmen, wollen sie von ihrem Vetorecht Gebrauch machen. Ich darf also nicht schon darum zu einer Ordnung „Nein“ sagen, weil ich eine andere durchzusetzen hoffe, die meiner relativen Stärke mehr Raum gäbe. Die rote Karte ziehen darf ich nur, wenn ein Vorschlag meinen Interessen weniger Gewicht gibt, als sie bei unparteiischer Betrachtung verdienen.

Von der Wortwahl sollen Sie sich bitte nicht verwirren lassen: Manchmal werden Positionen „kontraktualistisch“ genannt, die eine Spielart der Unparteilichkeitsmoral sind. Alle Rechtfertigungstheorien mögen in einem weiten Sinne „vertragstheoretisch“ heißen, die ein Vetorecht jedes Einzelnen vorsehen. Das gilt etwa auch für die Theorie von John Rawls, die ich nachher vorstellen werde. Im engen Sinne kontraktualistisch sind dagegen nur Theorien, die das Vetorecht des Einzelnen nicht unter den Vorbehalt der Unparteilichkeit stellen. Der Streitpunkt zwischen Kontraktualistinnen und Liberalen ist also, ob jeder in voller Kenntnis der Kräfteverhältnisse egozentrisch seinen Vorteil suchen darf oder nicht. Liberale lehnen dies ab, weil wir so nie zu einer Ordnung kämen, die Zustimmung nicht nur faktisch findet, sondern verdient.

1.4 LIBERALISMUS UND UTILITARISMUS

Nun noch zu einer dritten Abgrenzung: Wie der Liberalismus, so ist auch der Utilitarismus eine Spielart der Unparteilichkeitsmoral. Auch er wird manchmal zu den liberalen Theorien gezählt, und ein prominenter früher Utilitarist, John Stuart Mill, war zugleich ein klassischer Liberaler, der ein Standardwerk über das liberale Freiheitsverständnis geschrieben hat. Liberale wie Utilitaristen wollen politische Ordnungen rechtfertigen, ohne dazu auf höhere Mächte oder bloße Glaubenssätze zurückgreifen zu müssen. Beide lehnen daher auch „natürliche" Privilegien ab, wie sie oft aus religiöser Offenbarung gefolgert wurden. Kein höheres Wesen garantiert, dass die Zahnschmerzen der Königin eine schnellere Behandlung verdienen als die des Bettlers, ja nicht einmal, dass es überhaupt Königinnen und Bettler geben sollte.

Um das zu klären, so argumentiert der frühe Utilitarist Jeremy Bentham, müssten wir vom folgenden Grundsatz ausgehen: Jeder zählt für einen und keiner für mehr als einen. Genauer gesagt: Was zählt, ist zum Beispiel die Stärke und Dauer der Zahnschmerzen und nicht, wer sie hat. Zustände der Lust und der Unlust sollen strikt ohne Ansehen der Personen gewichtet werden. Einige spätere Utilitaristinnen sind der Ansicht, wir sollten nicht Empfindungen wie Lust und Unlust unparteiisch gewichten, sondern formaler Aussichten auf Wunscherfüllung. Schließlich können Menschen alles Mögliche wollen, auch wenn es schmerzhaft oder auch lebensgefährlich sein sollte. Wer etwa unbedingt den Mount Everest besteigen will, scheint ein drastisches Übergewicht von schlechten über gute Empfindungen geradezu zu suchen.

Aber der Utilitarismus hat auch etwas mit dem Kontraktualismus gemeinsam, nämlich eine Grundvorstellung von Rationalität. Daher werden Utilitaristinnen manchmal für moralische Egoistinnen gehalten. Nichts könnte falscher sein, wie Sie gleich sehen werden. Aber immerhin, der erste Schritt in einer utilitaristischen Theorie der Rechtfertigung gleicht dem in einer kontraktualistischen: Wiederum soll die Einzelne sich fragen, was für sie alles in allem gesehen das Beste wäre. Sie wird dazu ihre vielen Vorlieben in eine stimmige Rangfolge sachlicher und zeitlicher Dringlichkeit bringen müssen. Auch wird sie manche Ziele ganz aufgeben müssen: Sie kann nicht gleichzeitig Mitglied der Berliner Philharmoniker und Sprintweltmeisterin werden, und wenn sie das eine geworden ist, wird sie das andere nicht mehr werden können. Also wird sie ein Opfer bringen müssen.

Aber das ist nur der erste Schritt. Im nächsten Schritt muss die doppelt Hochbegabte davon absehen, dass sie an einer ganz bestimmten Stelle des Könnens und des Wollens steht. Sie muss sich fragen, was nicht nur sie, sondern was ein Beliebiger wollen könnte. Das ist der Schritt auf den Standpunkt der Unparteilichkeit. Dort wiederholt die Utilitaristin ihre Kalkulation, jetzt aber mit Blick auf eine Gesamtheit von Betroffenen. Jede Nutzenfunktion jedes Betroffenen geht nun in eine Gesamtrechnung ein, wie vorher die einzelnen Vorlieben in ein Gesamtbild des individuell guten Lebens. Das Ziel der utilitaristischen Kalkulation ist dann diejenige Vorgehensweise, die das größtmögliche Übergewicht guter über schlechte Folgen für die Gesamtheit der Betroffenen verspricht.

Mit anderen Worten, der Utilitarismus überträgt eine Idee rationalen Strebens von der einzelnen Person auf eine Gesamtheit von Personen und sogar aller Wesen, die überhaupt Lust und Unlust empfinden oder etwas wünschen und wollen können. Eine Stärke des Utilitarismus ist seine Inklusivität: Er hat keine Schwierigkeit, selbst viele nichtmenschliche Tiere unparteiisch zu berücksichtigen, sofern eine Handlung oder Regelung ihr Wohl und Wehe berühren könnte. Das scheint mir ein klarer Vorsprung an Unparteilichkeit gegen alle Theorien zu sein, die so tun, als zählten von vornherein nur das Wohl und Wehe menschlicher Wesen.

Aber der Utilitarismus stößt auf ein Problem, von dem ich wie viele andere Kritikerinnen denke, es entwerte ihn als eine gute Rahmentheorie der politischen Moral. Das ist das Problem der Verschiedenheit der Individuen. Jedes Individuum, welches sein Leben erlebt oder sogar selbstbewusst führt, ist unvertretbar darin, es zu erleben oder auch zu führen. Seine Nutzenfunktion ist nichts anderes als seine Existenz. Sie ganz zu opfern, gliche daher einer Opferung des Individuums. Eben das aber kann bei einer utilitaristischen Abwägung herauskommen.

Stellen sie sich vor, Sie müssten Strafen für Leute festlegen, die angetrunken Auto fahren. Sie wissen, dass Trunkenheit am Steuer für viele tödlich verlaufende Unfälle verantwortlich ist. Nehmen wir an, es seien eintausend im Jahr. Nun fragen Sie sich, wie Sie ein solch gefährliches Verhalten wirksam verhüten könnten. Vielleicht so: Zehn nachweislich im Zustand der Trunkenheit angetroffene Fahrerinnen werden öffentlich hingerichtet. Das wird den anderen eine Lehre sein. Nehmen wir an, der Abschreckungseffekt ist so groß, dass nurmehr einhundertneunzig Menschen im Jahr Opfer betrunkener Fahrerinnen werden. Zusammen mit den zehn Exekutierten stehen dann einmalig zweihundert Tote den bislang eintausend gegenüber, und da die Abschreckung nachhaltig war, werden Sie sie auch nur alle zehn Jahre wiederholen müssen. Das wäre zweifellos eine gemeinwohldienliche Maßnahme im utilitaristischen Sinne.

Sicher, Utilitaristinnen könnten auf die Gefühle der Empörung bei allen hinweisen, die die Hinrichtung grob unverhältnismäßig fänden. Das müssten sie berücksichtigen, denn Gefühle der Empörung sind für sich genommen unangenehm und müssen daher zu den Nachteilen des Getötetwerdens hinzugezählt werden. Aber wären die Gefühle eigentlich begründet? Wohl nur, wenn man einen nicht selbst utilitaristischen Sinn für verhältnismäßiges Strafen zugrunde legt. Ein solcher Sinn könnte Utilitaristinnen eigentlich nur wie das Überbleibsel einer unaufgeklärten, etwa christlichen Moral vorkommen. Wenn sie dennoch auf ihn Rücksicht nehmen, dann sicher nicht aus den Gründen, die die Empörung aus Sicht der Empörten rechtfertigen.

Und es gibt ein weiteres, damit verwandtes Problem. Stellen Sie sich vor, eine Bande aus vier jungen Männern vergewaltigt ein Mädchen. Müssen wir die Tat als schlecht bewerten? Sicherlich, werden Utilitaristinnen sagen: Die Wahrscheinlichkeit ist schließlich groß, dass das Leiden des Mädchens, zusammen mit dem Mitgefühl der Eltern, Angehörigen, Freunde sowie den Ängsten aller weiteren Mädchen, ihrer Eltern und so weiter die Freude der Jungen während und nach der Tat mehr als aufwiegt. Die Utilitaristin wird also in diesem Fall urteilen, wie jeder moralisch sensible Mensch urteilen wird. Jedenfalls gilt das für das Ergebnis ihrer Überlegung.

Aber gilt es auch für den Überlegungsweg? Der sieht so aus: Ich stelle strikt unparteiisch die Freude der Vergewaltiger gegen das Leiden der anderen. Die Freude der Vergewaltiger ist etwas für sich genommen Gutes. Das wird, wenn sie nur fair urteilt, selbst die Vergewaltigte einräumen müssen. Nur wahrscheinlich überwiegt das Leiden auf ihrer Seite die Freude der Täter. Die Wahrscheinlichkeit wird groß genug sein, um eine zwingende Norm darauf zu gründen: Vergewaltigung steht unter Strafe. Aber ist es nicht eine ungeheure Zumutung für das Mädchen, in der Freude der Jungen überhaupt etwas Gutes zu sehen? Hat sie nicht alles Recht der Welt, eine solche Freude als in sich schlecht zu verwerfen, nicht der Freude, aber der inneren Schlechtigkeit der Handlung wegen? Diese einfache Überzeugung muss dem Utilitarismus fremd bleiben. Er kann den Gedanken in sich schlechter Handlungen nicht zulassen, weil für ihn einzig die Gesamtbilanz der Folgen zählt. Das, so denke ich, disqualifiziert ihn, egal wie viele unserer stärksten Überzeugungen er im Ergebnis bestätigen mag.

Liberale sehen den Grundfehler im utilitaristischen Verständnis von Rücksicht. Utilitaristinnen berücksichtigen nicht direkt die Individuen, sondern Zustände, in denen Individuen sein können, etwa der Lustempfindung oder der Wunscherfüllung. Die Individuen selbst sind wie Gefäße. Was zählt, ist die Gesamtsumme des Guten abzüglich des Schlechten, das die Gefäße enthalten. Daher verrechnen Utilitaristinnen die Folgen von Handlungsweisen oder Regeln über die Grenzen der Individuen hinweg. Aber die Ergebnisse können für Einzelne unerträglich sein. Außerdem sind, wie am drastischen Fall der Vergewaltigung gezeigt, nicht alle Zustände der Freude oder der Wunscherfüllung überhaupt moralisch berücksichtigenswert: Die Freude an der Entrechtung anderer ist es nicht.

Liberale sagen darum, wir sollten von den Individuen ausgehen, für die etwas gut oder schlecht sein könnte. Individuen und nicht Zustände verdienen Rücksicht um ihrer selbst willen. Und wir müssen dabei bedenken, dass wohl jeder nur ein endliches Leben hat – die Erwartung der Seelenwanderung oder des ewigen Lebens im Jenseits wäre eine zu unsichere Spekulation, um darauf Regeln der politischen Moral zu gründen. Jeder hat darum *ein Recht* auf Rücksicht: Einige seiner Interessen sind so wichtig, dass andere um seinetwillen Pflichten zu tragen haben. Und nicht jeder Vorteil für die Gesamtheit rechtfertigt, die Interessen Einzelner zu übergehen.

Eine Utilitaristin mag erwidern, auch sie könne Rechte begründen, etwa so: Das Beispiel der Vergewaltigung zeigt, dass eine Gesellschaft ganz generell gut daran tut, Vergewaltigung zu verbieten. Der Gesamtnutzen wird fraglos erhöht, wo diese Regel gilt: Sie verbessert die Sicherheit aller. Mehr noch: Um der Regelgeltung willen ist es gut, wenn möglichst viele Menschen *glauben*, jeder habe ein Recht darauf, von Vergewaltigung verschont zu bleiben. Das Gefühl, die anderen verdienten Rücksicht und Achtung um ihrer selbst willen, kommt der allgemein vorteilhaften Achtung und Rücksicht zugute. Außerdem fühlt sich jede Einzelne besser, wenn sie meint, sie sei der Grund für fremde Rücksicht.

So weit, so gut. Doch es ist zweierlei, ob *der Glaube* nützlich ist, jeder habe Anspruch auf Achtung und Rücksicht, oder ob jeder den Anspruch tatsächlich hat. Das vergewaltigte Mädchen sollte sich sagen: „Mir steht es zu, nicht so behandelt zu werden. Das ist mein Recht. Die Vergewaltiger tun mir Unrecht, was auch immer sie außerdem der Allgemeinheit antun." Die Utilitaristin könnte ihr aber nur dies anbieten: „Wir sollten allesamt so tun, als stünde dir Schutz vor Vergewaltigung zu, denn das ist für die Allgemeinheit, dich eingeschlossen, das Beste." Utilitaristisch gesehen gibt immer der Gesamtnutzen den Ausschlag. Rechte für einzelne Menschen – oder auch Tiere – sind nur relativ dazu gerechtfertigt. Das unterscheidet den Utilitarismus vom Liberalismus, egal an wie vielen Punkten die Anhänger beider Seiten sich treffen mögen.

Wie würden Liberale die beiden fiktiven Fälle beurteilen? Die Hinrichtung der Verkehrssünderinnen wäre unverhältnismäßig, weil ihr Recht auf Leben sie selbst vor einer Tötung schützt, in deren Folge wohl weniger Menschen im Straßenverkehr umkämen. Der liberale Rechtsphilosoph Ronald Dworkin sagt, wir sollten uns Grundrechte wie Trümpfe vorstellen. Wir können sie ausspielen, wenn wir das begründete Gefühl haben, andere nähmen unsere grundlegenden Interessen nicht ernst genug.

Wer Rechte ernst nimmt, muss sie darum nicht absolut setzen. Nur Fanatikerinnen werden glauben, dass Gerechtigkeit geschehen müsse, und wenn die Welt darüber zugrunde ginge. Aber Rechte verschieben die Beweislast: Es genügt nicht, dass eine Verletzung rechtlich geschützter Interessen irgendwie dem Gemeinwohl diente. Die fundamentalen Interessen des Einzelnen, etwa an Leben, Leidfreiheit und Selbstbestimmung, werden das Gemeinwohl normativ gesehen fast immer überwiegen. Grundrechte nehmen unvertretbar einzelne Menschen – und warum nicht auch Tiere? – vor der Versuchung in Schutz, optimale Gesamtergebnisse durch Opferung Einzelner zu erzielen. Das dürfte nur in ganz gravierenden Fällen, etwa der Gefährdung der Rechtsordnung als ganzer, anders sein.

Die Rechtsidee gibt auch zu verstehen, warum die Freude der Vergewaltiger nichts Gutes sein kann. Ein Gefallen an der Verletzung moralischer Rechte kann moralisch nicht zählen. Liberale wollen Menschen, die sich als Rechtssubjekte selbst achten. Ein vergewaltigtes Mädchen, dass seine Selbstachtung nicht verloren hat, wird darauf bestehen, dass seine Vergewaltigung direkt und als solche ein Unrecht war. Der Utilitarismus muss dagegen grundsätzlich jedes Urteil, über Handlungen oder über Handlungsregeln, von einer empirischen Untersuchung aller möglichen Folgen abhängig machen. Der Liberalismus braucht diesen Umweg nicht.

Niemand darf andere zum bloßen Mittel seiner Lustgewinnung oder selbst der Förderung des Gesamtwohls machen. Jeder schuldet jedem anderen eine moralische Beachtung von dessen Leben, Wohlbefinden und Selbstbestimmung. Und er muss für eine Grundordnung eintreten, die Leben, Wohlbefinden und Selbstbestimmung des einen ebenso wichtig nimmt wie die jedes anderen. Dworkin sagt daher auch, jeder hat ein natürliches Recht darauf, von seinem Staat mit gleicher Achtung und Rücksicht behandelt zu werden: mit Achtung als eine zur Selbstbestimmung fähige Person, mit Rücksicht als ein Wesen, dem an seinem Wohlbefinden liegt.

2. DIE GERECHTIGKEITSTHEORIE VON JOHN RAWLS

Ich will die allgemeinen Merkmale des Liberalismus an einem Beispiel verdeutlichen und vertiefen, an dem keine Vorlesung über zeitgenössische politische Philosophie vorbeikommt. Das ist die Gerechtigkeitstheorie des Harvard-Philosophen John Rawls. Viele sagen, vor Rawls gab es im zwanzigsten Jahrhundert nur Wissenschaftler, die von normativer Theorie nichts wissen wollten, sowie Utilitaristinnen. Das Urteil ist ein wenig zu sehr am *Mainstream* der amerikanischen Politikwissenschaft und Philosophie orientiert; es übergeht etwa die Kritische Theorie und auch den neueren Republikanismus. Aber wahr ist, erst Rawls gelang es, eine normative Theorie, die nicht utilitaristisch ist, ins Zentrum des akademischen Denkens zu stellen.

Der Erfolg seines Vorschlags hat nicht zuletzt mit der Wahl der Darstellungsmittel zu tun: Rawls bedient sich großzügig bei der Spieltheorie und gibt so seiner Theorie den Anschein großer Nähe zu den Wirtschaftswissenschaften. Er präsentiert sozusagen eine Theorie der politischen Moral im Gewand einer anerkannten Wissenschaft und trägt damit zur wissenschaftlichen Anerkennung auch der Moraltheorie bei. Außerdem nimmt er eine Tradition des normativen Denkens wieder auf, die lange brach gelegen hatte: Das ist die Tradition des vertragstheoretischen Denkens von Hobbes über Locke und Rousseau bis Kant.

Ist Rawls demnach ein Kontraktualist? Nicht im engeren Sinne, denn er will zeigen, wie wir unparteiisch über gesellschaftliche Grundordnungen urteilen können. Sein bekanntestes Gedankenexperiment soll veranschaulichen, wie wir zu Grundsätzen der Gerechtigkeit gelangen, die von keiner Kenntnis der Kräfteverhältnisse verzerrt werden. Das ist der sogenannte Urzustand (*Original Position*), in dem lauter rationale Parteien hinter einem „Schleier des Nichtwissens" Grundsätze für ihr Gemeinwesen festlegen.

Hier ist die Grundidee. Stellen Sie sich vor, Sie wüssten nicht, wer Sie sind. Sie kennen zum Beispiel nicht ihre Hautfarbe und Ihr Geschlecht, wissen nicht, ob Sie ein nennenswertes Erbe erwartet, ebenso wenig, ob Sie gefragte Talente mitbringen, ja nicht einmal, wie risikofreudig Sie sind. Selbst Ihre besondere Auffassung von einem guten und sinnerfüllten Leben bleibt Ihnen verborgen. All das nämlich könnte Sie an einem Urteilen hindern, das jede mögliche Position in der Welt gleich wichtig nimmt.

In der Wirklichkeit begegnen wir einander immer schon in bestimmten Positionen, an denen Interessen hängen: als Mieter oder als Vermieterinnen, als Kassiererin oder als Student, als Unternehmer oder als Angestellte. Das sind ebenso viele Versuchungen, in Interessenkonflikten parteiisch zu sein. Aber jeder von uns könnte in einer ruhigen Stunde auch einmal von all seinen besonderen Vor- oder Nachteilen absehen. Rawls glaubt, wer überhaupt Zeit zum Denken findet und einen Sinn für Gerechtigkeit mitbringt, kann sich gedanklich hinter den Schleier des Nichtwissens versetzen. Sie können das ja einmal versuchen und sich etwa fragen, wie Sie wahrhaft unparteiisch über Studiengebühren urteilen würden. Natürlich müssten Sie zuerst davon absehen, dass Sie ja schon studieren.

Jedoch, alles verbergend darf der Schleier des Nichtwissens auch nicht sein. Die Entscheider müssen erstens wissen, welche Güter überhaupt verteilt werden sollen. Das ist nicht leicht zu sagen, da sie ja keine besonderen Vorstellungen vom Guten kennen können. Aber Rawls argumentiert, es gibt Güter, die so allgemein vorteilhaft sind, dass Menschen mit beliebigen Lebensplänen lieber mehr als weniger von ihnen haben möchten. Solche Allzweckmittel nennt er „Grundgüter“ (*Primary Goods*). Sie umfassen Grundrechte und Grundfreiheiten, einschließlich der Freiheiten des Ortswechsels und der Berufswahl; Ämter und Positionen, etwa in Politik und Wirtschaft, die verantwortliche Arbeit, Ansehen und Macht vermitteln; Einkommen und Vermögen; sowie die gesellschaftlichen Grundlagen der Selbstachtung. Der letzte Punkt ist besonders bemerkenswert: Die Gesellschaft soll jedem ein Gefühl der Wichtigkeit seiner Vorstellung vom Guten geben. Ebenso soll sie ihm das Vertrauen einflößen, er könne seine Vorstellung vom Guten auch selbst verwirklichen. Der Utilitarismus kann das, wie angedeutet, nicht garantieren.

Der Schleier des Nichtwissens muss zweitens alle allgemeinen Tatsachen durchlassen, ohne die wir überhaupt nicht nach Gerechtigkeit fragen müssten. In einem kommunistischen Paradies ganz ohne Knappheit bräuchten wir keine Grundsätze fairer Verteilung. Wären wir alle Teufel, die absolut jeden Vorteil sogleich ausnützten, so wäre Gerechtigkeit zwar vielleicht denkbar, aber nicht lebbar. Rawls setzt also voraus, dass die Anwendungsbedingungen für Gerechtigkeit gegeben sind. Er zählt dazu eine mäßige Knappheit sowie die Wahrheit der Liedzeile „Wir sind alle kleine Sünderlein ...“. *Kleine* Sünderlein, wohlgemerkt: So wenig, wie wir Teufel sind, sind wir Engel, die automatisch tun, was immer sie für moralisch richtig halten.

Die erste Voraussetzung, der nur mäßigen Knappheit, macht kenntlich, dass Rawls keine Gerechtigkeitsgrundsätze für Extremsituationen finden will. Ihm schweben leidlich wohlhabende Gesellschaften vor. Auch sieht er von der Möglichkeit grenzüberschreitender Bewegung ab. Jeder soll sich vorstellen, er werde in genau die Gesellschaft hineingeboren, der er ein Leben lang angehören wird. Das soll uns ein angemessenes Gefühl für die Wichtigkeit der Wahl im Urzustand geben. Schließlich sollen wir noch voraussetzen, dass wir alle am System sozialer Zusammenarbeit teilhaben können. Ganz schwere Behinderungen, die das ausschließen, berücksichtigt Rawls nicht.

Das sind sicher erhebliche Einschränkungen, und ich meine, sie gehen zu weit: Sie schließen viele Fragen aus, auf die eine Theorie politischer Gerechtigkeit antworten sollte. Zum Beispiel scheint es mir eine klare Gerechtigkeitsfrage zu sein, was Menschen vom Staat erwarten dürfen, die unverschuldet keinen Zugang zum System der Arbeitsteilung finden, weil sie etwa schwer behindert oder chronisch krank sind. Von dieser Möglichkeit abzusehen bedeutet, ein zentrales Gerechtigkeitsproblem ungelöst zu lassen. Wie auch immer, Rawls jedenfalls stellt eine eng umgrenzte Frage: Welche Grundsätze der Gerechtigkeit für ein abgeschlossenes und nicht zu armes Gemeinwesen würden Parteien wählen, die voneinander nur wissen, dass sie einen Gerechtigkeitssinn haben und miteinander kooperieren müssen, wenn jeder auf seine Weise selig werden soll?

Manche Kritikerinnen haben angenommen, Rawls gehe von rationalen Nutzenmaximierern aus, die nur den jeweils eigenen Vorteil verfolgten. Tatsächlich hält Rawls die Parteien im Urzustand dazu an, ganz rational das beste Ergebnis zu suchen. Aber es wäre ein Missverständnis, Rawls darum zu unterstellen, er sei ein reiner Kontraktualist. Der Schleier des Nichtwissens soll ja dafür sorgen, dass eigeninteressiertes mit unparteiischem Urteilen zusammenfällt. Jeder soll urteilen müssen, wie ein Beliebiger urteilen würde. Der Schleier des Nichtwissens unterscheidet Rawls' Theorie von einem reinen Kontraktualismus: Sein Zweck ist die Neutralisierung aller Kräfteverhältnisse. Rawls' Theorie ist also im Ganzen keine Spieltheorie, sondern eine Moraltheorie, in der eine spieltheoretische Vorstellung von Rationalität eine begrenzte Rolle als Darstellungsmittel spielt. Ihr übergeordneter Zweck ist, Grundsätze zu finden, mit und nach denen Bürgerinnen leben können, die gemeinsam ein gerechtes Gemeinwesen gestalten wollen.

Welche Grundsätze der Verteilung von Grundgütern würden die Parteien im Urzustand wählen? Ich zitiere die letzte Fassung, die Rawls, nach einigen Überarbeitungen seiner ursprünglichen Theorie, vorgelegt hat:

„a) Jede Person hat einen gleichen unabdingbaren Anspruch auf ein völlig adäquates System gleicher Grundfreiheiten, das mit demselben System von Freiheiten für alle vereinbar ist.

b) Soziale und ökonomische Ungleichheiten müssen zwei Bedingungen erfüllen: erstens müssen sie mit Ämtern und Positionen verbunden sein, die unter Bedingungen fairer Chancengleichheit allen offen stehen; und zweitens müssen sie den am wenigsten begünstigten Angehörigen der Gesellschaft den größten Vorteil bringen (Differenzprinzip)".

Der erste Grundsatz ist klassisch liberal. Das gilt auch für den unbedingten Vorrang, den Rawls ihm gibt. In jedem Konfliktfall etwa zwischen Grundfreiheiten und der Verteilung wirtschaftlicher Güter sollen die Grundfreiheiten den Sieg davontragen. Davon ausgenommen sind allenfalls Grundbedürfnisse, die befriedigt sein müssen, damit Menschen überhaupt irgendwelche Freiheiten und Rechte effektiv nutzen können. Ansonsten will Rawls vermeiden, dass eine Regierung etwa wirtschaftliche Güter auf Kosten von Grundfreiheiten gerechter verteilt. Dahinter steht die Überzeugung, die Grundfreiheiten seien unverzichtbar für die Möglichkeit eines Lebens in Selbstachtung.

Damit ist auch der Sinn der Formulierung „völlig adäquates System gleicher Grundfreiheiten" berührt. Die Liste der Freiheiten ist zugeschnitten auf Personen, die zwei Vermögen mitbringen: Sie können ein Leben aus eigener Überzeugung führen und ihren einmal gewählten Lebensweg auch korrigieren; und sie haben einen Sinn für Gerechtigkeit. Rawls sagt, um zu einer ganz bestimmten Liste von Freiheiten zu kommen, müssen wir rationale Menschen voraussetzen, die zugleich gute Bürgerinnen und Kooperationspartnerinnen sein wollen. Nicht jede Freiheit ist dafür gleichermaßen wichtig. Die Gewissensfreiheit etwa wiegt ungleich schwerer als die Freiheit, auch an Sonntagen das Geschäft aufzumachen. Nur erstere sollte daher grundrechtlich gesichert sein.

Der zweite Grundsatz ist selbst zweigeteilt. Faire Chancengleichheit ist mehr als die Abwesenheit formaler Hürden, etwa gesetzlicher Beschränkungen des Zugangs zu Machtpositionen. Eine formale Chancengleichheit garantiert noch nicht, dass Ämter und Positionen wirklich den Begabtesten und Motiviertesten offenstehen. Vielleicht scheitern einige an informellen Schwierigkeiten wie Vorurteilen und guten Verbindungen der bereits Etablierten. Faire Chancengleichheit ist daher prinzipiell vereinbar mit besonderer Förderung, aber immer nach Maßgabe von Talent, Neigung und Anstrengung, die schließlich den Ausschlag geben sollen.

Der bekannteste und auch umstrittenste (Teil-)Grundsatz ist das Differenzprinzip. Es regelt die Verteilung der wirtschaftlichen Grundgüter. Das Differenzprinzip sagt, wer in dieser Hinsicht zu den Schlechtestgestellten gehört, soll so gut wegkommen wie möglich. Jede Abweichung von einer gleichen Verteilung muss damit begründet werden, dass sonst die am wenigsten Wohlhabenden noch weniger hätten. Auch dieses Prinzip geht also von Gleichheit aus. Rawls will wissen, welche Abweichungen von einer Gleichverteilung der wirtschaftlichen Grundgüter im Interesse aller lägen. Das gibt den Schlechtestgestellten eine Art von Vetorecht. Rawls setzt dazu allerdings voraus, dass niemand neidisch ist, also schon die Tatsache, dass andere mehr haben könnten, beargwöhnt.

Stellen Sie sich nun drei fiktive Verteilungsordnungen vor! Sagen wir der Anschaulichkeit halber, die erste sei die eines idealen Kuba, die zweite die idealer Vereinigter Staaten von Amerika und die dritte die eines idealen Schweden. Die oberen drei Zeilen stehen für die Einkünfte der Einkommens- und Vermögensgruppen, die unterste für die jeweilige Gesamtsumme.

Oberste	5	30	20
Mittlere	4	8	10
Unterste	3	2	4
Gesamt	12	40	34

Jede der Ordnungen hat den beiden anderen etwas voraus. Im idealen Kuba sind die Unterscheide am geringsten. In den idealen USA ist die Gesamtsumme die größte. Im idealen Schweden ist die schlechteste Position besser als in den beiden anderen Ordnungen. Rawls hielte daher unter sonst gleichen Umständen die schwedische Verteilung für die gerechteste, obwohl eine weniger ungleiche und auch eine insgesamt reichere verfügbar wären.

Was spricht für das Differenzprinzip? Rawls müsste zeigen können, dass wir es unter den besonderen Entscheidungsbedingungen des Urzustandes wählen würden. Aber würden wir das? Der utilitaristische Wirtschaftswissenschaftler John Harsanyi argumentiert, wenn keiner seine besondere Stellung in der wirklichen Welt kennen kann, ist es rational, jede Stellung für gleich wahrscheinlich zu halten. Das ist zwar nur eine subjektive Wahrscheinlichkeit, keine objektive, aber eine andere steht den Parteien im Urzustand eben nicht zur Verfügung. Wenn nun jeder auf dieser Grundlage versucht, seinen erwarteten Nutzen zu maximieren, wird die Verteilungsordnung mit dem größten erwarteten Durchschnittsnutzen gewählt werden.

Ein empirisches Experiment hat zu einem ähnlichen, wenn auch nicht dem gleichen Ergebnis geführt. Die Psychologen Norman Frohlich und Joe A. Oppenheimer haben Menschen aus mehreren Ländern hinter einen Schleier des Nichtwissens versetzt. Die Versuchspersonen sollten einige alternative Verteilungsordnungen beurteilen. Das Differenzprinzip schnitt durchweg eher schlecht ab. Favorit war in allen Ländergruppen, übrigens kapitalistischen wie damals noch sozialistischen, eine Mischung aus Nutzenprinzip und Grundsicherung. Die meisten Versuchspersonen fanden es vernünftig, zunächst für ein Minimum Sorge zu tragen. Darüber hinaus sollte der beste Erwartungswert des Durchschnittsnutzens den Ausschlag geben.

Nehmen wir zur Veranschaulichung noch einmal unsere drei Verteilungsordnungen und stellen ihr eine vierte voran.

Oberste	25	5	30	20
Mittlere	9	4	8	10
Unterste	3	3	2	4
Gesamt	37	12	40	34

Die erste Verteilungsordnung bietet einen größeren Gesamtnutzen als unser ideales Schweden, aber einen kleineren als die idealen USA. Nun nehmen wir an, 3 sei der Wert, mit dem jeder leben kann. Er ermöglicht jedem ein Dasein in Selbstachtung. Er ist im neuen Land wie auch in Kuba erreicht, in Schweden wird er auch von den Schlechtestgestellten übertroffen, in den USA unterboten. Aber das neue Land weist einen weit größeren Gesamtnutzen als Kuba und auch einen größeren als Schweden auf. Es erscheint daher rational, dieses Land zu wählen.

Rawls könnte antworten, dass gleichwohl das Differenzprinzip gerechter sei als ein Utilitarismus mit Grundsicherung. Er sagt in seinem späten Buch *Gerechtigkeit als Fairness*, das Differenzprinzip vermittle ein anziehendes Bild von Gegenseitigkeit in einer arbeitsteiligen Gesellschaft. Jeder soll seine Kräfte zum Vorteil aller einsetzen. Die gesellschaftliche Grundstruktur soll gewährleisten, dass niemand Zufälle der Herkunft, des mehr oder weniger glücklichen Lebensverlaufs und auch der natürlichen Ausstattung einzig zum eigenen Vorteil nutzen kann. Gewiss, jeder hat seine Geschichte und bringt Merkmale mit, für die er zwar nichts kann, mit denen er sich aber identifiziert: seine Schönheit, seine Gewitztheit, seinen Mut, seine Stärke und so weiter. Das sei jedem gegönnt, aber eben nur in einem Rahmen, der die Verteilung der Zufälle für alle vorteilhaft macht. Wir sollten daher so tun, als wäre diese Verteilung ein Guthaben der Gesellschaft als ganzer. Nur das macht sie selbst noch für diejenigen akzeptabel, die in ihr besonders schlecht weggekommen sind.

Rawls übernimmt und vertieft damit eine sicher anziehende moralische Idee: Niemand sollte für etwas, das er nicht beeinflussen kann, unnötig schlecht dastehen. Gesellschaftliche Institutionen sollten bloßes Pech nach Kräften ausgleichen. Eine besonders wertvolle Einsicht von Rawls ist, dass nicht nur Eigenschaften wie Geschlecht, Hautfarbe und soziale Herkunft unverdient sind, sondern auch die anfängliche Zuteilung von Talenten durch die „Lotterie der Natur".

Aber was immer von dieser Verteidigung des Differenzprinzips zu halten ist: Sie hat nichts mehr mit einer Herleitung aus einem ausgedachten Urzustand zu tun. Ihr ganzes Gewicht liegt auf unseren moralischen Überzeugungen, die sie in eine optimale Ordnung zu bringen sucht. Rawls nennt dies die Suche nach einem Überlegungsgleichgewicht. Wir haben Überzeugungen substantieller und solche prozeduraler Art. Substantiell ist etwa die Idee, dass niemand ohne eigene Schuld vermeidbar schlecht dastehen sollte. Prozedurale Überzeugungen beziehen sich auf das moralische Urteilen selbst. Die wohl wichtigste ist, dass wir unparteiisch urteilen und alle Kräfteverhältnisse ausklammern sollten.

Wenn wir nun versuchen, die vielen Überzeugungen über Inhalte und Verfahren der politischen Moral in eine möglichst stimmige und umfassende Ordnung zu bringen, so werden einige daraus verwandelt hervorgehen oder sogar ganz herausfallen. Rawls selbst verwirft das Leistungsprinzip, wie es zumeist verstanden wird: Es gebe dem unverdienten Faktor natürlicher Begabung ein ungebührliches Gewicht. Was jemand leisten kann, das hängt schließlich auch von Faktoren wie Intelligenz oder körperliche Kraft ab, für deren genetische Anteile keiner etwas kann. Doch wenn das die eigentliche Begründung ist, dann hängt die Brauchbarkeit des Urzustands selbst davon ab, ob er sich im Überlegungsgleichgewicht bewähren würde. Das wiederum hängt auch davon ab, ob im Urzustand Grundsätze gewählt würden, die uns insgesamt überzeugen können. Der Urzustand gibt uns kein unabhängiges Begründungsverfahren, dessen Resultate gerecht sind, ganz gleich wie sie inhaltlich aussehen. Er ist daher weniger wichtig, als viele Rawls-Leserinnen annehmen. Und soweit die Berühmtheit der Theorie gerade auf diesem Entscheidungsmodell beruht, beruht sie zum Teil auf einem Missverständnis.

3. GLEICHHEIT UND VERANTWORTUNG

Ist das Differenzprinzip, abgesehen von der Frage, ob die Parteien es im Urzustand wählen würden, überzeugend? Daran kann man zweifeln, gerade wenn man der Grundidee folgt, aus der Rawls es rechtfertigt. Die Idee ist, dass keiner aus Gründen, für die er nichts kann, schlechter dastehen soll als andere, es sei denn, die Ungleichheit nützt allen. Aber es erscheint überzogen, darum den Leistungs- oder Verdienstgedanken ganz zu verwerfen. Wir alle legen Wert darauf, dass uns bestimmte Leistungen zugerechnet werden. Wir geben uns manchmal Mühe, weil wir glauben, das Gelingen einer Sache hänge auch von unserer Anstrengung ab.

Die Kehrseite ist, wir müssen uns auch Kritik gefallen lassen, wenn wir uns weniger bemüht haben, als uns möglich gewesen wäre. Rawls sagt selbst, er möchte keine Gesellschaft, die den Menschen ihr Glück garantiert. Er will keine Endzustände auszeichnen, sondern nur Grundgüter verteilen, mit denen jeder aus seinem Leben etwas machen kann. Unser Glück nämlich hängt auch von unseren Zielen ab, und diese setzen wir uns teilweise selbst und sind dann für sie zuständig. Wer meint, er müsse immerzu Kaviar kaufen, darf sich nicht wundern, wenn ihm dann weniger Geld für Fernreisen bleibt.

Das aber heißt offenbar, ein mündiger Mensch kann auch darum schlechter abschneiden als andere, weil er die falschen Entscheidungen getroffen oder sich nicht genügend bemüht hat. Erinnern Sie sich an die beiden Brüder aus der Vorlesung über „Marxismus und Neo-Marxismus"! Beide haben zu gleichen Teilen geerbt. Der eine hat mit seinem Vermögen ein Unternehmen begründet und erfolgreich geführt, der andere auf der faulen Haut gelegen, bis er sich bezahlte Arbeit suchen musste – beim fleißigen Bruder. Gewiss, dieser hätte seinen faulen Verwandten auch ohne Gegenleistung fördern können. Aber das wäre wohl reine Großzügigkeit oder Geschwisterliebe gewesen. Warum sollte der Unternehmer dazu verpflichtet sein, den Bruder auszuhalten, obwohl beide unter gleichen Bedingungen begonnen haben?

An dieser Intuition geht das Differenzprinzip vorbei. Es beachtet nur, wo einer steht, aber nicht, warum er dort steht. Unter den Schlechtestgestellten können solche sein, die Pech gehabt haben, aber auch solche, die sich keine Mühe gegeben haben oder etwa unnötige Risiken eingegangen sind. Weil das Differenzprinzip für diesen Unterschied blind ist, sollte es durch einen anderen Grundsatz ersetzt oder jedenfalls untermauert werden. Dieser Grundsatz sollte berücksichtigen, dass wir viele Umstände unserer Lebensführung unverfügbar vorfinden, aber ebenso, dass wir verantwortlich wählen und handeln können.

Einen solchen Grundsatz hat Ronald Dworkin vorgeschlagen. Er lautet grob: Eine gerechte Ordnung egalisiert die unverschuldeten Nachteile von Personen, mutet ihnen aber zu, die Folgen ihrer freien Entscheidungen und Handlungen selbst zu tragen. Das erscheint auf den ersten Blick wie ein Kompromiss zwischen dem eher „linken" Gleichheitsgedanken und dem eher „rechten" Grundsatz der Leistung oder Verantwortlichkeit. Aber Dworkin argumentiert, die Gleichheit selbst gebiete, Leistung und verantwortliches Wählen ernst zu nehmen. Die Faulen und Verantwortungslosen könnten sonst die Tüchtigen und Besonnenen straflos ausbeuten. Sie könnten auf deren Kosten leben, was nicht etwa Gleichheit bedeutete, sondern Ungleichheit.

Noch einmal am Beispiel der zwei Brüder: Beide hatten anfänglich gleich viel, und beide konnten tun, was sie für richtig hielten. Die noch so große Ungleichheit im Ergebnis ist daher kein Bruch mit der Gleichheit. Sie zeigt nur an, dass das, was Menschen freiwillig tun, mehr oder weniger kosten kann. Ein Leben als Müßiggänger ist mit Kosten verbunden, die, wer es wählt, selbst tragen sollte.

Die Kosten hängen auch davon ab, was andere möchten. Wer unbedingt ein Originalbild von Paul Klee erwerben will, muss mit einer Menge Kunstliebhaberinnen rechnen, die das Gleiche wollen. Sehr viel günstiger käme für ihn eine gut gemachte Nachbildung. Was er jedenfalls nicht erwarten darf, ist eine Entschädigung für seine teure Vorliebe, einen echten „Klee" besitzen zu wollen. Denn dafür müssten andere auf etwas verzichten, was ihnen als Gleichen zusteht.

Ein Gebot der Gerechtigkeit ist jedenfalls, dass alle hinreichend gleiche Startchancen haben. Man könnte sich dazu eine progressive Besteuerung von Erbschaften vorstellen. Aus den Einnahmen könnte der Staat eine Art Grunderbe für alle Volljährigen bezahlen. Erbschaften sind schließlich leistungslose Einkommen oder Vermögen, und keiner kann etwas für sein Elternhaus.

Heißt das aber, eine einmalige Auszahlung, sagen wir zum 18. Geburtstag, würde genügen und wir dürften alles weitere dem Markt überlassen? Sicher nicht. Erstens scheint mir klar, dass man keinen Menschen, und machte er noch so große Fehler, seinem Elend überlassen darf. Auch eine liberale Gesellschaft muss human sein. Ein Mindeststandard des Menschenwürdigen muss jederzeit und für alle gelten, auch für die Faulen und Unbeherrschten unter uns – und wer kann schon sagen, wie viel Glück dazu gehört, dass er vielleicht nicht faul und unbeherrscht ist? Deshalb darf das Verantwortungsprinzip nur auf einem Sockel einsetzen: Jeder muss die Sicherheit haben, auch im Versagensfall noch menschenwürdig leben zu können.

Zweitens gehören zu den Faktoren, die den Markterfolg beeinflussen, auch Eigenschaften mit einem genetischen Anteil wie Schönheit, Körperkraft, Intelligenz und Risikobereitschaft. Das ist ja eine wichtige Einsicht von Rawls, die Dworkin noch erweitert. Dieser berücksichtigt auch, dass nicht alle Menschen kooperieren können. Menschen mit erheblichen Behinderungen können jedenfalls ohne fremde Hilfe an vielen Märkten nicht teilnehmen. Dworkin sagt daher, jeder solle sich fragen, wie viel ihm die Versicherung gegen die Kosten einer Behinderung wert wäre, wenn er nicht wüsste, woran er selbst ist – noch ein Schleier des Nichtwissens! Das Gedankenexperiment soll zeigen, dass eine staatliche Pflichtversicherung zugunsten behinderter Menschen gerecht wäre.

Aber auch mitwirkungsfähige Personen sind für die Konkurrenz auf Märkten ungleich gerüstet. Das mindeste, was wir darum brauchen, ist eine ständige Korrektur von Marktergebnissen durch progressive Besteuerung. Gleiche Startchancen genügen nicht, wenn das Fortkommen der Einzelnen auch von Faktoren abhängt, für die sie nichts können.

Drittens kann uns der Markt nicht sagen, in welcher Hinsicht alle Menschen gleiche Chancen haben sollten. Welche Art von Vorteilen sollte für alle als Gleiche zugänglich sein? Nur Einkommen und Vermögen? Oder auch Bildung (und bis zu welcher Stufe?), Gesundheitsgüter, bezahlte Arbeit? Vielleicht auch freie Zeit? Vielleicht auch kulturelles Ansehen und diskursive Deutungsmacht? Oder ganz allgemein die effektive Freiheit, ein Leben zu führen, das man aus guten Gründen wertschätzen kann, wie der Wohlfahrtsökonom Amartya Sen argumentiert? Und müssen wir nicht auch berücksichtigen, dass manche Menschen, vor allem Frauen, auf möglichen Markterfolg verzichten, um Kinder großzuziehen oder Angehörige zu pflegen? Auch wenn sie dies freiwillig tun: Tragen sie damit nicht zur Reproduktion der Gesellschaft bei und verdienen dafür einen Ausgleich – der vielleicht auch mehr Männer zur Mitwirkung motivieren würde?

Das sind schwierige Fragen, über die letztendlich nur moralisch urteilende und demokratisch diskutierende Bürgerschaften befinden können. Auf dem Weg von allgemeinen Grundsätzen zu genauen Inhalten der Gerechtigkeit wird die Mitsprache freier und gleicher Bürgerinnen immer wichtiger. Sie werden schließlich mit den Regelungen leben und für sie als Steuerzahlerinnen einstehen müssen. Nicht weniger bedeutsam als die Grundsätze und Güter gerechter Verteilung ist daher die Beantwortung der Machtfrage: Wer darf entscheiden, was wie und warum (um-)verteilt werden soll? Zur Verteilungsgerechtigkeit gehört auch eine Verfahrensgerechtigkeit. Der demokratische Umgang mit strittigen Fragen der Gerechtigkeit ist selbst ein Gebot der Gerechtigkeit.

Liberale Gleichheit lebt darum von Bürgerinnen, die sich nicht nur als Empfängerinnen von Wohltaten wahrnehmen. Sie bedarf eines Sinnes für Gerechtigkeit, der sich wiederum im öffentlichen Austausch von Argumenten bewähren muss. Ein solcher Sinn entsteht aber nicht von allein. Und er wird nicht unter allen Umständen gleichermaßen stabil und verbreitet sein. Der Liberalismus braucht soziale Bedingungen, die möglichst gute Bürgerinnen hervorbringen. Aber kann und will er über solche Bedingungen genug sagen? Die Theoretiker, die ich Ihnen nun vorstellen werde, bezweifeln das.

14. VORLESUNG. KOMMUNITARISMUS

1. GERECHTIGKEIT UND GEMEINSCHAFT

Der neuere Liberalismus ist ein sozialer Liberalismus. Er mutet Bürgern eine Menge an Umverteilung zu, damit möglichst alle ihre rechtlich verbürgten Freiheiten auch gebrauchen können. Rawls etwa sagt, wir sollten uns die Verteilung natürlicher Talente wie ein Guthaben der Gesellschaft als ganzer vorstellen. Das würde den Einzelnen von dem falschen Stolz kurieren, er verdiene absolut alles, was er aus sich gemacht habe. Wohl jeder, dem es deutlich und dauerhaft besser geht als anderen, hat bis zu einem gewissen Grad Glück gehabt, und sei es mit seiner genetischen Grundausstattung. Andererseits sieht der Liberalismus aber Menschen vor, die selbstbewusst ihre Rechte wahrnehmen. Man könnte nun meinen, darin liege eine gewisse Spannung: Der Liberalismus ist einerseits individualistisch, und er gibt Rechten im Konfliktfall Vorrang vor dem Gemeinwohl – denken Sie an Dworkins Bild von den Rechten als Trumpfkarten! Andererseits hängt eine liberale Ordnung ohne gemeinwohlorientierte Bürger in der Luft.

Mehr noch, Rechte gibt es überhaupt nur in Gemeinschaften. Und die Sprache individueller Rechte ist Ausdruck von Wertungen, in die wir als Angehörige ganz bestimmter Gemeinschaften hineingewachsen sind. Ihr liegt eine lange Geschichte kollektiver Kämpfe zugrunde. Die Errungenschaften sind in unser gemeinsames Selbstverständnis eingegangen. Nehmen Sie die Religionsfreiheit! Wir betrachten den Glauben als Privatsache und verbitten uns staatliche Einmischung. Wir denken sogar, die Freiheiten der Wissenschaft, der Kunst oder der Meinung rechtfertigten Äußerungen und Handlungen, die religiöse Gefühle verletzen könnten.

Dass sich das nicht von selbst versteht, wird uns zumeist erst klar, wenn wir Menschen erleben, deren letzte Wertungen andere sind: solche, die etwa vorwitzige Satiriker den Kopf kosten können. Gewöhnlich wird dabei auch deutlich, dass nicht alle das Verhältnis des Einzelnen zur Gemeinschaft so sehen wie wir. Viele glauben bis heute, das Individuum sei zuerst Glied einer Gruppe. Das geht bekanntlich vor allem zu Lasten von Frauen. Ihr Anspruch auf Freiheit und Glück hat hinter der Erhaltung der Gruppe zurückzustehen, über deren Unversehrtheit und „Ehre“ männliche Verwandte wachen. Diese Ansicht ist mit einem liberalen Vorrang der Rechte des Individuums nicht vereinbar.

Der Kommunitarismus, den ich Ihnen nun vorstellen will, geht von solchen Beobachtungen aus. Die etwas zungenbrecherische Bezeichnung verweist auf das lateinische *communitas* gleich „Gemeinschaft". Kommunitaristen sind der Ansicht, liberale Theoretikerinnen vernachlässigten die Gemeinschaften, aus denen Recht und Gerechtigkeit hervorgehen. Nicht wenige neigen auch zum Relativismus: Weil die liberalen Ideen der selbstbestimmten Person und ihrer Ansprüche erst spät im alten Europa und in der Neuen Welt aufgekommen sind, sollten wir mit ihrer nur begrenzten Geltung rechnen. Wie angedeutet, dürften andere Wertungsgemeinschaften andere Ideen, etwa religiöser Art, bevorzugen und selbst die Menschenrechte an ihnen relativieren.

Kommunitaristen sind generell zurückhaltend mit Eingriffen in fremde Lebensformen um noch so grundlegender Güter willen. In gewissem Sinne sei die Unversehrtheit einer Wertungsgemeinschaft selbst das grundlegende Gut. Alle Personen, so sagen Kommunitaristen, sind „situiert". Sie sind Kinder einer Zeit, eines Ortes, einer Kultur und ihrer geteilten Vorstellungen vom Guten und Gebotenen. Das gilt selbst für liberale Personen. Die legen zwar Wert darauf, nicht an einen ganz bestimmten Ort, eine ganz bestimmte Kultur und ganz bestimmte Wertungen gebunden zu sein. Aber das ist eben ihre besondere Art der Gebundenheit: an die individualistische Tradition des „Westens".

Die meisten Kommunitaristinnen wollen diese besondere Tradition nicht etwa zurückweisen. Sie möchten sie so erläutern, dass möglichst viele Menschen sich motiviert fühlen, ihr treu zu bleiben. Kommunitaristinnen teilen etwa die republikanische Sorge, dass zu viele Bürger nurmehr an ihr privates Wohl denken könnten. Sie wollen unseren Sinn für solche Werte wachhalten, ohne die eine liberale Demokratie in der Luft hinge. Und je mehr die Demokratie ihren Bürgerinnen zumutet, von progressiven Steuern bis zur Wehrpflicht, umso wichtiger ist, dass die meisten in ihr etwas Gutes sehen. Die Gemeinschaft, die Kommunitaristen vor allem stärken wollen, ist das demokratische und soziale Gemeinwesen, das auch Liberale wie Rawls und Dworkin wertschätzen.

Dies zu sagen ist wichtig, weil wir in Deutschland eine ganz andere Tradition des Gemeinschaftsdenkens haben. Schon das Wort weckt bei uns Verdacht; denken Sie an Vokabeln wie „Volksgemeinschaft" oder an Parolen wie „Gemeinnutz geht vor Eigennutz". Aber in anderen Teilen der Welt ist „Gemeinschaft" nicht ebenso missbraucht worden, und darum sind dort die Vorbehalte gegen das Wort und den Gedanken geringer. Die wichtigsten Kommunitaristinnen sind Nordamerikanerinnen, und die Gemeinschaft, die sie meinen, ist eben die liberale Demokratie, die bei ihnen eine längere und glücklichere Geschichte hat als in Deutschland. Ihre zentrale Sorge ist nicht, dass der Einzelne zu wenig zählen, sondern dass er sich in falscher Weise wichtig nehmen könnte. Der Einzelne könnte meinen, er schulde der Gemeinschaft gar nichts, weil er alles der eigenen Tüchtigkeit verdanke. Sein vornehmstes Recht sei es, sein Eigentum frei zu gebrauchen, solange er nur das gleiche Recht der anderen beachtet.

Diese besitzindividualistische Sicht der Dinge hat seit dem Ende der siebziger Jahre starke politische Unterstützung bekommen. Margaret Thatcher in Großbritannien, Ronald Reagan in den USA redeten den Bürgerinnen ein, sie sollten sich ruhig bereichern. Das wäre erstens ihr Recht und nützte zweitens noch der Allgemeinheit. Solidarität, Zusammenhalt über Familien hinaus sah der neue Konservatismus mit Argwohn. Frau Thatcher etwa bemühte sich nach Kräften, die städtische Selbstverwaltung und die Gewerkschaften in ihrem Land zu schwächen. Und sie gab dafür eine bezeichnende Begründung: „And, you know, there is no such thing as society. There are individual men and women, and there are families."

Für Kommunitaristen ist das der reine „Atomismus". Wenn Menschen über Familien hinaus zusammenkommen, dann um des eigenen Nutzens willen. Ein bürgerschaftliches Wir gibt es gar nicht. Demokratische Politik erschöpft sich im Abzählen egozentrisch geformter Vorlieben. Öffentliche Güter kommen in den Überlegungen der Menschen nicht vor. Jeder wird die Vorzüge seines Gemeinwesens wahrnehmen wie ein Schnäppchenjäger die Warenvielfalt im Supermarkt. Ist das Angebot zu schlecht oder zu teuer, dann wird er sich eben woanders umsehen. Wer es sich leisten kann, wird seine Kinder in privaten Schulen, seine Eltern in privaten Pflegeheimen unterbringen. Die Alternative, stattdessen die staatlichen Angebote zu verbessern, würde ein gemeinsames Handeln voraussetzen, zu dem keiner bereit ist. Selbst die Sicherheit ist ein Gut, das man sich notfalls privat besorgen kann, und sei es um den Preis der Bewachung und Umzäunung ganzer Stadtteile. Außerdem gibt es Länder, die (noch) sicher sind und die nur darauf warten, reiche Steuerflüchtlinge aufzunehmen.

Die kommunitaristische Kritik daran hat zwei Seiten, eine eher theoretische und eine moralische. Eher theoretisch ist der Einwand, selbst der Marktliberalismus wäre nicht möglich ohne einige öffentliche Güter, ohne jede Gemeinwohlorientierung und ohne Überzeugungen, die über Familiengrenzen hinweg geteilt werden. Denken Sie an die Bedeutung der Vertragstreue oder an die Wertschätzung der Wahlfreiheit! Der Atomismus ist demnach eine in sich widersprüchliche Lehre. Er kann nicht einmal stimmig sagen, was eine funktionierende Marktgesellschaft möglich machte. Kurz: Jede Gesellschaft ist im Grunde kommunitaristisch, wenn damit gemeint ist, dass sie ohne irgendwelche gemeinsamen Wertungen nicht einmal verständlich würde.

Mindestens ebenso wichtig ist aber der moralische Impuls des Kommunitarismus. Kommunitaristinnen wollen, dass sich möglichst viele Menschen mit ihrer Bürgerrolle identifizieren. Nur wer die Mitgliedschaft in seinem Gemeinwesen als in sich wertvoll empfindet, wird bereit sein, für dessen Verteidigung und Verbesserung die nötigen Opfer zu bringen. Diese Wertung kennen Sie schon vom neueren Republikanismus. Die politische Theorie des Kommunitarismus kann als sein aktueller Ableger gelten. Allerdings ist diese Theorie eingebettet in weitreichende Annahmen über die Bedeutung von Familien und anderen „vorpolitischen" Zusammenschlüssen, für die sich Republikanerinnen kaum interessieren, es sei denn unter dem Gesichtspunkt ihres Beitrags zu Bürgertugenden.

Nun hatte ich angedeutet, die meisten Kommunitaristen verstünden sich nicht als Gegner des Liberalismus mit seiner Wertschätzung subjektiver Rechte und persönlicher Freiheiten. Tatsächlich ist ja die Tradition, aus der sie schöpfen, ohne liberale Werte nicht zu denken. Es liegt daher nahe, den Kommunitarismus als ein innerliberales Korrektiv anzusehen (2.). Nicht alle Kommunitaristen teilen allerdings die liberalen Parteinahmen. Manche vermuten etwa, er habe die patriotische Liebe zum Besonderen für einen buchstäblich blutleeren Universalismus geopfert (3.). Ein illiberaler Kommunitarismus hat besondere Probleme damit, dass jedes moderne Gemeinwesen mehr als eine Gemeinschaft umfasst. Ein Kommunitarismus dagegen, der das Faktum der Vielfalt ernst nimmt, wird zu einer Spielart des Multikulturalismus (4.).

2. DER KOMMUNITARISMUS ALS INNERLIBERALES KORREKTIV

Spätestens jetzt ist der Hinweis wichtig, dass es „den" Kommunitarismus nicht gibt. Nicht alle Autorinnen, die manchmal zu den Kommunitaristen gezählt werden, zählen sich selbst dazu, und alle betonen, dass die Zuordnung bestenfalls vage ist. Zwischen dem liberalen Sozialisten Michael Walzer und dem katholischen Nostalgiker Alasdair MacIntyre liegen Welten. Walzer macht deutlich, dass er den Liberalismus nicht verabschieden, sondern nur an dessen gemeinschaftlichen Grundlagen erinnern will. Ein weiterer kommunitaristischer Denker, der so verstanden werden kann, ist der Kanadier Charles Taylor.

Taylor unterscheidet zwei Fragen voneinander. Die eine lautet: Was kommt „ontologisch" zuerst, selbstbewusste Personen und ihre Rechte oder Gemeinschaften? Die andere lautet: Was sollte im Konfliktfall Vorrang haben, das Gemeinwohl oder die Rechte des Einzelnen?

Kommunitaristinnen haben natürlich Recht mit ihrer allgemeinen Antwort auf die „ontologische" Frage: Personen mit Rechten gäbe es nicht in einem sozialen Niemandsland. Zu selbstbewussten Personen werden wir nur, wenn andere uns zu unserer Verantwortung aufrufen, in einer Sprache, die uns Hinsichten des Verstehens und der Erheblichkeit gibt. Und auch die Vorstellung, ich könnte Rechte so besitzen, wie ich eine Nase besitze, ist abwegig. Rechte sind keine individuellen Besitztümer, sie sind Ansprüche, die wir einander zusprechen und institutionell garantieren. Sie existieren nur in und durch Beziehungen gegenseitigen Anerkennens.

Das sind allerdings sehr allgemeine Auskünfte, mit denen jedenfalls soziale Liberale wie Rawls und Dworkin keine Probleme haben. Diese können ohne weiteres einräumen, dass „Ich"-sagende Subjekte von Rechten zunächst einmal geboren und großgezogen werden müssen, dass sie eine Sprache erwerben und Sichtweisen kennenlernen müssen, ehe sie vielleicht eigene Wege gehen und darin ihr gutes Recht sehen. Liberale betonen nur, dass selbstbewusste Personen mehr sind als was ihre Herkunftsgemeinschaften aus ihnen machen. Liberale Gemeinschaften sind an mündigen Menschen mit eigenen Überzeugungen interessiert. Nur wenn das „situierte Selbst" der Kommunitaristen ein bloßer Bauchredner der kulturellen Lebensformen wäre, die es geformt haben, stünde es im Gegensatz zum liberalen Menschenbild.

Die zweite Frage, nach dem Vorrang der Rechte oder des Gemeinwohls, ist eine Frage der Parteinahme. Taylor macht deutlich, dass man in dieser zweiten Hinsicht Liberaler sein kann, auch wenn man „ontologisch" Kommunitarist ist. Das eben macht es möglich, im Kommunitarismus eine Weise der Erläuterung und Rechtfertigung des Liberalismus zu sehen und nicht dessen Gegenspieler. Liberale Kommunitaristinnen werden Rawls und Dworkin zustimmen, dass im Konfliktfall die Rechte des Einzelnen fast immer schwerer wiegen als Erwägungen des Gemeinwohls. Aber sie werden hinzufügen, dass das eben Ausdruck einer besonderen, gemeinschaftsgebundenen Sichtweise sei.

Taylor argumentiert, nur auf dem Hintergrund von „Hypergütern" wie Autonomie und Authentizität werde verständlich, warum Liberale so viel Wert legen auf den rechtlichen Schutz von Wahlfreiheit und Gewissensfreiheit. Wir denken, jeder hat das Recht, so zu leben, wie er es für richtig hält, und jeder darf sich Vorgaben verbitten, die seiner Selbstwahrnehmung widersprechen. Er darf sich zum Beispiel als Schwuler „outen", auch wenn seine Eltern einen Vater für ihre Enkel wollten. Insofern liegen der liberalen Idee des (Ge-)Rechten Vorstellungen vom Guten zugrunde. Allerdings halten Liberale es für gut, wenn die Menschen große Freiheiten haben, das für sie Gute selbst zu finden. Liberale Rechte und Grundsätze der Gerechtigkeit sind auf Gemeinwesen mit einer Mehrzahl lebensbestimmender Wertungen zugeschnitten. Sie sollen einen fairen Umgang mit dem Faktum der Vielfalt sichern.

Eben dieses Interesse hindert allerdings manche Liberale daran, die Wertungen, die ihre Parteinahmen tragen, zu erkennen. Der Grund dafür ist eine Idee von Neutralität, die direkt aus der liberalen Gleichheitsvorstellung zu folgen scheint. Die Argumentation geht kurz gesagt so: Ein liberaler Staat muss alle seine Bürgerinnen mit gleicher Achtung und Rücksicht behandeln. Die Vorstellungen der Bürgerinnen von einem guten und sinnerfüllten Leben gehen auseinander. Würde der Staat einige, aber nicht alle Vorstellungen begünstigen, so erzeugte er Bürgerinnen zweiter Klasse. Ein ausdrücklich christlicher Staat etwa gäbe allen Musliminnen, Jüdinnen, Agnostikern und so weiter zu verstehen, dass ihre Überzeugungen weniger zählen. Das wäre ungerecht, denn Menschen können, ohne unvernünftig oder unmoralisch zu sein, das Christentum ablehnen. Sie können gute Bürgerinnen sein, auch ohne Katholikinnen oder Protestantinnen zu sein. Die staatliche Neutralität darf und soll erst da aufhören, wo Grundrechte und Grundsätze der Gerechtigkeit auf dem Spiel stehen.

Allerdings gibt es, wie angedeutet, Wertungen, auf die Liberale nicht ohne weiteres verzichten können. Sie werden zum Beispiel für ein Bildungssystem Partei nehmen, das die Mündigkeit und Kritikfähigkeit der Kinder, ob männlich oder weiblich, fördert. Darin steckt eine Wertung, die bis heute nicht selbstverständlich ist – nehmen Sie den Konflikt mit traditionell eingestellten Eltern, die ihre Töchter vom Sexualkundeunterricht fernhalten wollen! Der Liberalismus möchte den Menschen zwar keine ganz bestimmten Ziele vorgeben. Aber eben darum ist es ihm wichtig, dass alle in einer bestimmten Art und Weise leben können: Sie sollen ohne Furcht über ihre Lebensziele nachdenken und sich auch über Alternativen frei informieren dürfen. Liberale wertschätzen die Selbstbestimmung der Person und möchten daher jeden dazu befähigen, ein Leben zu führen, dass er oder sie aus selbst eingesehenen Gründen gutheißen kann. Dazu gehört auch, dass jeder das Recht hat, sich selbst zu korrigieren, auch wenn das der zurückgelassenen Glaubensgemeinschaft noch so unvernünftig oder verletzend vorkommt.

Kommunitaristinnen sind der Ansicht, dass Liberale noch in einer zweiten Hinsicht parteiisch sein sollten. Sie sollten sich engagierte Bürger wünschen, die eine lebendige Zivilgesellschaft tragen. Ein liberales Gemeinwesen braucht Menschen, die die öffentlichen Angelegenheiten nicht allein den Berufspolitikerinnen überlassen. Nur Bürger, die sich miteinander und mit ihrem Gemeinwesen identifizieren, werden ein liberales System der Rechte mit Leben erfüllen. Der liberale Staat darf und soll daher die Einstellung fördern, dass zu einer verantwortlichen Lebensführung demokratische Teilnahme gehört. Er darf und soll sich Menschen wünschen, denen ihre Bürgerpflichten etwas bedeuten.

Die Frage ist allerdings, wie weit er dabei gehen darf, ohne aufzuhören, liberal zu sein. Für den Liberalismus ist ein bestimmtes Verständnis von Mitgliedschaft kennzeichnend. Liberale Gemeinschaften beruhen auf Freiwilligkeit. Die Menschen können wählen, ob sie ihnen angehören wollen. Diese Wahlfreiheit verdient rechtlichen Schutz gegen die Versuchung, Personen am freien Ein- oder jedenfalls Austritt zu hindern.

Gewiss, manche Gemeinschaften können wir uns ursprünglich nicht aussuchen. Wir werden in sie hineingeboren. Aber Liberale argumentieren, auch eine Herkunftsgemeinschaft sei nur so lange legitim, wie sie alle Angehörigen dazu ermächtigt, frei zu ihren Vorgaben Stellung zu nehmen und sie notfalls auch zu verlassen. Liberale Gemeinschaften sind keine Käfige, sondern Möglichkeitsräume. Sie verdienen Schutz, weil und soweit sie alle Angehörigen zu einem ebenso sinnerfüllten wie eigenständigen Leben befähigen. Das heißt zugleich, es wäre zwecklos, Gemeinschaften unter Artenschutz stellen zu wollen, wie Jürgen Habermas bissig bemerkt. Es kann sein, dass so viele Menschen ihrer angestammten Gemeinschaft den Rücken kehren, dass dieser die Lebensluft ausgeht.

Das ist besonders prekär, wo die Gemeinschaft ein demokratisches Gemeinwesen ist. Dennoch denken die Liberalen, auch in diesem Fall dürften Treue und Mitwirkung nicht erzwungen werden. Moderne Demokratien sehen die Teilnahme der Bürgerinnen als ein Recht vor, nicht als eine erzwingbare Pflicht. Das Recht auf Mitwirkung macht aus dieser eine Möglichkeit, die Menschen nutzen können – aber eben nicht müssen. Es kann daher sein, dass ein demokratisches Gemeinwesen an zu wenig Teilnahme zugrunde geht. Dieses Risiko ist der Preis, den die moderne Demokratie für ihre Liberalität bezahlt.

Umso wichtiger ist der Hinweis, dass liberale Rechte nicht den Sinn haben, die Menschen auf eine private Existenzweise festzulegen. Manche Rechte haben sogar den Zweck, gemeinsames Handeln zu ermöglichen. Denken Sie an die Rechte, eine Sprache zu sprechen, sich frei zu versammeln oder eine Religionsgemeinschaft zu bilden! Auch politische Teilnahmerechte ermöglichen, dass etwas Gemeinsames entsteht: ein bürgerschaftliches Wir. Das Recht auf Staatsbürgerschaft ist das wichtigste Beispiel dafür, dass dem liberalen Denken, ganz im Gegensatz zu seiner angeblichen Gemeinschaftsvergessenheit, *Rechte auf Gemeinschaft* nicht fremd sind. Allerdings bleiben dies immer Rechte des einzelnen Menschen oder jedenfalls Rechte, deren letzte Rechtfertigung in der Bedeutung einer Gemeinschaft für das Gedeihen des Einzelnen liegt. Gruppenrechte, die Gemeinschaftsvertreter ermächtigten, die Menschenrechte etwa weiblicher Angehöriger zu verletzen, werden durch sie nicht gedeckt.

Rechte als solche sind jedenfalls nicht „atomistisch“. Sie machen Gemeinschaft möglich, eben weil sie Menschen von einem Zwang zu ihr freisprechen. Sie nehmen vom gemeinsamen Handeln den Anschein der Naturwüchsigkeit. Aber warum sollten wir annehmen, ohne diesen Anschein würde alles gemeinsame Leben unweigerlich veröden? Warum sollten wir nicht auf die Anziehungskraft liberaler und demokratischer Gemeinschaften vertrauen?

Liberale Kommunitaristinnen teilen dieses Vertrauen. Sie fügen nur hinzu, eine demokratische Lebensform sollte ihre Angehörigen an die moralische Pflicht erinnern, das für alle Gute auch solidarisch mitzutragen. Gerade weil die demokratische Mitwirkung nicht erzwungen werden darf, sollten wir nicht so tun, als sei es moralisch legitim, sie ganz den jeweils anderen zu überlassen. Außerdem sollten wir offen zugeben, dass wir selbstbestimmte und kritikfähige Bürgerinnen wollen. Und zwar aus zwei Gründen: weil die Demokratie von Mündigkeit lebt und weil Mündigkeit eine in sich selbst gute Sache ist. Wer die Anlage zu ihr hat, sollte sie auch entfalten können. Und wer sie entfalten kann, sollte sie auch gebrauchen.

3. DER KOMMUNITARISMUS ALS GEGENSPIELER DES LIBERALISMUS

Aber nicht alle Kommunitaristen teilen die liberalen Ideale einer freien Orientierung im Raum der Gründe und eines weit reichenden Vorrangs der Rechte. Der schon erwähnte Moralphilosoph Alasdair MacIntyre glaubt, moderne Gesellschaften könnten ihren Angehörigen nicht mehr die Orientierung geben, die sie bräuchten, um gut und richtig zu leben. Der moderne Pluralismus komme einer Unverbindlichkeit gleich. Er zersetze jede Moral und jede starke Bindung.

Das sind steile Behauptungen, hinter denen ein bestreitbares Verständnis vom Guten und Richtigen steht. MacIntyre hält die moderne Gesellschaft als solche für sinnentleert, weil er wie Aristoteles glaubt, ohne ganz bestimmte für alle verbindliche Ziele bleibe das Leben jedes Einzelnen ohne Form und ohne Richtung. Die These hat zwei zusammenhängende Teile.

Erstens, jeder Mensch hat das Bedürfnis, eine in sich stimmige Geschichte des eigenen Lebens zu erzählen. Dazu muss er sein gesamtes Streben auf genau ein übergreifendes Ziel beziehen: „Indem wir Ausschau halten nach der Vorstellung von *dem* Gut, das uns in die Lage versetzt, andere Güter zu ordnen, nach einer Vorstellung von *dem* Gut, das uns in die Lage versetzt, unser Verständnis von Zweck und Inhalt der Tugenden zu erweitern, nach einer Vorstellung von *dem* Gut, das uns in die Lage versetzt, die Stellung der Rechtschaffenheit und der Beständigkeit im Leben zu verstehen, definieren wir anfänglich die Art von Leben, die aus der Suche nach dem Guten besteht." Moderne Gesellschaften mit ihrer funktionalen Differenzierung muten den Menschen aber eine Vielzahl von Rollen zu, die nicht mehr unter das Dach eines und desselben Zieles passen. Die Konsequenz ist ein Verlust erzählbarer Folgerichtigkeit: An die Stelle des einen Lebens tritt eine Menge unverbundener Episoden.

Zweitens, wer die Geschichte seines Lebens erzählt, bettet sie zugleich in die größere Geschichte einer Gemeinschaft ein. Nur aus ihr heraus wird verständlich, was der Einzelne für erheblich hält und was darum seine „Identität" ausmacht. MacIntyre sagt zu Recht, aus der Vergangenheit einer Gruppe erwachsen uns eine Menge Verbindlichkeiten, die wir uns nicht aussuchen konnten. Sie bilden den moralischen Ausgangspunkt jedes Lebens. Beispielsweise: Welche Eltern habe ich und wie haben sie gelebt; welcher Nation gehöre ich an und was hat diese Nation in der Vergangenheit verbrochen? Und MacIntyre scheint sagen zu wollen, individueller Sinn ist nur möglich, wo die persönliche Geschichte als ein stimmiger Teil der überpersönlichen erkennbar wird, in die ich mich eingefädelt finde. Außerdem muss die Wertordnung der Gemeinschaft jene Verbindlichkeit haben, die die Suche nach genau einem übergreifenden Lebensgut sinnvoll macht.

Aber beide Thesen sind zumindest unklar. Warum sollte ich nach nur einem übergreifenden Gut streben? Ich kann eine stimmige Geschichte meines Lebens erzählen, in der mehrere oberste Güter vorkommen, denen verschiedene Rollen und Vorhaben entsprechen. Und ich kann im Laufe meines Lebens merken, dass sich meine Vorstellung von Wichtigkeit verändert hat, ohne dass sie darum jede Verständlichkeit für mich verliert. Mehr noch, ich sollte damit rechnen, dass ein Ziel, das ich heute für zwingend halte, mir morgen verzichtbar oder sogar verfehlt vorkommen könnte.

Eben darum legen Liberale Wert auf die Offenheit einer Lebensführung für Korrekturen. Sie wollen damit nicht sagen, ich könnte mir im Supermarkt der Lebensweisen jederzeit ein neues Selbstverständnis besorgen. Sie teilen auch nicht die Ansicht mancher Postmoderner, kein Ziel sei durch bessere oder schlechtere Gründe gedeckt, und wir könnten darum alles gleichermaßen spielerisch behandeln. Im Gegenteil: Wer etwas tut, weil es ihm richtig und wichtig vorkommt, sollte auch an den Gründen interessiert sein, die dafür sprechen, es zu tun – oder doch dafür, es sein zu lassen. Die Offenheit für Kritik ist kein Zeichen für den Verlust starker, das Selbstverständnis prägender Bindungen, sondern die einzig vernünftige Weise, sie zu pflegen.

Der Mehrzahl möglicher Güter und Sinnangebote entspricht in der Moderne eine Mehrzahl von sinngebenden Gemeinschaften. Diese Einsicht setzt jede einzelne Lebensform unter Rechtfertigungsdruck. Vormals selbstverständliche Bindungen geraten in den Sog der Hinterfragung. Der Bedarf an argumentativer

Vermittlung nimmt zu. Selbst Gemeinschaften, denen wir durch Geburt angehören, sind davon nicht ausgenommen. Wir können uns mehr oder weniger mit ihnen identifizieren. Wir können sie mehr oder weniger in unsere Ziele einbeziehen. Das heißt zugleich: Eine Gemeinschaft, die am moralischen Ausgangspunkt eines Lebens steht, muss nicht auch dessen Endpunkt bilden. Sie muss nicht der stabile Rahmen sein, in dem das ganze Leben zu verlaufen hat, um für sein Subjekt verständlich zu bleiben.

Kurz, kommunitaristische und andere Liberale verteidigen eine reflektierte Einstellung in und zu Gemeinschaften um des Guten willen, das sie verkörpern könnten – aber eben nicht müssen. MacInyre dagegen möchte Gemeinschaften teilweise gegen Kritik abschirmen: Wir schulden der Gemeinschaft, der wir warum auch immer angehören, eine grundlegende Zustimmung schon darum, weil sie die unsere ist. Ist die Gemeinschaft eine nationale, so spricht MacIntyre von „Patriotismus“. Eine Patriotin kann man nur hinsichtlich der Nation sein, der man selbst angehört.

MacIntyre unterscheidet zwei Arten der Parteinahme für die eigene Nation. Entweder wir unterstützen sie, weil wir annehmen, sie stimme mit verallgemeinerbaren Grundsätzen überein, oder weil wir prinzipiell auf der Seite unserer Gemeinschaft stehen wollen. Auch das erste mag „Patriotismus“ heißen; Habermas spricht von „Verfassungspatriotismus“. Eine Verfassungspatriotin wird ihr Gemeinwesen schätzen, weil und soweit es aus seiner besonderen Geschichte demokratische und menschenrechtliche Schlüsse gezogen hat. Sie wird zum Beispiel die universalistischen Inhalte des deutschen Grundgesetzes als Lehren aus der nationalsozialistischen Vergangenheit gutheißen. Aber das stellt die Zustimmung zum Besonderen unter den Vorbehalt der Vereinbarkeit mit allgemein akzeptablen Normen. Im Konfliktfall würde der Universalismus der Verfassungspatriotin deren Bindung ans Besondere übertrumpfen. Dagegen würde eine Patriotin, wie MacIntyre sie sieht, ihre besondere Bindung der möglichen Verallgemeinerbarkeit einer Norm vorordnen.

Ein Beispiel mag den Unterschied verdeutlichen. Sophie Scholl hatte im Winter 1941/42 eine Kleiderspendenaktion zugunsten der frierenden deutschen Soldaten mit der Begründung abgelehnt: „Ob jetzt deutsche Soldaten erfrieren oder russische, das bleibt sich gleich und ist gleichermaßen schlimm. Aber wir müssen den Krieg verlieren. Wenn wir jetzt Wollsachen spenden, tragen wir dazu bei, den Krieg zu verlängern.“ Patriotinnen in MacIntyres Sinne würden in derselben Situation zur Spendenbüchse oder zur Stricknadel greifen. MacInyre selbst erläutert, was er für die *Tugend* des Patriotismus hält, am Beispiel des Krieges:

„Von sehr außergewöhnlichen Bedingungen einmal abgesehen, benötigt eine jede politische Gemeinschaft Streitkräfte für ihre minimale Sicherheit. Sie muß von den Mitgliedern dieser Streitkräfte verlangen, daß sie sowohl bereit sind, ihr Leben für die Sicherheit der Gemeinschaft zu riskieren, wie auch, daß ihre Bereitschaft dazu von ihrer eigenen individuellen Beurteilung, ob die Sache ihres Landes – gemessen an einem gegenüber den Interessen ihrer eigenen Gemeinschaft und den Interessen anderer Gemeinschaften neutralen und unparteiischen Maßstab – in bestimmten Fällen richtig oder falsch ist, unabhängig ist." So sieht eine philosophische Rechtfertigung des Kadavergehorsams aus. Der Soldat soll sich nicht den Kopf über die Berechtigung des Krieges zerbrechen, sondern gehorchen.

4. DIE EINE GEMEINSCHAFT UND DIE VIELEN GEMEINSCHAFTEN

Damit will ich die Bedeutung leidenschaftlicher Bindungen auch an liberale Gemeinwesen nicht herunterspielen. Gerade sie sind auf einen Bürgersinn angewiesen, der sich rechtlich nicht erzwingen lässt. Schon klassisch ist der Satz des ehemaligen Bundesverfassungsrichters Ernst-Wolfgang Böckenförde: „Der freiheitliche, säkularisierte [das heißt nicht länger religiös begründete; B. L.] Staat lebt von Voraussetzungen, die er selbst nicht garantieren kann." Er muss seine Freiheit, so Böckenförde weiter, „aus der moralischen Substanz des einzelnen und der Homogenität der Gesellschaft" regulieren.

Zwar bleibt dabei unklar, was „Homogenität" genau heißt. Aber die Erfahrung spricht dafür, dass ein starker Gemeinsamkeitsglaube die Bereitschaft von Bürgerinnen fördert, Mehrheitsentscheidungen hinzunehmen und die Kosten sozialer Umverteilung zu tragen. Das mag auch bedeuten, dass ein Verfassungspatriotismus à la Habermas zu schwach bleibt. Vielleicht genügt es nicht, an der Geschichte des eigenen Gemeinwesens nur den Erwerb universalistischer Einsichten wertzuschätzen. Womöglich muss die Liebe zum Besonderen weitergehen, als Habermas einräumt.

Aber das ist erstens eine empirische Frage, keine philosophische: Grundsätzlich spricht nichts dagegen, dass Bürgerinnen allein aus einem geschichtlich geformten Sinn für Gerechtigkeit heraus ihr Gemeinwesen bewahren und verbessern wollen. Zweitens lässt sich Homogenität nicht herbeizwingen, ohne die Freiheit zu zerstören. Drittens kann ein Gemeinsamkeitsglaube auf vorpolitischen, aber auch auf genuin politischen Grundlagen stehen. (Relativ) Unabhängig vom politischen Prozess sind etwa Merkmale wie Abstammung, Sprache und Religion. Dagegen stiften Ereignisse wie die Boston Tea Party, der Sturm auf die Bastille, die Bürgerrechtsbewegung, „1968" oder der Fall der Berliner Mauer Gemeinsamkeiten, die von vornherein politisch sind. Die Bürgerinnen haben dann ein und dasselbe politische Projekt im Sinn auch wenn sie über die genaue Bewertung seiner Vergangenheit, Gegenwart und Zukunft streiten werden.

Vorpolitische Gemeinsamkeiten jedenfalls sind ungeeignet für die Sozialintegration in Gemeinwesen, denen Menschen aus mehr als einer Herkunftsgemeinschaft angehören. Das aber ist heute überall der Fall. Grenzüberschreitende Bewegung und Einwanderung haben selbst in klassischen Nationalstaaten wie Frankreich Minderheiten hinterlassen, die weder verschwinden noch unsichtbar werden wollen. Andere Staaten waren von vornherein auf Einwanderung gegründet oder umfassten mehr als eine nationale Gemeinschaft. Die Gleichsetzung von Nation und Herkunftsgemeinschaft ist mehr denn je irreführend. Ein Kommunitarismus, der an ihr festhielte, könnte nur im schlechten Sinne utopisch sein.

Weltoffene Kommunitaristen wie Taylor bekennen sich darum zum Multikulturalismus. Sie sind der Ansicht, wir sollten für jeden Staat mit einer Mehrzahl von Herkunftsgemeinschaften rechnen. Ihre Angehörigen werden weiter im gemeinsamen Staat leben, also auf Auswanderung oder Abspaltung verzichten wollen. Aber sie werden nicht bereit sein, alle vorpolitischen Merkmale der Mehrheitsbevölkerung zu übernehmen. „Multikulturalismus" meint daher die Suche nach fairen Lösungen für Vielfalt anstelle von Sezession (Abspaltung) und Assimilation (Angleichung). Das kann etwa heißen, für sprachliche Minderheiten zweisprachigen Unterricht vorzusehen, nationalen Gruppen Selbstverwaltungsrechte zu geben und das Unrecht, das die Vorfahren der Mehrheit indigenen Völkern wie den australischen Aborigines angetan haben, offen zuzugeben.

Kommunitaristinnen können so etwas grundsätzlich gutheißen. Sie heben ja die Bedeutung von Wertungsgemeinschaften für das Selbstverständnis der Angehörigen hervor. Auch Liberale sollten anerkennen, dass die Gerechtigkeit manchmal geradezu gebietet, dass auch Herkunftsgruppen öffentlich sichtbar werden können oder sogar staatliche Förderung finden. In gewissem Sinne ist das ohnehin immer der Fall. Kein Staat kann schließlich kulturell völlig neutral sein. Jeder ist geprägt von seiner besonderen Geschichte, die zugleich die einer Mehrheitsbevölkerung ist. Denken Sie nur an die vielen Kirchtürme in deutschen Ortschaften oder an die Feiertagskalender!

Auch kann kein Staat sämtlichen Sprachen, die für einige seiner Angehörigen die ersten sind, den gleichen Rang einräumen. Er wird einfach aus technischen Gründen eine oder wenige bevorzugen müssen. Daraus aber resultieren besondere Härten für alle, deren angestammte Sprache nicht die des öffentlichen Lebens ist. Dafür sensibel zu sein, ist nicht einfach nur nett, sondern ein Gebot der Fairness. Es folgt aus dem liberalen Grundsatz gleicher Achtung und Rücksicht für alle.

Allerdings gilt auch: Will ein Staat alle seine Bürger zur chancengleichen Teilnahme am öffentlichen und wirtschaftlichen Leben befähigen, so muss er auf gemeinsamen Standards bestehen. Alle müssen hinreichend die Landessprache(n) beherrschen, die Geschichte und die Rechtsordnung des Landes kennen, in dem sie leben, und natürlich der Verfassung so weit folgen, wie sie allgemeine Anerkennung verdient. Was sich am besten dazu eignet, solche Standards zu vermitteln – ob etwa einsprachiger oder aber zweisprachiger Unterricht zweckmäßig ist –, sollte empirisch geklärt werden. Notwendige Bedingungen effektiver Gleichheit unter Bürgern sind jedenfalls etwas anderes als unbillige Erwartungen an Minderheiten, sich einer Mehrheit oder herrschenden Gruppe kulturell zu unterwerfen.

Eine liberale Multikulturalistin, die all dies bedenkt, muss sich nicht sagen lassen, sie verwechsle kulturelle Vielfalt mit Folklore. Sie kann antworten, dass sie einen ebenso gerechten wie zweckmäßigen Umgang mit einem Faktum der Vielfalt sucht, das so mancher ihrer Kritiker lange nicht wahrhaben wollte. Allerdings wird sie von ihren kommunitaristischen Mitstreiterinnen ein paar klärende Worte erwarten. Wie halten diese es etwa mit dem Relativismusproblem? Glauben sie zum Beispiel, die Meinungsfreiheit sei nicht wertvoller als die religiösen Gefühle von Eiferern? Oder werden sie bedrohte Autorinnen gegen Verfolgung vorbehaltlos verteidigen? Berücksichtigen sie, dass kein Mensch in irgendeiner Mitgliedschaft aufgeht? Und bedenken sie auch, dass sich Gruppenrechte verselbständigen können? Ein Staat, der benachteiligte Minderheiten mit Sondermitteln versieht, gibt Gruppensprechern Anreize, das eigene Opfersein zu betonen. Im schlimmsten Fall wird daraus ein strategischer Wettstreit in Wehleidigkeit, der den Bürgersinn beschädigt.

Kommunitaristinnen sollten mit Menschen rechnen, die ihre Identität und ihre Ziele mehr als einer Gemeinschaft verdanken. Sie müssen darum nicht das „Hybride" verherrlichen und die Unklarheit zur Norm erklären. Auch weiterhin sind die wenigsten Menschen Virtuosen der Selbstveränderung. Wer lebt schon so zwischen den Kulturen wie Salman Rushdie, Ayaan Hirsi Ali oder Taslima Nasrin? Die meisten von uns sind auch heute noch sehr viel „situierter". Menschen, die die Globalisierung regelrecht verkörpern, sind äußerst begünstigt, wie Manager und Sportlerinnen, oder äußerst benachteiligt, wie Staatenlose und Flüchtlinge.

Möglich ist auch, dass sie im eigenen Land äußerst gefährdet sind, wie einige mutige Verteidigerinnen universeller Rechte. Sie stehen gegen einen illiberalen Kommunitarismus, der nicht wahrhaben will, dass alle Menschen gleiche Rechte haben und dass keiner das Eigentum einer Gemeinschaft ist. Dass diese Einsicht vielen immer noch besonders schwerfällt, wenn sie Frauen betrifft, zeigt, wie zeitgemäß die Theorierichtung ist, die ich jetzt abschließend vorstellen werde: der Feminismus.

15. VORLESUNG. FEMINISMUS

Für den Feminismus gilt in besonderem Maße, was auf jede der hier vorgestellten Theorierichtungen zutrifft: Er ist zu vielschichtig, um ihm im Rahmen einer Vorlesung umfassend gerecht zu werden. Nahezu alles, was Gegenstand dieses Buches ist, hat auch Feministinnen beschäftigt. Nahezu jede normative Theorierichtung hat ihre feministische Ausprägung gefunden.

Es gibt republikanische Feministinnen und marxistische. Manche sind angeregt von der älteren und neueren Frankfurter Schule, andere von Foucault oder vom neueren Liberalismus. Einige Feministinnen machen von Hannah Arendts Handlungsbegriff Gebrauch, einige von Marx' Begriff der Ausbeutung. Manche denken, der Feminismus sollte Adornos und Horkheimers Kritik der instrumentellen Vernunft vertiefen, andere, er sollte Habermas' Theorie des kommunikativen Handelns erweitern. Wieder andere argumentieren, Rawls' Grundsätze der Gerechtigkeit müssten auch in den Familien gelten, denn auch sie gehörten zur Grundstruktur der Gesellschaft.

Nicht zuletzt teilen viele Feministinnen ein Kernstück des kommunitaristischen Menschenbildes: Auch sie betonen, dass selbstbewusste Personen und Subjekte von Rechten zunächst einmal geboren und großgezogen werden müssen. Die meisten männlichen Theoretiker haben wenig zu sagen über die Arbeit, die nötig ist, damit aus einem hilflosen Säugling ein mündiger Erwachsener wird. Das ist kein Wunder, sind es doch Frauen, die diese Arbeit überwiegend leisten. Und weil Frauen die Kinder gebären, liegt es nahe, auch alle nachfolgenden Leistungen zu naturalisieren: Frauen sind fürsorglich und emotional; sie sind in Nahbeziehungen zu Hause, nicht in der Öffentlichkeit; in der Familie, nicht im Erwerbsleben; sie sorgen sich lieber um Menschen, als technische Systeme zu begreifen. So die lange Zeit auch bei uns vorherrschende Sichtweise. Sie hilft Männern, viele Vorteile zu verteidigen, die in einer Spannung zum rechtlichen Fortschritt stehen.

Der neuere Feminismus beginnt mit der Entdeckung eines unerfüllten Anspruchs. Frauen haben gleiche Rechte, aber sie bleiben bis heute, Merkel hin, Maischberger her, mehrfach benachteiligt. Kaum eine Frau führt ein börsennotiertes Unternehmen; Frauen verdienen durchschnittlich 18 Prozent weniger in der Stunde als Männer; je angesehener und besser bezahlt eine Stelle ist, umso seltener ist auf ihr eine Frau zu finden. Das Bundesministerium für Familie, Senioren, Frauen und Jugend schreibt, dass in Deutschland jede dritte Frau mindestens einmal in ihrem Leben Opfer von physischer und/oder sexualisierter Gewalt wird.

Das zeigt zugleich, dass Frauenunterdrückung auch die Männer verdirbt. Es zeugt schließlich nicht von Stärke, wenn man physisch Schwächere schlägt; und viele Männer kommen mit einer Welt ohne patriarchalische Privilegien nur schlecht zurecht. Ein Grundproblem unserer Zeit dürfte die große Zahl junger Männer sein, die nicht wissen, wofür sie gut sein könnten. In unseren postindustriellen Gesellschaften schwindet die Bedeutung körperlich harter Arbeit, und Männer sind immer seltener die Alleinverdiener in Familien. Eine Folge davon ist, dass nicht nur an den Spitzen unserer Gesellschaft besonders viele Männer stehen; sie bilden auch den größten Teil ihres Bodensatzes: Sonderschüler, Schulabbrecher, Gewaltverbrecher, Selbsttöter sind weit überwiegend männlich.

Die Diskrepanz zwischen Anspruch und Wirklichkeit hat einen Feminismus hervorgebracht, für den der Kampf um gleiche Rechte zwar formal abgeschlossen ist, der Streit um die tatsächliche Gleichstellung von Frauen aber weitergeht. Feministische Theorien begleiten mit parteiischer Reflexion die neue Frauenbewegung, die Ende der sechziger Jahre aus den linken Bewegungen des Westens hervorgegangen ist. Sie wollen wissen, warum Benachteiligungen fortwirken und was dagegen getan werden kann. Feministische sind daher immer auch normative oder jedenfalls normativ interessierte Theorien. Sie möchten Strukturen und Stereotype sichtbar machen, die Frauen schaden und sie an freier Entfaltung hindern. Ihre Ziele sind eine tatsächliche Gleichstellung und die Befreiung von Geschlechterbildern, die Frauen – und auch Männer – in beengenden Vorstellungen gefangen halten.

Der neuere Feminismus hat Wandlungen durchlaufen, die den wirklichen Fortschritten für Frauen, aber auch der zunehmenden Subtilität der Nachteile Rechnung tragen. Er hat simple Täter-Opfer-Schemata hinter sich gelassen. Er hat den Glauben an ein „Kollektivsubjekt Frau" ad acta gelegt. Manche heute einflussreichen Ansätze, wie Judith Butlers Verwirrung der Geschlechterrollen, sind vielleicht schon nicht mehr feministisch, sondern post-feministisch. Ich werde auf Butlers Theorie am Ende dieser Vorlesung eingehen. Zunächst aber will ich eine Diskussion nachzeichnen, die den akademischen Feminismus besonders geprägt hat: Das ist der Streit um Gleichheit und Differenz, bezogen auf die unterschiedlichen Möglichkeiten, den Geschlechtsbegriff zu gebrauchen.

1. ZWEIERLEI GESCHLECHT

„Geschlecht" ist zunächst ein Grundbegriff der Biologie. Viele Arten, darunter der Mensch, pflanzen sich zweigeschlechtlich fort. Aber längst nicht alle Männer und Frauen können, längst nicht alle wollen Nachwuchs bekommen. Und was eigentlich folgt aus den Geschlechtsmerkmalen, die der Fortpflanzung dienen, für die Rolle, die jemand in der Gesellschaft spielt? Wie viele „typisch männliche" oder „typisch weibliche" Eigenschaften sind wirklich kausal mit unserer biologischen Ausstattung verbunden und wie eng und starr ist die Verbindung? Machen Hormone aus Frauen fügsame und furchtsame Wesen oder nicht eher die verbreitete Vermutung, sie seien eben so?

Sicher ist es nicht klug, auf solche empirischen Fragen einzig moralisch zu reagieren. Doch oft genug liegt der Verdacht nahe, die Biologie diene Männern als Vorwand, eine für sie günstige Zuteilung der Aufgaben und Positionen zu wahren. Wenige Jahrzehnte haben etwa genügt, das Vorurteil, Mädchen seien für Schulerfolg schlechter geeignet, ins Gegenteil zu verkehren: Heute gilt die Aufmerksamkeit eher den „abgehängten" Jungen. Frauen boxen, lesen Gen-Sequenzen und führen Staaten. Und es wäre verwegen, ein Ende dieser Entwicklung absehen zu wollen. Ganz offenbar ist das Gewicht des Geschlechts im gesellschaftlichen Leben keine Konstante. Geschlecht, das ist auch eine Menge von Vorstellungen und Positionen. Sie können verschoben und auch umgewälzt werden.

Am Anfang des neueren Feminismus steht ein Satz, der die Vermutung, das Geschlecht werde gesellschaftlich geformt, genial zuspitzt: „Man kommt nicht als Frau zur Welt, man wird es". So schreibt die Philosophin und Schriftstellerin Simone de Beauvoir in ihrem Hauptwerk *Das andere Geschlecht*. Zur Zeit seines Erscheinens, 1949, steht die Philosophie des Existenzialismus, die auch de Beauvoir vertritt, in Blüte.

Der Existenzialismus betont den Unterschied zwischen Sachen und Menschen. Sachen sind, wie sie sind, sie haben etwa eine bestimmte Schwere und Ausdehnung. Das sind Eigenschaften, die wesentlich zu ihnen gehören. Für uns selbst aber ist wesentlich, dass wir kein feststehendes Wesen haben. Wir sind zur Freiheit verurteilt und daher immer das, was wir aus uns machen. Das „Wesen" des Menschen ist seine Spontaneität. Jeder ist für sein Dasein verantwortlich, und er sollte bewusst wählen, anstatt sich gedanklich den Dingen anzugleichen, wie ein Triebtäter, der sagt, nicht er handle, „es" handle in ihm. (Der Existenzialismus geht wohl zu weit damit, echte innere Zwänge zu leugnen. Aber er will eben keine faulen Ausreden gelten lassen, keine Ablenkung von der eigenen Zuständigkeit dulden. Zeitgeschichtlich steht dahinter das Versagen vieler Französinnen, im Zweiten Weltkrieg den deutschen Besatzern gedient zu haben, anstatt ihnen zu widerstehen.)

Beauvoir bemerkt nun, als wollender, wählender und handelnder Mensch gilt wie selbstverständlich der Mann. „Mensch" und „Mann" sind in vielen Sprachen, so auch im Französischen, austauschbar (*homme* heißt beides). Die Frau ist nur das Andere des Mannes. Sie ist, was er nicht ist. Sie hat keine unabhängige Stellung in der Welt. Sie ist bloß negativ, durch Abgrenzung bestimmt. Daher der Titel *Das andere Geschlecht*.

Beauvoir will wissen, warum Frauen nicht als Wesen eigenen Rechts gelten. Und sie kommt zu dem Ergebnis, dass Monogamie, Mutterschaft und Familie die Frauen gefangen halten. Sie schreibt an gegen die Reduzierung des weiblichen Menschen auf Biologie. Sie will, dass wirklich der Mensch, und nicht nur der männliche, erkennt, dass sein Wesen die Freiheit ist.

Bei de Beauvoir findet sich der Sache nach schon eine Unterscheidung, die den Feminismus ausdrücklich erst seit den siebziger Jahren beschäftigen wird. Das ist die Differenzierung zwischen „Sex" und „Gender". Beide Ausdrücke kommen aus dem Englischen; eine Übersetzung für sie hat sich nicht durchgesetzt. „Sex" steht für das biologische Geschlecht, „Gender" für das kulturell und gesellschaftlich geformte. Und die Frage liegt nahe, wie vieles, das traditionell dem biologischen Geschlecht zugeschrieben wird, in Wahrheit auf das Konto gesellschaftlicher Vorstellungen, Praktiken und Institutionen geht.

Manche, Anhänger wie Kritikerinnen, setzen die Gender-Theorie mit der gewagten Annahme gleich, der Einfluss des biologischen Geschlechts auf das soziale sei gleich null. Die empirische Zweifelhaftigkeit dieser Ansicht macht es leicht, sie als eine Variante des Wunschdenkens abzutun: als Neuauflage des gefährlichen Glaubens an die grenzenlose Veränderbarkeit des Menschen. Aber wir müssen so weit nicht gehen, um die Unterscheidung nützlich zu finden. Sie bewahrt uns davor, Frauen von Möglichkeiten, die Männer wertschätzen, mit dem Argument fernzuhalten, sie seien unweiblich. Was ist nicht schon alles für unweiblich gehalten worden, vom Radfahren bis zu den Wissenschaften!

2. GLEICHHEIT UND DIFFERENZ

Manche Feministinnen sind allerdings der Ansicht, in einer geschlechtergerechten Gesellschaft spielte das Geschlecht, vielleicht abgesehen von Schwangerschaft und Gebären, gar keine Rolle mehr. Ihr Ideal ist eine androgyne Gesellschaft. „Androgyn" heißt so viel wie „geschlechtlich nicht festgelegt". In der idealen Welt der Gleichheitsfeministinnen wäre das biologische Geschlecht ebenso unwichtig geworden wie die Haarfarbe. Jedenfalls sollte das für die grundlegenden Schemata der Arbeitsteilung und der gegenseitigen Beurteilung gelten. Jede und jeder würde als Mensch mit ganz eigenen Eigenschaften und Möglichkeiten wahrgenommen. Das biologische Geschlecht würde keine Ausreden und Scheinrechtfertigungen für diskriminierende Behandlung mehr hergeben. Die Gesellschaft wäre genderneutral geworden.

Gleichheitsfeministinnen konzentrieren sich auf Positionen, die traditionell als männliche Domänen galten. Das sind im Wesentlichen Wirtschaft und Politik: bezahlte Arbeit und Verfügung über Produktionsmittel einerseits, öffentliches Handeln und staatliche Ämter andererseits. In beiden Bereichen sind Frauen deutlich unterrepräsentiert, in einigen westlichen Gesellschaften mehr (Deutschland), in anderen weniger (die skandinavischen Länder). Der Gleichheitsfeminismus kämpft daher für die Entkopplung der wirtschaftlichen und politischen Chancen vom biologischen Geschlecht. Ein klares Anzeichen dafür wäre, wenn der Anteil der Frauen in Führungspositionen in etwa ihrem Anteil an der Gesamtbevölkerung entspräche. Frauenquoten könnten ein geeignetes und notwendiges Mittel sein, um Frauen zu ihrem gerechten Anteil zu verhelfen. Der letzte Sinn der Sache wäre allerdings nicht, das Geschlecht als Auswahlfaktor festzuschreiben, sondern es verschwinden zu lassen.

Das jedenfalls ist der kleinste gemeinsame Nenner aller Richtungen des Gleichheitsfeminismus. Liberale, marxistische und radikale Feministinnen hegen unterschiedlich weite Veränderungsabsichten, und sie vermuten verschiedene Ursachen hinter der statistisch sichtbaren Schlechterstellung von Frauen. Liberale Feministinnen sehen sich in der Tradition anderer Bürgerrechtsbewegungen. Sie wollen das Versprechen gleicher Rechte endlich ganz verwirklichen. Marxistinnen lokalisieren das Grundübel in der geschlechtsspezifischen Arbeitsteilung. Sie sei auf die kapitalistische zwar nicht reduzierbar, ergänze sie aber zu einem Gesamtsystem ungleicher Leistungen und Aneignungschancen.

Radikale Feministinnen halten die gewaltsame Unterwerfung und Verdinglichung von Frauen für grundlegend. Das entsprechende System nennen sie „Patriarchat". Damit meinen sie nicht nur eine Herrschaft der Väter (*patres*), sondern eine der Männer oder des männlichen Prinzips generell. Es betrachte und behandle Frauen in einer gewissen Analogie zur äußeren Natur und den Tieren vor allem als Objekte der Beherrschung. Seine Wirkungen reichten von der Pornographie über die Vergewaltigung bis zu Hexen- und Witwenverbrennungen. Catharine MacKinnon in den USA, Alice Schwarzer in Deutschland bekämpfen die Pornoindustrie, weil sie Frauen zu Sexobjekten mache. Das sei schon für sich genommen entwürdigend, außerdem mache es Vergewaltigungen wahrscheinlicher – was empirisch allerdings unbelegt ist.

Aber nicht alle Feministinnen sind Gleichheitsfeministinnen. Nicht alle sind der Ansicht, Geschlechtergerechtigkeit bemesse sich am Verschwinden von Gender und an der gänzlichen Unwichtigkeit von Sex für das Ansehen und die Stellung von Menschen. Differenzfeministinnen sagen, Männer und Frauen seien vielfach ungleich und sollten es auch bleiben dürften – normativ genauso wie tatsächlich. Was gleich sein sollte, ist das Ansehen, das die Geschlechter genießen. Frauen sollten in all ihrer Besonderheit als Gleiche gelten.

Warum aber sollten Feministinnen Geschlechterdifferenzen noch betonen, die zudem oft verdächtig nach Stereotypen aussehen? Der Vorwurf des Gleichheitsfeminismus, die Differenzfraktion verstärke Vorurteile über ein „weibliches Wesen", wenn auch in der Absicht ihrer Umwertung, liegt auf der Hand. Aber die Gleichheitsfraktion muss sich ihrerseits eines Vorwurfs erwehren, der nicht aus der Luft gegriffen ist: Differenzfeministinnen argumentieren, der Gleichheitsfeminismus verfolge nur scheinbar ein geschlechtsneutrales Ziel. In Wahrheit sei, was ihm vorschwebt, das auf Männer zugeschnittene Ideal des unabhängigen, beruflich und politisch aktiven Bürgers, nur dass sie es für Frauen öffnen wollten. Das aber werde nie vollständig gelingen können, eben weil es kein geschlechtlich neutrales Zielbild sei.

Für den Einwand sprechen die Eigenschaften, die Erfolg und Anerkennung in Politik, Wirtschaft und auch Wissenschaft wahrscheinlich machen: Die besten Aussichten hat, wer offensiv auftritt, ernsthafte, aber strikt sachbezogene Konkurrenzen schätzt und sozial wenig gebunden ist. So zu sein oder zu werden, gelingt bis jetzt deutlich mehr Männern als Frauen. Aber selbst angenommen, es würde eines fernen Tages ebenso vielen Frauen gelingen: Wäre das denn wünschenswert? Wenn alle so wären wie heute vorwiegend Männer, dann kämen vor allem die konkurrenz- und kampforientierten „Tugenden" zum Zug. Und vielleicht leiden wir ja schon heute an einem Übermaß solcher Haltungen.

Differenzfeministinnen müssen übrigens nicht behaupten, alle als typisch weiblich und alle als typisch männlich geltenden Eigenschaften kämen aus unserer ersten Natur. Sie können die heute erfahrungswissenschaftlich vorherrschende Antwort geben, Natur und Umwelt wirkten irgendwie zusammen. So lassen sich einige psychoanalytische und moralpsychologische Studien verstehen, die im Differenzfeminismus eine wichtige Rolle spielen.

Die Psychoanalytikerinnen Nancy Chodorow und Jessica Benjamin untersuchen die Beziehungen zwischen kleinen Kindern und ihren Eltern. Auseinandersetzungen zwischen Sohn und Mutter, so behaupten sie, verlaufen typischerweise anders als solche zwischen Tochter und Mutter. Der Grund dafür ist grob gesagt, dass der Sohn, um seiner Männlichkeit bewusst zu werden, betonen muss, was ihn von der Mutter trennt, die Tochter um ihrer Weiblichkeit willen, was sie mit der Mutter gemein hat.

Der Sohn identifiziert sich mit dem Vater, der die Freiheit verkörpert, die Tochter mit der Mutter, die für Beharrlichkeit steht. Die mögliche Folge ist ein überzogenes männliches Streben nach Selbständigkeit und Ungebundenheit, eine weibliche Überbetonung von Abhängigkeit und Bindung. In einer männlich dominierten Kultur, die Freiheit hochschätzt, gerät leicht aus dem Blick, dass Autonomie und Bindung in jedem menschlichen Leben zusammengehören. An die Stelle symmetrischer Anerkennung tritt dann auf der männlichen Seite der Hang, über andere zu herrschen, auf der weiblichen die Bereitschaft zur Unterwerfung.

Ein für den Differenzfeminismus noch wichtigeres Werk gehört zu einer Richtung der Moralpsychologie, für die vor allem der Name Lawrence Kohlberg steht. Kohlberg wollte zeigen, dass Kinder unter günstigen Bedingungen des Lernens verschiedene Stufen moralischer Kompetenz durchlaufen. Sie beginnen sozusagen als kleine egozentrische Ekel, werden dann zu Konventionalisten, die tun, was *man* tut, und werden sich irgendwann idealerweise an Grundsätzen wie Kants kategorischem Imperativ orientieren. (Etwa: „Handle immer so, wie du wollen kannst, dass ein Beliebiger handle.“) Kohlberg hat sechs Stufen moralischen Urteilens unterschieden. Utilitaristinnen etwa sollen sich auf Stufe fünf befinden, auf der Königsstufe sechs die Kantianer.

Das Problem ist nur, so gut wie keine Versuchsperson erreicht Stufe sechs. Außerdem zeigt sich eine Geschlechterdifferenz. Deutlich mehr Männer als Frauen erreichen die beiden obersten Stufen moralischen Urteilens. Aber liegt das am geringeren Urteilsvermögen der weiblichen Versuchspersonen oder an Kohlbergs Annahmen, was dieses Vermögen ausmache? Der zweiten Vermutung ist Carol Gilligan, eine Schülerin Kohlbergs, nachgegangen. Und sie glaubt entdeckt zu haben, dass moralische Reife bei Frauen typischerweise anders aussieht als bei Männern. Moralisch reife Frauen folgen weniger allgemeinen Grundsätzen, sie achten fürsorglich auf die besonderen Bedürfnisse konkreter Anderer. Ihre erste Frage ist nicht: „Was schulden wir unparteiisch betrachtet einem Beliebigen?“ Sie lautet: „Was schulde ich diesem ganz bestimmten Menschen, der meiner Zuwendung bedarf?“ Männer neigen zu einer Prinzipienethik, Frauen zu einer Fürsorgeethik.

Wo der Unterschied herkommt – wenn es ihn denn gibt, was manche bestreiten –, ist unschwer zu sehen: Frauen haben sehr viel mehr als Männer mit Menschen zu tun, die noch nicht, nicht mehr oder grundsätzlich nicht zu einer selbstbestimmten Lebensführung in der Lage sind: kleine Kinder, Altersdemente, geistig schwer Behinderte. Die Fürsorgeethik ist zugeschnitten auf Beziehungen unter Ungleichen. Sie gehören ebenso zum moralischen Universum wie die symmetrischen Beziehungen unter mündigen Erwachsenen, von denen etwa kantianische Ethiker wie selbstverständlich ausgehen.

Allerdings gilt umgekehrt auch: Eine Fürsorgeethik ohne Grundsatz der Verallgemeinerung könnte Willkür nicht ausschließen. Wir alle neigen ja dazu, Nahestehende auch dann wichtiger zu nehmen als Fremde, wenn deren Ansprüche unparteiisch betrachtet vordringlich sind. Außerdem wirkt Fürsorge schnell fremdbestimmend. Sie ist in dem Maße problematisch, wie der Andere für sich selbst sorgen kann. Alles Mögliche mag aus Fürsorglichkeit geschehen, von mütterlicher Überbehütung bis zur Mitleidstötung. Als Schlagwort: Unparteilichkeit ohne Fürsorge ist verkürzt; Fürsorge ohne Unparteilichkeit ist maßlos.

Differenzfeministinnen argumentieren jedenfalls, dass die „typisch weiblichen" Eigenschaften und Fähigkeiten ebenso Anerkennung verdienten wie die „typisch männlichen". Manche gehen sogar weiter: Sie glauben, nur an den weiblichen Eigenschaften könnte eine Welt genesen, die an der Vorherrschaft der männlichen krankt. Schließlich waren und sind es überwiegend Männer, welche die Welt an den Rand der Katastrophe geführt haben. Männer denken technisch, Männer führen Kriege, Männer spielen mit den Figuren der Menschheit auf einem vorgestellten Schachbrett ihr Raketenschach und so weiter. Diese technisch-instrumentelle Einstellung sollte zugunsten einer ganzheitlichen, fürsorglichen, von Gefühlen getragenen verdrängt werden. Der Differenzfeminismus ist nicht immer frei von Kitsch und er führt im schlimmsten Fall zur Verabschiedung von Aufklärung überhaupt.

Aber nicht jeder Hinweis auf Geschlechterdifferenzen ist unaufgeklärt, so wenig wie jeder Anspruch auf Gleichheit blind ist für Differenzen. An beiden Vorwürfen, die ich erwähnt habe, ist ja etwas dran: Die Differenzfeministinnen vermuten nicht grundlos, das Leitbild vieler Gleichheitsfreundinnen sei ungewollt ein männliches; diese sagen zu Recht, viele Unterschiede sollten wir abschaffen und nicht neu bewerten. Was also bleibt von der Debatte um Gleichheit und Differenz? Mir kommen vier Schlussfolgerungen vernünftig vor.

Erstens, der Gleichheitsfeminismus kann einräumen, dass nicht nur Berufsleben und Politik zählen, ohne sein Ziel einer genderneutralen Gesellschaft aufzugeben. Er muss Familie, Elternschaft und Fürsorge nicht abwerten. Sie gehören ebenso zu einer humanen, gerechten und sich erneuernden Gesellschaft dazu wie öffentliches Handeln und bezahlte Arbeit und sind nicht weniger anerkennenswert. In einer genderneutralen Gesellschaft hätten beide Geschlechter zu beiden Bereichen – abgekürzt: dem der Öffentlichkeit und dem der Betreuung – einen effektiv gleichen Zugang. Die Wahlmöglichkeiten beider wären die gleichen; und Männer wie Frauen trügen ihren fairen Anteil an allen Leistungen, die eine humane und gerechte Gesellschaft braucht.

Zweitens, eine genderneutrale Gesellschaft verlangte beiden Geschlechtern Veränderungen ab. Sehr verkürzt: Frauen müssten robuster werden, um in der Öffentlichkeit bestehen zu können, Männer empfindsamer, um gute Betreuer zu sein. In der einen Hinsicht müssten die Frauen den Männern, in der anderen die Männer den Frauen ähnlicher werden – natürlich immer statistisch gesehen. Aber auch die Bereiche könnten nicht so bleiben, wie sie sind. Der Differenzfeminismus hat ja Recht mit der Behauptung, die Öffentlichkeit sei heute nicht genderneutral. Das Gleiche gilt umgekehrt auch für die Betreuungssphäre. Wiederum schlagwortartig: Mehr Sachorientierung und weniger Wettkampf um seiner selbst willen täten der Öffentlichkeit gut und dürften mehr Frauen zur Mitwirkung bewegen; mehr Raum für selbstbewusste Individualität, für Autonomie und fair geregelten Streit dürfte Männern die Betreuung näherbringen.

Drittens, unter den Geschlechterdifferenzen sind manche, die aufgelöst, und andere, die gewahrt, aber neu bewertet werden sollten. Was für welche Differenz gilt, ist teilweise nur empirisch zu klären. Keine Gesellschaft, der an ihrer Verjüngung liegt, wird auf Mutterschutz völlig verzichten können. Die durchschnittlichen Nahrungsbedürfnisse von Frauen werden wohl nie ganz den männlichen gleichen. Frauenparkplätze und erst recht Frauenhäuser sind dagegen Antworten auf besondere Gefahren, die eine ideal gerechte Welt nicht mehr kennen würde. Auch Frauenquoten wären in ihr nicht mehr nötig – vorausgesetzt, ihr Ziel ist nicht die Repräsentation der Geschlechter als Selbstzweck, sondern deren Unwichtigkeit für den Zugang zu zentralen Stellen.

Viertens, eine genderneutrale, aber für Differenzen empfängliche Gesellschaft ist ein Ideal. Wir mögen annehmen, dass Frauen und auch Männer es wählen würden, wenn sie unter gerechten Bedingungen entscheiden könnten. Da wir von solchen Bedingungen noch weit entfernt sind, ist das gleichwohl nur eine Vermutung. Wir sollten den liberalen Grundsatz beachten, dass mündige Menschen grundsätzlich selbst über ihr Leben befinden dürfen. Vorrangig bedeutsam ist daher, die effektive Wahlfreiheit aller, Frauen wie Männer, zu fördern. Dazu gehört ein gleicher Zugang zu Grundgütern wie Gesundheit, Bildung, Einkommen und auch Selbstachtung. Welche Arbeitsteilung wahrhaft freie und gleiche Männer und Frauen wählen würden, können wir nicht wissen – und wir müssen es auch nicht.

Kurz, ich vermute, die berechtigten Einwände des Differenzfeminismus finden im Rahmen eines Gleichheitsfeminismus durchaus ihren Platz. Anhängerinnen der Gleichheit sollten aber einräumen, dass der Streit um Differenz teilweise ein empirischer ist und wir mangels gerechter Hintergrundbedingungen noch gar nicht in der Lage sind, ihn abschließend zu entscheiden. In letzter Instanz können das nur die Beteiligten, Frauen wie Männer, selbst. Ungerecht ist zuerst die ungleiche Verteilung der Fähigkeit, selbstbewusst und wohlbegründet zu wählen und öffentlich für gleich welche Vorstellung von Geschlechtergerechtigkeit zu streiten.

Auch im Feminismus gibt es Privilegierte. In seinen Kämpfen und Kampagnen geben weiße, wohlhabende und gebildete Frauen den Ton an. Wie die anderen neuen sozialen Bewegungen hat er einen Mittelschichtsbauch mit Hang zum Selbstverwirklichungsmilieu. Das wird zum Problem, wo seine Sprecherinnen für „die Frauen" zu sprechen vorgeben. Sicherlich gibt es Erfahrungen, die so gut wie alle Frauen kennen, Nachteile, die so gut wie alle betreffen. Plakativ gesagt: Sexuelle Belästigung und Vergewaltigung machen nicht vor Klassenschranken halt. Das üble Vorurteil, eine Vergewaltigte sei eigentlich selbst schuld, sie hätte den Mann ja nicht heißmachen müssen, kann auch Unternehmertöchter treffen. Aber viele andere Erfahrungen und Nachteile sind unter Frauen ungleich verteilt. Sie folgen anderen Merkmalen, etwa der Hautfarbe, der wirtschaftlichen Stellung und dem Bildungsgrad.

Feministinnen haben immer Wert darauf gelegt, dass Frauendiskriminierung kein „Nebenwiderspruch" sei. Und sie hatten und haben gute strategische Gründe, das allen Frauen Gemeinsame zu betonen. Wie sonst wollten Frauen geeint gegen männliche Übergriffe und Privilegien vorgehen? Aber andere Trennlinien laufen mitten durch den weiblichen Teil der Menschheit hindurch. Eine alleinerziehende schwarze Mutter steht in mancher Hinsicht ihrem inhaftierten Sohn näher als einer Harvard-Professorin, die über die Dekonstruktion von Geschlecht nachdenkt. Ungelernte Arbeiterinnen werden ihren männlichen Kollegen in vielen Kämpfen enger verbunden sein als ihren weiblichen Vorgesetzten und den Gattinnen der Firmeninhaber.

Die Betonung solcher Unterschiede unter Frauen, nicht zuletzt durch schwarze Feministinnen, hat die Debatte um Gleichheit und Differenz in eine neue Runde geführt. Sie hat das Bewusstsein dafür geschärft, dass sich Nachteile überlagern, aber auch aneinander relativieren können. Ein heute viel beachteter Ansatz geht von einer „Intersektionalität" verschiedener Formen der Benachteiligung und Beherrschung aus. Eine auf Gleichstellung zielende Politik sollte mit der Möglichkeit rechnen, dass ein und derselbe Mensch in manchen sozialen Hinsichten schlechter, in anderen besser dasteht. Er ist vielleicht weiblich *und* weiß, wohlhabend *und* lesbisch.

Die Juristin Kimberle Crenshaw führt das Konzept der Intersektionalität am Beispiel einer Gleichstellungspolitik ein, die zwei Ziele verfolgt: Sie will Frauen und sie will Schwarze besonders fördern. Das kann sie tun, indem sie beide Ziele parallel verfolgt: Sie wird dann Frauen ungeachtet der „Hautfarbe" fördern und Schwarze ungeachtet des Geschlechts. Dabei kann aber herauskommen, dass überwiegend weiße Frauen von der Frauenförderung und vor allem schwarze Männer von der Förderung der Schwarzen profitieren. Jeweils würden dann Menschen gefördert, die in einer Hinsicht schon vorher (statistisch) besser dastanden. Verfehlt würden hingegen Menschen, die die Merkmale „weiblich" und „schwarz" auf sich vereinen. „Schwarze Frau" gilt nicht als Subjektposition *sui generis*, als eigenständige soziale Stellung. Deshalb besteht die Gefahr, dass gerade doppelt Diskriminierte durch das Raster der Gleichstellung fallen. Um dies zu verhindern, sollte eine solche Politik, so Crenshaw, mehrdimensional ansetzen. Sie sollte bei der Frauenförderung auch auf die „Hautfarbe" achten und bei der Förderung von Schwarzen auch auf das Geschlecht.

Das macht Versuche der Gleichstellung allerdings komplizierter. Wenn so gut wie jeder sich auf ganz verschiedene Subjektpositionen verwiesen sieht, solche der Über- und solche der Unterlegenheit, wie ist dann noch gemeinsames Handeln gegen Unrecht möglich? Wir befinden uns ja offenbar je nach „Intersektion" in verschiedenen Gemeinschafen von Verlieren und Gewinnerinnen. Wo jeder irgendeinen Grund zur Klage hat, ist der Chor der Klagenden von heilloser Dissonanz. Das spricht nicht gegen Crenshaws Empfehlung, aber es macht deutlich, dass wir zwischen mehr- oder weniger vordringlichen sozialen Übeln unterscheiden müssen. Je nach Kontext kann dann der Aspekt von Herkunft und Hautfarbe im Vordergrund stehen oder der Aspekt des Geschlechts oder noch etwas Anderes. Homosexualität zum Beispiel wird in einem konservativen Dorf eine andere intersektionale Rolle spielen als im liberalen Milieu eines kulturwissenschaftlichen Campus.

3. SUBJEKTBILDUNG UND SUBVERSION BEI JUDITH BUTLER

Vielleicht reichen die Schwierigkeiten einer gerechten Geschlechterpolitik sogar noch tiefer. Vor allem lesbische Frauen haben argumentiert, die Zuteilung zu genau einem von zwei Geschlechtern werde ihrer Lage und Orientierung nicht gerecht. Ist die Zweiteilung einmal akzeptiert, so liegt das Urteil allzu nahe, wer nicht beim jeweils anderen Geschlecht seine Partner suche, sei nicht normal. Vielleicht sollten wir die Idee des Normalen sogar ganz vergessen. Ein Mensch liebt einen anderen Menschen – ist das nicht das Einzige, was zählt?

Die Theoretikerin, die am meisten zu dieser Sichtweise beigetragen hat, ist

Judith Butler, Professorin für Rhetorik in Berkeley, Kalifornien. Sie hat der Debatte um Sex und Gender eine ganz neue Wendung gegeben. Anstatt das soziale vom biologischen Geschlecht abzuheben, hat sie angeregt, das biologische Geschlecht als Effekt des sozialen zu sehen. Sex wäre dann eine Funktion von Gender. Was wir als weibliche, was als männliche Körper wahrzunehmen gewöhnt sind, wäre eine Wirkung eben dieser Gewohnheit und ihrer ständigen Bestätigung durch Redeweisen und andere Praktiken. So lautet die zentrale These in Butlers Buch *Gender Trouble*, zu Deutsch *Das Unbehagen der Geschlechter*.

Der für Butler wichtigste Autor ist Foucault. Zur Erinnerung: Foucault interessiert sich dafür, wie Subjekte aus Verbindungen von Wissen und Macht hervorgehen. Er nimmt an, dass wir mit jedem Wort, mit jeder Geste und jeder Körperhaltung Kräfteverhältnisse ausdrücken, die uns durchziehen wie unsichtbare Ströme. Butler teilt grundsätzlich diese Sichtweise auf das Subjekt. In *Gender Trouble* scheint sie sogar hinter Foucaults Machtanalysen zurückzufallen. Sie erweckt dort den Eindruck, das Subjekt werde vor allem diskursiv, also im Medium von Deutungen und Bedeutungen, erzeugt. Zu kurz kommt bei ihr die institutionelle Seite der Macht, insbesondere deren Makro-Dimension, für die Foucault das Bild des Panoptikums gefunden hat.

Jedoch hat sie eine ganz bestimmte Institution im Blick: die Zweigeschlechtlichkeit und die an sie geknüpfte Norm der Heterosexualität, also des Begehrens von Menschen anderen Geschlechts. Diese Institution, so glaubt sie, ist umfassend und von tiefgreifender Bedeutung. Sie umwälzen zu wollen, erscheint geradezu verrückt, wie ein Aufstand gegen die Natur der Dinge. Aber warum eigentlich? Butler argumentiert, dass uns die Welt keine bestimmte Geschlechterordnung vorgibt. Allerdings sitzt die Norm der Zweigeschlechtlichkeit so fest in unseren Gewohnheiten und Erwartungen, dass schwer vorstellbar ist, was sie erschüttern könnte. Bringt sie nicht immer genau die Subjekte hervor, die sie „spontan“ bestätigen werden? Ist sie nicht geradezu ultrastabil?

Diesen Eindruck will Butler zerstreuen. Gerade weil die Ordnung auf unsere immer wiederholte Bekräftigung angewiesen sei, könne sie nicht ultrastabil sein. Die Zweigeschlechtlichkeit steht und fällt mit Menschen, die sich als Männer oder Frauen geben und so tun, als könne es nur Männer geben, die Frauen, und Frauen, die Männer begehren. Candace West und Don H. Zimmerman, eine Autorin und ein Autor aus der Ethnomethodologie, einer Spielart der Soziologie des Alltagshandelns, haben dafür einen treffenden Titel gefunden: *Doing Gender*. Gemeint ist, das Geschlecht ist nicht einfach da, es besteht nur durch unser Handeln hindurch. Denken Sie an die Art, wie Sie gehen und stehen, wie Sie die Stimme heben oder senken, wie Sie eine Tasse oder aber einen Bierkrug halten. Und stellen Sie sich die Irritation vor, die Sie wohl erfasste, wenn Sie einen Menschen erlebten, der solchen Schemata gar nicht entspräche.

Auf eben solche Abweichlerinnen hofft Butler. Und sie denkt, die Hoffnung hat auch einen objektiven Grund: Weil jede Ordnung von ihrer immer wiederholten Bestätigung im Handeln lebt, wird sie nie ganz dieselbe bleiben können. Schon das Erfordernis der Wiederholung macht Abweichungen, sozusagen Kopierfehler in der Ordnung, unvermeidlich. Das ist ungefähr so wie im Gesellschaftsspiel „Stille Post“, von dem ich im Zusammenhang mit Luhmann sprach: Sie sagen Ihrer Nachbarin leise etwas ins Ohr, was diese wie gehört weitergibt, und am Ende kommt ein ganz neuer Satz heraus. Gewiss, die meisten Abweichungen werden weder gewollt noch allzu auffällig sein. Aber in der Summe können sie doch verunsichernd wirken: „Was gilt denn nun, wie gibt sich ein echter Mann?“

Das ist allerdings nur ein objektiver Umstand. Nichts garantiert ja, dass die Verunsicherung durch gehäufte Kopierfehler in die wünschenswerte Richtung größerer Freiheit weist. Aber Butler fügt hinzu, man könnte die Fehler auch gezielt vertiefen und dadurch vielleicht wirklich etwas für die Befreiung von beengenden Schemata tun. Man könnte die aufs Geschlecht gestützten Erwartungen auch parodieren. Man könnte sie so übertreiben oder unterlaufen, dass vielleicht alle einsehen müssen, wie haltlos sie immer schon waren – „haltlos“ im logischen Sinne, nicht im Sinne von „machtlos“, denn tatsächlich sind ja Geschlechterschemata sehr wirksam. Also: Frauen, geht eckig, vertieft eure Stimmen, polstert eure Schultern und überlasst das Schminken, die Röcke und die runden Bewegungen den Männern!

Das sind nicht zufällig Beispiele für Parodien, die an sichtbaren, körperbezogenen Merkmalen ansetzen. Denn die Körper, glaubt Butler, tragen am meisten zu dem irrigen Eindruck bei, eine Geschlechterordnung sei Sache der Natur. Und mit keiner These hat sie so viel Verwirrung, auch Widerspruch hervorgerufen wie mit der, das Geschlecht sei bis in den Körper hinein gesellschaftlich geformt. Würden wir es anders betrachten und bezeichnen, so wäre es auch anders, und zwar nicht nur als Gender, sondern auch als Sex. Die Biologie, heißt das, ist keine stabile Grundlage für gesellschaftliche Bedeutungszuweisungen. Butler behauptet, ein von sprachlichen Praktiken unabhängiges Geschlecht sei nicht einmal denkbar. An dieser Stelle gehen allerdings die Butler-Deutungen besonders weit auseinander. Und weil dies ihre wohl umstrittenste These ist, will ich meine eigene Lesart mit einem längeren Zitat einleiten (alle Hervorhebungen stammen von Butler selbst):

„Der als dem Zeichen vorgängig gesetzte Körper ist stets als *vorgängig ge-*

setzt oder *bezeichnet*. Diese Bezeichnung vollzieht sich dadurch, daß sie einen Effekt ihres eigenen Verfahrens hervorbringt, nämlich den Körper, und dennoch zugleich behauptet, diesen Körper als das zu entdecken, was jeder Bezeichnung *vorhergeht*. Wenn aber der Körper (...) einen Effekt der Bezeichnung bildet, zeigt sich, daß der mimetische oder repräsentative Status der Sprache, wonach die Zeichen auf den Körper als dessen unerläßliche Spiegelbilder folgen, überhaupt nicht mimetisch ist. Im Gegenteil ist die Sprache produktiv, konstitutiv, man könnte sogar sagen: performativ, weil dieser Bezeichnungsakt den Körper produziert, selbst wenn er ihn angeblich als aller und jeder Bezeichnung vorgängig vorfindet."

Man muss kein Anhänger des Strukturalismus sein, um Butlers erster Behauptung folgen zu können: Wer über *Körper* spricht, *spricht*, und Sprache bildet das, wovon sie handelt, nicht einfach ab. Ich kann mit ihr etwas ganz Bestimmtes unter einem ganz bestimmten Gesichtspunkt bezeichnen, etwa einen Körper mit Blick auf sein Geschlecht. Aber keine Natur der Dinge zwingt mich zu gerade dieser Bezugnahme. So lässt sich auch die etwas ungewöhnliche Feststellung verstehen, der Körper sei ein „Effekt" des Verfahrens der Bezeichnung. Ich selbst als Sprachbenutzer trage die Verantwortung dafür, dass und wie von ihm die Rede ist. Doch Butler geht noch weiter und zieht den „repräsentative[n] Status" einer Aussage wie „Dies ist ein weiblicher Körper" in Zweifel. „Repräsentativ" heißt hier, dass ich mit dem Wort „Körper" etwas wiedergeben will, was nicht erst dadurch da ist, dass ich es bezeichne. Die Sprache sei vielmehr „produktiv, konstitutiv, man könnte sogar sagen: performativ".

Dieser letzte Begriff stammt aus der Theorie der Sprechhandlungen: Performativ ist die Sprache, wenn wir mit ihr ganz neue Tatsachen schaffen. Ein einfaches Beispiel ist die Hochzeit: Eine Standesbeamtin hat unter Umständen die Macht, mit ein paar Sprüchen aus zwei Menschen Eheleute zu machen. Die Tatsache, dass ich verheiratet bin, besteht nicht unabhängig von einem Satz wie „Hiermit erkläre ich Euch zu Mann und Frau". Ein solcher Satz wirkt gleichsam magisch. Das setzt allerdings ein paar Regeln voraus, die, um einen anderen Ausdruck Butlers zu gebrauchen, „konstitutiv" dafür sind, was gilt. Ohne Paare, die aus freien Stücken ein Standesamt aufsuchen, gibt es in Deutschland nach Recht und Gesetz keine Ehen. Ganz offenbar sind aber nicht alle Gegenstände von der Art, dass sie auf Regeln beruhen, die eine Gesellschaft sich eigens gegeben hat. Penis und Vagina, Menstruation, und Wechseljahre, Eizelle und Samenzelle, X- und Y-Chromosomen scheinen sich diesbezüglich von Ehen zu unterscheiden.

Wie also kommt Butler auf die Idee, auch Aussagen über biologische Körper seien performativ? Warum glaubt sie, dass ein Bezeichnungsakt den Körper

„produziert" so wie ein Ausspruch der Standesbeamtin eine rechtsgültige Ehe? Wird hier nicht die Idee des magischen Vermögens der Sprache über ihren sinnvollen Anwendungsbereich, die genuin gesellschaftlichen Tatsachen, hinausgetrieben? Ich denke, dass Butler eben dieser Fehler unterläuft. Dazu ein letzter Ausflug in die Sprachphilosophie.

Angenommen, ich sage: „Dies ist eine Frau". „Frau" ist ein Begriff. Wenn ich nun gefragt werde, worauf sich denn der Begriff „Frau" beziehe, dann antworte ich natürlich, er bezieht sich auf Frauen, etwa auf Sie hier im Hörsaal. Jetzt kann ein Schlaumeier erwidern: „Du hast eben das Wort ‚Frau' gebraucht, um zu sagen, worauf sich ‚Frau' bezieht". Und so ist es immer: Um zu sagen, wovon beliebige Begriffe handeln, muss ich wieder Begriffe gebrauchen. Aus der Sprache scheine ich also nicht herauszukommen. Ihr Gebiet scheint grenzenlos zu sein, oder jedenfalls könnten wir die Grenzen grundsätzlich nicht bezeichnen.

Aber das ist ein Irrtum. Wir reden über vieles, das nicht erst dadurch da ist, dass wir darüber reden. Manche Gebilde sind von Haus aus sprachabhängig, zum Beispiel Ehen, andere sind es nicht, zum Beispiel Berge. Wer einen Berg nicht von dem Wort „Berg" unterscheiden könnte, wüsste nicht, was Berge sind. Die Existenz und die Eigenschaften von Bergen sind kausal davon unabhängig, ob und wie wir über sie reden. Der Mount Everest wäre auch dann 8.848 Meter hoch, wenn nie ein Mensch ihn vermessen hätte. Damit ist natürlich nicht gemeint, dass der Name „Mount Everest" oder die Maßeinheit „Meter" ohne Menschen existierte. Aber wenn wir den Berg einmal konventionell als „Mount Everest" identifiziert haben, können wir in der Maßeinheit Meter etwas über ihn aussagen, das auch dann zuträfe, wenn nie ein Mensch ihn bezeichnet hätte. Und was für Berge gilt, gilt auch für X- und Y-Chromosomen. Sie gehen tatsächlich, anders als Butler in dem Zitat suggeriert, jeder Bezeichnung vorher: Wir bringen sie nicht durch Sprechhandlungen hervor, sondern entdecken sie durch naturwissenschaftliche Forschung, auch wenn wir dann natürlich auf sie als X- und Y-Chromosomen Bezug nehmen müssen.

Eingangs sagte ich, „Geschlecht" spiele eine wichtige Rolle in den Unterscheidungsschemata der Biologie. Aber könnten diese Schemata nicht anders aussehen? Logisch gesehen gewiss. Wir können uns prinzipiell immer fragen, ob wir nicht besser ohne bestimmte Begriffe auskämen. Zweifelhaft finde ich nur die Vermutung, das gelte für „Geschlecht".

Sicher hätte die Natur dafür sorgen können, dass sich Menschen auf andere Weise fortpflanzen als durch Geschlechtsverkehr. Aber Menschen vermehren sich nicht wie Pilze über Sporen; sie benötigen dazu Geschlechtsorgane, die zueinander komplementär sind. Die zweigeschlechtliche Fortpflanzung ist in jeder

Kultur eine so elementare Tatsache, dass wohl auch jede Kultur Begriffe für sie hat. Und diese Begriffe werden eine sehr weite, über die menschlichen Beziehungen hinausreichende Bedeutung haben, etwa für die Landwirtschaft. Um die österreichische Feministin Herta Nagl-Docekal zu zitieren: „Jeder Bauer weiß, um Küken zu bekommen, braucht er einen Hahn und eine Henne".

Eine ganz andere Frage ist, ob wir darum nur genau zwei Geschlechter zulassen müssen. Warum nicht drei, vier, viele Geschlechter? Diese Frage scheint mir grundsätzlich sinnvoll zu sein. Manche Menschen, die Intersexuellen, kommen ohne eindeutig männliche und ohne eindeutig weibliche Geschlechtsmerkmale auf die Welt, andere, die Zwitter, mit Merkmalen von beiden. Transsexuelle schließlich werden mit einem weiblichen oder einem männlichen Körper geboren, in dem sie sich aber so unwohl fühlen, dass sie soziale Ächtung oder sogar Operationen in Kauf nehmen, nur um endlich ihr „wahres" Geschlecht zeigen zu können. Transsexuelle sehnen sich nach geschlechtlicher Eindeutigkeit, selbst um den Preis einer Geschlechtsumwandlung. Viele Intersexuelle legen aber Wert darauf, als Angehörige eines dritten oder auch vierten Geschlechts zu gelten. Spät genug hat darum der deutsche Gesetzgeber die Geschlechtseintragung „divers" als dritte Option neben „weiblich und männlich" zugelassen. Und endlich hat er auch die operativen Geschlechtsangleichungen an intersexuellen Kindern verboten. Er hat damit nach langen Kämpfen und vielen Klagen Betroffener anerkannt, dass menschenrechtliche Gründe dafür sprechen, das Schema der Zweigeschlechtlichkeit zu überschreiten.

Ein menschenrechtliches Gewicht haben solche Gründe aber deshalb, weil die geschlechtliche Selbstwahrnehmung eine Sache von existentieller Bedeutung ist. Sie ist sicher nicht im selben Sinne wählbar wie ein Haarschnitt oder auch eine politische Partei. Ein radikaler Konstruktivismus der Geschlechtsidentität, der sich auf Butlers unhaltbare Vorstellung von Sprechakten stützte, wäre aus eben diesem Grund selbst unhaltbar.

Die Frage nach den Voraussetzungen, unter denen ein Mensch sich zum Beispiel als „nichtbinär" anerkennen lassen kann, ist heute Gegenstand eines geradezu hasserfüllten Streits zwischen verschiedenen Fraktionen des Feminismus. Traditionelle Feministinnen befürchten, dass biologische Männer sich Zugang zu allen möglichen Bereichen, von Frauentoiletten über Frauenhäuser bis hin zu weiblichen Sportveranstaltungen, verschaffen könnten, einfach indem sie sich qua Sprechakt zu Frauen erklärten. Andere Feministinnen halten solche Befürchtungen für zumindest überzogen. Und sie sehen das eigentliche Unrecht darin, einer Transfrau ihr Frausein abzusprechen, nur weil sie mit einem männlichen Körper zur Welt gekommen sei.

Ich will noch einen weiteren Einwand gegen Butlers Theorie erwähnen, der mir triftig vorkommt. Allerdings ist Butler selbst in neueren Schriften auf ihn eingegangen. Der Einwand verweist auf die Subjekttheorie Foucaults. Er lautet, ein in Ordnungen aus Wissen und Macht geschmiedetes Subjekt werde wohl genau die Verhältnisse bestätigen, denen es sein Dasein verdankt. Nehmen wir noch einmal Butlers Frage, wie eine Subversion, eine Unterhöhlung der heterosexuellen Matrix, möglich wäre. Dass diese Matrix der wiederholenden Bestätigung bedarf, ist höchstens eine objektive Bedingung dafür, dass sie sich im befreienden Sinne ändern ließe. Butler schlägt darum zusätzlich vor, parodistisch auf die Zumutungen der Zweigeschlechtlichkeit zu reagieren.

Aber wer könnte den Vorschlag bewusst aufnehmen, wer könnte ihn umsetzen? Sicher kein foucaultsches Subjekt, denn das wäre ja mit jeder Faser in die zweigeschlechtliche Ordnung verstrickt. Foucault kann folglich nichts darüber sagen, ob wir aus Einsicht in gute rechtfertigende Gründe mit den Verhältnissen, die uns hervorgebracht haben, brechen könnten. Daran ändert auch deren schleichende Verschiebung im Zuge von Wiederholungen nichts.

Butler sucht in der Aufsatzsammlung *Psyche der Macht* nach einer Lösung. In ihren Worten: „So sehr die Sicht aufs Subjekt auch die Ausschaltung der ersten Person erfordert, eine Suspendierung des ‚Ich' im Interesse einer Analyse der Subjektbildung [so weit, so Foucault; B.L.], so sehr zwingt die Frage der Handlungsfähigkeit doch dazu, die Perspektive der ersten Person wieder einzunehmen. Die Analyse der Subjektivation ist immer eine doppelte: Sie geht den Bedingungen der Subjektbildung und der Wendung gegen diese Bedingungen nach, durch die das Subjekt – und seine Perspektive – erst entsteht." Mit der Perspektive der ersten Person ist die einer Handelnden gemeint, die sich fragt, was sie tun sollte („der ersten Person", weil je ich es bin, der so fragt).

Butlers Vorschlag lautet, Foucaults Theorie der Subjektbildung um Motive der Psychoanalyse zu ergänzen. Die Psychoanalyse trägt in die Theorie Aspekte eines Menschenbildes hinein. Diese sollen die Möglichkeit verändernden Handelns verständlich machen, indem sie zugleich das Leiden an den Verhältnissen erklären. Butler geht, nicht ohne Mut zur empirischen Spekulation, von zwei menschlichen Grundbegehren aus.

Das erste Begehren ist das nach Anerkennung: Wir werden in eine symbolische Ordnung hineingeworfen, in der wir um eine von anderen Akteuren akzeptierte Stellung kämpfen müssen. Wir müssen versuchen, einen in der Ordnung vorgesehenen Platz einzunehmen, etwa als Mann, der Frauen, oder als Frau, die Männer begehrt. Ohne das ursprüngliche Bedürfnis nach Anerkennung bliebe unverständlich, warum wir uns auf die vorgefundene Ordnung einlassen; wir könnten ihr ja auch ungerührt den Rücken kehren.

Angenommen, die Anpassung gelingt. Ist dann für mich alles in Ordnung? Nein, sagt Butler, denn ich habe einen hohen Preis bezahlt: Ich habe eine Liebe verwerfen müssen, nach der es mich einmal verlangt hat. Hier kommt Freuds spekulative Idee einer ursprünglichen Bisexualität des Kindes ins Bild. Butler sagt ähnlich, das Begehren sei zunächst ungerichtet, die Unterscheidung zwischen Hetero- und Homosexualität noch ohne Bedeutung. Diese erhält sie erst in einer Kultur, die die Heterosexualität als Norm setzt, indem sie die Homosexualität als das Unsagbare, ja Undenkbare von ihr abspaltet. Damit aber geht für das Subjekt die Möglichkeit verloren, sein ursprüngliches Begehren unverkürzt zu begreifen. Es kann sich nicht einmal „im Traum" eingestehen, es habe einmal Menschen begehrt, die es nun als solche des eigenen Geschlechts zu lesen gelernt hat. Die Folge dieses Verlusts, für den die symbolische Ordnung nicht einmal die Möglichkeit der Trauer vorsieht, ist Melancholie. Sie ist das leise Leiden, das keinen verständlichen Ausdruck finden kann.

Mit der Idee eines gesellschaftlich nie ganz stillbaren Begehrens geht Butler überraschend weit über Foucault hinaus. Trotzdem bezweifle ich, dass sie schon weit genug geht. Das Begehren als natürlicher Rest bleibt notwendig stumm, weil alle Begriffe voraussetzungsgemäß die der Ordnung sind. Wie aber soll eine begriffslose Natur die Revolte gegen Verhältnisse verständlich machen, die der Inbegriff des Sag- und Denkbaren sind? Offenbar gibt es ja Menschen wie Butler, die die Normen der Zweigeschlechtlichkeit bewusst verwerfen.

Wer will, mag auch darin noch eine Wirkung der Macht erblicken. Aber diese spezielle Machtwirkung wäre nichts anderes als die Ermöglichung eines sprachlichen Denkens, das keine Grenzen irgendeiner Ordnung fraglos hinnehmen müsste. Es müsste sich einzig von besseren rechtfertigenden Gründen beeindrucken lassen. Ich bin damit, wie Sie merken werden, zuletzt noch einmal bei einem *Ceterum Censeo*, einem beharrlich wiederholten Grundmotiv dieser Vorlesungen angelangt: Eine kritische Theorie muss an das Lernvermögen ihrer Adressaten appellieren. Sie muss ihnen zutrauen, Unrecht und vermeidbare Unfreiheit aus eigener Einsicht aufzubrechen. Über dieses elementare Vermögen, das sie doch selbst mit jeder ihrer Schriften vorführt, sagt Butler bis heute zu wenig.

QUELLEN

ZUR ERÖFFNUNG

Wichtige Primärliteratur zur Vertiefung dieser Vorlesungen findet sich in: Ladwig, Bernd/Pongrac, Timo (Hg.): *Moderne politische Theorie. Materialband.* Schwalbach/Ts. 2013 (im Folgenden immer: Ladwig/Pongrac). Beim Schreiben dieses Buches habe ich vor allem von Beiträgen in folgenden drei Bänden sehr profitiert: Brodocz, Andre/Schaal, Gary S. (Hg.): *Politische Theorien der Gegenwart Band 1, 2 und 3.* 4., überarbeitete und aktualisierte Ausgabe. Opladen 2016 (im Folgenden immer Brodocz/Schaal I, II oder III). Brodocz und Schaal orientieren sich ebenso wie ich an Theoriefamilien und Theoretikerinnen. Im Unterschied dazu ist das folgende Buch nach Grundbegriffen sortiert: Göhler, Gerhard/Iser, Mattias/Kerner, Ina (Hg.): *Politische Theorie. 25 umkämpfte Begriffe zur Einführung. 2., aktualisierte und erweiterte Auflage.* Wiesbaden 2011 (im Folgenden Göhler/Iser/Kerner).

Empfehlen möchte ich auch: Schaal, Gary S./Heidenreich, Felix: *Einführung in die Politischen Theorien der Moderne.* Opladen 2006. Die Autoren führen jeweils einen Grundansatz des politischen Denkens anhand klassischer Autoren ein (zum Beispiel Hobbes, Locke und Kant für den Liberalismus) und gehen dann auf ihre neueren Nachfolger ein. Brocker, Manfred (Hg.): *Geschichte des politischen Denkens. Das 20. Jahrhundert.* Berlin 2018 stellt mehr als sechzig wichtige politische und sozialwissenschaftliche Texte des 20. Jahrhunderts vor, die von verschiedenen Kennern interpretiert und eingeordnet werden. Die immer noch beste Einführung in die politische Philosophie (oder normative politische Theorie) ist Kymlicka, Will: *Politische Philosophie heute. Eine Einführung.* 2. Auflage. Frankfurt/M. – New York 1997. Ebenfalls empfehlenswert, weil übersichtlich und gut verständlich: Swift, Adam: *Political Philosophy. A Beginner's Guide for Students and Politicians.* 2. Auflage. Cambridge 2006. Kurz und knackig: Miller, David: *Political Philosophy. A Very Short Introduction.* Oxford 2003. Ich selbst gehe auf Fragen der politischen Philosophie ausführlicher ein in: Ladwig, Bernd: *Theorien der Gerechtigkeit zur Einführung.* 2., korrigierte Auflage. Hamburg 2013.

Einen stärker an der empirischen Politikwissenschaft orientierten Zugang wählt Druwe, Ulrich: *Politische Theorie.* Neuwied 1993. Für einen Ausschluss der politischen Philosophie aus der politischen Theorie plädiert sehr resolut Hartmann, Jürgen: *Wozu Politische Theorie? Eine kritische Einführung für Studierende und Lehrende der Politikwissenschaft.* Opladen 1997. Einen guten ersten Einblick in zeitgenössische Sozialtheorien geben: Joas, Hans/Knöbl, Wolfgang: *Sozialtheorie. Zwanzig einführende Vorlesungen.* Frankfurt/M. 2004. Schließlich sei noch ein Buch empfohlen, das vor allem französische Theorien radikaler Demokratie vorstellt, die bei mir zu kurz kommen: Flügel, Oliver/Heil, Reinhard/Hetzel, Andreas (Hg.): *Die Rückkehr des Politischen. Demokratietheorien heute.* Darmstadt 2004.

1. UND 2. VORLESUNG

Für die Unterscheidung von Erklärungs- und Begründungszusammenhängen habe ich viel gelernt von: Wright, Georg Henrik von: *Erklären und Verstehen.* 4. Auflage. Berlin 2000. Der begriffliche Vorschlag, „Politik" zu bestimmen als die „Praxis der Herbeiführung und Umsetzung kollektiv verbindlicher Entscheidungen" ist angelehnt an: Easton, David: *A Framework for Political Analysis.* Englewood Cliffs 1965: S. 50. Zur Wortgeschichte von „Politik" und „politisch" ist grundlegend: Sternberger, Dolf: *Drei Wurzeln der Politik.* Frankfurt/M. 1978. Meine Überlegungen zu Grundbegriffen und ihrer Verknüpfung sind angeregt von: Strawson, Peter F.: *Analyse und Metaphysik. Eine Einführung in die Philosophie.* München 1994. Die Begriffe „Staatenwelt" und „Gesellschaftswelt" übernehme ich von Czempiel, Ernst-Otto: *Weltpolitik im Umbruch. Das internationale System nach dem Ende des Ost-West-Konflikts.* 2. Auflage. München 2003. Zur Bedeutung des Legitimitätsglaubens für die Politik schon klassisch: Weber, Max: Politik als Beruf (1919). Neunte Auflage. Berlin 1991: S. 9 f. Weber hat auch besonders vehement für die Wertfreiheit in den (Erfahrungs-)Wissenschaften gestritten: *Der Sinn der „Wertfreiheit" der soziologischen und ökonomischen Wissenschaften.* In: Weber, Max, Schriften zur Wissenschaftslehre. Stuttgart 1991: S. 176–236.

Den besonderen Zusammenhang zwischen „Subjekten" und Objekten" der Forschung in den Wissenschaften vom Menschen haben mir vor allem zwei Texte aufgeschlossen: Habermas, Jürgen: *Einige Schwierigkeiten beim Versuch, Theorie und Praxis zu vermitteln.* In: ders., Theorie und Praxis. Sozialphilosophische Studien. Frankfurt/M. 1978: S. 9–47; Giddens, Anthony: *Die Konstitution der Gesellschaft. Grundzüge einer Theorie der Strukturierung.* Frankfurt/M./New York 1992: Einleitung (Giddens gebraucht für das Wechselverhältnis den Begriff „doppelte Hermeneutik" – S. 46 f.).

Über das Selbstverständnis der Moderne habe ich vor allem aus vier Büchern viel gelernt: Habermas, Jürgen: *Der philosophische Diskurs der Moderne. Zwölf Vorlesungen.* Frankfurt/M. 1985; Castoriadis, Cornelius: *Gesellschaft als imaginäre Institution. Entwurf einer politischen Philosophie.* Frankfurt/M. 1990;

Taylor, Charles: *Quellen des Selbst. Die Entstehung der neuzeitlichen Identität.* Frankfurt/M. 1994; Bauman, Zygmunt: *Moderne und Ambivalenz. Das Ende der Eindeutigkeit.* Frankfurt/M. 1995. Umfassend zur kulturellen Moderne: Gay, Peter: *Die Moderne. Eine Geschichte des Aufbruchs.* Frankfurt/M. 2008.

Die Bemerkung von Marx, die Menschen machten ihre Geschichte selbst, aber nicht unter selbst gewählten Bedingungen, findet sich in: Marx, Karl: *Der achtzehnte Brumaire des Louis Bonaparte* (1852). In: Karl Marx/Friedrich Engels, Studienausgabe Band IV. Frankfurt/M. 1966: S. 34–121 (hier S. 34). Eine klassische Kontrastierung von modernem und antikem Freiheitsverständnis ist: Constant, Benjamin: Über die Freiheit *der Alten im Vergleich zu der der Heutigen* (1819). In: ders., Werke in vier Bänden. Band 4, Politische Schriften. Herausgegeben von Lothar Gall. Berlin 1972: S. 263–296. Die Angaben zu Hirschmans Buch lauten vollständig: Hirschman, Albert O.: *Engagement und Enttäuschung. Über das Schwanken der Bürger zwischen Privatwohl und Gemeinwohl.* Frankfurt/M. Das Zitat von Dutschke findet sich in: Dutschke, Rudi: *Mein langer Marsch. Reden, Schriften und Tagebücher aus zwanzig Jahren.* Herausgegeben von Gretchen Dutschke-Klotz u.a. Reinbek bei Hamburg 1980: S. 52. Von der Seite 49 desselben Buches habe ich die sinngemäß zitierte Bemerkung von Günter Gaus übernommen.

Die Idee, das normative Selbstverständnis der Moderne mit ihrer institutionellen Wirklichkeit zu konfrontieren, in der Kontrolle und Disziplinierung eine große Rolle spielen, verdanke ich: Wagner, Peter: *Soziologie der Moderne. Freiheit und Disziplin.* Frankfurt/M./New York 1995. Der Ausdruck „Stahlhartes Gehäuse" stammt aus: Weber, Max: *Die protestantische Ethik und der Geist des Kapitalismus* (1904). Herausgegeben und eingeleitet von Dirk Kaesler. München 2004: S. 201. Grundlegend zur athenischen Stadtrepublik: Meier, Christian: *Die Entstehung des Politischen bei den Griechen.* Frankfurt/M. 1983. Das Wort von der „Entzauberung" findet sich in: Weber, Max: *Wissenschaft als Beruf* (1919). In: ders., Schriften zur Wissenschaftslehre. Stuttgart 1991: S. 250 f. Machiavellis Kritik an der überkommenen Gemeinwohlvorstellung findet sich in: Machiavelli, Niccolò: *Der Fürst* (1513). Frankfurt/M./Leipzig 1990. Die Anspielung auf Nietzsche bezieht sich auf: Nietzsche, Friedrich: *Jenseits von Gut und Böse* (1885). In: ders., Jenseits von Gut und Böse. Zur Genealogie der Moral. Kritische Studienausgabe. Herausgegeben von Giorgio Colli und Mazzino Montinari. 3. Auflage. München 1993. Die Überlegungen zu Entzauberungsschüben und gegenläufigen Diagnosen der Moderne gehen auf mein eigenes Konto.

3. UND 4. VORLESUNG

Schumpeter referiere ich nach: Schumpeter, Joseph A.: *Kapitalismus, Sozialismus und Demokratie* (1946). 8. Auflage. Tübingen/Basel 2005; von der „lebenswichtigen Tatsache der Führung" ist auf Seite 429 die Rede. Auszüge aus Schumpeters Buch finden sich in Ladwig/Pongrac: S. 27–50. Eine ausgezeichnete, gut lesbare Einführung in Schumpeters politisches Denken gibt: Scheuerman, Willliam E.: *Die politische Theorie konkurrierender Eliten: Joseph Schumpeter*. In: Brodocz/Schaal I: S. 407–445.

Einen ausführlichen, an Schumpeter anschließenden Vergleich zwischen klassischem und modernem Demokratieverständnis zieht: Sartori, Giovanni: *Demokratietheorie*. Darmstadt 1997. Die zentralen Werke der erwähnten Vorläufer Schumpeters waren: Le Bon, Gustave: *Psychologie der Massen* (1895). 15. Auflage. Stuttgart 1982; Mosca, Gaetano: *Die herrschende Klasse* (1895). Bern 1950; Pareto, Vilfredo: *Allgemeine Soziologie* (1916). Tübingen 1955; Michels, Robert: *Zur Soziologie des Parteienwesens in der modernen Demokratie* (1911). Neudruck der zweiten Auflage. Stuttgart 1957. Die Formulierung von Lincoln stammt aus der *Gettysburg Address* von 1863. Sie findet sich in: Lincoln, Abraham: *The Collected Works of Abraham Lincoln*. Hg. von Roy P. Basler. New Brunswick 1953: S. 22. Die Charakterisierung Schumpeters als Irrational-Choice-Theoretiker ist von Prisching, Manfred: *Schumpeter's Irrational Choice Theory*. In: Critical Review 9/1995: S. 301–324.

Almond und Verba werden referiert nach: Almond, Gabriel A./Verba, Sidney: *The Civic Culture. Political Attitudes and Democracy in Five Nations*. Princeton 1963. Den Hinweis auf McCarthy und die Liberalen habe ich von Bachrach, Peter: *Die Theorie demokratischer Elitenherrschaft. Eine kritische Analyse*. Frankfurt/M. 1970: 3. Der Aufstand der Massen. Die wichtigsten Aufsätze Neumanns sind erschienen in: Neumann, Franz L.: *Demokratischer und autoritärer Staat*. Frankfurt/M. 1967. Ich habe Neumanns Theorieentwicklung nachgezeichnet in: Ladwig, Bernd: *Die politische Theorie der Frankfurter Schule: Franz L. Neumann*. In: Brodocz/Schaal I: S. 33–74. Zwei wichtige Kritiken an den Elitentheorien sind: Bachrach, siehe oben; Pateman, Carol: *Participation and Democratic Theory*. Cambridge 1970.

Einen Überblick über neuere Demokratietheorien gibt Schmidt, Manfred G.: *Demokratietheorien. Eine Einführung*. 3. Auflage. Opladen 2000. Das Problem der Aggregation der vielen Einzelwillen zu einem Gesamtwillen wird in Theorien kollektiver Entscheidungen mit vorwiegend mathematischen Mitteln durchgespielt. Stellvertretend für viele seien genannt: Arrow, Kenneth J.: *Social Choice and Individual Values*. 2. Auflage. New York 1963; Sen, Amartya K.: *Col-*

lective Choice and Social Welfare. San Francisco 1970; Riker, William H.: *Liberalism Against Populism: A Confrontation Between the Theory of Democracy and the Theory of Social Choice*. San Francisco 1982. Eine Verkehrung des Verhältnisses von Eingabe- und Ausgabeseite des politischen Prozesses, maßgeblich mitbewirkt durch die Massenmedien, hat sehr zugespitzt behauptet: Zolo, Danilo: *Democracy and Complexity. A Realist Approach.* Cambridge 1992. Zolo nimmt allerdings an, die Verkehrung sei nicht bezweckt, sondern stelle sich über systemische Mechanismen „hinter dem Rücken" der Handelnden ein.

Die uneingelösten Versprechen der Demokratie sind Gegenstand des wunderbar klaren Textes von Bobbio, Norberto: *Die Zukunft der Demokratie.* In: ders., Die Zukunft der Demokratie. Berlin 1988: S. 734. Er ist wieder abgedruckt in Ladwig/Pongrac: S. 53–79. Ein moderner Klassiker der Pluralismustheorie ist Laski, Harold: *Studies in the Problem of Sovereignty.* London 1924; ders.: *Grammar of Politics.* London 1925. In der Bundesrepublik hat vor allem Ernst Fraenkel der Pluralismustheorie zur Anerkennung verholfen, seit den späten sechziger Jahren aber auch viel vorwiegend linke Kritik auf sie und sich gezogen; siehe vor allem: Fraenkel, Ernst: *Deutschland und die westlichen Demokratien.* Erweiterte Ausgabe. Frankfurt/M. 1991. Die Formel vom „Gesetz der antizipierten Reaktion" findet sich in: Friedrich, Carl Joachim: *Constitutional Government and Politics.* New York 1937.

Das Hauptwerk Dahls ist: Dahl, Robert A.: *Democracy and Its Critics.* New Haven 1989. Eine leichter verständliche Einführung in sein Denken gibt: Dahl, Robert A.: *On Democracy.* New Haven 1998. Dahl spricht von der „dritten demokratischen Transformation" in: Democracy and Its Critics, S. 311 ff. Eine übersichtliche Darstellung der Theorie Dahls ist: Schaal, Gary S.: *Die politische Theorie der liberal-prozeduralistischen Demokratie: Robert A. Dahl.* In: Brodocz/Schaal I: S. 255–286. Eine Sammlung wichtiger Stellungnahmen zu Dahl ist: Shapiro, Ian/Reecher, Grant (Hg.): *Power, Inequality, and Democratic Politics. Essays in Honor of Robert A. Dahl.* Boulder 1988.

Zu Globalisierung und neuen Formen des Regierens *(Governance)* sind empfehlenswert: Zürn, Michael: *Regieren jenseits des Nationalstaats. Globalisierung und Denationalisierung als Chance.* Frankfurt/M. 1998; Behrens, Maria (Hg.): *Globalisierung als politische Herausforderung. Global Governance zwischen Utopie und Realität.* Wiesbaden 2005. Von „Post-Demokratie" sprechen unter anderem die folgenden Autoren: Crouch, Colin: *Postdemokratie.* Frankfurt/M. 2008; Rancière, Jacques: *Das Unvernehmen.* Frankfurt/M. 2002. Einen guten Überblick über die Diskussion gibt Jörke, Dirk: *Auf dem Weg zur Postdemokratie.* In: Leviathan 4/2005: S. 482–491.

5. VORLESUNG

Politikwissenschaftliche Einführungen in den Rational-Choice-Ansatz sind: Shepsle, Kenneth A./Bonchek, Mark S.: *Analyzing Politics. Rationality, Behavior, and Institutions*. New York 1997; Druwe, Ulrich/Kunz, Volker (Hg.): *Rational Choice in der Politikwissenschaft. Grundlagen und Anwendungen*. Opladen 1994; Braun, Dietmar: *Theorien rationalen Handelns in der Politikwissenschaft. Eine kritische Einführung*. Opladen 1999; Martin, Christian: *Rational Choice*. In: Schmitz, Sven-Uwe/Schubert, Klaus (Hg.), Einführung in die Politische Theorie und Methodenlehre. Opladen 2006: S. 273–288. Lesenswert ist die folgende Sammlung wichtiger Studien eines kritischen Vertreters des Ansatzes: Elster, Jon: *Sour Grapes. Studies in the Subversion of Rationality*. Cambridge 1983. Eine gut lesbare, knappe Einführung in den methodologischen Individualismus gibt: Zintl, Reinhard: *Methodologischer Individualismus und individualistische Theorie*. In: Benz, Arthur/Seibel, Wolfgang (Hg.), Theorieentwicklung in der Politikwissenschaft – eine Zwischenbilanz. Baden-Baden 1997: S. 33–43.

Anthony Downs' Hauptwerk ist: Ökonomische Theorie der De*mokratie*. Tübingen 1968. Es ist auszugsweise dokumentiert in Ladwig/Pongrac: S. 83–101. Eine sehr gute Darstellung von Downs im Kontext des Rational-Choice-Ansatzes, von der ich viel gelernt habe, gibt: Behnke, Joachim: *Die politische Theorie des Rational Choice: Anthony Downs*. In: Brodocz/Schaal II: S. 477–508.

Der Begriff „Median-Wähler" stammt von Black, Duncan: *The Theory of Committees and Elections*. Cambridge 1958. Kirchheimer spricht von „Allerweltspartei" oder „Catch-All-Party" in: Kirchheimer, Otto: *Der Wandel des westeuropäischen Parteiensystems*. In: Politische Vierteljahresschrift 1/1965: S. 20–41. Der Ausdruck „Tragödie der Gemeingüter" geht zurück auf den Biologen Garett Hardin: *The Tragedy of the Commons*. Science 162/1968: S. 1243–1248. Ostroms Hauptwerk ist auf Deutsch erschienen als: Ostrom, Elinor: *Die Verfassung der Allmende: jenseits von Staat und Markt*. Tübingen 1999.

Die Angaben zu Olsons Buch lauten vollständig: Olson, Mancur: *Die Logik des kollektiven Handelns*. 5. Auflage. Tübingen 2004. Zur Auseinandersetzung mit Olsons Buch siehe die Beiträge in: Schubert, Klaus (Hg.): *Leistungen und Grenzen politisch-ökonomischer Theorie. Eine kritische Bestandsaufnahme zu Mancur Olson*. Darmstadt 1992. Einen erhellenden Vergleich zwischen Ideologiekritik und einer auf den Rational-Choice-Ansatz gestützten Kritik zieht: Heath, Joseph: *Ideology, Irrationality and Collectively Self-Defeating Behaviour*. In: Constellations 7/2000: S. 363–371. Für einen Dialog zwischen Rational Choice und Kritischer Theorie plädiert auch: Buchstein, Hubertus: *Perspektiven kritischer Demokratietheorie*. In: PROKLA 86/1992: S. 115–136.

An Kritikern des Rational-Choice-Ansatzes seien genannt: Green, Donald P./Shapiro, Ian: *Pathologies of Rational Choice Theory. A Critique of Applications in Political Science.* New Haven 1994; Sen, Amartya K.: *Rationale Trottel: Eine Kritik der behavioristischen Grundlagen der Wirtschaftstheorie.* In: Stefan Gosepath (Hg.), Motive, Gründe, Zwecke. Theorien praktischer Rationalität. Frankfurt/M. 1999: S. 76–102. Die Unterscheidung zwischen einer Logik der Konsequenzen und einer Logik der Angemessenheit entnehme ich einem Standardwerk des sogenannten Neo-Institutionalismus: March, James/Olsen, Johan: *Rediscovering Institutions. The Organizational Basis of Politics.* New York 1989.

6. VORLESUNG

Einen knappen, aber ausgezeichneten Überblick über republikanische Theorien geben: Buchstein, Hubertus/Schmalz-Bruns, Rainer: *Nachwort. Republikanische Demokratie.* In: Barber, Benjamin, Starke Demokratie. Über die Teilhabe am Politischen. Hamburg 1994: S. 297–323. Besonders wichtig für die Wiedererweckung republikanischen Denkens in den USA war: Pocock, John G. A.: *The Machiavellian Moment. Florentine Political Thought and the Atlantic Republican Tradition.* Princeton 1975. An einflussreichen Texten seien noch erwähnt: Sunstein, Cass R.: *After the Rights Revolution. Reconceiving the Regulatory State.* Cambridge 1990; Selznick, Philip: *The Moral Commonwealth: Social Theory and the Promise of Community.* Berkeley 1992; Cohen, Joshua/Rogers, Joel: Secondary Associations and Democratic Governance. In: Politics and Society 4/1992: S. 393–472.

Die politischen Schlüsseltexte von Aristoteles sind: *Die Nikomachische Ethik.* Übersetzt und mit einer Einführung und Erläuterungen versehen von Olof Gigon. 2. Auflage. München 1991; *Politik.* Übersetzt und herausgegeben von Olof Gigon. 8. Auflage. München 1998. Klassisch zur Mischverfassung: Polybios: *Die Verfassung der römischen Republik. Historien, VI. Buch.* Übersetzt und herausgegeben von Karl-Friedrich Eisen und Kai Brodersen. Stuttgart 2012.

Ideengeschichtlich zum neo-römischen Republikanismus: Skinner, Quentin: *Die Idee der negativen Freiheit. Machiavelli und die moderne Diskussion.* In: ders., Visionen des Politischen. Frankfurt/M. 2009. Zwei zentrale Werke Pettits sind: Pettit, Philip: *Republicanism. A Theory of Freedom and Government.* Oxford 1997; Pettit, Philip: *On the People's Terms. A Republican Theory and Model of Democracy.* Cambridge 2012. Auf Deutsch ist erschienen: Pettit, Philip: *Gerechte Freiheit. Ein moralischer Kompass für eine komplexe Welt.* Berlin 2015.

Zur Bedeutung der Tugenden im Republikanismus: Münkler, Herfried: *Politische Tugend. Bedarf die Demokratie einer sozio-moralischen Grundlegung?* In:

ders. (Hg.), Die Chancen der Freiheit. Grundprobleme der Demokratie. München/Zürich 1992: S. 25–46. Die Bedeutung der Kontingenz für ein republikanisches Demokratieverständnis betonen: Rödel, Ulrich/Frankenberg, Günter/Dubiel, Helmut: *Die demokratische Frage.* Frankfurt/M. 1989; aufschlussreich sind auch die folgenden zwei Texte eines französischen Theoretikers: Lefort, Claude: *Menschenrechte und Politik;* ders., *Die Frage der Demokratie.* Beide in: Rödel, Ulrich (Hg.), Autonome Gesellschaft und libertäre Demokratie. Frankfurt/M. 1990: S. 239–280 und S. 281–297.

Zur Rolle von Gefühlen im Handeln ist erhellend: Nussbaum, Martha C.: *Upheavals of Thought: The Intelligence of Emotions.* Cambridge 2001. Grundlegend über Urteilskraft: Kant, Immanuel: *Kritik der Urteilskraft* (2. Auflage 1793). Werkausgabe Band X. Hg. von Wilhelm Weischedel. Frankfurt/M. 1995. Arendt nimmt darauf Bezug in: Arendt, Hannah: *Das Urteilen. Texte zu Kants politischer Philosophie.* Hg. von Roland Beier. München/Zürich 1985.

Die Bücher von Bachrach und Pateman habe ich in der Literatur zur dritten Vorlesung erwähnt. Die neuere Debatte über Demokratie am Arbeitsplatz fassen gut zusammen: Frega, Roberto/Herzog, Lisa/Neuhäuser, Christian: *Workplace Democracy – the recent debate.* In: Philosophy Compass 14/2019: e12574. Bei Habermas beziehe ich mich auf: Habermas, Jürgen: *Strukturwandel der Öffentlichkeit* (1962). Neuauflage. Frankfurt/M. 1990. Grundlegend zu „Zivilgesellschaft“: Cohen, Jean/Arato, Andrew: *Civil Society and Political Theory.* Cambridge 1993. Barbers Vorschlag stammt aus: Barber, Benjamin: *Starke Demokratie.* Hamburg 1994.

Zu Arendt empfiehlt sich als erster Überblick. Bonacker, Thorsten: *Die politische Theorie des freiheitlichen Republikanismus: Hannah Arendt.* In: Brodocz/Schaal I: S. 183–221. Eine gute, wenn auch stark an Habermas orientierte Deutung des Werkes von Arendt gibt: Benhabib, Seyla: *Hannah Arendt. Die melancholische Denkerin der Moderne.* Hamburg 1998.

Heidegger entfaltet seinen Begriff der „Welt“ in: Heidegger, Martin: *Sein und Zeit* (1927). Sechzehnte Auflage. Tübingen 1986 (vor allem drittes Kapitel). Zentral für Arendts Verständnis von Welt und Handeln ist: Arendt, Hannah: *Vita Activa oder Vom tätigen Leben* (1958). München 1981; zu ihrem Verständnis von Macht: Arendt, Hannah: *Macht und Gewalt.* München 1970. Auszüge aus beiden Büchern haben wir dokumentiert in: Ladwig/Pongrac: S. 105–119 und S. 120–133. Webers Definition von Macht findet sich in: Weber, Max: *Wirtschaft und Gesellschaft* (1922). 5. Auflage. Tübingen 1972: S. 28. Die erwähnte Schrift von Fanon ist: Fanon, Frantz: *Die Verdammten dieser Erde. Vorwort von Jean-Paul Sartre.* Frankfurt/M. 1966; das Sartre-Zitat steht auf S. 18 im Vorwort. Die

Schlüsselstellen zu Arendts kritischer Sicht auf moderne „Massenmenschen“ und deren Anfälligkeit für totale Herrschaft finden sich im III. Teil von: Arendt, Hannah: *Elemente und Ursprünge totaler Herrschaft. Antisemitismus, Imperialismus, totale Herrschaft* (1955). 7. Auflage. München 2000. Den Vergleich zwischen amerikanischer und französischer Revolution zieht sie in: Arendt, Hannah: *Über die Revolution.* München 1974.

Die Studien Alexis de Tocquevilles sind erschienen unter dem Titel: *Über die Demokratie in Amerika. Zwei Bände* (1835). München/Zürich 1987. Ausführlich und differenziert zu Arendts Kritik des Nationalstaats: Volk, Christian: *Die Ordnung der Freiheit. Recht und Politik im Denken Hannah Arendts.* Baden-Baden 2010. Zur Rolle des Föderalismus bei Arendt: Heuer, Wolfgang: *Föderationen – Hannah Arendts politische Grammatik des Gründens.* Hannover 2016. Ein Beispiel für eine feministische Auseinandersetzung mit Arendt gibt: Cornell, Drucilla: *Geschlechterhierarchie, Gleichheit und die Möglichkeit von Demokratie.* In: Herta Nagl-Docekal/Herlinde Pauer-Studer (Hg.), Politische Theorie. Differenz und Lebensqualität. Frankfurt/M. 1996: S. 397–414.

7. VORLESUNG

Eine knappe und sehr klare Übersicht über Marx' Theorie von Geschichte und Gesellschaft gibt: Mandel, Ernest: *Der Mensch ist das höchste Wesen für den Menschen.* In: Fritz J. Raddatz (Hg.), Warum ich Marxist bin. München 1978: S. 57–94. Ebenfalls sehr prägnant ist ein klassischer Text von Friedrich Engels: *Die Entwicklung des Sozialismus von der Utopie zur Wissenschaft* (1882). In: Marx-Engels-Werke Band 19. Berlin 1962: S. 177–228. Zu Gesellschaftskritik allgemein: Iser, Mattias: *Gesellschaftskritik.* In: Göhler/Iser/Kerner: S. 142–157.

Die erste zusammenhängende Darstellung des historischen Materialismus geben Marx und Engels in: *Die Deutsche Ideologie: 1. Feuerbach* (1845). In: Marx-Engels-Werke Band 3. Berlin 1983: S. 977. Die Wendung „in letzter Instanz“ findet sich in: Engels, Friedrich: *Briefe über materialistische Geschichtsinterpretation* (1890 ff.). In: Karl Marx/Friedrich Engels: Studienausgabe Band I. Frankfurt/M. 1966: S. 223–238 (hier S. 226). Über das „Absterben des Staates“ äußert sich Engels in seiner Schrift: *Herrn Eugen Dührings Umwälzung der Wissenschaft* (1894). In: Marx-Engels-Werke 20. Berlin 1971: S. 261 f. Ein schon klassisches Werk zur (Kritik der) Geschichtsphilosophie ist: Löwith, Karl: *Weltgeschichte und Heilsgeschehen. Die theologischen Voraussetzungen der Geschichtsphilosophie.* 8. Auflage. Stuttgart/Berlin/Köln 1990.

Brecht wird zitiert nach: Brecht, Bertolt: *Die Dreigroschenoper.* Frankfurt/M. 2004: S. 66. Zum Verhältnis von Basis und Überbau sowie zu Produktionsverhältnissen und Produktivkräften äußert sich Marx knapp und pointiert im *Vorwort* zu seiner Schrift *Zur Kritik der politischen Ökonomie* (1858). In: Marx-Engels-Werke 13. Berlin 1971: S. 7–11. Es ist wieder abgedruckt in Ladwig/Pongrac: S. 140–141. Auf das *Kommunistische Manifest* beziehe ich mich nach: Marx, Karl/Engels, Friedrich: *Manifest der Kommunistischen Partei* (1848). Stuttgart 1969. Der Hinweis auf Hardt und Negri bezieht sich auf folgendes Buch: Hardt, Michael/Negri, Antonio: *Empire. Die neue Weltordnung.* Frankfurt/M. 2002. Mein Eindruck, dass eine Spannung besteht zwischen dem strukturtheoretischen und dem handlungstheoretischen Strang von Marx' Transformationstheorie, geht zurück auf meine Lektüre von Habermas, Jürgen: *Erkenntnis und Interesse.* Frankfurt/M. 1973; hier vor allem des 3. Kapitels „Die Idee einer Erkenntnistheorie als Gesellschaftstheorie". Habermas argumentiert, die Entwicklung der Produktivkräfte folge einer Logik der Arbeit, die aber kein Modell für die Befreiungskämpfe von Klassen sein könne.

Marx' Ökonomisch-philosophische Manuskripte von 1844 finden sich in: *Marx-Engels-Gesamtausgabe Erste Abteilung*, Band 3. Berlin 1932: S. 39–149. Die Annahme, die Aktiengesellschaften wiesen über den Kapitalismus hinaus, äußert Marx in: *Das Kapital III: Der Gesamtprozeß der kapitalistischen Produktion* (1894). In: Marx-Engels-Werke 25. Berlin 1970: S. 454 ff. Auf die Spannung zwischen zentraler Planung und anarchistischem Ideal hat hingewiesen: Kelsen, Hans: *Sozialismus und Staat. Eine Untersuchung der politischen Theorie des Marxismus.* Zweite Auflage. Leipzig 1923.

Die *Ausgewählten Schriften* Stuart Halls sind erschienen im Argument-Verlag, Hamburg 2000 ff. Das erwähnte Werk Edward P. Thompsons heißt: *Die Entstehung der englischen Arbeiterklasse* (1963). Zwei Bände. Frankfurt/M. 1987. Die wichtige Rolle des Staates bei der Entstehung technischer Neuerungen beleuchtet Mazzucato, Mariana: *Das Kapital des Staates. Eine andere Geschichte von Innovation und Wachstum.* München 2014. Das bahnbrechende Hauptwerk von Keynes aus dem Jahre 1936 ist: Keynes, John Maynard: *Allgemeine Theorie der Beschäftigung, des Zinses und des Geldes.* 10. verbesserte Auflage, Berlin 2009. Der Ausdruck „innere Landnahme" geht zurück auf: Lutz, Burkhart: *Der kurze Traum immerwährender Prosperität. Eine Neuinterpretation der industriell-kapitalistischen Entwicklung im Europa des 20. Jahrhunderts.* Frankfurt/M./New York; Lutz entlehnt sein Bild Rosa Luxemburgs Theorie des Imperialismus.

Gramscis wichtigste Überlegungen stehen in den *Gefängnisheften*, Kritische Gesamtausgabe, herausgegeben in 10 Bänden von Klaus Bochmann und Wolfgang Fritz Haug. Hamburg 1991 ff. Dort auf S. 783 die Definition des Staates als „Hegemonie, gepanzert mit Zwang". Zur Rolle von „organischen Intellektuellen" siehe: Gramsci, Antonio: *Zu Politik, Geschichte und Kultur. Die Herausbildung des Intellektuellen*. In: Ladwig/Pongrac: S. 142–148. Einen guten Überblick über Gramscis Theorie gibt: Bieling, Hans-Jürgen: *Die politische Theorie des Neo-Marxismus: Antonio Gramsci*. In: Brodocz/Schaal I: S. 447–478. Die Formulierung von Poulantzas stammt aus: Poulantzas, Nicos: *Staatstheorie. Politischer Überbau, Ideologie, Sozialistische Demokratie*. Hamburg 1968: S. 119. Ein zentraler Auszug ist auch abgedruckt in: Ladwig/Pongrac: S. 149–173. Eine von Gramsci wie Poulantzas beeinflusste knappe Kennzeichnung der marxistischen Staatstheorie gibt Hirsch, Joachim: *Kapitalismus ohne Alternative? Materialistische Gesellschaftstheorie und Möglichkeiten einer sozialistischen Politik heute*. Hamburg 1990: Kapitel 4. Ein weiterer an Gramsci und Poulantzas anknüpfender Staatstheoretiker ist der Engländer Bob Jessop, etwa ders.: *The Capitalist State. Marxist Theories and Methods*. Oxford 1982. Das Zitat von Plumpe stammt aus: Plumpe, Werner: *Das kalte Herz. Kapitalismus: Die Geschichte einer andauernden Revolution*. Berlin 2019, dort S. 428.

Offes Formulierung „Interesse des Staates an sich selbst" stammt aus: Offe, Claus: *Berufsbildungsreform. Eine Fallstudie über Reformpolitik*. Frankfurt/M. 1975. S. 13. Dass der Staat seinen Klassencharakter im Ausnahmezustand offenbaren werde, erwägt Offe, Claus: *Strukturprobleme des kapitalistischen Staates*. Frankfurt/M. 1972: S. 99 ff. Das Zitat von Schmitt bezieht sich auf: Schmitt, Carl: *Politische Theologie. Vier Kapitel zur Lehre von der Souveränität*. Text der 2. Auflage (1934). 7. Auflage. Berlin 1996: S. 13. Zur Selektivität staatlicher Gemeinwohlverwirklichung schon klassisch: Offe, Claus: *Politische Herrschaft und Klassenstrukturen. Zur Analyse spätkapitalistischer Gesellschaften*. In: Kress, Gisela/Senghaas, Dieter (Hg.), Politikwissenschaft. Eine Einführung in ihre Probleme. Frankfurt/M. 1969: S. 155–189.

Der Ausdruck „Mikrophysik der Macht" stammt von: Foucault, Michel: *Mikrophysik der Macht. Über Strafjustiz, Psychiatrie und Medizin*. Berlin 1976. An einer marxistischen Erklärung von Strukturkrisen versuchen sich einige Forscher aus der französischen „Regulationsschule". Beispielhaft: Aglietta, Michel: *A Theory of Capitalist Regulation. The US Experience*. London 1979; Lipietz, Alain: *Towards a New Economic Order. Postfordism, Ecology and Democracy*. New York 1992. Das Vordringen postmaterialistischer Haltungen wird untersucht von: Inglehart, Ronald: *Kultureller Umbruch. Wertewandel in der westlichen Welt*. Frankfurt/M./New York 1989.

Die Kritik an der Vorstellung, die Gesellschaft sei wie ein Subjekt im Großen, verdanke ich einmal mehr Jürgen Habermas, etwa: *Einige Schwierigkeiten beim Versuch, Theorie und Praxis zu vermitteln*. In: ders., Theorie und Praxis. Sozialphilosophische Studien. Sechste Auflage. Frankfurt/M. 1993: S. 9–48. Meine Geschichte von den zwei Brüdern wurde angeregt von Kymlicka Will: „*Politische Philosophie heute. Eine Einführung.* 2. Auflage. Frankfurt/M. – New York 1997: 5. Kapitel." Beispielhaft für den Versuch eines (analytischen) Marxisten, Ausbeutung normativ zu kritisieren, ist: Roemer, John R.: *A General Theory of Expoitation and Class.* Cambridge 1982. Die Wendung von Ausbeutung zu ungerechter Verteilung wird deutlich in dem folgenden Buch: Roemer, John R.: *Theories of Distributive Justice.* Cambridge 1996; Roemers Darstellungen verlangen der Leserin allerdings eine gute Vertrautheit mit der Formelsprache der modernen Wirtschaftswissenschaften ab. Ein Beispiel für die analoge Entwicklung bei Cohen ist: Cohen, G. A.: *History, Labour, and Freedom: Themes from Marx.* Oxford 1988.

8. VORLESUNG

Der Diskursbegriff wird erläutert von einem Insider in: Jäger, Siegfried: *Kritische Diskursanalyse. Eine Einführung.* Münster 2004. Eine gute Einführung in Mouffes Denken ist: Jörke, Dirk: *Die Agonalität des Demokratischen: Chantal Mouffe.* In: Flügel/Heil/Hetzel (siehe Quellenangaben oben), „Zur Eröffnung": S. 164–184. Eine stark von Laclau geprägte Position vertritt Oliver Marchart in dem lesenswerten Buch *Die politische Differenz. Zum Denken des Politischen bei Nancy, Lefort, Badiou, Laclau und Agamben.* Berlin 2010.

Das gemeinsame Hauptwerk von Laclau und Mouffe ist: Laclau, Ernesto/ Mouffe, Chantal: *Hegemonie und radikale Demokratie. Zur Dekonstruktion des Marxismus.* Wien 1991. Mouffe stellt die Grundannahmen ihres politischen Denkens knapp und übersichtlich dar im II. Teil ihres Buches *Über das Politische. Wider die kosmopolitische Illusion.* Frankfurt/M. 2007. Carl Schmitt führt die Unterscheidung von Freund und Feind als Kriterium des Politischen ein in: Schmitt, Carl: *Der Begriff des Politischen. Text von 1932 mit einem Vorwort und drei Corollarien.* 6. Auflage. Berlin 1996; das Zitat steht auf S. 27. Mouffe unterscheidet demokratische Gegner von Feinden in: Mouffe, Chantal: *The Democratic Paradox.* London/New York 2000: S. 101 f. Der Hinweis auf den leeren Ort der Macht stützt sich auf: Lefort, Claude: *Die Frage der Demokratie.* In: Ulrich Rödel (Hg.), Autonome Gesellschaft und libertäre Demokratie. Frankfurt/M. 1990: S. 281–297 (vor allem S. 293). Den Begriff des „leeren Signifikanten" führt Laclau ein in: Laclau, Ernesto: *Emancipation(s).* London 1996. Laclau hat die gemeinsame Theorie auch weiterentwickelt, indem er unter anderem die Rolle des Subjekts stärker betont: Laclau, Ernesto: *New Reflections on the Revolution of our Time.* London 1990. Zum Freiheitsbegriff habe ich mich geäußert in: Ladwig, Bernd: *Freiheit.* In: Göhler/Iser/Kerner: S. 79–93.

Brauchbare Einführungen in Bourdieus Denken sind: Schulz, Daniel: *Die politische Theorie symbolischer Macht: Pierre Bourdieu.* In: Brodocz/Schaal II: S. 401–428; Schwingel, Markus: *Pierre Bourdieu zur Einführung.* 4. Auflage. Hamburg 2003; Barlösius, Eva: *Pierre Bourdieu.* Frankfurt/M. 2006. Sehr hilfreich war für mich die kritische Darstellung bei Honneth, Axel: *Die zerrissene Welt der symbolischen Formen. Zum kultursoziologischen Werk Pierre Bourdieus.* In: ders., Die zerrissene Welt des Sozialen. Sozialphilosophische Aufsätze. Frankfurt/M. 1990: S. 156–181.

Den besten Zugang zu Bourdieu selbst bilden vielleicht einige seiner Interviews. Besonders aufschlussreich fand ich: *Fieldwork in Philosophy.* In: Bourdieu, Pierre, Rede und Antwort. Frankfurt/M. 1992: S. 15–49. Bourdieu führt den Begriff der „Praxis" zusammen mit dem dazugehörigen Konzept des „Habitus" ein in seinem äußerst interessanten, aber auch sehr dicht geschriebenen frühen Buch: *Entwurf einer Theorie der Praxis auf der ethnologischen Grundlage der kabylischen Gesellschaft.* Frankfurt/M. 1979. Die Konfliktorientierung seines Denkens wird sehr deutlich in Bourdieus ebenfalls dichtem Aufsatz: *Sozialer Raum und „Klassen".* In: Bourdieu, Pierre, Sozialer Raum und „Klassen". Leçon sur la leçon. Zwei Vorlesungen. Frankfurt/M. 1991: S. 7–46. Der Aufsatz ist vollständig dokumentiert in: Ladwig/Pongrac: S. 177–206. Hier findet sich auch das Nötige zum erweiterten Kapitalbegriff sowie zur Bestimmung sozialer Abstände. Zum Feldbegriff äußert er sich knapp in: Bourdieu, Pierre: *Über einige Eigenschaften von Feldern.* In: ders., Soziologische Fragen. Frankfurt/M. 1993: S. 107–114. Der Klassenkampf um Distinktionsgewinne ist Gegenstand des empirischen Hauptwerks: Bourdieu, Pierre: *Die feinen Unterschiede. Kritik der gesellschaftlichen Urteilskraft.* Frankfurt/M. 1982.

Abweichung als Spielart der Anpassung ist das verbindende Thema einer kurzweiligen Aufsatzsammlung von Kaube, Jürgen: *Otto Normalabweicher. Der Aufstieg der Minderheiten.* Springe 2007. Die französischen Eliteschulen werden untersucht in: Bourdieu, Pierre: *Der Staatsadel.* Konstanz 2004. Zu „Klassen" siehe oben: *„Sozialer Raum und „Klassen".* Den Einwand, Bourdieus Theorie bleibe letztlich doch strukturalistisch geschlossen, begründet Honneth, *Die zerrissene Welt* (siehe oben).

9. VORLESUNG

Die beste Gesamtdarstellung der Kritischen Theorie ist immer noch das Buch von Wiggershaus, Rolf: *Die Frankfurter Schule. Geschichte. Theoretische Entwick-*

lung. Politische Bedeutung. 5. Auflage. München 1997. Für die Jahre bis 1950 ist ebenfalls ergiebig: Jay, Martin: *Dialektische Phantasie. Die Geschichte der Frankfurter Schule und des Instituts für Sozialforschung 1923–1950*. Frankfurt/M. 1976. Weitere empfehlenswerte Auseinandersetzungen mit der älteren Kritischen Theorie bieten: Dubiel, Helmut: *Wissenschaftsorganisation und politische Erfahrung. Studien zur frühen Kritischen Theorie*. Frankfurt/M. 1978; Honneth, Axel: *Kritik der Macht. Reflexionsstufen einer kritischen Gesellschaftstheorie*. Frankfurt/M. 1985; Demirovic, Alex: *Der nonkonformistische Intellektuelle. Die Entwicklung der Kritischen Theorie zur Frankfurter Schule*. Frankfurt/M. 1999; während Dubiel und Honneth einer an Habermas angelehnten Interpretation zuneigen, steht Demirovic in größerer Nähe zur frühen Kritischen Theorie. Den Stand der internationalen Adorno-Forschung gibt der folgende Band gut wieder: Honneth, Axel (Hg.): *Dialektik der Freiheit. Frankfurter Adorno-Konferenz 2003*. Frankfurt/M. 2005. Weitere Theoretiker werden porträtiert in dem Buch von Bronner, Stephen Eric: *Of Critical Theory and its Theorists*. Oxford/Cambridge 1994.

Horkheimer erläutert sein Vorhaben eines Interdisziplinären Materialismus in seiner Frankfurter Antrittsvorlesung von 1931: *Die gegenwärtige Lage der Sozialphilosophie und die Aufgaben eines Instituts für Sozialforschung*. In: Frankfurter Universitätsreden, Heft XXXVII. Frankfurt/M. Den Ausdruck „Kritische Theorie" führt Horkheimer in einem wissenschaftstheoretischen Aufsatz ein: Horkheimer, Max: *Traditionelle und kritische Theorie* (1937). In: ders., Traditionelle und kritische Theorie. Vier Aufsätze. Frankfurt/M. 1970: S. 12–56. Die interdisziplinären *Studien über Autorität und Familie*, die dem ursprünglichen Forschungsprogramm von allen Arbeiten des Horkheimer-Kreises am ehesten entsprechen, sind als Forschungsberichte aus dem Institut für Sozialforschung 1936 in Paris erschienen.

Der erwähnte Aufsatz Neumanns, 1937 im Heft 3 der Zeitschrift für Sozialforschung publiziert, trägt den Titel: *Der Funktionswandel des Gesetzes im Recht der bürgerlichen Gesellschaft*. Er ist wieder abgedruckt in: Neumann, Franz L.: Demokratischer und autoritärer Staat. Frankfurt/M. 1986: S. 31–81. Otto Kirchheimers Aufsatz heißt: *Strukturwandel des politischen Kompromisses* (1941). Er ist wieder abgedruckt in: Dubiel, Helmut/Söllner, Alfons (Hg.): Wirtschaft, Recht und Staat im Nationalsozialismus. Analysen des Instituts für Sozialforschung 1939–1942. Frankfurt/M. 1981: S. 285–314. Im selben Band findet sich auch der für Horkheimer wichtige Text von Friedrich Pollock: *Staatskapitalismus:* S. 81–110. Die Formel von „Gangs und Rackets" gebraucht Adorno, Theodor W.: *Reflexionen zur Klassentheorie* (1942). In: ders., Soziologische Schriften I. Frankfurt/M. 1979: S. 373–391; hier S. 381. Franz L. Neumanns Buch ist 1944 erschienen unter dem Titel: *Behemoth. Struktur und Praxis des Nationalsozialismus 1933–1944.* Köln 1977.

Horkheimers und Adornos Ansichten nach der Abkehr vom interdisziplinären Materialismus sind wiedergegeben nach: Horkheimer, Max/Adorno, Theodor W.: *Dialektik der Aufklärung. Philosophische Fragmente* (1947). Frankfurt/M. 1971. Das Zitat „Gleich dem Ding ..." findet sich dort auf Seite 38. Auszüge aus dem Buch finden sich in: Ladwig/Pongrac: S. 209–228. Adorno entfaltet seine Kritik am angeblichen Identitätszwang des begrifflichen Denkens in seinem späten Hauptwerk: *Negative Dialektik.* Frankfurt/M. 1966. Meine Gegenkritik verdankt vieles einem scharfsinnigen Text von Pippin, Robert B.: *Negative Ethik. Adorno über falsches, beschädigtes, totes, bürgerliches Leben.* In: Honneth (Hg.): Dialektik der Freiheit (wie oben): S. 85–114. Ebenfalls wichtig war für mich Albrecht Wellmers Hinweis auf die Möglichkeit, Begriffe im argumentativen Gebrauch vor falscher Fixierung zu bewahren. Argumentierende können zwischen dem einen und dem anderen Begriff für dieselbe Sache im Gespräch hin- und hergehen: Wellmer, Albrecht: *Zur Dialektik von Moderne und Postmoderne: Vernunftkritik nach Adorno.* Frankfurt/M. 1985: S. 95. Die Wendung „Eingedenken der Natur im Subjekt" steht auf Seite 39 der *Dialektik der Aufklärung.*

Die naive und eindimensionale Fortschrittsgläubigkeit vieler Arbeiterführer hat bereits Walter Benjamin in seinen Thesen *Über den Begriff der Geschichte* (1940) kritisiert. In: Benjamin, Walter: Illuminationen. Ausgewählte Schriften I. Frankfurt/M. 1977: S. 251–261. Adorno, der Benjamin viele Anregungen verdankt, hat das Thema aufgenommen in seinem Essay *Fortschritt.* In: Adorno, Theodor W.: Stichworte. Kritische Modelle 2. Frankfurt/M. 1969: S. 29–50.

10. VORLESUNG

Eine recht frühe und fundierte Auseinandersetzung mit dem Werk von Habermas stammt von einem Amerikaner: McCarthy, Thomas: *Kritik der Verständigungsverhältnisse. Zur Theorie von Jürgen Habermas.* Frankfurt/M. 1989. Die beste deutschsprachige Einführung ist Iser, Mattias/Strecker, David: *Jürgen Habermas zur Einführung*. Hamburg 2010. Die internationale Auseinandersetzung mit Habermas dokumentiert: White, Stephen K. (Hg.): *The Cambridge Companion to Habermas.* Cambridge 1995. Umfassend zur Rezeption von Habermas in der Englisch sprechenden (Theorie-)Welt ist die vierbändige Textsammlung von Rasmussen, David M./Swindal, James (Hg.): *Jürgen Habermas.* London/Thousand Oakes/New Delhi 2002.

Habermas selbst erörtert sein Verhältnis zur älteren Kritischen Theorie in einem ausführlichen und sehr lesenswerten Interview: Habermas, Jürgen: *Dialek-*

tik der Rationalisierung. In: ders., Die Neue Unübersichtlichkeit. Kleine politische Schriften V. Frankfurt/M. 1985: S. 167–208. Ebenfalls lesenswert das politischer gehaltene *Interview mit der ‚New Left Review'* im selben Buch: S. 213–257.

Das umfangreiche Hauptwerk ist: Habermas, Jürgen: *Theorie des kommunikativen Handelns.* Zwei Bände. Frankfurt/M. 1981. Eine erste Kritik am „realistischen" *Mainstream* der Demokratietheorie übt Habermas in seinem schon klassischen Text: *Zum Begriff der politischen Beteiligung.* In: ders., Kultur und Kritik. Verstreute Aufsätze. Frankfurt/M.: S. 9–60. Habermas führt den Begriff „Geltungsanspruch" ein im ersten Band der *Theorie des Kommunikativen Handelns:* S. 26 f. Die Formulierung „zwangloser Zwang des besseren Arguments" findet sich im selben Buch auf Seite 47. Von „idealer Sprechsituation" spricht er vor allem in früheren Schriften, etwa: Habermas, Jürgen/Luhmann, Niklas: *Theorie der Gesellschaft oder Sozialtechnologie.* Frankfurt/M. 1971: S. 136 ff. Zur „Wahrheitsfähigkeit praktischer Fragen" ist wichtig: Habermas, Jürgen: *Legitimationsprobleme im Spätkapitalismus.* Frankfurt/M. 1973: S. 140 ff. Die allgemeinen Regeln praktischer Diskurse und der von Habermas' Freund Karl-Otto Apel eingeführte Begriff „performativer Widerspruch" werden diskutiert in: Habermas, Jürgen: *Diskursethik – Notizen zu einem Begründungsprogramm.* In: ders., Moralbewußtsein und kommunikatives Handeln. Frankfurt/M. 1983: S. 53–125, 7. Abschnitt. Die „Rationalisierung der Lebenswelt" untersucht Habermas in der *Theorie des kommunikativen Handelns.* Zweiter Band, vor allem auf den Seiten 218–223. Die entlastende Funktion von Geld und Macht wird auf den Seiten 267–275 desselben Bandes erläutert. Der Begriff „Kolonialisierung der Lebenswelt" wird auf Seite 522 desselben Bandes vollständig definiert.

Meine Zweifel an der Zusammenführung zweier Weisen der Gesellschaftsbetrachtung mit zwei gesellschaftlichen Bereichen stützen sich wesentlich auf die Kritik, die McCarthy an der Trennung von System und Lebenswelt geübt hat: McCarthy, Thomas: *Komplexität und Demokratie – die Versuchungen der Systemtheorie.* In: Honneth, Axel/Joas, Hans (Hg.), Kommunikatives Handeln. Beiträge zu Jürgen Habermas' „Theorie des kommunikativen Handelns". Frankfurt/M. 1986: S. 177–215. Max Weber untersucht die religiösen Triebkräfte hinter dem entstehenden Kapitalismus in seiner klassischen Studie *Die protestantische Ethik und der Geist des Kapitalismus* (1904). Vollständige Ausgabe. Herausgegeben und eingeleitet von Dirk Kaesler. München 2004. Frasers Kritik findet sich in: Fraser, Nancy: *Was ist kritisch an der Kritischen Theorie? Habermas und die Geschlechterfrage.* In: dies., Widerspenstige Praktiken. Macht, Diskurs, Geschlecht. Frankfurt/M. 1994: S. 173–221. Eine schon klassische Darstellung des Taylor-Systems ist: Braverman, Harry: *Die Arbeit im modernen Produktionspro-*

zeß. Frankfurt/M./New York 1977. Wichtig für mein Verständnis der Widerstandspotentiale, die die Arbeitsverhältnisse nach wie vor bergen könnten, war auch ein früher Aufsatz von Axel Honneth: *Arbeit und instrumentales Handeln. Kategoriale Probleme einer kritischen Gesellschaftstheorie.* In: Honneth, Axel/Jaeggi, Urs (Hg.), Arbeit, Handlung, Normativität. Theorien des Historischen Materialismus 2. Frankfurt/M. 1980.

Habermas entfaltet seine Konzeption deliberativer Demokratie in seinem Buch *Faktizität und Geltung. Beiträge zur Diskurstheorie des Rechts und des demokratischen Rechtsstaats.* 4. Auflage. Frankfurt/M. 1994. Ebenfalls wichtig ist die Aufsatzsammlung: Habermas, Jürgen: *Die Einbeziehung des Anderen. Studien zur politischen Theorie.* Frankfurt/M. 1996. Zu Europa äußert sich Habermas unter anderem in seinem Buch *Die postnationale Konstellation. Politische Essays.* Frankfurt/M. 1998. Ein ausführlicher Essay über die Perspektiven der Weltordnung ist: Habermas, Jürgen: *Hat die Konstitutionalisierung des Völkerrechts noch eine Chance?* In: ders., Der gespaltene Westen. Kleine politische Schriften X. Frankfurt/M. 2004. S. 123–193.

11. VORLESUNG

Leben und Werk Foucaults werden im Überblick dargestellt von Eribon, Didier: *Michel Foucault. Eine Biographie.* Frankfurt/M. 1991. Nach wie vor lesenswert ist auch das Büchlein des früh verstorbenen Philosophen Hinrich Fink-Eitel: *Michel Foucault zur Einführung.* 4. Auflage. Hamburg 2002. Axel Honneth deutet Foucaults Theorie im 4. bis 6. Kapitel seines Buches *Kritik der Macht. Reflexionsstufen einer kritischen Gesellschaftstheorie.* Frankfurt/M. 1989 als eine systemtheoretische Radikalisierung der Theorie Adornos. Ebenfalls sehr lesenswert ist das Buch von Dreyfus, Hubert L./Rabinow, Paul: *Michel Foucault. Jenseits von Strukturalismus und Hermeneutik.* Weinheim 1987. Darin abgedruckt ist auch ein sehr informatives Nachwort Foucaults: *Das Subjekt und die Macht*: S. 242–261, das sich gut als Einstieg in die Primärlektüre eignet. Viel gelernt habe ich durch zwei kritische Auseinandersetzungen mit Foucault, die sich vor allem auf die machttheoretische Phase der siebziger Jahre beziehen: Taylor, Charles: *Foucault über Freiheit und Wahrheit.* In: ders., Negative Freiheit? Zur Kritik des neuzeitlichen Individualismus. Frankfurt/M. 1988: S. 188–234; Fraser, Nancy: *Foucault über die moderne Macht: Empirische Einsichten und normative Unklarheiten.* In: dies., Widerspenstige Praktiken. Macht, Diskurs, Geschlecht. Frankfurt/M. 1994: S. 31–55. Der aktuelle Stand der internationalen Foucault-Diskussion ist festgehalten in dem Band: Honneth, Axel/Saar, Martin (Hg.): *Michel Foucault. Zwischenbilanz einer Rezeption. Frankfurter Foucault-Konferenz 2001.* Frankfurt/M. 2003.

Der Begriff „Methodischer Antihumanismus" ist angeregt von Louis Althusser, einem marxistischen Strukturalisten, der seinen eigenen Ansatz als „theoretischen Antihumanismus" kennzeichnete. Habermas hat den Ausdruck „methodischer Antihumanismus" auf Luhmanns Systemtheorie gemünzt: Habermas, Jürgen: *Der philosophische Diskurs der Moderne. Zwölf Vorlesungen.* Frankfurt/M. 1985: S. 436. Aber er passt ebenso zu Foucaults Vorgehensweise. Den Siegeszug des Strukturalismus in Frankreich zeichnet nach: Dosse, François: *Geschichte des Strukturalismus.* Zwei Bände. Frankfurt/M. 1999. Einen ausgezeichneten, wenn auch anspruchsvoll formulierten philosophischen Überblick über den Strukturalismus und seine Nachfolger geben die Vorlesungen von Frank, Manfred: *Was ist Neostrukturalismus?* Frankfurt/M. 1984. Ferdinand de Saussures postum 1916 erschienenes strukturalistisches Grundlagenwerk trägt den Titel: *Grundfragen der allgemeinen Sprachwissenschaft.* Berlin/New York 2001.

Foucault kontrastiert Vernunft und Wahnsinn in seiner frühen Studie: *Wahnsinn und Gesellschaft. Eine Geschichte des Wahns im Zeitalter der Vernunft* (1961). Frankfurt/M. 1973. Die klassische Anwendung der genealogischen Methode ist Nietzsche, Friedrich: *Zur Genealogie der Moral* (1887). In: ders., Jenseits von Gut und Böse. Zur Genealogie der Moral. Kritische Studienausgabe. Herausgegeben von Giorgio Colli und Mazzino Montinari. 3. Auflage, München 1993. Einen guten Überblick über Genealogie als Verfahren der Gesellschaftskritik gibt: Saar, Martin: *Genealogie als Kritik. Geschichte und Theorie des Subjekts nach Nietzsche und Foucault.* Frankfurt/M./New York 2007.

Foucault erläutert den Zusammenhang der Begriffe „Subjekt", „Wissen" und „Macht" in dem schon erwähnten Nachwort zu Dreyfus/Rabinow, siehe oben. Die Figur der „Anrufung" findet sich in: Althusser, Louis: *Ideologie und ideologische Staatsapparate. Anmerkungen für eine Untersuchung*, in: Ideologie und ideologische Staatsapparate. Aufsätze zur marxistischen Theorie, Hamburg 1977, S. 108–153. Foucaults Selbstbezeichnung als „fröhlicher Positivist" ist aus: Foucault, Michel: *Archäologie des Wissens.* Frankfurt/M. 1973: S. 182. Die Umkehrung des Satzes von Clausewitz findet sich in: Foucault, Michel: *Dispositive der Macht. Michel Foucault über Sexualität, Wissen und Wahrheit.* Berlin 1978: S. 40. Von „Repressionshypothese" spricht er im II. Kapitel seiner Schrift *Der Wille zum Wissen. Sexualität und Wahrheit I.* Frankfurt/M. 1983. Auszüge aus diesem Buch sind dokumentiert in: Ladwig/Pongrac: S. 253–271. Dass der König in der politischen Theorie (leider) noch nicht geköpft worden sei, sagt Foucault auf Seite 38 von *Dispositive der Macht,* siehe oben. Das Bild vom Panoptikum nimmt Foucault auf in seiner Schrift *Überwachen und Strafen. Die Geburt des Gefängnisses.*

Frankfurt/M. 1977. Den Ausdruck „Geständnistier" gebraucht er auf Seite 63 von *Der Wille zum Wissen,* siehe oben. Den Ausdruck „Mikrophysik der Macht" entnehme ich dem Titel eines kleinen Buches mit Schriften und Reden Foucaults: *Mikrophysik der Macht. Michel Foucault über Strafjustiz, Psychiatrie und Medizin.* Berlin 1976. Von „Biomacht" handelt der V. Teil von *Der Wille zum Wissen,* siehe oben.

Zu „Gouvernementalität" liegt mittlerweile ein deutschsprachiger Sammelband mit zwei Texten Foucaults und Beiträgen einiger seiner Schüler vor: Bröckling, Ulrich/Krasmann, Susanne/Lemke, Thomas (Hg.): *Gouvernementalität der Gegenwart. Studien zur* Ökonomisierung *des Sozialen.* Frankfurt/M. 2000. Lesenswert auch die Studie des Mitherausgebers Lemke, Thomas: *Eine Kritik der politischen Vernunft. Foucaults Analyse der modernen Gouvernementalität.* Hamburg/Berlin 1997. Die Anwendung auf den Neoliberalismus führt aufschlussreich vor: Bröckling, Ulrich: *Totale Mobilmachung. Menschenführung im Qualitäts- und Selbstmanagement.* In: Gouvernementalität der Gegenwart, siehe oben, S. 131–167. Ein philosophisches Beispiel, wie man verantwortlich über Patientenverfügungen urteilen kann, gibt Quante, Michael: *Personales Leben und menschlicher Tod. Personale Identität als Prinzip der biomedizinischen Ethik.* Frankfurt/M. 2002: Seiten 270–282. Eindrucksvoll zu Fragen von Leben und Tod ist auch: Dworkin, Ronald: *Die Grenzen des Lebens. Abtreibung, Euthanasie und persönliche Freiheit.* Reinbek bei Hamburg 1994.

Die Wendung „[N]icht dermaßen regiert zu werden" ist aus: Foucault, Michel: *Was ist Kritik?* Berlin 1992: S. 12. Dass die Frage nach möglichen Verbesserungen für jede kritische Machttheorie unabdingbar ist, betont Charles Taylor: *Foucault*, siehe oben. Gegen den „König Sex" wendet sich Foucault in: *Dispositive der Macht*, wie oben: S. 176 ff. Lebensführung als Kunst der Selbstgestaltung ist Gegenstand der späten Studie Foucaults: *Die Sorge um sich. Sexualität und Wahrheit 3* sowie des mit ihm geführten Interviews: *Genealogie der Ethik. Ein Überblick über laufende Arbeiten.* In: Dreyfus/Rabinow, wie oben: S. 264 ff.

12. VORLESUNG

Einen ersten Zugang zu Luhmann gewährt: Reese-Schäfer, Walter: *Niklas Luhmann zur Einführung*. 4. Auflage. Hamburg 2001. Geeignet auch: Hellmann, Kai-Uwe: System. In: Göhler/Iser/Kerner: S. 372–386. Gute Einführungen, verfasst von Anhängern der Theorie, sind: Kneer, Georg/Nassehi, Armin: *Niklas Luhmanns Theorie sozialer Systeme. Eine Einführung*. München 1993; und das in der spielerischen Form fiktiver Gespräche gehaltene Buch von Fuchs, Peter: *Ni-*

klas Luhmann – beobachtet. Eine Einführung in die Systemtheorie. 3. Auflage. Wiesbaden 2004. Wer Luhmann in dessen eigenen Worten kennenlernen will, sich an die großen Werke aber noch nicht heranwagt, sollte mit den Interviews beginnen, die in den folgenden beiden Büchern versammelt sind: Luhmann, Niklas: *Archimedes und wir. Interviews.* Hg. von Dirk Baecker und Georg Stanitzek. Berlin 1987; Hagen, Wolfgang (Hg.): *Warum haben Sie keinen Fernseher, Herr Luhmann?* Letzte Gespräche mit Niklas Luhmann. Berlin 2004/2005.

Unter den für unser Fach einschlägigen Büchern Luhmanns ist am leichtesten verständlich: *Ökologische Kommunikation.* Opladen 1986 (mit einer prägnanten Kennzeichnung des politischen Systems). Auszüge daraus sind dokumentiert in: Ladwig/Pongrac: S. 275–285. Luhmanns Hauptwerk heißt *Die Gesellschaft der Gesellschaft.* Zwei Bände. Frankfurt/M. Es zieht die Summe der vielen vorangegangenen Abhandlungen zu einzelnen Funktionssystemen der Gesellschaft. Das dem politischen System gewidmete Buch ist postum erschienen: *Die Politik der Gesellschaft.* Herausgegeben von André Kieserling. Frankfurt/M. 2000. Dazu gibt es auch einen Sammelband mit Stellungnahmen aus der politischen Theorie: Hellmann, Kai-Uwe/Schmalz-Bruns, Rainer (Hg.), *Theorie der Politik. Niklas Luhmanns politische Soziologie.* Frankfurt/M. 2002. Die hoch abstrakte Einleitung von Luhmanns Gesellschaftstheorie ist: Luhmann, Niklas: *Soziale Systeme.* Frankfurt/M. 1984.

Zu Parsons und seinem AGIL-Schema beispielhaft: Parsons, Talcott: *Politics and Social Structure.* New York/London 1969; sehr verständlich wird Parsons' Theorieentwicklung nachgezeichnet in: Joas, Hans/Knöbl, Wolfgang: *Sozialtheorie. Zwanzig einführende Vorlesungen.* Frankfurt/M.: Zweite bis Vierte Vorlesung. Das Zitat zur Differenz System/Umwelt steht auf Seite 45 in *Die Gesellschaft der Gesellschaft* (kursiv im Original). Maturana und Varela erläutern ihre Vorstellung von Autopoiesis in: Maturana, Humberto/Varela, Francisco J.: *Der Baum der Erkenntnis.* Bern/München/Wien 1987. Das Beispiel Heinz von Foersters entnehme ich meiner Erinnerung an einen Vortrag des alten Herrn in der Berlin-Brandenburgischen Akademie der Wissenschaften. Die Kritik an der Autopoiesis-Konzeption stützt sich auf ein Buch von Dettmann, Ulf: *Der radikale Konstruktivismus.* Tübingen 1999. Eine prägnante Zusammenfassung des zentralen Einwandes gibt Seel, Martin: *Der Konstruktivismus und sein Schatten.* In: ders., Sich bestimmen lassen. Studien zur theoretischen und praktischen Philosophie. Frankfurt/M. 2002: S. 101–122.

Die Unterscheidung Inklusion/Exklusion diskutiert Luhmann im folgenden Text: *Inklusion und Exklusion.* In: Nationales Bewußtsein und kollektive Identität. Studien zur Entwicklung des kollektiven Bewußtseins in der Neuzeit

2. Hg. von Helmut Berding. Frankfurt/M. 1994: S. 15–45. Eastons Begriffsbestimmung steht in: Easton, David: *A Framework for Political Analysis.* Englewood Cliffs 1965: S. 50. Das therapeutische Gespräch zwischen Psycho-Doc und Daltons stammt aus: *Lucky Luke* Band 54: Seite 12. Das Beispiel der Verfassung als Ort struktureller Kopplung verdanke ich Brodocz, André: *Die politische Theorie autopoietischer Systeme: Niklas Luhmann.* In: Brodocz/Schaal II: S. 465–498. Die Möglichkeit einer gezielten Anstiftung struktureller Kopplungen wird erörtert von: Giegel, Hans-Joachim: *Die demokratische Form der Politik in Luhmanns Gesellschaftstheorie.* In: Hellmann/Schmalz-Bruns, Theorie der Politik, wie oben: S. 194–222.

Scharpf entwickelt seine Einwände gegen Luhmann in: Scharpf, Fritz W.: *Politische Steuerung und politische Institutionen.* In: Politische Vierteljahresschrift 1/1989: S. 10–21. Der Ausdruck „multilinguale Kommunikationskompetenz" steht auf Seite 15 dieses Aufsatzes. Ausführlich zu Scharpfs Handlungstheorie: Ders.: *Interaktionsformen. Akteurzentrierter Institutionalismus in der Politikforschung.* Wiesbaden 2006. Habermas' Einwände referiere ich nach: Habermas, Jürgen: *Faktizität und Geltung. Beiträge zur Diskurstheorie des Rechts und des demokratischen Rechtsstaats.* Frankfurt/M.: S. 76 ff. Die Formulierung von Joas ist aus: Joas, Hans: *Die Demokratisierung der Differenzierungsfrage. Die Krise des Fortschrittsglaubens und die Kreativität des kollektiven Handelns.* In: Soziale Welt 1/1990: S. 8–27.

13. VORLESUNG

Eine sehr gute Darstellung der politischen Philosophie des Liberalismus gibt: Kymlicka, Will: *Politische Philosophie heute. Eine Einführung.* 2. Auflage. Frankfurt/M./New York 1997; darin auch exzellente Auseinandersetzungen mit Libertarianismus und Utilitarismus. Ich habe Grundfragen des neueren Liberalismus erörtert in den Artikeln *Freiheit* und *Gerechtigkeit*, beide in: Göhler/Iser/Kerner: S. 79–93 und S. 109–125. Zum (auch ideengeschichtlichen) Hintergrund ist lesenswert: Kersting, Wolfgang: *Die politische Philosophie des Gesellschaftsvertrags.* Darmstadt 1994.

Das philosophische Grundlagenwerk des Libertarianismus ist: Nozick, Robert: *Anarchie, Staat, Utopia.* München 1976. Einen guten Überblick über den Libertarianismus gibt: Niesen, Peter: *Die politische Theorie des Libertarianismus: Robert Nozick und Friedrich A. von Hayek.* In: Brodocz/Schaal I: S. 75–116. Eine Sammlung wichtiger Textauszüge zum Anarchismus ist: Degen, Hans-Jürgen (Hg.): *„Tu was Du willst". Anarchismus – Grundlagentexte zur Theorie und Praxis.* Berlin 1987. Ebenfalls lesenswert: Carter, April: *Die politische Theorie des Anar-*

chismus. Berlin 1979. Ein dem Anarchismus zuneigender politischer Philosoph, der allerdings lieber von „Autonomer Gesellschaft" sprach, war: Castoriadis, Cornelius: *Sozialismus und autonome Gesellschaft.* In: Rödel, Ulrich (Hg.), Autonome Gesellschaft und libertäre Demokratie. Frankfurt/M. 1990: S. 329–358.

Eine prägnante Darstellung des liberalen Verständnisses von Legitimation gibt: Waldron, Jeremy: *Theoretische Grundlagen des Liberalismus.* In: van den Brink, Bert/van Reijen, Willem (Hg.), Bürgergesellschaft, Recht und Demokratie. Frankfurt/M.: 1995: S. 107–140. Zu verschiedenen Spielarten des Vertragsdenkens in der politischen Philosophie ist lesenswert die kritische Darstellung von Koller, Peter: *Neue Theorien des Sozialkontrakts.* Berlin 1987. Wichtige Beiträge der drei erwähnten Autoren zum Kontraktualismus sind: Buchanan, James M.: *Die Grenzen der Freiheit. Zwischen Anarchie und Leviathan.* Tübingen 1975; Gauthier, David: *Morals by Agreement.* Oxford 1986; Hoerster, Norbert: *Ethik und Interesse.* Stuttgart 2003. Das klassische Werk von Thomas Hobbes ist: *Leviathan oder Stoff, Form und Gewalt eines kirchlichen und bürgerlichen Staates* (1651). Herausgegeben und eingeleitet von Iring Fetscher. Frankfurt/M. 1994. Eine (mich) überzeugende Kritik am Kontraktualismus übt: Barry, Brian: *Justice as Impartiality.* Oxford 1995: Kapitel 2.

Einen Überblick über das utilitaristische Denken mit Auszügen aus zentralen Texten gibt: Höffe, Otfried (Hg.): *Einführung in die utilitaristische Ethik.* 2. Auflage. Tübingen 1992. Das erwähnte klassische Buch von John Stuart Mill ist: Über die Freiheit (1859). Leipzig und Weimar 1991. In viel diskutierter Spannung dazu steht: Mill, John Stuart: *Der Utilitarismus* (1871). Stuttgart 1985. Mill war es auch, der Bentham den Satz „Jeder zählt für einen ..." zugeschrieben hat: Mill, *Utilitarismus* (siehe oben): S. 108. Für eine wunschbasierte Bestimmung des Guten plädiert unter anderem Griffin, James: *Well-Being. Its Meaning, Measurement, and Moral Importance.* Oxford 1986. Der Schritt von der persönlichen Vorteilserwägung auf den Standpunkt der Unparteilichkeit und auch die Bereitschaft des Utilitarismus, nichtmenschliche Tiere unparteiisch zu berücksichtigen, werden sehr deutlich in Peter Singers Buch *Praktische Ethik.* Neuausgabe. Stuttgart 1993. Heftig umstritten ist Singer aufgrund seiner Weigerung, menschlichen Neugeborenen ein Recht auf Leben zuzugestehen, und der potentiell fatalen Konsequenzen dieser Weigerung insbesondere für Kinder mit Behinderungen; letztlich macht die Kritik klar, wie fremd uns ein moralisches Denken wie das utilitaristische anmutet, das Rechten keine grundlegende Rolle in der Moral einräumt. Wie eine liberale, menschenrechtsorientierte Theorie zu einer unparteiischen Einbeziehung (vieler) nichtmenschlicher Tiere gelangen kann, demonstriert Regan, Tom: *The Case for Animal Rights.* Updated with an New Preface. Berkeley 2004. Im 6. Kapitel dieses Buch findet sich auch eine brillante Kritik am Utilitarismus, von der ich viel gelernt habe. Ebenfalls von Regan habe ich das Beispiel der Vergewaltigung und warum der Utilitarismus es nicht angemessen beurteilen kann: Regan, Tom: *The Case for Animal Rights*. In: Cohen, Carl/ Regan, Tom: The Animal Rights Debate. Lanham/New York/Oxford 2001: S. 125–222, hier S. 182 ff. Das Bild von „Rechten als Trümpfen" ist von: Dworkin, Ronald: *Bürgerrechte ernstgenommen*. Frankfurt/M. 1990: S. 14. Im selben Buch, Seite 299, führt Dworkin auch die Formulierung „Recht auf gleiche Rücksicht und Achtung" ein. Ich diskutiere Dworkins Theorie in: Ladwig, Bernd: *Ronald Dworkin, Bürgerrechte ernstgenommen (1977)*. In: Brocker, Manfred: Geschichte des politischen Denkens. Das 20. Jahrhundert. Berlin 2018: S. 593–606.

Eine gut lesbare, auch biographisch aufschlussreiche Einführung in Rawls' Denken gibt: Pogge, Thomas: *John Rawls*. München 1994. Ausführlicher als in diesem Vorlesungsbuch auch: Ladwig, Bernd: *Theorien der Gerechtigkeit zur Einführung*. 2., korrigierte Auflage. Hamburg 2013. Rawls' Theorie referiere ich überwiegend nach: Rawls, John: *Eine Theorie der Gerechtigkeit*. Frankfurt/M. 1975. Auszüge daraus finden sich in: Ladwig/Pongrac: S. 289–313. Rawls hat seine ursprüngliche Theorie später weiterentwickelt zu einer ausdrücklich politischen Gerechtigkeitslehre. Ihr Zweck ist eine Begründung von Gerechtigkeitsgrundsätzen, denen freie und gleiche Bürger liberaler Demokratien von verschiedenen weltanschaulichen Standpunkten aus zustimmen können; weitergehende moralphilosophische (Wahrheits-) Ansprüche erhebt Rawls nicht mehr: Rawls, John: *Politischer Liberalismus*. Frankfurt/M. 1998. Zu dieser Wendung bei Rawls siehe Niesen, Peter: *Die politische Theorie des politischen Liberalismus: John Rawls*. In: Brodocz/Schaal II: S. 25–64. Prägnant geht der letzte Stand von Rawls' Theorie aus einem postum erschienen Werk hervor: Rawls, John: *Gerechtigkeit als Fairneß. Ein Neuentwurf*. Frankfurt/M. 2006. Auf Seite 78 des letztgenannten Buches steht die von mir zitierte Fassung der Gerechtigkeitsgrundsätze.

Harsanyis Kritik am Differenzprinzip findet sich in: Harsanyi, John C.: *Essays on Ethics, Social Behavior and Scientific Explanation*. Dordrecht. Die Angaben zu Frohlichs und Oppenheimers Studie lauten vollständig: Frohlich, Norman/ Oppenheimer, Joe A.: *Choosing Justice. Experimental Approach to Ethical Theory*. Berkeley 1992. Rawls verteidigt das Differenzprinzip als anziehende Deutung moralischer Gegenseitigkeit in: *Gerechtigkeit als Fairneß*, siehe oben, S. 192–195. Die Suche nach einem Überlegungsgleichgewicht erläutert er in: *Eine Theorie der Gerechtigkeit*, siehe oben, S. 68–71. Das Argument, dies sei das entscheidende Verfahren zur Gewinnung der Gerechtigkeitsgrundsätze, der Urzustand also nicht von grundlegender Bedeutung, entfaltet sehr klar Kymlicka, wie oben: 3.

Kapitel. Kymlicka zeigt dort auch, warum das Verantwortungsprinzip eine größere Rolle in der Gerechtigkeitstheorie spielen müsste, als Rawls ihm gibt.

Dworkins „verantwortungssensitiver" Gleichheitsgrundsatz findet sich in: Dworkin, Ronald: *Sovereign Virtue. The Theory and Practice of Equality.* Cambridge/London 2002: 2. Kapitel. In diesem sowie im 9. Kapitel des genannten Buches legt Dworkin auch seine Idee einer fiktiven Versicherung dar. Einen kritischen Blick auf das Erbrecht wirft Beckert, Jens: *Unverdientes. Vermögen. Soziologie des Erbrechts.* Frankfurt/M./New York 2004. Ein aus Vermögens- oder Erbschaftssteuern finanziertes Grunderbe schlägt vor: Bach, Stefan: *Grunderbe und Vermögenssteuern können die Vermögensungleichheit verringern.* DIW Wochenbericht 50/2021, S. 807–815. Gegen eine Konzeption von Gleichheit, die in Kauf nähme, dass Menschen selbstverschuldet im Elend verkommen, wendet sich vehement: Anderson, Elizabeth S.: *Warum eigentlich Gleichheit?* In: Krebs, Angelika (Hg.), Gleichheit oder Gerechtigkeit. Texte der neuen Egalitarismuskritik. Frankfurt/M. 2000: S. 117–171. Die Frage nach den Hinsichten der (Chancen-) Gleichheit hat einige Philosophen in teilweise sehr technischen Beiträgen beschäftigt. Beispielhaft seien genannt: Cohen, Gerald E., *On the Currency of Egalitarian Justice.* In: Ethics 99/1989: S. 906–944; Sen, Amartya K.: *Inequality Reexamined.* New York/Oxford 1992. Ich habe das Problem diskutiert in: Ladwig, Bernd: *Gerechte Verantwortung: Über die Hinsicht der Gleichheit in liberalen Theorien der Gerechtigkeit.* In: Heidbrink, Ludger/Hirsch, Alfred (Hg.), Verantwortung in der Zivilgesellschaft. Zur Konjunktur eines widersprüchlichen Prinzips. Frankfurt/M./New York 2006: S. 361–386. Sens Vorschlag, entscheidend sei die effektive Freiheit, ein Leben zu führen, das man wohlbegründet wertschätzen kann, erwähne ich nach: Sen, Amartya K.: Ökonomie für den Menschen. Wege zu Gerechtigkeit *und Solidarität in der Marktwirtschaft.* München 1999: S. 29.

14. VORLESUNG

Umfassend geht Rainer Forst auf die Diskussion zwischen Liberalen und Kommunitaristen ein; der Autor steht der Diskurstheorie von Habermas nahe: Forst, Rainer: *Kontexte der Gerechtigkeit. Politische Philosophie jenseits von Liberalismus und Kommunitarismus.* Frankfurt/M. 1994. Einen ebenfalls sehr guten Überblick über die Debatte geben Mulhall, Stephen/Swift, Adam: *Liberals & Communitarians.* 2. Auflage. Oxford 2000. Die wichtigsten kürzeren Beiträge zur Debatte sind in einem deutschsprachigen und einem englischsprachigen Sammelband vertreten (drei Texte, von Michael Sandel, John Rawls und Amy Gutmann, stehen in beiden, ansonsten decken sich die Beiträge nicht): Honneth, Axel (Hg.): *Kommunitarismus. Eine Debatte über die moralischen Grundlagen moderner Gesell-*

schaften. Frankfurt/M./New York 1993 (im folgenden Honneth); Avineri, Shlomo/de-Shalit, Avner (Hg.): *Communitarianism and Individualism*. Oxford 1992. Auch für Nichtfachleute geeignet sind die kurzen Beiträge in: Zahlmann, Christel (Hg.): *Kommunitarismus in der Diskussion. Eine streitbare Einführung*. Berlin 1992.

Auf das Problem gemeinschaftsübergreifender Kritik geht ein: Walzer, Michael: *Lokale Kritik – globale Standards. Zwei Formen moralischer Auseinandersetzung*. Hamburg 1996. Die gemeinschaftlich „situierte" Person ist zuerst von Michael Sandel gegen das vermeintlich ungebundene Selbst der Liberalen in Stellung gebracht worden; allerdings zeigte sich schon bald, dass die liberalen Theorien kein unrealistisches oder normativ unattraktives Menschenbild voraussetzen müssen: Sandel, Michael: *Liberalism and the Limits of Justice*. Cambridge 1982; ders.: *Die verfahrensrechtliche Republik und das ungebundene Selbst*. In: Honneth: S. 18–35. An die deutschen Traditionen des Gemeinschaftsdenkens erinnert Rehberg, Karl-Siegbert: *Gemeinschaft und Gesellschaft – Tönnies und Wir*. In: Brumlik, Micha/Brunkhorst, Hauke (Hg.), Gemeinschaft und Gesellschaft. Frankfurt/M. 1993: S. 19–48. Margaret Thatchers berühmt-berüchtigten Ausspruch zitiere ich nach: http://briandeer. com/social/thatcher-society.html. Der Ausdruck „Atomismus" wird erläutert von Taylor, Charles: *Atomismus*. In: van den Brink, Bert/van Reijen, Willem (Hg.): Bürgergesellschaft, Recht und Demokratie. Frankfurt/M. 1995: S. 73–106.

Walzer deutet den Kommunitarismus als innerliberales Korrektiv in: Walzer, Michael: *Die kommunitaristische Kritik am Liberalismus*. In: Honneth: S. 157–180. Walzers Hauptwerk ist eine Gerechtigkeitstheorie, die den Eigenwert und die Eigenlogik unterschiedlicher Gütersphären verteidigt: Walzer, Michael: *Sphären der Gerechtigkeit. Ein Plädoyer für Pluralität und Gleichheit*. Frankfurt/M. 1994. Taylor unterscheidet Fragen der Ontologie von Fragen der Parteinahme in: Taylor, Charles: *Aneinander vorbei: Die Debatte zwischen Liberalismus und Kommunitarismus*. In: Honneth: S. 103–130; die Argumentation mündet in ein Plädoyer, den Kommunitarismus als republikanisches Korrektiv des Liberalismus zu lesen. Der Text von Taylor ist wieder abgedruckt in. Ladwig/Pongrac: S. 317–347. Die „Hypergüter der Moderne" sind Gegenstand von Taylors Hauptwerk *Quellen des Selbst. Die Entstehung der neuzeitlichen Identität*. Frankfurt/M. 1994; umfassend zu Taylors Denken: Rosa, Hartmut: *Identität und kulturelle Praxis. Politische Philosophie nach Charles Taylor*. Frankfurt/M. 1998.

Für strikte Neutralität in Fragen des Guten plädiert der liberale Philosoph Bruce Ackerman in seinem zu Unrecht (bei uns) wenig bekannten Werk *Social Justice in the Liberal State*. New Haven 1980; ähnlich Dworkin, Ronald: *A Mat-*

ter of Principle. Cambridge 1985; später indes hat Dworkin zugunsten der Autonomie von Personen Partei genommen, ist also von einem strikten Neutralitätsstandpunkt abgerückt: *Foundations of Liberal Equality. The Tanner Lectures on Human Values. XI.* Salt Lake City 1990. Auch Rawls legt in *Politischer Liberalismus* (siehe oben, zur 13. Vorlesung) das (politisch gemeinte) Bild einer Person zugrunde, die neben einem Gerechtigkeitssinn auch das höchstrangige Interesse mitbringt, selbstbestimmt und revisionsoffen ihr Leben zu führen. Eine besonders anspruchsvolle, allerdings auf moderne Gesellschaften eingeschränkte liberale Parteinahme für Autonomie ist das Buch von Raz, Joseph: *The Morality of Freedom.* Oxford 1986.

Indem ich die Freiheiten zur Stellungnahme in und zum Verlassen von Gemeinschaften hervorhebe, nehme ich implizit Bezug auf die schon klassische Studie von: Hirschman, Albert O.: *Exit, Voice, and Loyalty. Responses to Decline in Firms, Organizations, and States.* Cambridge 1970. Habermas' Bemerkung über kulturellen Artenschutz steht in: Habermas, Jürgen: *Anerkennungskämpfe im demokratischen Rechtsstaat.* In: Taylor, Charles: Multikulturalismus und die Politik der Anerkennung. Hg. von Amy Gutmann. Frankfurt/M., S. 147196; hier S. 173. Die Logik freiwilliger Mitgliedschaft und die damit einhergehende Veränderung im Verständnis von Gemeinschaft werden analysiert von Seel, Martin: *Ethik und Lebensformen.* In: Brumlik/Brunkhorst, wie oben: S. 244–259. Den gemeinschaftlichen Zweck politischer Mitwirkung hebt aus liberaler Sicht hervor: Dworkin, Ronald: *Liberal Community.* In: Avineri/de-Shalit, wie oben: S. 205–223.

Alasdair MacIntyres Hauptwerk ist: *Der Verlust der Tugend. Zur moralischen Krise der Gegenwart.* Frankfurt/M./New York 1987; dort auch, auf Seite 292 das längere Zitat: „Indem wir Ausschau halten …“ (kursiv im Original). Zu Patriotismus äußert er sich in: MacIntyre, Alasdair: *Ist Patriotismus eine Tugend?* In: Honneth: S. 84–102; das Zitat über den Gehorsam von Soldaten steht auf Seite 100 dieses Aufsatzes. Habermas äußert sich zum Verfassungspatriotismus in seinem Aufsatz: *Staatsbürgerschaft und nationale Identität.* In: ders., Faktizität und Geltung (wie oben, zur 10. Vorlesung): S. 632–660, hier S. 642. Das Zitat von Sophie Scholl habe ich aus einem Text von Brumlik, Micha: *Dürfen Deutsche Patrioten sein?* In: Blätter für deutsche und internationale Politik 11/1993: S. 1358–1363.

Böckenfördes Satz ist aus: Böckenförde, Ernst-Wolfgang: *Die Entstehung des Staates als Vorgang der Säkularisation.* In: ders., Recht, Staat, Freiheit. Studien zur Rechtsphilosophie, Staatstheorie und Verfassungsgeschichte. Frankfurt/M. 1991: S. 92–114; hier S. 112. Taylor wirbt für eine multikulturelle Gesellschaft in: Taylor, Charles: *Multikulturalismus und die Politik der Anerkennung.* Hg. von Amy Gutmann. Frankfurt/M. 1993. S. 13–78. Die gründlichste liberale Verteidigung des Multikulturalismus ist: Kymlicka, Will: *Multicultural Citizenship. A Liberal Theory of Minority Rights.* Oxford 1995; ebenfalls grundlegend ist die Textsammlung: Kymlicka, Will (Hg.): *The Rights of Minority Cultures.* Oxford 1995. Darin dokumentiert ist auch ein Beispiel für eine tendenziell illiberale Variante des Multikulturalismus: Parekh, Bhikhu: *The Rushdie Affair: Research Agenda for Political Philosophy:* S. 303–320.

15. VORLESUNG

Für diese Vorlesung habe ich profitiert von der übersichtlichen Darstellung bei Kerner, Ina: *Geschlecht.* In: Göhler/Iser/Kerner: S. 126–141; außerdem von einem Text von Fraser, Nancy: *Multikulturalismus, Antiessentialismus und radikale Demokratie. Eine Genealogie der gegenwärtigen Ausweglosigkeit in der feministischen Debatte.* In: dies., Die halbierte Gerechtigkeit. Schlüsselbegriffe des postindustriellen Sozialstaats. Frankfurt/M. 2001: S. 251–273. Der letztgenannte Text ist auch dokumentiert in: Ladwig/Pongrac: S. 351–373. Gute Überblicke geben auch: Nagl-Docekal, Herta: *Feministische Philosophie. Ergebnisse, Probleme, Perspektiven.* Frankfurt/M. 2000; Becker-Schmidt, Regina/Knapp, Gudrun-Alexi: *Feministische Theorien zur Einführung.* Hamburg 2003; vor allem das zweite Buch verlangt allerdings schon gewisse Vorkenntnisse. Eine Sammlung wichtiger Texte ist: Jaggar, Alison/Young, Iris M. (Hg.): *The Blackwell Companion to Feminist Philosophy.* Oxford/Malden 1998. Die Zahl zur Gewalt gegen Frauen in Deutschland ist aus: *Bundesministerium für Familie, Senioren, Frauen und Jugend: Formen der Gewalt erkennen.* https://www.bmfsfj.de/bmfsfj/themen/gleichstellung/frauen-vor-gewalt-schuetzen/haeusliche-gewalt/formen-der-gewalt-erkennen-80642

Beauvoirs klassische Studie ist: Beauvoir, Simone de: *Das andere Geschlecht. Sitte und Sexus der Frau* (1949). 9. Auflage. Reinbek bei Hamburg 2008; das Zitat steht auf Seite 334. Die Unterscheidung zwischen Sex und Gender ist wohl von der Soziologin Ann Oakley in die gesellschaftswissenschaftliche Forschung eingeführt worden: Oakley, Ann: *Sex, Gender, and Society.* London 1972. Generell kritisch zur Idee von „Gender“: Zastrow, Volker: *Gender – Politische Geschlechtsumwandlung.* Warendorf 2006.

Die Debatte um Gleichheit und Differenz zeichnet nach: Maihofer, Andrea: *Gleichheit und/oder Differenz? Zum Verlauf einer Debatte.* In: PVS-Sonderheft 28/1997: S. 155–176. Eine gute Textsammlung zur Quotierung aus philosophischer Sicht ist: Rössler, Beate (Hg.): *Quotierung und Gerechtigkeit. Eine moralphilosophische Kontroverse.* Frankfurt/M./New York 1993; dazu auch: Phillips, Anne: *The Politics of Presence*. Oxford 1995. Zum liberalen Feminismus siehe etwa: Eisenstein, Zillah: *The Radical Future of Liberal Feminism*. Boston 1986; sowie das Buch der Rawls-Schülerin Susan Moller Okin: *Justice, Gender, and the Family*. New York 1989. Zum marxistischen Feminismus: Haug, Frigga/Hauser, Kornelia: *Geschlechterverhältnisse. Zur internationalen Diskussion um Marxismus – Feminismus*. Berlin 1984. MacKinnon erläutert ihre Position in: MacKinnon, Catharine A.: *Only Words*. Cambridge 1993. Von Schwarzer sei genannt: Schwarzer, Alice: *Der Große Unterschied. Gegen die Spaltung von Menschen in Männer und Frauen*. Köln 2000.

Nancy Chodorows Konzeption geht hervor aus ihrem Buch *Das Erbe der Mütter. Psychoanalyse & Soziologie der Mütterlichkeit*. München 1985; Jessica Benjamins Hauptwerk ist: *Die Fesseln der Liebe. Psychoanalyse, Feminismus und das Problem der Macht*. 3. Auflage. Frankfurt/M. 2004. Von Kohlberg, der Philosophen wie Habermas und auch Rawls beeinflusst hat, existiert unter anderem folgende Aufsatzsammlung: Kohlberg, Lawrence: *Zur Psychologie der Moralentwicklung*. Frankfurt/M. 1996. Carol Gilligans Erwiderung ist: *Die andere Stimme. Lebenskonflikte und Moral der Frau*. München 1982. Kritisch zu Gilligan: Nunner-Winkler, Gertrud (Hg.): *Weibliche Moral. Die Kontroverse um eine geschlechtsspezifische Ethik*. Frankfurt/M./New York 1991.

Mein Versuch, die Debatte um Gleichheit und Differenz zu resümieren, ist angeregt worden von: Fraser, Nancy: *Nach dem Familienlohn: Ein postindustrielles Gedankenexperiment*. In: dies., Die halbierte Gerechtigkeit, wie oben: S. 67–103. Beispielhaft für die Kritik schwarzer Feministinnen am einheitlichen Konzept „Frau“: hooks, bell: *Ain't I a Woman. Black Women and Feminism*. Boston 1981. Schon klassisch zum Konzept der Intersektionalität: Crenshaw, Kimberle: *Die Intersektion von* race *und Geschlecht vom Rand ins Zentrum bringen: eine Schwarze feministische Kritik der Antidiskriminierungsdoktrin, feministischer Theorie und antirassistischer Politik*. In: Lepold, Kristina/Mateo, Marina Martinez (Hg.): Critical Philosophy of Race. Ein Reader. Berlin 2021: S. 304–327 [alle seltsamen Schreibweisen im Original]. Für einen ersten Überblick: Meyer, Katrin: *Theorien der Intersektionalität zur Einführung*. Hamburg 2017. Ein soziologisches Standardwerk zu Intersektionalität in deutscher Sprache ist: Winker, Gabriele/Degele, Nina: *Intersektionalität. Zur Analyse sozialer Ungleichheiten*. 2. unveränderte Auflage. Bielefeld 2010. Ein Beispiel für die lesbische Kritik an der als zwanghaft empfundenen Heterosexualität ist: Wittig, Monique: *The Straight Mind and Other Essays*. Boston 1992.

Das Werk, mit dem Judith Butler zuerst Furore gemacht hat, ist: *Das Unbehagen der Geschlechter*. Frankfurt/M. 1991. Die Rolle der Körperlichkeit in ihrer

Konzeption hat sie zu konkretisieren versucht in: Butler, Judith: *Körper von Gewicht. Die diskursiven Grenzen des Geschlechts.* Frankfurt/M. 1997. Nicht zuletzt diese Arbeiten Butlers gaben Anlass zu einer generellen Diskussion über das Verhältnis von Postmoderne und Feminismus. Sie ist dokumentiert in: Benhabib, Seyla/Butler, Judith/Cornell, Drucilla/Fraser, Nancy: *Der Streit um Differenz. Feminismus und Postmoderne in der Gegenwart.* Frankfurt/M. 1993. Der erwähnte Text von West und Zimmerman ist: West, Candace/Zimmerman, Don: *Doing Gender.* In: Gender & Society 1/1987: S. 125–151. Grundlegend zur Theorie der Sprechhandlungen: Searle, John R.: Sprechakte. Ein sprachphilosophischer Essay (1969). 6. Auflage. Frankfurt/M. 1994. Das Zitat „„Der als dem Zeichen vorgängig gesetzte Körper …" ist aus: Butler, Judith: *Kontingente Grundlagen: Der Feminismus und die Frage der „Postmoderne".* In: Benhabib/Butler/Cornell/Fraser, s.o.: S. 31–58, hier S. 52. Der Text ist auszugsweise wieder abgedruckt in: Ladwig/Pongrac: S. 374–381.

Eine differenzierte, wenn auch nicht leicht zu lesende Kritik an Butler übt: Landweer, Hilge: *Generativität und Geschlecht. Ein blinder Fleck in der sex/gender-Debatte.* In: Wobbe, Theresa/Lindemann, Gesa (Hg.): Denkachsen. Zur theoretischen und institutionellen Rede von Geschlecht. Frankfurt/M. 1994: S. 147–176. Ebenfalls lesenswert, wenn auch recht gereizt im Ton ist Nussbaum, Martha C.: *Judith Butlers modischer Defaitismus.* In: Leviathan 4/1999: S. 447–468. Herta Nagl-Docekals mündliche Bemerkung zitiere ich aus dem Gedächtnis. Zum Thema „Intersexuelle" hat Ulla Fröhling ein lesenswertes Buch vorgelegt: *Leben zwischen den Geschlechtern. Intersexualität – Erfahrungen in einem Tabubereich.* Berlin 2003. Meine Anmerkungen zu Butlers neuen Arbeiten beziehen sich auf die Aufsätze in: Butler, Judith: *Psyche der Macht. Das Subjekt der Unterwerfung.* Frankfurt/M. 2001; das Zitat steht auf Seite 33 in der Einleitung.

SACH- UND PERSONALREGISTER

G

H

L

R